Ursula Rumin

Die Kraft zu leben

Drei Frauen – hundert Jahre.

Eine Trilogie der Zeitgeschichte

FRIELING

Im *Frieling-Verlag Berlin* erschien von Ursula Rumin bereits das Buch „Hallo, Fräulein! Roman einer Jugend im Kalten Krieg" (ISBN 978-3-8280-2392-5).

Die Deutsche Nationalbibliothek verzeichnet diese Publikation in der Deutschen Nationalbibliografie;
detaillierte bibliografische Daten sind im Internet über http://dnb.d-nb.de abrufbar
© Frieling-Verlag Berlin • Eine Marke der Frieling & Huffmann GmbH
Rheinstraße 46, 12161 Berlin
Telefon: 0 30 / 76 69 99-0
www.frieling.de

ISBN 978-3-8280-2489-2
1. Auflage 2007
Umschlaggestaltung: Michael Reichmuth
Bildnachweis: Archiv der Autorin
Sämtliche Rechte vorbehalten
Printed in Germany

Inhalt

Prolog	7
Ich bin Clara	11
Ich bin Dora	59
Ich bin Ulla	163
Epilog	349
Anmerkung	350
Anhang	351

Prolog

Ein altes Schulheft mit blauem Deckel liegt vor mir, in dem in schöner Sütterlinschrift meine Großmutter Clara ihr Leben aufgeschrieben hat. Die Überschrift lautet: „Meine Erlebnisse während meiner 40-jährigen Ehe", versehen mit Datum vom „September 1925".

Dieses Heft gelangte nach dem Tod meiner Mutter, die es bis dahin aufbewahrt hatte, 1974 in meine Hände und kam erst einmal mit anderen ererbten Gegenständen – einer Menge Fotos aus vergangener Zeit, Dokumenten und Briefen – in eine große Schublade meines Schrankes.

Erst im Sommer 2001 – ich war inzwischen 77 Jahre alt geworden – holte ich diese Dinge wieder hervor. Beim Durchblättern des Tagebuches meiner Großmutter war meine Nichte Ute dabei, die das Heft etwas ratlos betrachtete und sagte: „Damit kann ich nichts anfangen, das kann ich nicht lesen."

Ich hatte nicht bedacht, dass die Sütterlinschrift in den 40er Jahren durch die lateinische Schrift abgelöst worden war. Das Tagebuch, in dem Großmutter Clara ihr hartes Leben schilderte, ihre Hoffnungen, ihre Liebe zur Familie, den steten Kampf um das Dasein, um das tägliche Brot, sollte es in Vergessenheit geraten?

Das wollte ich auf jeden Fall verhindern Ich beschloss spontan, den Text des Schulheftes in meinen Computer einzugeben und so für Nichten, Neffen und Enkel zugänglich zu machen, festzuhalten, wie die Menschen vor hundert Jahren gelebt haben, in einer Zeit, da es weder Kühlschrank, Waschmaschine noch Computer gab.

Viele Monate lang habe ich mich mit den Tagebuchaufzeichnungen beschäftigt, habe Briefe, Geburts- und Taufbescheinigungen, Fotos und Dokumente gelesen und sortiert. Ich lebte mich hinein in die Zeit meiner Großmutter Clara, die mich fesselte, faszinierte und nicht mehr losließ.

Ich bin heute, da ich mich an die Ausarbeitung der Tagebücher gemacht habe, 80 Jahre alt, selbst Großmutter, sogar Urgroßmutter. Wenn ich mich mit Clara vergleiche, so stelle ich fest, dass ich viel von ihr habe, ihr äußerlich und im Charakter ähnlich bin. Auch ich bin zäh, wie mein langes Leben beweist; auch ich setze mir Ziele und gebe nicht so schnell auf. Es gab zwar alle Kinderkrankheiten, Infektionen und zwei Herzinfarkte, aber sonst geht es mir gut.

Auch meine Mutter Dora hat Niederschriften hinterlassen, Berichte über die aufkommende Nazizeit, den Kampf der Familie ums Überleben nach der Vertreibung durch die Polen aus Schlesien 1946, den Neuanfang in Westdeutschland mit Bett, Tisch und Schrank in einem kleinen Zimmer eines Gasthofes. Aus beiden Nachlässen ist etwas entstanden, das, wie ich meine, sich lohnt, festgehalten zu werden.

Ich fand Fotos von Großmutters Familie, den heranwachsenden Söhnen und Töchtern, las Briefe, die eine sich sorgende Mutter dem Verehrer ihrer 21-jährigen Tochter schrieb. Ich blätterte in Dokumenten meiner Mutter Dora, die in der Nazizeit wegen unbedachter Äußerungen ins Gefängnis musste.

Das alles hat mich sehr gefesselt und veranlasst, auch meine Tagebücher, die ich seit 1943 führe, aus der Schublade zu holen und den Aufzeichnungen von Großmutter und Mutter beizufügen. Ich fand darin Zeilen aus meiner Gefangenenzeit bei den Russen 1952 in Ostberlin und im Zwangsarbeitslager am Eismeer; Worte, die mich noch heute erschüttern.

Daraus ist eine Trilogie entstanden, Zeitgeschichte aus mehr als hundert Jahren, gewachsen aus dem Leben einer Familie, festgehalten in den Aufzeichnungen dreier Generationen: von Clara, Dora und Ulla.

Ich bin Clara

1859 – 1931

Am 8. September 1883, nachmittags gegen drei Uhr, wurden wir nach vorangegangener standesamtlicher Trauung in der Kirche zu ‚Unseren lieben Frauen' in Liegnitz im Beisein meiner Eltern und Verwandten getraut. Nach einer einfachen Feier im ‚Alten Bahnhof' fuhr ich mit Gustav noch nachts nach Magdeburg, um seine Mutter zu besuchen, die zur Hochzeit nicht kommen konnte – oder, wie ich vermutete, nicht wollte.

In der Nacht erreichten wir Magdeburg und übernachteten in Kochs Hotel am Bahnhof. Am Vormittag suchten wir seine Mutter auf, sein Vater war schon 1852 gestorben. Die Mutter ließ uns nicht ein, hatte angeblich große Wäsche, wir sollten am nächsten Vormittag wiederkommen. Der Besuch fiel

1827–1888 Die Eltern von Clara 1831–1893
Friedrich Wilhelm Preusse   Emilie Anna Cäcilie geb. Sachade

dann sehr kurz aus, ich merkte ihr an, dass ich nicht willkommen war. Wie ich später erfuhr, sei ich ‚nicht gut genug' für ihren Sohn.

Noch am gleichen Tag fuhren wir nach Göttingen weiter, unserem zukünftigen Wohnort, wo meinem Mann die Leitung der Göttinger Dampf-Käserei übertragen worden war. Wir wurden vom Personal mit Blumen und schönen Geschenken festlich empfangen. Der Anfang ließ sich gut an.

Ich brachte meine Aussteuer mit in die Ehe. Es war Mutters Ehrgeiz gewesen, mich gut auszustatten, und da ich in den Jahren vor der Eheschließung als Buchhalterin in einer kleinen Firma gearbeitet und etwas verdient hatte, ging der Verdienst in die Aussteuer. So hatte ich sechsmal Bettwäsche mit Bezügen und Kopfkissen und Laken, dazu zwölf Leinentücher, vier Tischdecken und sechs Geschirrtücher. Sicher, es gibt bessere, größere Aussteuern, solche für ‚höhere Töchter', aber für mich war diese Wäsche viele Jahre der Grundstock meines Haushaltes."

Mit diesen Zeilen beginnt meine Großmutter, Elisabeth Clara Preuße, ihre

Aufzeichnungen. Ihre Eltern waren Johann Friedrich Wilhelm Preuße, 1827 in Ottmachau im Riesengebirge in Schlesien geboren, und Emilie Anna Cäcilie, geboren 1831 in Neiße/Schlesien. Der Vater war von Beruf Güter-Expeditions-Vorsteher bei der Niederschlesisch-Märkischen Eisenbahn.

Clara hatte eine einfache, aber schöne und behütete Jugend, sie lernte Klavier spielen, hatte Malunterricht und ging in die Tanzstunde. Ihre Schwester Charlotte kam zwei Jahre vor ihr zur Welt; sie war verheiratet, hatte keine Kinder.

Clara lernte Friedrich Gustav Adolph Weckbrodt, der 1847 geboren wurde, in Magdeburg, ihrem Wohnsitz, bei einem kleinen Fest kennen. Er kam aus einer wohlhabenden Familie: mehrere Mietshäuser in Magdeburg, das Haus „Zum braunen Ross" mit zwei Hinterhöfen und das Rittergut „Rohrbach" bei Weimar. Er war der zweite Sohn des Daniel Friedrich Ludwig Weckbrodt, Schmiedemeister von Beruf, und seiner Frau Johanna Charlotte Amalie Dorothea.

Als Clara 24 Jahre alt war, verheirateten die Eltern sie mit dem um zwölf Jahre älteren Mann, der als Molkerei-Direktor einen guten Beruf hatte. Sie meinten die Tochter bei ihm gut aufgehoben, doch wie sehr irrten sie sich. Er war nicht gerade ihre große Liebe. Soweit die Familienchronik.

Ich habe Großmutter Clara 1928 als Kind von vier Jahren kennen gelernt. Da zog sie zu uns ins Haus im schlesischen Langenbielau, wo sie bis zu ihrem Tod blieb. Sie war eine verhärmte Frau, ihr volles weißes Haar trug sie am Hinterkopf zu einem „Nest" gesteckt, gehalten von Haarnadeln; sie hatte eine große Brille mit dicken Gläsern und trug lange, dunkle Kleider. Damals war sie 69 Jahre alt, konnte nicht mehr gut laufen, nur noch mit Gehstock, oder sie benutzte Tisch, Stuhllehne, Schrank als Stütze.

Sie hatte ihr eigenes Zimmer im Parterre meines Elternhauses, in dem ihre Möbel standen, und saß die meiste Zeit in einem Korblehnstuhl am Fenster. Wenn wir Kinder sie besuchen wollten, mussten wir an die Tür klopfen und ihr „Herein!" abwarten. Für mich und meine beiden Brüder war sie alt, man konnte nicht mit ihr spielen, nur manchmal erzählte sie uns Geschichten.

Clara hatte einen mühsamen Ehebeginn, aber sie klagte nicht, ging mutig die Probleme an, die sich einstellten. Als sie erfuhr, dass ihr Mann schon einmal verheiratet war und eine nun 11-jährige Tochter hatte, war sie fassungslos. Die Schwägerin ihres Mannes, Lina von Schulenburg, brachte nämlich bei einem Besuch diese Tochter mit.

Das Mädchen Elli war ein blasses, aber gar nicht schüchternes Kind, das die familiären Verhältnisse richtig erkannte und die Spannungen, die durch ihre Anwesenheit entstanden, mit der Raffinesse einer verwöhnten Göre ausnutzte. Sie provozierte Clara, wann immer es möglich war, und gab freche Widerworte.

Als Clara ihren Mann wegen Elli zur Rede stellte und fragte, weshalb er ihr niemals etwas von seiner Tochter erzählt hatte, sagte er nur grob: „Das geht dich nichts an." Geht so ein Ehepartner mit seiner Frau um?

Der Besuch blieb vier überaus schwere Wochen, in denen Lina auch noch versuchte, den Schwager gegen Clara aufzubringen, was ihr aber nicht gelang. Es gab viel Ärger, Aufregungen und Geldausgaben.

„Gustav hatte lange Zeit keine Alimente für Elli bezahlt, und seine erste Frau hatte schon vor unserer Heirat auf Zahlung von neunhundert Mark geklagt. Es wurde gepfändet, aber das erfuhr ich erst später, ich wusste gar nicht, was eine Pfändung ist. Dazu kam auch, dass Gustav als Molkerei-Direktor bei mehreren Geschäften Sachen gekauft und nicht bezahlt hatte. So auch unsere Trauringe, das Geschäft verklagte ihn.

Klagen und Pfändungen häuften sich. Ich verkaufte manches Wertstück, das ich bei der Eheschließung bekommen hatte und gern behalten hätte. Sämtliches Silber, das ich von meinen Eltern mitgebracht hatte, wurde gepfändet. Um die Schande nicht zu haben, gab ich auch das Hochzeitsgeschenk meines Onkels hin, zwei schöne, silberne Schalen.

Gustav fuhr zu seiner Mutter und bekam von ihr ein Drittel der fälligen Summe für die Alimente, das Fehlende haben gute Freunde geborgt. Ich vermietete zwei Zimmer der Wohnung an Studenten, um über die Runden zu kommen, dadurch wohnten wir praktisch mietfrei. Und ich saß den ganzen Tag über an der Singer-Nähmaschine, die meine Mutter mir mitgegeben hatte, und nähte Schürzen für ein Wäschegeschäft. So fingen gleich zu Beginn der Ehe die Sorgen und Schulden an und sollten niemals aufhören.

Jetzt, schon nach sechs Monaten unserer Ehe, ist Gustav ohne Stellung und ohne Verdienst. Wie soll es weitergehen? Gustav ist ein so schwieriger Mensch, der sich mit jedem anlegt. Er muss immer Recht behalten, niemals lässt er eine andere Meinung gelten. Nun hat er sich mit dem Vorstand der Molkerei Göttingen, Herrn Baron Götz von Ohlenhusen, gestritten, und hitzig wie er ist, verlangte er unklug, sofort gehen zu wollen. Der Baron ließ ihn gehen, nun muss ich sehen, eine billigere Wohnung in einem Vorort von Göttingen zu finden. Alles bleibt mir überlassen, dazu kommt noch, dass ich schwanger bin." – Je öfter ich in Großmutters Aufzeichnungen lese, desto mehr steigt meine Achtung vor ihr. Ich tauche ein in ihr Leben, lerne eine Zeit kennen, die so weit zurückliegt; es sind über hundert Jahre zwischen ihrem und meinem heutigen Leben. Nicht nur, dass sie einen völlig unzugänglichen Ehemann an ihrer Seite hatte, der sich immer bedienen ließ, sich um nichts kümmerte, – auf ihren Schultern lastete die ganze Verantwortung. Sie musste auf Wohnungssuche gehen, sehen, dass er wieder eine Anstellung fand, sie sorgte für Essen und Trinken und die Beschaffung von Geld, da der Beruf des Mannes zu wenig und nur unregelmäßig etwas einbrachte. Das Leben, das Großmutter in jener Zeit führte, lässt sich mit einer Galoppbahn vergleichen: Immer im Rennen, niemals eine Ruhepause, immer Sorgen um das tägliche Wohl und immer in Ungewissheit, wie es weitergeht.

Mein Großvater war ein „egoistischer Widerling", ein Mann, den man keiner Frau als Ehemann wünscht. –

„Ich habe eine preiswerte kleine Wohnung in der Vorstadt gefunden; wieder ein Umzug, wieder Geldausgaben. Gustav hat mit einem Sozius eine französische Käserei in dessen Haus errichtet. Der Mann hat versprochen, zehntausend Mark einzubringen. Dabei besitzt er nichts, keine hundert Mark, und alles bleibt an Gustav hängen, der auch nichts hat.

Nun ist das Geschäft mit der Weichkäserei geplatzt, es lief nicht. Die Firma Lefeld & Lentsch in Schöningen, die die Maschinen geliefert hatte, nahm diese für 3000 Mark wieder zurück. Gustav musste sich aber verpflichten, alles, sobald er wieder verdient, zu bezahlen. Ich musste mit unterschreiben, war so unerfahren und tat es. Wieder kein Einkommen.

Die Besitzerin unserer Wohnung, eine alte 50-jährige Jungfer, hat sich in der Tür ihres Gartenhauses erhängt. Ich fürchte mich entsetzlich, meine Niederkunft steht bevor. Ich habe schon eine Hebamme aufgesucht, sie hat mich untersucht und beruhigt, das Kind liegt gut. Ich hatte auch während der Schwangerschaft keinerlei Probleme. Wenn es soweit ist, wird sie die Entbindung in der Wohnung vornehmen.

Am 17. Mai nachmittags setzten die Wehen ein, ich war allein in der Wohnung, Gustav holte die Hebamme, sie kam im letzten Augenblick. Welche Ängste ich da ausgestanden habe, kann ich nicht mal beschreiben. Um vier Uhr wurde unser erstes Kind geboren, ein Sohn, wir werden ihn auf den Namen Karl taufen.

Unsere Wohnungsvermieterin, die sich aufgehängt hat und nun beerdigt wurde, hat einem Neffen das Haus vererbt, einem Postsekretär Stegemann. Der hat das Haus verkauft, und uns wurde gekündigt. Nun muss ich wieder auf Wohnungssuche gehen, trotz des kleinen Kindes. Gustav – ich nenne ihn seit der Geburt unseres Sohnes auch ‚Vater' – ist noch ohne Arbeit und Verdienst und sitzt nur untätig herum, immer Zeitung lesend. Er hat an eine Frau Zeis in Radeberg bei Dresden geschrieben, die dort eine große Käserei betreibt und viele Verbindungen hat, aber wir hörten noch nichts von ihr.

In der Molkerei-Zeitung vom 3. März 1885 habe ich ein Inserat gefunden, dass die Firma C. Bolle in Berlin einen Inspektor sucht. Da Gustav nicht darauf reagierte, nahm ich Karl, der knapp ein Jahr alt war, fuhr nach Berlin und sprach für Gustav die Bewerbung aus. Ich erreichte, dass er zur Vorstellung kommen sollte, und er bekam die Stellung; im Juni wird er sie antreten.

Wir zogen um nach Berlin. Nun bestürmen uns alle, die noch Geld von uns zu bekommen haben, und wir zahlen ab, dass uns nur zum einfachen Leben Mittel bleiben. Da Vater sich um nichts kümmert, teile ich das Geld ein. Die Firma Bolle liegt im Bezirk Spandau von Berlin. Ich fand eine geeignete Wohnung, nicht weit entfernt. Gustav fährt jeden Tag mit der Straßenbahn in den Betrieb.

Ich fühle mich wohl in Berlin, es ist eine interessante Stadt, sehr fortschrittlich, die Hauptstadt von Deutschland. Mit Karl bin ich schon in den Zoologischen Garten gefahren, und nicht nur das Kind war beeindruckt, was es da zu sehen gab. Ich nahm mir viel Zeit, beantwortete in Ruhe alle Fragen des Kindes. Auch die schönen Geschäfte imponieren mir, ich gehe gerne an den großen Schaufenstern entlang und betrachte die Herrlichkeiten darin.

Nach acht Monaten gab es leider schon wieder Krach, viele Meinungswechsel und Missverständnisse, Gustav verstand sich nicht mit Herrn Bolle, so dass dieser ihn innerhalb von vier Wochen kündigte. Was ist Gustav nur für ein Mensch, der nur Unruhe und Unfrieden stiftet und keinerlei Pflichtgefühl seiner Familie gegenüber hat. Ich wäre gern noch in Berlin geblieben.

Im Februar 1886 zogen wir nach Darmstadt, in die Heidelbergerstraße 61. Gustav bekam vom Verband landwirtschaftlicher Hessischer Genossenschaften das Angebot, die Stellung eines Molkerei-Instruktors für Hessen zu übernehmen. Diese Molkerei soll seiner Leitung unterstellt werden, und er wird endlich mal wieder anständig verdienen.

Am 6. Februar 1887 wurde unser zweites Kind, Charlotte, geboren, ein schwächliches Kind. Es starb leider schon am 21. Juli an Diphtherie. Auch Karl hatte schwere Diphtherie, und es kostete große Mühe und Sorge, bis er durch war. Ich übernahm ein paar Wochen später von der Molkerei Ernsthofen die Bereitung des Kefirs und verdiente viel Geld damit. Dann ging der Molkerei-Verband durch Uneinigkeit der Mitglieder auseinander, und Vaters Stellung war wieder einmal erledigt.

Zur gleichen Zeit hatte ich Karl in ärztlicher Behandlung, seiner krummen Beine wegen. Er bekam ein dreiviertel Jahr lang Gehschienen, die er Tag und Nacht tragen musste, die Beine wurden so gerade, dass man jetzt fast nichts mehr sieht.

Durch einen Bekannten lernte Gustav einen Herrn Franz Mündel aus Mannheim kennen, der eine Käserei für französischen Weichkäse errichten wollte. Sie kamen ins Geschäft, Vater sollte 120 Mark pro Monat und 5 % vom Reingewinn haben. Das Unternehmen aber scheiterte bald mal wieder an Vaters Eigensinn. Das Publikum verlangte weißen und halbreifen Käse. Vater aber lieferte ganz reifen Käse, er behauptete, nur das sei Käse. Der lief dann während des Transportes aus, wurde unansehnlich, und die Leute bestellten keinen mehr.

Ich musste täglich, das heißt von drei Uhr nachts bis acht Uhr morgens helfen, Käse zu machen, und kam mir wie eine Maschine vor, eine ‚Familienmaschine', die läuft und läuft, ein Wunder, dass ich nicht zusammengeklappt bin. Denn danach kam der Haushalt dran, der Junge musste versorgt werden, Essen kochen, Wäsche waschen, und ich bin wieder schwanger.

Im November 1888 starb mein Vater mit 61 Jahren, er wurde in Liegnitz bestattet. Ich erbte 5000 Mark, gab sie Gustav und sah davon nichts wieder. Ich habe unendlich viel durchkämpfen müssen, nie den Mut verloren.

Am 8. Juni 1889 kam unser zweiter Sohn zur Welt. Ich hatte bis sieben Uhr gearbeitet, und schon vor neun Uhr war der Junge da. Es ging alles glatt. Wir gaben ihm den Namen Rudolf. Ich nahm ein Mädchen zur Hilfe, denn ich musste weiter in der Käserei arbeiten. Doch sie lief schlecht. Herr Mündel

Clara 1870 Rudolf und Karl 1892

hätte es noch durchgesetzt, dass sie lebensfähig geworden wäre, aber er war lungenkrank, so schlimm, dass er sich kaum um etwas kümmern konnte.

In dieser Zeit bekam Gustav eine schwere Blinddarmentzündung, und ich musste den ganzen Tag im Geschäft stehen, dazu den kranken Mann; Karl und den kleinen Rudolf musste ich ganz dem Mädchen überlassen, das war eine schwere Zeit, denn ich hatte Rudolf noch an der Brust.

Gustav lag drei Wochen flach, und als er wieder arbeitsfähig war, legte sich Herr Mündel. Als es ihm etwas besser ging, beschloss er, das Geschäft aufzulösen, da es keinen Verdienst mehr einbrachte. Er verpflichtete Gustav (ohne mein Wissen), die Hälfte des hineingesteckten Geldes – 3000 Mark – in Raten zurückzuzahlen.

Bei einem Rechtsanwalt wurde das auch fest gemacht und mir diese Tatsache erst später mitgeteilt. Nun waren wir wieder ohne Verdienst, Kummer und Sorgen unsere täglichen Gäste.

Karl besucht seit Ostern 1890 die Elementarschule und lernt gut.

Von Darmstadt her kennen wir einen Ingenieur Stieger aus Frankfurt am Main, der machte Vater den Vorschlag, in Ulm an der Donau die Vertretung seiner Molkerei-Maschinen zu übernehmen. Dafür wollte er 150 Mark Gehalt plus Provision zahlen. Natürlich nahmen wir den Vorschlag an und zogen nach Neu-Ulm, in eine Wohnung in der Vorstadt, wo sie billiger waren. Hier hielt es Gustav zwar elf Monate aus, aber er verkaufte zu wenig, und Stieger kündigte ihm den Vertrag. Wieder ohne Arbeit. Ich hatte zudem Herrn Stieger, da er sehr erkältet war, den sehr guten Bisampelz meines Vaters geliehen, den ich geerbt hatte; ich habe ihn aber nicht zurückbekommen.

Auf seinen Geschäftsbesuchen in der Umgebung von Ulm lernte Gustav einen Herrn Oberamtmann Filser aus Heidenheim an der Brenz kennen. Er war Vorsitzender des landwirtschaftlich-württembergischen Molkerei-Verbandes und brauchte einen Geschäftsführer. Da Vater ohne Stellung war, engagierte er ihn mit 200 Mark Gehalt pro Monat, ohne jede weitere Verbindlichkeit. Vater nahm das Angebot an, und wir zogen von Neu-Ulm nach Heidenheim, wo es mir sehr gefiel.

Da wurde am 5. März 1894 unsere Tochter Dora geboren, alles ging gut.

Im Sommer darauf gab es eine große Missernte, alles verdorrte auf den Feldern, und die Bauern waren unfähig, ihre Verpflichtungen zu erfüllen. Vaters Stellung wurde gekündigt, der Verband der Molkerei-Genossenschaften liquidiert, und alles ging auseinander.

Durch diesen Verband hatte Gustav Herrn Hugo Bergener kennen gelernt, den Sohn des Besitzers der Bergedorfer Eisenwerke in Bergedorf bei Hamburg. Hugo Bergener hatte ein Filialgeschäft der Eisenwerke in Frankfurt am Main und besaß noch die Molkerei Ostheim bei Nauheim in Hessen. Herr Bergener engagierte Vater als Direktor seiner Molkerei Ostheim. Wir zogen wieder um.

Im Herbst 1894, wir waren gerade ein halbes Jahr in Ostheim, kam Herr Bergener und sagte: „Herr Weckbrodt, Sie müssen in mein Geschäft in Frankfurt am Main als mein Vertreter eintreten, ich brauche Sie dort und habe schon einen Nachfolger für Sie gefunden. Ein Möbelwagen mit seinen Sachen ist schon unterwegs hierher. Der Wagen kann dann Ihre Sachen gleich mit zurücknehmen".

Ich war wie vom Donner gerührt, unfähig, einen Gedanken zu fassen! Doch ich musste handeln – ich musste!

Das Mittagessen stand auf dem Tisch, kein Mensch dachte ans Essen und rührte etwas an. Das gesamte Personal aus der Molkerei musste helfen, alles wurde in schmutzige Kartons und Kisten verpackt, und gegen fünf Uhr war die Wohnung fast leer. Der Möbelwagen stand schon im Hof, die Leute räumten den Keller aus.

Drei Kinder – zehn Jahre der Älteste, Rudolf fünf Jahre und Dorle gerade erst ein dreiviertel Jahr – und dann Knall auf Fall ausziehen! Wer hält so etwas aus?

Bergener war ein herrschsüchtiger Mensch, wir mussten, weil er es so wollte! Erst später haben wir erfahren, warum: Bergener war immer in Geldverlegenheit, und Gustavs Nachfolger hatte gleich 3000 Mark Kaution hinterlegt, um die Stellung zu bekommen. Nur um das Geld ging es, Bergener war so leichtsinnig, dass sogar sein Vater ihm nichts mehr lieh. Zum Glück hatte ich mir für Dorle ein fleißiges, gutes Mädchen von der Schwäbischen Alb aus Heidenheim mitgebracht, das war eine große Hilfe für mich.

Die Möbel des neuen ‚Herrn Direktors' waren schon in unsere Wohnung geschafft worden, als der Möbelwagen mit unseren Sachen am Abend vom Hof fuhr, Richtung Frankfurt, respektive Bockenheim, eine Vorstadt von Frankfurt. Wir übernachteten in einem Gasthof und fuhren am nächsten Morgen nach Bockenheim, wo wir gegen zehn Uhr ankamen. Ich ging erst einmal eine Wohnung suchen, denn wo sollten wir hin? Es standen viele Wohnungen leer, und ich fand schnell etwas, eine hübsche Vier-Zimmer-Wohnung im zweiten Stock in der Werrastraße 4, schräg gegenüber vom Bahnhof Bockenheim. Leider hielten die Versprechungen von Herrn Bergener nicht lange. Gustav war gerade mal vier Monate in der Firma, da wollte Bergener ihn wieder los sein, die Gründe habe ich nicht erfahren. Aber ich kenne Gustav, er zerstreitet sich schnell mit jedem, nur seine Meinung gilt. Bergener behauptete, Gustav sei schuld an dem Streit, und entließ ihn ohne Kündigung.

Nun wieder ohne Verdienst, drei Kinder, und der Winter vor der Tür. Marie musste ich wieder nach Heidenheim zurückschicken, weil ich sie nicht bezahlen konnte. Gustav verklagte Herrn Bergener, da dieser kein Recht hatte, ihn ohne Kündigung zu entlassen. Der Prozess dauerte über ein Jahr – ein furchtbares Jahr – denn Bergener brachte allerlei Einwände vor, über deren Unwahrheiten Vater immer erst Beweise einbringen musste.

Schließlich wurde Bergener zur Gehaltsnachzahlung verurteilt, und wir bekamen 3000 Mark. Doch da wir über ein Jahr ohne Verdienst gewesen waren, hatten wir überall Schulden machen müssen, die erst einmal bezahlt werden mussten. Der Kauf von Winterkleidung für die Kinder ging jedoch vor, und so blieb nicht mehr viel zum Leben, denn Vater verdiente noch nichts wieder.

In diese Zeit fiel auch meine schwere Blutvergiftung, die mich fast das Leben gekostet hätte. Als der Arzt im Krankenhaus sagte, dass mir der linke Arm abgenommen werden müsse, oben im Armgelenk, brach eine Welt für mich zusammen. Ich war 36 Jahre alt, verheiratet und hatte drei Kinder.

Ich hatte mir die Blutvergiftung beim Zubereiten von Heidelbeeren zugezogen. Beim Zukorken einer Flasche brach der Flaschenhals, und die Scherben bohrten sich in den Zeigefinger der linken Hand. Ich verband die Wunde, so gut ich eben konnte, und zog einen schwarzen Handschuh darüber. Dann ging ich mit meinen Kindern spazieren. Als ich nach zwei Stunden nach Hause zurückkam, war der Handschuh durchgeblutet und fest angeklebt.

Am gleichen Tag hatte ich auch Hirschfleisch gebraten, ob das nun haut gout war oder die Farbe des schwarzen Handschuhs Giftstoffe enthielt, war später nicht mehr festzustellen. Jedenfalls bekam ich eine starke Blutvergiftung, musste ins Krankenhaus, wo die linke Hand elfmal geschnitten wurde.

Nach vier Tagen wurde in der Handfläche ein Eiterstock entdeckt. Sanitätsrat Dr. Daube, der behandelnde Arzt, erklärte mir und meinem Mann, wenn der Eiter nicht Luft bekäme, müsse mein Arm abgenommen werden, um mein Leben zu erhalten.

Wie mir ums Herz war, kann kein Mensch nachfühlen: Zu Hause der Mann, ohne Arbeit, der bedient werden wollte, drei Kinder, kein Geld, und ich krank.

Ich bat den Arzt, mir nur den Finger abzunehmen; er sagte kopfschüttelnd: „Gut, aber auf Ihre Verantwortung." Die Operation fand in tiefer Narkose statt. Der Arm konnte gerettet werden, ich verlor nur den Zeigefinger, und der Daumen blieb später steif.

Es war eine grausame, fast übermenschliche Zeit für mich, ohne Geld und ohne Hilfe. Karl in der Oberschule, Rudolf eben in die Vorschule eingetreten, und Dorle gerade zwei Jahre alt. Ich hatte keinen Menschen, mit dem ich mich mal austauschen konnte. Durch die vielen Umzüge blieb keine Gelegenheit, mich mit einer Nachbarin anzufreunden oder sonst eine Freundin zu finden. Mit Gustav konnte ich mich nicht austauschen; lag es daran, dass er soviel älter war als ich? Aber er war ja nur mit sich selbst beschäftigt, kümmerte sich nicht mal um die Kinder, alles blieb mir überlassen.

Meine ältere Schwester lebt heute mit ihrem Mann in Warschau. Sie hatte ihn als Bauingenieur aus Polen in Liegnitz kennen gelernt und folgte ihm später nach Warschau. Viele Briefe zu schreiben, blieb keine Zeit. Es gibt für mich keinerlei Unterhaltung, kein Buch, kein Konzert, kein Theater, außerdem ist kein Geld dafür da.

Und Gustav ist auch alles andere als ein ‚liebender Ehemann': es gibt keine freundlichen Worte zwischen uns, schon gar keine Zärtlichkeiten, was ich oft vermisse. So habe ich keinen Menschen, bei dem ich mir mal einen Rat einholen könnte. Ich bin mir selbst überlassen und mache bestimmt auch nicht immer alles richtig.

Meine einzige Freude sind die Kinder, die ganz gut gedeihen und einigermaßen gesund sind. Karl, der Älteste, ist mir zum kleinen Freund geworden, er hilft mir, wo er kann, macht kleine Besorgungen und kümmert sich um seine kleineren Geschwister. Eines Tages habe ich festgestellt, dass er Interesse und Begabung zum Zeichnen hat, auch in der Schule ist er darin gut. Ich aber komme nicht mehr zum Malen, das ich ja mal für einige Zeit bei einer Malerin erlernt habe, schade, denn ich habe es immer gern gemacht.

Ich bin wieder schwanger! Am 1. August 1897, Sonntag früh um 9 Uhr, als die Kirchenglocken läuteten, kam in Offenbach Hannchen zur Welt. Rudolf und Dorle schliefen noch im gleichen Zimmer. Karl war in die Kirche gegangen, da er Ostern 1898 konfirmiert werden soll. Ich war ganz allein, die Frau, die wir zur Pflege genommen haben, war auf dem Weg zur Hebamme und konnte sie nicht finden. Gustav war in der Molkerei. Die Minuten wurden mir zu Stunden!

Endlich kam die Hebamme, zur höchsten Zeit, wie sie selbst sagte. Hannchen war gerade da, ganz blau, sie hatte zweimal die Nabelschnur um den Hals. Ich lag weinend da, konnte ihr und mir nicht helfen, es war furchtbar! Schaudernd erinnere ich mich der qualvollen Minuten.

Aber alles kam in Ordnung. Hannchen entwickelt sich normal, hat keinerlei Schäden. Ich habe bisher meine Kinder bis über das erste Jahr hinaus genährt, alle gediehen, auch Hannchen, unser Nesthäkchen, sie hat nie die Flasche bekommen.

Gustav ist seit einem dreiviertel Jahr Leiter der Molkerei Tulpenhof in Offenbach. Wir haben einen heißen Sommer, die Milch ist wochenlang täglich sauer geworden. Man gab Vater die Schuld, er wurde wieder grob und bekam seine Kündigung. Acht Wochen lang hat er es verstanden, mir das zu verheimlichen, bis ich es von Fremden erfuhr. Wieder ohne Verdienst, und nun vier Kinder!

Karl, unser Ältester, besucht jetzt die Oberrealschule; Rudolf die Vorschule. Beide sind sich viel selbst überlassen. Für Dorle und Hannchen habe ich ein Mädchen engagiert. Ich habe die Singer-Nähmaschine mit in die Ehe gebracht und bin nun sehr froh darüber, was würde ich nur ohne sie machen? Fast jeden Abend sitze ich daran, benutze sie um so mehr, je größer die Kinder werden. Die Hosen der Jungen brauchen immer wieder Flicken – neue Hosen können wir uns nicht leisten. Und für die Mädchen nähe ich meist aus billigen Stoffresten Kleidchen. Wie oft nicke ich nachts über der Nähmaschine ein, derweil die Kinder schlafen.

Als sie noch klein waren, schliefen die beiden Jungen zusammen in einem Bett und die Mädchen zusammen in einem zweiten Bett. Nun, da sie größer werden, mussten neue Betten her, wir kauften sie auf einer Auktion, jedes Kind bekam sein eigenes Bett. Anfangs kamen wir ja noch mit drei Zimmern aus, ein Wohn-/Esszimmer, das Elternschlafzimmer und das für die Kinder. Aber vier Betten gehen nicht in ein Zimmer, also mussten wir sehen, dass wir eine preiswerte größere Wohnung fanden.

Wenn Gustav Arbeit hat, kann ich auch mal eine Zugehfrau nehmen zum Waschen, Flicken und zum Strümpfe stopfen oder auch zum Bügeln. Vater will seine Hemden immer frisch und faltenlos haben, die Brust gut gestärkt. Darüber trägt er eine Weste, und darauf prangt dann seine goldene Taschenuhr mit Sprungdeckel an einer goldenen Kette, die er von seinen Eltern geschenkt bekam. In den Sprungdeckel sind sehr kunstvoll seine Initialen eingraviert. Aber so schlecht es uns oft geht, er ist noch niemals auf den Gedanken gekommen, diese Uhr zu verkaufen oder sie ins Leihhaus zu geben. Sie ist für ihn ein Prestigegegenstand, dafür essen wir oft nur eine Brotsuppe. Unter dem Einfluss von Freunden hat Gustav, ohne mich zu informieren, die Wirtschaft ‚Zum Goldenen Hirsch' in Offenbach übernommen, mit Bierausschank und Mittagstisch. Jetzt muss ich für die Gäste kochen, oft bis zu 35 Personen, worin ich gar keine Übung habe. Und Vater passt überhaupt nicht als Wirt, er zankt sich mit den Gästen und trinkt viel. Unser Verdienst ist dabei so gering, dass wir fast nicht bestehen können.

Es ist das Jahr 1898 – und neue Sorgen! Karl schaffte sich Freunde an, die nicht zu ihm passen. Anstatt für die Schule zu arbeiten, wie sie sagten, klauten sie Bier und Zigaretten. Die Folgen blieben nicht aus: Karl bekam Straf- und Arrestzettel, die er selbst unterschrieb, anstatt sie Vater zu geben. Davon erfuhren wir aber erst, als es schon zu spät war!

Meine Tante, Frau Pastor Lauterbach, war zu Besuch, und wir fuhren nach Frankfurt, um dort Einkäufe zu machen. Als wir gegen sechs Uhr nach Hause kamen, wurde Karl gerade bewusstlos ins Krankenhaus geschafft. Mein Gott, wie bin ich erschrocken, und nichts Genaues zu wissen! Dabei arbeiten, kochen für die vielen Menschen im Gasthof und das dumme Gefrage anhören, die Kinder versorgen; dass ich das vermochte, wundert mich noch heute. Wir erfuhren: Karl hatte wieder einen Zettel unterschrieben, sein Ordinarius Professor Maul merkte es und ging zum Direktor. Karl wurde vernommen; er verlor den Kopf, nahm einen Revolver seines Freundes und schoss sich eine Kugel in die rechte Schläfe.

Um acht Uhr am nächsten Morgen war ich schon bei Karl im Krankenhaus. Es ging ihm überraschend gut, kein Wundfieber, wie mir der Arzt sagte. Die Kugel blieb im Knochen stecken, verkapselte sich später, wie die Durchleuchtung ergab.

Nachmittags war ich wieder bei ihm, da besah er sich schon Bilder. Als der Arzt es erlaubt, ist Rudolf viel bei ihm im Krankenzimmer. Karl wollte durchaus nach Hause, ‚nur nach Hause', sagte er stündlich. Als es ihm gestattet wurde und er wieder heim kam, verbot ich ihm alle Freundschaften, und Karl sah die Notwendigkeit auch ein. Er wechselte ins Realgymnasium und wurde ein fleißiger und guter Schüler, er überwand sich, weil er durchaus seine Einserberechtigung (Einjähriges) haben wollte.

Im April fand Gustav in Herrn Franz Maager aus Breslau einen alten Bekannten wieder. Dieser engagierte ihn, um für seine Molkerei- und das Maschinengeschäft zu reisen. Ich war glücklich, Offenbach und der entsetzlichen Wirtschaft den Rücken kehren zu können, ich habe da viel Trauriges durchmachen müssen. Wir zogen um nach Darmstadt.

Im Sommer 1899 besuchte Gustav seine Mutter in Magdeburg, bekam von ihr 800 Mark und erfuhr, dass es möglich wäre, eine Hypothek zu kündigen, welche noch von seinem Vater her auf einem hiesigen Grundstück stand. Es war eine Menge Geld, ich weiß nicht, wo es geblieben ist. „Es ist mein Geld", sagte er grob, als ich danach fragte. Er hat immer wieder viel Geld verborgt und es selten wiederbekommen.

Gustav machte leider nicht die Geschäfte, die Herr Maager von ihm erwartete. Nach einem halben Jahr wurde ihm gekündigt, und wir waren wieder brotlos.

Vier Monate später lernte Gustav den Milchhändler Groh kennen, einen reichen Mann, der in Hergershausen, eine dreiviertel Stunde von Darmstadt per Bahn entfernt, eine Filialmolkerei gründen möchte, und Vater soll sie übernehmen. Das hat geklappt – also zogen wir mal wieder um nach Hergershausen. Wir hatten Glück und fanden außer der neuen Wohnung eine Waschküche im Keller vor, was für mich eine große Erleichterung bedeutete.

Ich konnte mir ein Mädchen für den Haushalt nehmen, und durch Elfriede hatte ich endlich auch eine Hilfe für die große Wäsche. Es war stets eine schlimme Arbeit; alle zwei bis drei Wochen muss die Leibwäsche von vier Personen gewaschen werden, dazu die Wäsche der Kinder. Während ich bisher die Wäsche in einem großen Topf auf dem Kohleherd zum Kochen brachte, kann ich sie nun in der Waschküche in einem großen Kessel kochen, unter dem ein Kohlefeuer brennt. Aber auch hier gehen immer zwei Tage dafür drauf.

Am Vorabend muss die Wäsche in einem großen Bottich eingeweicht werden, steht über Nacht und wird früh am nächsten Morgen in den vorgeheizten Kessel gesteckt. Dass heißt, zuvor Holz und Kohlen schleppen. Dann wird die Wäsche einige Zeit gekocht, danach auf dem Waschbrett gerubbelt, was immer sehr die Hände beansprucht. Das geht so bis zum Abend. Am nächsten Morgen wird weiter gewaschen bis gegen Mittag, danach alles spülen, auswringen und aufhängen in einem Kellerraum, wenn er frei ist. Wenn nicht, muss ich die nasse Wäsche auf den Boden hinauftragen, dass heißt wieder große Anstrengung, denn nasse Wäsche ist sehr schwer. Dort trocknet die Wäsche dann meistens zwei oder drei Tage, später wird gebügelt mit dem schweren Bügeleisen, in das der heiße Bolzen geschoben wird. Es ist stets eine große Plagerei.

Karl hat gut gelernt und verlässt jetzt die Prima. Ich konnte ihm eine Volontärsstelle in der Großherzoglichen Bezirkskasse II verschaffen. Nun fährt er alle Tage früh um sechs Uhr nach Darmstadt und kommt erst abends heim. Er muss drei Jahre Volontär sein, ehe er mit der kleinsten Vergütung von 30 Mark im Monat rechnen kann. Rudolf und Dorle gehen seit fünf Monaten in Hergershausen in die Dorfschule.

Herr Molkerei-Direktor Oeser schrieb uns, ob Gustav die Direktorenstelle die Molkerei in Münster in Westfalen übernehmen wolle. Vater depeschierte gleich ‚Gern!' Endlich wieder eine Arbeit in Aussicht. Alles wurde abgemacht, wir packten nach vierzehn Tagen die Möbel, da kam früh gegen zehn Uhr eine Depesche von Oeser: ‚Nicht kommen, Molkerei liquidiert!'

Was tun? Wie ein Schlag hat uns das getroffen. Betten, Möbel, alles war schon im Eisenbahnwaggon. Vater, Karl und Rudolf packten weiter. Ich fuhr mit Dorle und Hannchen voraus, um eine Wohnung zu suchen. Für die Wohnung, die ich fand, musste ich gleich die Miete für einen Monat vorauszahlen. Am nächsten Tag waren unsere Möbel da.

Erst nach acht Wochen konnte Gustav eine neue Genossenschaft gründen. Ein Jahr dauerte es, ehe die Molkerei in Münster arbeitete, endlich ein kleiner Verdienst. Ich half nachmittags in der Käserei, sterilisierte Sahne in Flaschen. Ganze zwei Jahre ging das gut, doch die Molkerei rentierte sich nicht. Der Vorstand sagte, es liege an der Leitung; da die Genossenschaftler uneins waren, wurde Concours angemeldet.

Karl war in Darmstadt zurückgeblieben, wir mieteten ihm ein möbliertes Zimmer bei Bessungen, Karlstraße 72, nicht weit von der Bezirkskasse. Er arbeitete gern da. Sein Vorgesetzter, Rendant Bastert, schickte Karl jeden Monat Rechnungen bezahlen. Karl, der sehr gewissenhaft und treu war, hatte das Unglück, 300 Mark zu verlieren oder zu viel ausgezahlt zu haben. Wir sollten das Geld ersetzen. Ich ging zu dem Rendanten, ohne Erfolg; der beantragte, dass Karl in die erste Gehaltsstufe zurückkommt. Das sind wieder nur 30 Mark im Monat, alles andere, Kost, Wohnung und Kleidung, mussten wir bezahlen, da hieß es wieder sparen, sparen; es ging nur mit aller Kraft und Energie.

Dorle lernt gut, ist inzwischen in die Höhere Töchterschule gekommen, und Hannchen in die Elementarschule. Münster hat einen schönen Zoologischen

Garten, und wir nahmen ein Familien-Abonnement, damit die Kinder für den Nachmittag und in den Ferien untergebracht sind.

Herr Oeser hat Gustav einem Herrn Dierichs als Betriebsleiter empfohlen, welcher bei Barmen eine eigene Molkerei besitzt, sie liegt zwischen Langerfeld und Schwelm bei Wuppertal. Herr Dierichs kam nach Münster und hat Gustav engagiert.

Die Molkerei liegt in Neuenhof, da sie zu wenig Räume hat, mussten wir fünf Minuten entfernt in Langerfeld eine Wohnung suchen, fanden sie auch in der Pulsöde. Die Mädchen gehen nun in Schwelm auf die Töchterschule.

Da ich jedoch bald merkte, dass dort nicht das gelehrt wurde, was ich erhoffte, brachte ich beide nach Barmen in die Töchterschule. Die Verbindung ist gut, direkt unter unserem Fenster ist die Haltestelle der Straßenbahn.

In Elberfeld habe ich eine Cousine, verheiratet mit dem Vorsteher des städtischen Armenhauses, Albert Rontschky mit Namen. Ich habe die alte Familienverbindung wieder aufgefrischt, da ich erfuhr, dass Rontschky einen großen Garten hat und viel Obst, gerade der richtige Tummelplatz für unsere Kinder. Und sie gehen gern hin, das heißt, wir fahren eine Strecke mit der neuen Schwebebahn, eine sehr nützliche Einrichtung für diese bergige Gegend.

Es ist eine Hängebahn, die an einer Schiene entlang über die Wupper fährt. Sie besteht aus zwei Wagen und hängt an einer Eisenkonstruktion in acht bis zwölf Metern Höhe. Sie durchfährt Wuppertal und die angrenzenden Orte, etwa 13 Kilometer lang soll diese Verbindung sein. Erfunden wurde die Bahn von einem Ingenieur Eugen Langen aus Köln am Rhein. Baubeginn war 1898, und am 1. März 1901 wurde sie vom deutschen Kaiser Wilhelm II. eröffnet. Es soll ein technisches Wunderwerk sein, schreibt die Zeitung. Uns macht es jedenfalls immer viel Spaß, damit zu fahren, das heißt, zu schweben und die Stadt und die Umgebung von oben zu sehen.

Karl ist nicht nur mein Ältester, er wurde auch mein Freund, wenn ich traurig bin, verzweifelt weine, weil ich nicht mehr weiter weiß, nimmt er mich um den Hals, drückt mich und sagt: ‚Mutter, weine nicht, behalte den Kopf oben.'

Er hat 1904 sein Staatsexamen als Großhessischer Ministerialbeamter respektive Finanzbeamter gemacht, von 63 Bewerbern hat er als achtzehnter bestanden. Da es aber zu viele Finanzkandidaten gab, wurde ihm ein Jahr Urlaub gegeben. Er fand in dieser Zeit Beschäftigung zunächst in der Langerfelder Gasfabrik, danach ein halbes Jahr bei der Firma Frants en gros in Elberfeld.

Bei der täglichen Fahrt nach Elberfeld machte er die Bekanntschaft eines Mädchens namens Paula Grote, welche täglich von Barmen nach Elberfeld fuhr. Sie trafen sich wohl häufiger und verliebten sich.

Und noch etwas entwickelte sich bei Karl erstaunlich gut: er begann zu malen! Talent habe ich ja schon bei ihm festgestellt, aber nun drängt es ihn selbst, es auszuüben. Ich habe ihm von meinen Erfahrungen einiges abgegeben, und wir besorgten ihm auch gute Bücher, die ihm weiterhelfen werden. Er versteht sich gut aufs Kopieren und versuchte sich an Bildern von Rembrandt und Rubens, die ihm nicht schlecht gelangen.

Auch Rudolf ist schon verständig, hilft mir, wo er kann, und wenn Vater mal wieder heftig wird, schüttelt er den Kopf, steht auf und verlässt das Zimmer. Wie leicht haben es doch die Ehefrauen, die wissen, dass ihr Mann gewissenhaft ist und für die Familie sorgt.

Rudolf besucht jetzt in Wuppertal-Elberfeld die Maschinenbauschule, um sich zum Elektrotechniker ausbilden zu lassen. Eine Bürolaufbahn will er absolut nicht machen. Er hat in der Schule schwer gelernt und ging ohne die einjährige Berechtigung aus der Tertia ab, leider, muss ich sagen, doch er wollte keinesfalls länger bleiben und hat es später bitter bereut. Mit Strenge war aber bei ihm nichts zu erreichen.

Die beiden Mädchen sind meine Freude und entwickeln sich gut. Dorle ist in einem etwas schwierigen Alter, aber das wird sich wieder geben. Sie ist oft renitent, bockig und weiß alles besser. Sie ist Ostern 1908 konfirmiert worden. Nachdem sie die Zehnklassenschule zu Ende gemacht hatte, meldete ich sie zur Ausbildung als Korrespondentin in der städtischen Handelsschule in Barmen an. Sie lernt gut und es macht ihr Spaß, sagt sie.

Dass die Photoaufnahme im Atelier von Samson & Co. in Elberfeld 1908 überhaupt möglich wurden, habe ich Karl, unserem Ältesten, zu verdanken. Er schlug den Besuch vor, arrangierte den Termin, der dann aber fast an Vaters ‚NEIN!' scheiterte. Das Photo, das dennoch entstand, ist so trügerisch, zeigt es doch eine gut situierte und zufriedene, ja heitere Familie, die sich in Harmonie dem Photographen stellte. Dabei war das Gegenteil der Fall, es gab zuvor Zank, Streit und Aufregung.

Hanna, Gustav, Karl, Dora , Clara, Rudolf (1908)
Familie Weckbrodt

In der Wohnung kann ich nur täglich das Nötigste machen, es kommt keine Gemütlichkeit auf. Als junges Mädchen arrangierte ich gern schöne Blumen in einer Vase, worüber sich meine Mutter immer sehr gefreut hat. Heute habe ich weder Zeit noch Geld dafür.

Wie gern würde ich an einem Sonntag mal einen guten Braten auf den schön gedeckten Tisch bringen, an dem wir dann in Ruhe und Harmonie das Essen verzehren. Auch dafür fehlt die Zeit. Zur Eheschließung bekam ich von meinen Eltern das gute Essgeschirr und schöne Weingläser, das alles bleibt fast unbenutzt im Schrank.

Wie leicht haben es doch die Ehefrauen, die wissen, dass ihr Mann gewissenhaft ist und für die Familie sorgt. Bei Gustav kommt keine Gemütlichkeit auf, wortlos sitzt er am Abend am Tisch und liest seine Tageszeitung, während ich mit nähen oder flicken dabei sitze; ein Gespräch kommt nicht auf. Wir haben keinen Freundeskreis, wie ich es von meinen Eltern her kenne, selbst die Nachbarn im Haus scheinen uns aus dem Wege zu gehen, wollen keinen Kontakt. Der Umgangston ist kühl und knapp, oft sogar verkrampft.

Nun ist auch Hannchen konfirmiert worden, es war Ostern 1912. Sie ist mein Liebling, immer freundlich und gefügig. Von der Konfirmation her haben wir noch Verbindung zum Pfarrer der Kirche, der hat vorgeschlagen, dass Hannchen im Kirchenchor mitsingen solle. Ich habe das befürwortet und begleite sie nun oft dahin. Sie hat eine glockenreine Stimme und singt inzwischen solo in der Kirche. Auch Dorle ist sehr musikalisch und zeigt Interesse für ein Instrument des Pfarrers: eine Geige. Sie macht darauf gute Fortschritte und spielt nun ebenfalls in der Kirche.

Für mich ist jetzt auch eine schönere Zeit, ich komme langsam zur Ruhe, die Sorgen werden weniger, die Zeiten besser. Ich kann mich mehr den Mädchen widmen.

Hannchen verdient nun schon ein wenig und liegt mir nicht mehr auf der Tasche. Sie macht eine Lehre als Schneiderin beim Innungsverband des deutschen Handwerks. Und Dorle macht in der Handelsschule gute Fortschritte; sie lernt Kurzschrift – die nennt sich Stolze Schrey – und Schreibmaschine. Die Sprachen Englisch und Französisch fallen ihr leicht.

Und nun kommen die ersten Männerbekanntschaften! Die Mädchen gehen in die Tanzstunde und kehren immer aufgeregt und mit roten Wangen nach Hause zurück. Ab und zu begleite ich sie und sehe mir die jungen Männer etwas genauer an.

Gustav ist ruhiger geworden, zankt nicht mehr so viel und hält es länger auf einer Stelle aus, aber er denkt schon ans Aufhören. Er ist jetzt 63 Jahre alt und wird eine Pension bekommen. Wir haben ihn schon vor 25 Jahren in die Pensionskasse des Privatbeamten-Vereins eingekauft, und ich habe darauf geachtet, dass pünktlich eingezahlt wurde.

Einige Zeit ist inzwischen vergangen, ich habe lange nicht schreiben können. Jetzt ist Karls Militärzeit gekommen, er meldete sich in Darmstadt beim Großhessischen Leibgarde-Infanterie-Regiment 115 an. Als hessischer Beamter muss er in Hessen dienen, und er meint, es sei sein Herzenswunsch. Er fuhr zur Untersuchung und wurde genommen, trotz der Kugel im Kopf, die sich in der rechten Schläfe verkapselt hat. Karl ist stolz darauf, als Einjährig-Freiwilliger eintreten zu können, er ist ein strammer, hübscher Soldat!

Ich habe meine alte Mandoline wieder herausgeholt, die ich als junges Mädchen gern gespielt habe. Beide Töchter interessieren sich dafür, und lernen

Marianna, Hanchen, Dora (1916)
Mandolinengruppe Magdeburg

nun auch spielen. Zusammen mit ihren Schulfreundinnen, zu denen sie noch Kontakt haben, machen wir kleine Wanderungen in der Umgebung, und oft wird es richtig lustig. Es spricht sich herum unter den jungen Mädchen, und es werden immer mehr, auch mehr Instrumente, und so ziehen wir spielend und singend durch die schöne Landschaft. Für Hannchen konnte ich eine gebrauchte Gitarre erwerben, und ich machte ihr den Vorschlag, bei einer ehemaligen Musiklehrerin Gesangsunterricht zu nehmen, sie war begeistert.

Wir sind jetzt von Langerfeld nach Magdeburg umgezogen, Gustavs Mutter wegen, welche nicht mehr allein bleiben kann. Ein Freund Vaters, ein Herr Heinecke, besorgte uns eine hübsche Fünf-Zimmer-Wohnung in der Belfortstraße Nummer 37, parterre. Wir haben Mutter mit ihren Sachen zu uns geholt, sie bekam ein Zimmer für sich. Sie hat dann noch vier Jahre bei uns gelebt, wurde 88 Jahre alt, am 1. April bekam sie einen Herzschlag und ist binnen drei Tagen gestorben.

Nun haben wir die große Wohnung wieder aufgegeben, da sie sehr teuer ist, und zogen um in die Kühleweinstraße 36, Parterre, eine sehr hübsche Vier-Zimmer-Wohnung mit einem Bad.

August 1914: Wir haben Krieg! Was wird uns die Zukunft bringen?
Nach verschiedenen Übungen zog Karl gleich nach der Mobilmachung im August mit seinem Regiment ins Feld. Vorher brachte er Paula Grote mit und ließ sich mit ihr kriegstrauen, eine einfache und schnelle Angelegenheit. Ich konnte nicht hin, war hier ans Haus gekettet. Im September schrieb er uns, dass er vorübergehend heimkommt, um seine Offiziersprüfung zu machen.

Rudolf ging am 5. August mit seiner Staffel, die sich nach ihrem Führer Manfred-von-Richthofen-Staffel nennt, ins Feld. Begeistert und voller Hoffnung! Zuvor hatte er sich 1913, als die ersten Militärflugversuche in Jüterbog gemacht wurden, als Flugschüler angemeldet, und legte später in Görris seine Flugzeugführer-Prüfung ab.

Ich erinnere mich: Wohl elf Jahre war ich alt, als die Franzosen 1870 den Preußen den Krieg erklärten. Wir hörten es von den Erwachsenen, und auch in der Schule lernten wir was darüber.

Es ging darum, dass der Erbprinz Leopold von Sachsen-Sigmaringen spanischer König werden sollte, die Spanier selbst hatten ihm ihren Thron angetragen, und der preußische Kanzler Bismarck hatte es unterstützt. Die Franzosen wollten es auf keinen Fall, sie protestierten aufs schärfste. Es kam zum Krieg, obwohl der Vater von Leopold, Karl-Anton von Hohenzollern-Sigmaringen, im Namen seines Sohnes auf die Thronkandidatur verzichtete. Dieser preußisch-französische Krieg, der sich sogleich zum deutsch-französischen Krieg ausweitete, begann im Juli 1870 und war im Januar 1871 schon gewonnen – von den Deutschen. Es wäre schön, wenn dieser Krieg jetzt ebenso schnell zu Ende ginge.

Bei Ausbruch des Krieges ging für Dorle eine Freundschaft, ja Verlobung auseinander: Sie hatte in Magdeburg, wo sie als Fremdsprachen-Korrespondentin arbeitete, einen jungen Japaner kennengelernt, einen Kunstmaler, der in der ganzen Welt unterwegs war; sie bekam viel Post von ihm, viele gemalte Postkarten und kleine Bilder. Auch ein schönes japanisches Kaffeeservice und mehrere große Vasen aus Japan verehrte er ihr. Er war ein interessanter junger Mann aus guter Familie, sein Name war Hisa Hibino. Bei Kriegsbeginn musste er Deutschland verlassen, und so löste sich diese Verbindung.

Dorle (1916) Verlobung Dorle mit Maler Hisa Hibino (1914)

Post von Karl aus Sermaise; es geht ihm gut, schreibt er. An der Marne in Frankreich gab es viele Verluste, wie die Zeitung schreibt. Nun haben wir schon einige Zeit nichts mehr von ihm gehört, und ich mache mir Sorgen, ich warte und warte.

Auch von Rudolf ist Post gekommen, er ist mit seiner Richthofen-Staffel im Einsatz. Im April bekam er vor Mitau das Eiserne Kreuz I. Klasse. Dann kam er in Russland zum Einsatz und schoss dort die ersten russischen Flieger ab. Danach holte er am Hartmannsweiler Kopf zwei Franzosen vom Himmel und später vor Cambrai noch sechs Engländer. Als Auszeichnung erhielt er einen silbernen Pokal, der als Gravur zwei kämpfende Adler zeigt.

Dann erreichte uns die Nachricht, dass er einen Schenkelschuss erlitt, zur Heilung ins Lazarett kam und anschließend zur Erholung nach Mittenwald bei Garmisch-Partenkirchen in Oberbayern.

Von dort erhielten wir Post. Rudolf schrieb und bat darum, dass ich auf seine Kosten nach Mittenwald kommen solle. Ich fuhr und erlebte drei herrliche Wochen mit meinem Jungen, es waren unvergessliche Tage. Ich war von den Naturschönheiten der Alpen begeistert. Nach schwerem Abschied fuhr ich wieder nach Hause mit dem Versprechen, Hannchen, die Rudolf immer sehr liebte, zu ihm zu schicken.

Ich war am Sonnabend früh in Magdeburg zurück, und am Sonntag schon fuhr Hannchen ab und verlebte zehn schöne Tage bei ihm in dem herrlichen Mittenwald, auch ihr ist dieses Erlebnis unvergesslich. Rudolf musste dann wieder zu seiner Staffel zurück, wollte aber sofort Nachurlaub in der Heimat einreichen. Da er Kampfflieger war, wurde er furchtbar nötig gebraucht (wie sein Hauptmann sagte), wegen schwerer Zeiten.

Im September schoss er den siebten Engländer ab, aber auch jetzt ließ ihn sein Jagdstaffelführer, Oberleutnant Loerzer, nicht fort, mit der Begründung, dass er einen so tüchtigen Flugzeugführer nicht entbehren könne.

Am 14. Oktober 1917, nachmittags fünf Uhr, wurde Rudolf im Luftkampf

Rudolf, Karl (1914)

Richthofenstaffel, Rudolf (1915)

bei Iseghem von Engländern abgeschossen, jenseits unserer Linien, er stürzte in ein Gartenloch, es war ein Sonntag. Als wir diese Nachricht bekamen, dachte ich, mein Herz steht still, mein armer geliebter Junge! Er war so herzensgut und hing mit großer Liebe an uns. Wir mussten diesen guten, braven Sohn dem Vaterlande opfern, ist das solche herzbrechenden Opfer wert?

Auch Karl kommt nicht wieder! Bei einem nächtlichen Sturmangriff bei Manrupt an der Marne in Frankreich ist Karl wahrscheinlich erschossen worden, nachts gegen zwei Uhr, stand im amtlichen Schreiben; er wurde als vermisst gemeldet. Ich wache noch heute nachts um diese Zeit auf. Zwei gute, ehrliche Jungen, mit viel Mühe, Entbehrungen und Arbeit groß gezogen, musste ich hingeben. Ob solche Opfer das Vaterland wert war? Ich glaubte, nicht mehr leben zu können, doch ich hatte noch zwei Töchter, die mich brauchten, für die ich noch da sein musste. So viele, viele schlechte Charaktere kommen ohne Schaden wieder, und meine guten, ehrenhaften Jungen bleiben im Feindesland!

Ich habe in unser Familienstammbuch diese Worte über ihren Heldentod geschrieben, es musste festgehalten werden!

Am 9. November 1918 meldete der Berliner Telegraph (amtlich): ‚Der Sozialdemokrat Friedrich Ebert hat die Regierungsgewalt übernommen.

Der Kaiser und König hat sich entschlossen, dem Thron zu entsagen. Die militärische und politische Lage hat Kaiser Wilhelm II. zur Abdankung gezwungen … Die neue Regierung wird eine Volksregierung sein. Ihr Bestreben wird sein müssen, dem heutigen deutschen Volke den Frieden schnellstens zu bringen und die Freiheit, die es errungen hat, zu festigen. Mitbürger! Ich bitte euch alle dringend, verlasst die Straßen, sorgt für Ruhe und Ordnung.'

Weiter heißt es in einem anderen Artikel: ‚An der Front wurden nach Annahme der unerhört harten Waffenstillstandsbedingungen in der Mittagsstunde des 11. Novembers 1918 die Feindseligkeiten eingestellt.'

Nach Kriegsende lernte Dorle in Magdeburg einen jungen Mann kennen, er ist aus Schlesien und hier in Stellung. Im Kriegseinsatz in Frankreich hat er bei Verdun seinen linken Arm verloren. Ist das eine Basis für eine junge Frau, eine Familie zu gründen? Was lädt sie sich da auf! Aber sie haben es eilig, im Dezember schon wollen sie heiraten, weil bereits ‚etwas' unterwegs ist. Auch das noch! Da sie keine preiswerte Wohnung finden können, werden sie erst einmal zu uns ziehen, die Wohnung ist groß genug. Außerdem hat Richard in Schlesien eine recht gute Anstellung in Aussicht. Nun, man wird sehen.

Auch mein Hannchen lernte einen jungen Mann kennen, namens Erich Schmidt, aus Magdeburg. Sie gingen zusammen aus, auch zum Tanzen, und verliebten sich. Wenig später lernte ich seine Mutter kennen und ärgerte mich über eine Bemerkung, die sie fallen ließ. Da ich nicht wollte, dass Hannchen sich verzettelt, schrieb ich an den jungen Mann einen Brief:

Magdeburg, den 23. Sept. 1919

Sehr geehrter Herr Schmidt!
Selten ist mir ein Brief so schwer gefallen und hat mir so weh getan wie dieser, doch es muss sein. Von Ihrer Frau Mutter hörte ich am Sonntag die Äußerung, welche mich furchtbar traf und mir zeigte, dass es Menschen gibt, welche weder

Takt noch Zartgefühl besitzen. Ihre Frau Mutter scheint von einer reinen Zuneigung Ihrerseits zu meiner Tochter nicht überzeugt zu sein, und Hannchens Person sowie ihr guter Name sind mir viel zu kostbar, um sie einer derartigen Deutung auszusetzen. Wenn Ihre Frau Mutter nun Recht hat und Sie nicht eine tiefe, standhafte Liebe zu Hannchen fühlen, so ist es für alle Teile richtiger, Ihren bisherigen Verkehr in einen freundschaftlichen umzuwandeln.

Hannchen ist todunglücklich und meint, das nicht fertig zu bringen, doch ich rechne auf ihren Stolz, nach und nach wird sie einsehen, sich selbst für zu hoch zu halten, um nur für Tanz und Amüsement da zu sein.

Ich schätzte Sie stets und vertraute Ihnen Hannchen stets gern an; sollte Ihr innerstes Herz aber entgegen der Äußerung Ihrer Frau Mutter empfinden und Sie treu zu Hannchen halten, so nehme ich alles eben Gesagte mit Freuden zurück. Wir wollen uns nicht feindlich gegenüber stehen und den bösen Zungen Stoff zur Unterhaltung geben, nur bitten möchte ich Sie, Hannchen nicht mehr anzurufen, zu treffen und zu Vergnügungen einzuladen. Hannchen las diesen Brief nicht, selbstredend steht es Ihnen aber frei, ihr denselben zu zeigen.

Nun, bitte, lieber Herr Schmidt, seien Sie nicht böse auf mich, urteilen Sie objektiv, und Sie müssen mir Recht geben und einsehen, dass ich mein über alles geliebtes Kind vor derartigen abfälligen Äußerungen beschützen muss, gerade Hannchen mit ihrem goldtreuen Herzen und unantastbaren Charakter verdient am allerwenigsten, mit falschen Augen betrachtet zu werden.

Ein komisches Schicksal, dass gerade die besten, ehrlichsten Menschen so schwer um ihr Glück kämpfen müssen. Wenn Hannchen erst ruhiger ist, sich durchgerungen hat, wird sie einsehen, dass ich nicht anders handeln durfte. Es wünscht Ihnen alles Gute

Frau C. Weckbrodt.

Nun, so kam es zur Verlobung nach diesem Brief; Erich Schmidt machte wenig später einen förmlichen Antrag bei Vater. Eine Wahl nach freiem Herzen für mein Hannchenkind!

Inkompetente Menschen machen mir den Vorwurf, ich sei herrschsüchtig. Wer meinen Mann kennt, mag ihn nicht. Wo wären wir, wenn ich nicht die Zügel, respektive das Geld in die Hand genommen hätte?

In den ersten Jahren meiner Ehe traute ich meinem Mann alles Gute zu, vertraute ihm ganz, zumal er ja fast 13 Jahre älter war als ich. Ich erwartete von ihm, dass er, wie es seine Pflicht gewesen wäre, für Frau und Kinder sorgen würde. Als ich aber nach Jahren sah, dass er es nicht tat, dass wir alles Geld verloren, den Krebsgang gingen, alle Geschäfte stagnierten, die er in Händen hatte, da sagte ich mir, wo endet das? Was wird aus den Kindern? Gustav war es gleich, ob sie lernten oder nicht, er arbeitete ja auch nicht mit ihnen, soviel ich darum bat. Mir ist es oft schwergefallen, alle Schularbeiten nachzusehen. Bei der häufigen Stellungslosigkeit von Gustav fiel es mir bitter schwer, für alles allein zu sorgen, keinen Mann zu haben, der half.

Wir hatten eine Lebensversicherung von 20.000 Mark abgeschlossen, neun Jahre lang haben wir die Prämien bezahlt, dann hat Vater es verbummelt, weiter zu zahlen, und alles war verloren. Nur durch Zufall erfuhr ich davon, und das bewog mich, in Zukunft selbst für die Kinder zu sorgen. Leicht war das nicht, und nachdem ich mich durchgerungen hatte, sagen dumme Menschen, ich würde ‚herrschen'. Doch wie unendlich schwer ist mir dieses ‚herrschen' geworden, alle Verantwortung allein für vier Kinder zu haben, sie zu braven Menschen zu erziehen.

Am 10. Januar 1920 wurde der Friedensvertrag von Versailles ratifiziert.

10. Juli 1920: Dorle ist Mutter geworden! Vor zwei Tagen kam ein Junge zur Welt, die Geburt ging glatt, die Hebamme war rechtzeitig da. Es ist ein gesundes Kind, und soll auf den Namen Joachim getauft werden, ein moderner Name.

Gemeinsam haben wir die Zeit davor Babyhemdchen und Windeln aus alten Bettlaken genäht, es ist ja alles so teuer.

In unserer Wohnung ist es nun nicht mehr so ruhig wie bisher, das kleine Kind bringt neues Leben in den Haushalt, und Dorle ist gut beschäftigt. Hannchen ist begeistert von dem Baby und hilft wo sie kann. So lernt sie, ein Kind zu versorgen, baden in einer kleinen Zinkwanne, und wickeln, sie sieht zu, wenn Dorle stillt, sie hat genug Milch. Auch ich helfe, wo ich kann, und gebe gute Ratschläge. Wo ist die Zeit, sind die Jahre geblieben, da ich meine Kinder bekam, stillte, wickelte und großzog?

Dorle und Richard wohnen bei uns, bis er seine neue Stelle bei der Firma in Schlesien antritt. Sie werden dann erst einmal nach Faulbrück gehen, wo seine Mutter zu Hause ist, die wird für sie eine kleine nicht so teuere Wohnung suchen. Richard muss dann mit der Bahn nach Langenbielau fahren, es soll aber nicht weit entfernt sein.

Am 3. Dezember 1922 ist Gustav gestorben, früh um acht Uhr in seinem Bett. Als ich ihm seinen täglichen Kakao ans Bett brachte, war er tot, kein Mensch hat etwas gemerkt. Er ist 75 Jahre alt geworden. Arterienverkalkung, stellte der Arzt fest. So endet ein schicksalsschweres Leben, als Millionär geboren, als armer Mann gestorben – schuldlos? Nein! Gustav übernahm von seinem Vater außer einem großen Barvermögen drei Häuser hier in der Prälatenstraße, das große Haus mit zwei Hinterhäusern, dazu ein Haus der ‚Freundschaft' und noch ein Haus weiter unten – Nummer weiß ich nicht mehr –, dazu noch das schuldenfreie Rittergut ‚Rohrbach' bei Weimar, welches heute noch besteht. Wo blieb alles?

Richard, Jochen, Dora
Magdeburg (1921)

Ich weiß es nicht! Vater hatte einem alten Freund ein halbes Jahr zuvor, ohne jedes Schriftstück, von einer Hypothek 25.000 Mark überschreiben lassen, die nun auch verloren sind.

Trotz aller Leichtfertigkeit hat er wenigstens einen ehrlichen Namen hinterlassen, kein Makel haftet darauf. In den letzten Tagen sprach ich mit unserem Kohlenhändler Wrede, dessen Vater besuchte mit Gustav zusammen das Dom-Gymnasium, er kannte Vaters Vergangenheit genau, sagte: „… ehrlich und anständig ist der tolle Weckbrodt gewesen.'

Am 11. April 1921 starb im Haus Doorn/Holland die letzte deutsche Kaiserin, Auguste Viktoria. In Potsdam wurde sie beigesetzt.

Im Mai 1923 hat mein Herzenskind geheiratet! Nachdem sich Erich Schmidt erklärt hatte, ist nun alles gut geworden. Da auch sie sich noch keine eigene Wohnung leisten können – wie Dorle und Richard – wohnen sie vorerst bei seiner Mutter.

Nun werde ich Hannchen nicht mehr so oft sehen, nun muss ich wohl teilen. Aber sie will mich, so oft es geht, besuchen kommen. Ich hoffe, dass ihr ein Eheleben, so wie ich es führte, erspart bleibt und sie glücklich wird. Hannchen ist eine so zarte Pflanze, die nur Gutes verdient. Und an Erich ist eigentlich nichts auszusetzen, er ist rechtschaffen und ehrlich.

Hannchen brachte die Geburtsurkunde der Mutter von Erich mit, warum, weshalb, ich weiß es nicht. Die Frau ist um einiges älter als ich, wurde 1837 geboren; es war auch noch die Heiratsurkunde seiner Eltern von 1862 dabei mit der Bezeichnung ‚Copulationsschein'. Nun, ich hob alles auf.

Später fand ich in den Unterlagen auch einige Zeugnisse von Hannchen, die sie von ihren Dienstherren beim Stellungswechsel erhielt. Sie arbeitete da jeweils als Stenotypistin, und ich muss sagen, die Zeugnisse fielen recht gut und zufriedenstellend aus. Mit ihrer Heirat endete dann ihre Berufslaufbahn. Ist ein Mädchen erst einmal verheiratet und lebt in geordneten Verhältnissen, hat sie es nicht mehr nötig, zu arbeiten.

Schon seit 1919/1920 haben wir eine Wirtschaftskrise, und es ist nicht abzusehen, wohin das noch führen wird. Die ersten Anzeichen setzten gleich nach Ende des Kriegs 1918 ein, aber da hat man noch gedacht, es seien die Folgen des verlorenen Krieges, das gibt sich wieder.

Nach dem Krieg hat ein Reichspräsident Friedrich Ebert den Kaiser abgelöst, ein Mensch, der nicht mal richtig Deutsch kann, sagt man, ein ehemaliger Sattler. Ob das stimmt, ich weiß es nicht. Und so etwas soll unser Reich regieren?

Nun haben wir eine ständig wachsende Inflation. Das Geld wird von Tag zu Tag weniger, das heißt, es ist weniger wert. Kostet heute ein Brot etwa 500 Mark, muss ich morgen schon das Doppelte dafür bezahlen. Wie kann so etwas passieren? Anfangs hat man der Teuerung gar nicht so viel Aufmerksamkeit geschenkt, aber jetzt, da sich das Geld von einem Tag auf den anderen immer mehr entwertet, ist es eine Katastrophe! Wie oft gehe ich jetzt hungrig ins Bett.

Als Karl vor Weihnachten 1913 das letzte Mal zu Hause war, brachte er ein schönes, großes Bild mit, eine Kopie der ‚Kreuzigung Christi' von Rembrandt, die er selbst malte, und gab es mir mit den Worten: ‚Hebe es mir auf, Mutter, bis ich es wieder von dir holen werde.' Aber der arme Mensch kam nicht wieder. Wenn es sein Wille gewesen wäre, dass seine Frau das Bild haben sollte, so hätte er es doch gleich zu ihr gebracht, wie er es mit allen anderen Bildern gemacht hat, die er malte. Paula hat mehr Bilder, als ich von ihm bekam, das sagte er selbst zu mir.

Noch in Langerfeld war es, als Karl mit seinem Weihnachtsbild für Paula nicht fertig wurde. Ich half ihm aus der Verlegenheit und gab ihm ein Bild, welches ich von ihm zum Geburtstag bekommen hatte, ‚Rotkäppchen', im schwarzen Rahmen. Er wollte es sofort noch einmal malen, aber es unterblieb. Wie viel Schönes hätte Karl noch schaffen können, dieses Talent! Ein solches Talent, ein so hervorragend guter und kluger Mensch, musste so enden. Ist das Gerechtigkeit? Barmherzigkeit? Kann so viel Elend und Schmerz, wie der Krieg brachte, ein ‚gütiger Gott' verantworten??

Mich umgibt Leere, ich werde nicht mehr gebraucht! Die beiden Jungen im Felde gefallen, für Volk und Vaterland. Vater tot, Dorle und Hannchen verheiratet. Sie haben jetzt ihr eigenes Leben. Und ich bin eine alte Frau von 66 Jahren, deren Ende abzusehen ist. Was soll ich noch auf dieser Welt?

Ich war so in das Leben eingespannt, wurde stets so sehr gefordert, dass ich nun die Ruhe nicht verkraften kann. Deshalb holte ich mein Tagebuch wieder hervor, da ich keinerlei Freundschaften habe, soll das Tagebuch mein Gesprächspartner sein, wie schon in früheren Zeiten. Meine Ehe war mein eigener kleiner Krieg, ich konnte mich nicht um den großen kümmern, ich ahnte ja nicht, dass er mir meine beiden Jungen nehmen würde.

Aus Schlesien kommt selten ein Lebenszeichen, Dorle hat inzwischen drei gesunde Kinder und ihre Pflichten. Sie wohnt mit der Familie in einer Dreizimmerwohnung in einem kleinen Dorf, in dem Richards Mutter bei ihrem ältesten Sohn lebt, der die Ziegelei weiter führt. Der Vater ist schon verstorben.

Richard fährt jeden Tag mit der Eisenbahn zu seiner Dienststelle nach Langenbielau, wo er als Buchhalter bei einer großen Textilfirma arbeitet. Er strebt an, mit einem Darlehen seiner Firma ein Haus im Ort zu bauen. Ich würde es ihnen wünschen, dass die Kinder ein festes Zuhause haben und nicht so in der Welt herum vagabundieren, wie wir es mussten. Gebe Gott,

Clara (1923)

dass meine Töchter vor so viel Sorgen und Arbeit bewahrt bleiben, wie ich sie hatte. Mein größter Reichtum war mein gesunder Körper.

Hannchen hat noch keine Kinder, aber scheint mit ihrem Erich glücklich zu sein. Noch leben sie bei Erichs Mutter in deren Wohnung, sein Verdienst als Reichsbahnsekretär reicht noch nicht aus, um eine eigene Wohnung zu nehmen. Und das wird auch der Grund sein, dass ich Hannchen so wenig sehe, sie steht unter dem Einfluss der Mutter, und die kann mir wahrscheinlich noch immer nicht den Brief verzeihen, den ich vor der Verlobung an ihren Sohn schickte und worin ich sie als taktlos und ohne Zartgefühl bezeichnet habe.

Heute haben wir den 24. Juli 1927. Viel Zeit ist inzwischen vergangen, ich vegetiere so dahin. Die meiste Zeit verbringe ich mit Stricken, fertige Socken für Dorles Kinder, die sie gut gebrauchen können. Sie sind jetzt sieben, drei und zwei Jahre alt, und ich weiß aus eigener Erfahrung, wie viel Strümpfe Kinder in diesem Alter benötigen. Vor allem Jochen, der Älteste, ist in dem Alter, wo die Löcher in den Strümpfen nicht aufhören.

Für Ursel, die Dreijährige, habe ich mich zum ersten Mal an lange Strümpfe gewagt; ich kaufte eine helle Wolle und bekam die Strümpfe auch ganz gut hin. Ob das Mädchen sie auch anzieht, weiß ich nicht, ich habe noch nichts darüber gehört.

Das geplante Haus ist im Bau und soll im nächsten Jahr fertiggestellt sein, mit dem Darlehen hat es wohl geklappt. Am meisten freuen sich natürlich die Kinder auf den großen Garten, der das Haus umgeben wird, schreibt Dorle; etwas, was ich für meine Kinder auch gern gehabt hätte!

Große Überraschung! Gestern haben mich Hannchen und Erich besucht, ich war erstaunt, weil Erich sehr selten mitkommt. Sie unterbreiteten mir einen Vorschlag: Richard und Dorle wollen mich in ihrem Haus in Langenbielau aufnehmen! Sie meinen, dass ich mich noch nützlich machen könnte, mich mit den Kindern abgeben, vielleicht auch noch leichte Arbeiten im Haus übernehmen. Was ich davon halte, wurde ich gefragt. Nun, dieses Angebot muss ich mir erst durch den Kopf gehen lassen; ich von Magdeburg weg, wo ich jetzt so viele Jahre gelebt habe. Meine Wohnung aufgeben, in eine neue Umgebung ziehen, und das in meinem Alter? Ich habe mir Bedenkzeit ausgebeten.

Es kam ein langer Brief von Dorle, in dem sie das Angebot wiederholt. Es ist also ernst gemeint. Was soll ich tun? Sie meinen es sicher gut, aber ob es gut ist für mich? Mit Dorle hatte ich immer ein gespanntes Verhältnis, weil sie alles anders sieht, stets anderer Ansicht ist, ganz im Gegensatz zu Hannchen, meinem Herzenskind. Aber zu ihr kann ich nicht ziehen, nicht, solange Erichs Mutter lebt, das würde nicht gut gehen. Ich muss darüber nachdenken.

Weihnachten 1927: Nun ist das Fest vorüber, ich blieb allein, es waren stille Tage. Hannchen und Erich kamen an einem Feiertag zum Kaffee. Natürlich sprachen wir auch über Schlesien, was mich am meisten beschäftigt. Ob ich mich schon entschieden hätte, wollten sie wissen.

Ich wollte aber erst einmal Einzelheiten erfahren: wie sollte ich dorthin kommen, die Eisenbahnverbindung ist nicht gut, ich würde lange unterwegs sein müssen. Und was ist mit meinen Möbeln, was hier lassen, was mitnehmen?

Auch darüber haben sie schon mit Dorle und Richard gesprochen: Hannchen und Erich würden mich auf der Reise begleiten. Meine Möbel soll eine Speditionsfirma nach Langenbielau transportieren; ich soll mitnehmen, was ich will, Platz ist im neuen Haus genug. Die Kinder würden sich schon auf die Großmutter freuen.

Und so geschah es, nun bin ich in Langenbielau am Eulengebirge, Regierungsbezirk Breslau; am 5. April kam ich mit Hannchen und Erich hier an. Ich nahm meinen Kleiderschrank mit Wäschefächern mit, einen Schreibsekretär aus hellem Mahagoni, den ich sehr mag, eine Eckvitrine, eine Kommode, einen kleinen runden Tisch mit drei Stühlen und einen Armsessel aus Korb. Die Möbel passen alle in mein Zimmer, bis auf die Kommode, die in einem anderen Raum untergekommen ist. Ich habe ein eigenes schönes Zimmer im Erdgeschoss mit Blick in den Garten. Nun bin ich neugierig, wie es weitergehen wird.

Das Haus ist schön, gefällt mir gut. Durch das Darlehen seiner Firma ist es Richard möglich gewesen, zweistöckig zu bauen, so dass im ersten Obergeschoss noch zwei kleine Wohnungen sind, die er vermietet hat. Das Haus liegt auf einem großen Grundstück, das in Garten und Spielplatz für die Kinder eingeteilt werden soll. Hinter dem Haus ist ein Hof mit einer Wasserpumpe, daran soll sich der Gemüse- und Obstgarten anschließen.

Dorle hat einen Photographen gefunden, der aus Anlass meines Einzugs Photos von uns vor dem Haus gemacht hat. Ich muss sagen, ich habe Respekt vor Richard! Das hätte ich ihm nicht zugetraut, dass er so umsichtig plant und es auch verwirklicht. Hoffentlich hat er sich damit nicht übernommen, denn es fehlt jetzt an allen Ecken und Enden – noch, muss ich sagen, vielleicht richtet sich ja alles.

Wenn ich mir das in letzter Zeit Aufgeschriebene durchlese, stelle ich fest, dass ich eine ziemlich redselige Person geworden bin! Aber ich habe jetzt viel Zeit, im Gegensatz zu früher.

Mit den Kindern komme ich gut zurecht; sie sind auf mich ebenso neugierig gewesen wie ich auf sie! Da ist Jochen, fast acht Jahre alt, ein lebhaftes Kerlchen; die fünfjährige Ursel, ein blondes, hübsches Mädchen, schon recht groß für ihr Alter und der kleine, etwas schwächliche Horstl, drei Jahre alt.

In meinem Zimmer fühle ich mich sehr wohl; die Kinder dürfen es nur betreten, wenn sie vorher an die Tür klopfen und ich es ihnen erlaube; so habe ich mein eigenes Reich. Die Mahlzeiten nehmen wir gemeinsam ein; Richard kommt zum Mittagessen nach Hause, und das Essen hat pünktlich um 12.30 Uhr auf dem Tisch zu stehen, denn nach einer halben Stunde muss er wieder zum Dienst.

Dorle hat ein junges Mädchen zur Hilfe, Frieda heißt sie, ist aus dem Ort und geht zum Schlafen nach Hause zu ihren Eltern. Morgens um sieben Uhr kommt sie, macht das Frühstück und zieht die Kinder an. Mir bringt sie das Frühstück in mein Zimmer, weil ich etwas länger schlafen möchte. Und sie sorgt dafür, dass ich die Haut der abgekochten Milch, mit Zucker bestreut, auf Schwarzbrot gelegt und in Häppchen geschnitten, serviert bekomme. Eine lange Leidenschaft von mir.

Noch eine Leidenschaft hat sich hier eingestellt, durch die Kinder ausgelöst, die ihren ‚Wackelpudding' möglichst täglich essen wollen: es ist ‚Götterspeise', Waldmeistergeschmack, ein durchsichtiger, süßer Pudding, der auch meinem Gaumen köstlich schmeckt! Mit den Kindern esse ich ihn um die Wette und amüsiere mich über mich selbst!

Jetzt im August ist Hochsommer, ein heißer Sommer. Nun bin ich schon vier Monate hier und fühle mich wohl, habe mich gut eingelebt. Die Kinder bringen Leben ins Haus, es ist stets etwas los. So ist Jochen immer auf Entdeckungen aus, hat nur Dummheiten im Kopf, nichts ist vor ihm sicher; mit den Nachbarjungen, seinen Freunden, spielt er auf dem Weg vor dem Haus Fußball. Eine Fensterscheibe hat schon dran glauben müssen.

Ursel ist ein Puppen-Mütterchen, sie spielt viel und mit großer Ausdauer mit ihren Puppen, wovon sie mehrere besitzt, sogar eine, mit der Dorle schon gespielt hat, die ihre Lieblingspuppe war und nun an das Kind weitergegeben wurde. Gestern spielte Ursel ‚Friseur' mit einer Puppe, die ‚Mama' sagen kann, wenn man sie nach vorn kippt. Dieser Puppe mit echtem, langem Haar hat sie eine kurze Frisur geschnitten, einen Pagenkopf; nun sieht die Puppe aus, als hätten Mäuse daran genagt.

Horstl ist ein bescheidener, ruhiger Junge, der gern allein mit seinen Holzpferdchen und seinem Bauernhof spielt. Ab und zu kommt er zu mir, zeigt seine Tiere und stellt Fragen.

Die Tage verlaufen ruhig für mich, im Gegensatz zu meinem früheren Leben, als ich von ständiger Aufregung umgeben war. Ich selbst bin auch ruhiger geworden, ich merke mein Alter: Mein Gang ist etwas unsicher, ich benutze einen Stock, wenn ich um das Haus gehe oder in den Garten. Meine Augen werden schlechter, ich trage jetzt eine Brille mit dicken Gläsern, sie liegt sehr schwer auf der Nase und drückt. Und mein Haar ist weiß geworden, aber noch voll, ich trage es hinten aufgesteckt.

Richard und Dorle arbeiten viel im Garten, setzen Bäume ein und pflanzen Gemüse an. Den Kindern haben sie einen großen Sandkasten im Hof eingerichtet, gleich neben der Wasserpumpe, die Richard anlegen ließ, um im Sommer Gießwasser für den Garten zu haben. Der Brunnen ist sechs Meter tief, und das Wasser, das da heraus läuft, ist klar und sehr kalt.

Der Sandkasten aber ist die große Wonne der Kinder, ihr bevorzugter Spielplatz. Am liebsten bauen sie Sandburgen, und die Gräben drum herum werden mit Wasser aus der Pumpe gefüllt. Mit vereinten Kräften hängen die Kinder oft zu dritt am Pumpenschwengel, der wohl sehr schwer geht. Nur mit Badehose bekleidet und barfüßig laufen sie hin und her und sind mit Eifer bei der Sache. Dieses Paradies vergleiche ich oft mit dem meiner kleinen Kinder. Welch ein Unterschied!

Ich werde mit Dorles Wahl des Partners immer einverstandener.

Dorle hat ihr Interesse, ja ihre Liebe zum Sport entdeckt! Es gibt im Ort einen Männer-Sportverein, dem sie sich angeschlossen hat. Sie hat jetzt eine Frauen-Abteilung gegründet, wie sie mir erzählte, und die Frauen tragen zum Sport einen kurzen Anzug, sie nennen ihn ‚Turnanzug', er lässt die Beine bis zum Oberschenkel frei! Und an den Füßen tragen sie leichte Schuhe aus Stoff, sie nennen sie Turnschuhe.

Ich ließ mir erzählen, was sie so turnen, also was für eine Art Sport sie treiben, ich konnte mir das nicht vorstellen. Dorle nahm mich einmal mit, und was ich da sah, kann ich kaum beschreiben, aber ich will es versuchen:

Es sind ungefähr acht junge Frauen, die in einer großen Halle turnen. Sie machen Übungen, sie sagen Gymnastik dazu. Es sind auch Geräte in dieser Halle vorhanden: Da gibt es eine Eisenstange, die zwischen zwei Balken befestigt ist, daran ziehen sie sich hoch und überschlagen sich; sie nennen dieses Gerät ‚Reck', es lässt sich in der Höhe verstellen.

Dann gibt es einen ‚Barren', das sind zwei Holzstangen nebeneinander auf einem Untergestell, auf dem machen sie Stützübungen und grätschen die Beine. Von der Decke der Halle hängen zwei lange, dicke Seile, an deren Enden zwei Ringe stecken. Daran hängen sich die Turnerinnen auf, machen Klimmzüge oder schwingen hin und her. Ich bin aus dem Staunen nicht herausgekommen und habe den Atem angehalten bei diesen waghalsigen Übungen.

Ich habe in Dorles Büchern geblättert und gelesen, dass ein Herr Jahn so um 1811 herum das Turnen erfunden haben soll, er wird der ‚Turnvater Jahn' genannt. Er wollte mit diesen Leibesübungen angeblich die Jugend für den Kampf gegen Napoleon I. stählen, heißt es. Er ist es auch, der die beiden Turngeräte, den Barren und das Reck, erfunden hat, an denen ich die Frauen turnen sah. Von alldem hatte ich ja keine Ahnung.

Den Frauen scheint das Turnen Spaß zu machen, sie waren mit Ernst bei der Sache. Es gab eine Leiterin, eine Art Vorturnerin – Sportlehrerin nannten sie die Frauen –, die wohl eine Art Ausbildung im Turnen erhalten hat. Sie machte den Frauen eine Übung vor, und diese mussten sie dann nachmachen. Und alle Frauen trugen diese kurzen Turnanzüge, mit entblößten Armen und Beinen! Diese Anzüge sind aus einem leichten, hellblauen Kattunstoff geschneidert mit einer Art Pumphose.

Was sind das für fortschrittliche junge Frauen! Sie tragen auch keine langen Röcke mehr, wie ich sie noch trage. Ihre Kleidersäume gehen bis zu den Waden, manchmal sogar kurz unter das Knie, und der Halsausschnitt ist nicht immer hoch geschlossen, sondern weit offen, so wie bei den kleinen Mädchen. Die Stoffe sind hell, manchmal bunt und mit einem Blumenmuster. Mein Kleidersaum reicht noch immer bis auf die Füße, der Rock ist weit und bequem, der Stoff ein weicher Musselinstoff in Braun, Grau oder Schwarz, mit dezentem Muster. Ja, die Zeiten ändern sich, ich merke es täglich im Umgang mit Dorles Familie.

Richard hat sich einem Männergesangverein angeschlossen, den er einmal in der Woche aufsucht. Das ist eine Gruppe von 15 Männern, wie er mir erklärte, und unter der Leitung eines Chorleiters singen sie Volkslieder. Richard gab mir schon eine kleine Gesangsprobe; er hat eine schöne Stimme, finde ich, er nennt sie ‚Bariton'.

Als Richard das Grundstück von einem Bauern kaufte, war es Ackerland, nur nach einer Seite hin bebaut, nach der anderen Seite war es noch weites Feld. Und dieser Acker – jetzt der Garten – birgt viele Steine. Die Kinder müssen jeden Sonnabend ‚Steine klauben' im vorderen Teil des Grundstückes. Die Toreinfahrt muss sauber gehalten, von Unkraut befreit werden; es gibt eine Blumenrabatte entlang des Hauses, und da sind Steine, Steine, Steine! Zum Leidwesen der Kinder, die meinen, dass die Steine immer wieder nachwachsen.

Der große Garten, in dem es inzwischen eine Menge Obstbäume gibt, ist die Freude der Kinder. Richard hat den Garten so angelegt, dass fast keine Obstsorte fehlt und die Kinder das ganze Jahr über Obst essen können. Dafür müssen sie allerdings auch ‚arbeiten', in Form von Hilfeleistungen für ihren Vater, der durch den Verlust des linken Armes im Weltkrieg sehr behindert ist. Dadurch lernen sie aber auch eine Menge von ihm. Zum Ausruhen verkriechen sie sich dann in die schon Früchte tragenden Johannisbeer-Sträucher oder holen sich Mohrrüben, Tomaten oder junge Erbsen aus dem Gemüsegarten, den Dorle angelegt hat. So wachsen sie behütet, umsorgt und frei in einer gesunden Umgebung auf.

Nun ist Dezember, Winter in Schlesien mit viel Schnee. Soviel Schnee habe ich in Magdeburg niemals erlebt. Aber Langenbielau liegt wesentlich östlicher, am Rande des Eulengebirges, es ist eine offene Landschaft. Breslau ist die Bezirkshauptstadt, 60 Kilometer weit entfernt.

Heute morgen zeigte das Thermometer, das Richard am Haus anbringen ließ, minus 14 Grad! Und über Nacht ist so viel Schnee gefallen, dass Dorle über eine Stunde brauchte, bis sie einen schmalen Weg vom Haus bis zur Straße geschaufelt hatte. Richard musste sich zu seiner Arbeitsstelle durch den hohen Schnee arbeiten.

Für die Kinder aber ist es das richtige Wetter, sie waren nicht zu halten, als sie aus der Schule kamen, und bauten vor dem Haus einen großen Schneemann. Ich habe ihnen von meinem Fenster aus zugesehen und hatte meine Freude dran.

Weihnachten, ein Fest, das ich früher immer gefürchtet habe, weil ich selten das Geld hatte, um für die Kinder das zu kaufen, was sie sich wünschten. Hier fallen die Geschenke auch bescheiden aus, denn viel Geld kann dafür nicht ausgegeben werden. Richard hat enorme Belastungen durch das Haus. Jochen bekommt einen Ball, den er sich zum Fußballspielen gewünscht hat; Ursel bekommt ihre Lieblingspuppe neu eingekleidet und Stoff für ein Röckchen; Horstls Wunsch sind Holztiere für seinen Bauernhof. Ich strickte für alle drei Fausthandschuhe aus guter Wolle, die sie jetzt bei der Kälte gut gebrauchen können.

Ursel hat übrigens, wie ich jetzt erfuhr, die von mir gestrickten langen Wollstrümpfe nicht angezogen, sie sagt sie ‚kratzen'. Dorle erklärte mir, dass sie sich mit Händen und Füßen dagegen gewehrt hat, sie zu tragen. Nun, jetzt bei der Kälte zieht sie sie über ihre dünnen Baumwollstrümpfe, da kratzen sie wohl nicht.

Dorle ist am Nachmittag mit den Kindern in die Kirche gegangen, Richard richtete in der Zeit einen Tannenbaum und schmückte ihn. Ich sah ihm dabei zu und muss ehrlich sagen, dass ich ihn immer besser kennen lerne und ihn mehr und mehr mag. Er ist sehr fürsorglich, und ich glaube, Dorle hat doch eine gute Wahl mit ihm getroffen.

Später, nach der Bescherung, gab es Kartoffelsalat mit Würstchen, das hatten sich die Kinder gewünscht. Und Dorle bereitete einen Tag zuvor Mohnklöße, eine süße Schlesische Spezialität, etwas für Kinder, aber auch für mich, da ich ja für alles Süße bin. Ich habe zugesehen, wie sie gemacht werden: Gemahlener Mohn, in Scheiben geschnittene Semmeln, Rosinen, Zitronat und gehackte Mandeln, das alles in Schichten in eine Schüssel gelegt und mit süßer, heißer Milch übergossen. Das muss dann einige Zeit ziehen, bis es eine einheitliche, dicke Masse ist. Mit einem großen Löffel werden die Portionen abgestochen. Schmeckt mir sehr gut!

Auch mir hat das Christkind etwas gebracht, was mich sehr überraschte und sehr, sehr gefreut hat: Bei einem Maler ließen Richard und Dorle den Lebensspruch von Karl, den auch ich so gern habe, auf eine Holztafel malen: ‚Wenn etwas ist gewaltiger, als das Schicksal, so ist's der Mut, der's unerschüttert trägt.' Jetzt hängt der Spruch in meinem Zimmer.

Der Weihnachtsabend verging traulich und schön, wie ich schon lange kein Weihnachtsfest mehr erlebt habe. Die Kinder beschäftigten sich mit ihren bescheidenen Geschenken, die Kerzen am Tannenbaum brannten, und auch ein paar Weihnachtslieder wurden gesungen.

Wir haben Ostern, es hat noch einmal geschneit, und Dorle hat die bunt bemalten Hühnereier für die Kinder im Garten, im Schnee, versteckt. Das tat aber ihrer Aufregung und Freude keinen Abbruch. Wir Erwachsenen standen dabei und haben gute Ratschläge beim Suchen gegeben. Zur Feier des Tages gab es später Götterspeise mit Vanillesoße für alle!

Dorle hatte Herrn Wisniewski bestellt, den Inhaber der Drogerie am Ort, er machte eine Photographie von den Kindern in ihrem Zimmer vor dem Schlafengehen. Ich habe zugesehen, weil mich interessierte, wie so etwas bewerkstelligt wird. Ich muss es aufschreiben, denn es war wirklich sehr aufregend! An einem Besenstiel wurde am oberen Ende ein kleiner Beutel mit Pulver befestigt, aus dem eine kurze Schnur ragte, das war das Blitzlicht, damit das Photo im Zimmer möglich wurde.

Herr Wisniewski hatte einen großen Holzkasten mit einer dicken Linse davor, das war der Photoapparat. Damit stellte er sich neben den Besenstiel und zündete die kurze Schnur am Beutel an. Er wartete, bis die kleine Flamme das Pulver erreicht hatte, als es explodierte – es gab einen hellen Blitz und ein lautes Zischen, dass wir alle erschraken –, drückte er eine Vorrichtung am Kasten, und so entstand die Photographie mit den Kindern. Das Zimmer war anschließend voller Rauch, und es stank entsetzlich.

Jetzt muss ich so alt werden, um so ein harmonisches, ja schönes Familienleben bei meiner Tochter kennen zu lernen, in dem der Ehemann und Vater pünktlich und regelmäßig seinen Verdienst nach Hause bringt – so etwas habe ich in meiner langen Ehe nicht gehabt.

Dorle ist eine gute Mutter und umsichtige Hausfrau, was ich ihr nicht zugetraut habe. Obwohl sie für mein Empfinden ein bisschen oft außer Haus ist; sie gibt viel ihrer Zeit dem Turnverein und was inzwischen noch alles daran hängt. Diese Tätigkeit ist wohl ihr Ausgleich, da sie offenbar nur mit dem Hausfrauenleben nicht zufrieden ist.

Sie hat jetzt eine Kinderriege aufgestellt, etwas ganz neues hier im Ort, und diese Riege findet bei Kindern und Müttern großen Zuspruch; auch Ursel und Horstl machen mit, einmal in der Woche kommen sie in der Turnhalle zusammen und veranstalten Spiele, Kindertänze, und sie singen. Ich bin mal mitgegangen, habe zugesehen und festgestellt, dass das den Kindern wirklich großen Spaß macht, sie haben lauthals gesungen und vergnügt gespielt.

Zum 1. Mai stand auf dem Marktplatz ein Maibaum. Ein hoher Baumstamm, dem die Äste abgeschlagen wurden, war in die Erde eingegraben worden. An seiner Spitze wurde ein großer Kranz aus Maigrün befestigt, und bunte Bänder hingen herunter. Die Kinder berichteten mir davon. Um diesen Maibaum werden Volkstänze gezeigt und dazu Lieder gesungen.

Aus diesem Anlass gibt es hier einen Brauch: Die Kinder gehen von Haus zu Haus zum Maisingen, damit soll der Frühling begrüßt werden, sagte man mir. Dazu haben sie sich kleine Stöcke zurechtgemacht mit bunten Bändern aus Krepp-Papier und einem Maienbusch am oberen Ende, ähnlich dem am großen Maibaum auf dem Marktplatz. Und mit diesen bunten Stöcken ziehen sie von Haus zu Haus, singen eigens dafür bestehende Lieder und bekommen danach von den Bewohnern Plätzchen und Süßigkeiten, die sie in einem kleinen Säckchen verstauen.

Einen kleinen Reim haben Ursel und Horstl mir vorgesungen: ‚Hier wohnt ein reicher Mann, der uns wohl was geben kann …' Bekommen sie mal nichts, so singen sie: ‚Hühnermist, Taubenmist, in dem Hause kriegt man nichts!' Später, wieder zu Hause, breiteten sie ihre Schätze aus, sortierten sie, zählten ihre Plätzchen und hatten ihre Freude dran. Für die nächste Zeit sind sie mit Süßigkeiten versorgt.

Ich bin wirklich erstaunt, was ich hier im Dorf alles erlebe! Was war das

Leben in den Städten, in denen meine Familie im Laufe der Jahre lebte, doch anonym dagegen. Da kannte man höchstens die Nachbarn auf der Etage oder im Flur darunter. Da wir durch unseren unsteten Vater so häufig umziehen mussten, hatten auch die Kinder wenig Gelegenheit, Freunde oder Freundinnen zu finden, sie waren sich viel selbst überlassen.

Jetzt im August hat Dorle im Turnverein einen Puppenwagen-Korso angesetzt, bei dem die Puppenmütter ihren mit Blumen geschmückten Puppenwagen die Straße entlang bis zum Marktplatz schieben, wo die am schönsten geschmückten Puppenwagen gekürt werden. Ursel war natürlich auch dabei. Eine schöne Idee, finde ich.

Ganz in der Nähe des Hauses ist eine katholische Kapelle gebaut worden, ich kann sie von meinem Zimmerfenster aus sehen, es ist ein großer Bau mit gelbem Außenputz und einem kleinen Glockenturm. Die eine Hälfte der Kapelle hat zwei schöne große, bunte Glasfenster, dahinter ist die Kirche; auf der anderen Seite des Gebäudes sind unten ein Kindergarten und die Küche, oben wohnen die Schwestern, welchem Orden sie angehören, weiß ich nicht.

Es ist die erste Einrichtung dieser Art hier im Ort, ein Kindergarten für die kleinen Kinder, die noch nicht zur Schule gehen. Eine gute Sache, finde ich, da sind die Kleinen gut aufgehoben, und die Mütter sind sie für ein paar Stunden los, haben etwas Luft für ihre Hausarbeit. Die Kinder aber lernen die Gemeinschaft kennen. Die Eltern müssen dafür etwas bezahlen.

Dorle hat Ursel und Horstl angemeldet, und sie sind als erste Kinder aufgenommen worden, obwohl sie evangelisch getauft sind. Ursel kommt zwar bald in die Schule, aber bis Ostern kann sie bleiben. Jetzt sehe ich die beiden jeden Morgen losziehen, mit einer kleinen Tasche um den Hals, in dem ihr Frühstücksbrot steckt; wenn sie zum Mittagessen wieder nach Hause kommen, erzählen sie aufgeregt, was sie alles erlebt haben.

Richard hat einen Radioapparat gekauft, einen großen hölzernen Kasten, aus dem gesprochen wird oder Musik kommt, wenn man an einem Knopf dreht; ein richtiger Zauberkasten!

Am Montag, den 31. Mai, kam Ursel in die große Schule. Die Volksschule ist nicht weit entfernt, habe ich mir sagen lassen, für ein Kind vielleicht zehn Minuten zu laufen, eine gerade Strecke die Straße entlang. Da es hier so gut wie keinen Straßenverkehr gibt, auch keine Straßenbahn, nur ein Postauto, das in großen Abständen von einem Ende der Ortschaft zum anderen fährt, sowie ein paar Radfahrer, tut sich nichts auf der Straße. Kein Vergleich mit der Großstadt.

Jochen besucht die gleiche Schule, ist jetzt in der 3. Klasse. Seine Lehrer müssen für ihn wohl viel Geduld aufbringen, denn er ist ein unruhiges Kind, stets zu Unfug und Streichen aufgelegt. Richard hat bereits mehrere Mahnungen des Schulkollegiums bekommen, und es sind ihm auch mal die Nerven durchgegangen, da hat er Jochen geschlagen, mit einem Klopfer aus Rohr, der fürs Teppichklopfen ist.

Mit den Kindern vom Turnverein hat Dorle ein Märchen-Theaterstück eingeübt – woher kann sie das nur, frage ich mich. Ich habe gesehen, dass sie sich Bücher besorgt hat, in denen wohl Anleitungen dafür stehen.

Ursel soll dabei das Gedicht aufsagen nach dem Lied: ‚Der Mond ist aufgegangen, die goldnen Sternlein prangen am Himmel hell und klar, …'. Ob sie das schafft mit ihren sechs Jahren, ohne stecken zu bleiben? Für ihren Auftritt soll sie ein hübsches Kleid aus rotem Samt bekommen.

Ich freue mich schon auf den Sommer, Hannchen und Erich wollen mich besuchen. Endlich werde ich mein Herzenskind wiedersehen, solange habe ich darauf gewartet; vielleicht zum letzten Mal.

Ich fühle mich müde und alt, die Beine wollen nicht mehr; ich gehe nur noch ein paar Mal täglich ums Haus, mehr schaffe ich nicht. Aber meine Gedanken gehen so oft spazieren, dass ich manchmal gar nicht mehr weiß, wo ich bin. Das Leben ist sehr beschwerlich geworden. Weiß Gott, das Leben war hart, es bedurfte vielen Mutes, Glück und Kraft, es war schon eine Kunst, sich zu behaupten und zu bestehen.

Heute ist mein 71. Geburtstag, der 30. Juni 1930. Dorle hat mir einen Kuchen gebacken, den ich so gern esse, und dazu gibt es Schlagsahne, die ich über alles liebe. Die Kinder kamen mit einem selbst gepflückten kleinen Blumenstrauß von einer Wiese, und Ursel sagte mir ein Gedicht auf, ich spüre das Alter!

Es war eine schöne Zeit, als Hannchen hier war, nun ist sie wieder abgereist. Ich habe die Tage wirklich genossen und habe sie gezählt, weil sie nur zwei Wochen blieb; Erich konnte nicht mitkommen, hatte Dienst. Sie saß bei mir, hat mir vorgelesen und ging mit mir spazieren. Mit ihrer Hilfe schaffte ich es sogar noch einmal bis zur Kapelle, aber dann war ich kaputt, war wohl doch etwas zu weit. Es waren schöne Oktobertage, die Sonne war noch richtig warm. Hannchen hat immer Zeit für mich gehabt, sie ist ein guter Mensch, so fürsorglich und lieb. Sie hat mir gut getan.

Sonntag, den 11. Februar 1931
Mein geliebtes Hannchenkind,
soeben ist Dorle mit einer Dame auf ihren Skiern abgefahren, ich habe ihnen lange nachgesehen. Am Sonnabend habe ich pünktlich Deinen Brief bekommen und eile, Dir zu antworten. Denke, heute hatten wir wieder viel Schnee, hier tummelt sich alles, groß und klein mit den Schneeschuhen.
Mich fragst Du, was meine Augen machen? Ich kann nur sagen, schlecht sind sie, ich beneide jetzt jeden, der gut sieht; es ist schlimm, wenn man schlecht sieht. Du musst mit meinen Briefen jetzt nicht mehr so scharf ins Gericht gehen. Du fragst auch nach meinen Handarbeiten, aber die sind gerade so schlecht wie meine Augen.
Kind, nimm Deine Augen in acht, Du ahnst gar nicht, wie schlimm es ist, wenn man nicht sehen kann.'

12. März 1931: Ich werde mein Tagebuch, meinen Gesprächspartner, nun beschließen, meine Augen wollen nicht mehr, ich habe grünen Star, hat der Arzt gesagt. Aber ich habe auch nichts mehr zu sagen. Es ist alles gesagt. In Gedanken schließe ich noch einmal meine Töchter Dorle und Hannchen, meinen Liebling, in die Arme."

12. November 1931, Dorle an Hanna:
„Liebe Hanna, Mutter ist heute eingeschlafen, es tut weh, Dir das zu schreiben. Ich habe die ganze Zeit an ihrem Bett gesessen, habe mit ihr gesprochen und ihre Hand gehalten, aber sie reagierte schon nicht mehr, und dann ist sie ganz ruhig eingeschlafen.
 Füge Dich ins Unabänderliche, wie ich. Sie war eine gute und tapfere Frau, unsere liebe Mutter, aber eine ‚Götterspeise', die sie so gern mochte, war ihr Leben gewiss nicht.
 Dorle.

Und nun Dora, Claras Tochter, meine Mutter, jetzt 37 Jahre alt, eine junge, selbstbewusste und sportliche Frau, die mit ihrem Leben zurechtkommt.

Warum sie Richard geheiratet hat, der mit amputiertem linken Arm aus dem ersten Weltkrieg aus Frankreich zurückkehrte, bleibt ihr Geheimnis; Sympathie gewiss, vielleicht auch Liebe. Aber bestimmt der große Wunsch, aus der Familie herauszukommen und ein eigenes Leben zu führen, wie andere junge Menschen in diesem Alter.

Ihr Leben verläuft zunächst so, wie sie es sich vorgestellt und gewünscht hat. Sie verfügt über weibliche Diplomatie, gibt dem Ehemann das Gefühl der Sicherheit und ein gutes Zuhause, aber sie lässt auch ihr Ziel, in gewisser Weise unabhängig zu sein, nicht aus den Augen. Der Sport, der für Frauen in dieser Zeit noch am Anfang steht, bietet ihr die Möglichkeit, sich zu verselbständigen; sie gibt sich mit dem Hausfrauendasein nicht zufrieden und geht auch ihren künstlerischen Neigungen nach.

Nach der Vertreibung durch die Polen 1946 aus der Heimat Schlesien fällt sie zunächst in ein tiefes Loch; zu schlimm war der Wechsel vom sicheren und ausgefüllten Leben zu Armut, Ungewissheit und Kampf um das tägliche Auskommen. Doch Dora fängt sich bald wieder, baut mit Richard ein neues Haus in einer kleinen Gemeinde in Westdeutschland, wohin das Schicksal sie verschlagen hat, sie schmiedet Pläne und wird auch dort zum Mittelpunkt sportlicher Aktivitäten. Bis über ihr 75. Lebensjahr hinaus aktiviert Dora die Frauen in ihrer Gemeinde zu Sportwettkämpfen, Volkstanzgruppen und Schwimmveranstaltungen. Mit 80 Jahren scheidet sie durch einen Schlaganfall aus einem ereignisreichen, erfüllten und zufriedenen Leben. -

Ich bin Dora

1894–1974

Langenbielau, 15. Dezember 1931, Mutters Beerdigung war nur eine kurze Trauerfeier in der evangelischen Kirche. Sie hatte sich gewünscht, verbrannt zu werden und in Liegnitz auf dem Friedhof neben ihren Eltern ihre letzte Ruhe zu finden. Gleich nach der Trauerfeier wurde der Sarg abgeholt und nach Liegnitz zur Einäscherung gebracht. Hanna war gekommen, und der Abschied von unserer leidgeplagten Mutter fiel uns sehr schwer.

Das Tagebuch meiner Mutter Clara kam nach ihrem Tod in meinen Besitz. Ich fand es in ihrem Schreibsekretär, in dem sie es immer aufbewahrte. Ich habe sie oft beim Schreiben gesehen, wusste aber nicht, was sie schrieb, nahm an, Briefe an Hanna, denn von der kamen viele Briefe hier an. In der ersten Zeit ihres Hierseins trug Mutter ihre Briefe noch selbst zum Briefkasten, später nahm ich sie mit.

Ich sehe sie noch an ihrem Sekretär sitzen, vor dem Tintenfass aus dickem, blauem Glas, das sie mitgebracht hatte, weil sie es schön fand. Und ihr Federhalter mit der spitzen Feder lag immer griffbereit in einer länglichen Glasschale.

Ich habe Mutters Tagebuch gelesen und bin erschüttert, vor allem über den Bericht ihrer Ehejahre. Mit uns hat sie nie darüber gesprochen. Wir Kinder haben davon auch nicht viel mitbekommen, in unserer Unbekümmertheit war ja nur wichtig, was uns selbst betraf.

Von Vater hatten wir wirklich nicht viel, manchmal war er wie ein Fremder für uns, er sprach nur selten und beschäftigte sich auch nicht mit seinen Kindern, jedenfalls nicht mit uns Mädchen. Da hat Mutter nicht übertrieben mit dem, was sie schreibt.

Das Tagebuch hat auch Hanna gelesen, sie war ebenfalls erschüttert und hat geweint. Auch mit ihr sprach unsere Mutter nie über ihre Sorgen und Probleme, obwohl sie doch ihr Herzenskind war.

Ich habe mich mit Mutter oft nicht verstanden, sie war immer so bestimmend, was sie sagte, galt und musste getan werden, ohne Widerspruch. Es gab auch nur eine „magere' Liebe von ihr, selten Zärtlichkeiten. Nun ist mir klar geworden: Wenn ein Mensch keine Liebe empfängt, kann er auch keine geben. Und bei unserem Vater gab es keine Liebe. Sie schreibt es in ihrem Tagebuch, arme Mutter. Rückblickend stelle ich fest: sie hat alles für uns Kinder getan, alles, was in ihrer Macht und ihrer Kraft stand, oft auch darüber hinaus, aber sie hat offenbar niemals und von keiner Seite Lob und Anerkennung bekommen, sie hat immer nur gegeben.

Ich habe mich entschlossen, Mutters Tagebuch weiter zu schreiben. Meine Zeit ist zwar knapp bemessen, der Haushalt, die Kinder und das Turnen, das es mir angetan hat. Welche Möglichkeiten der Entfaltung stecken darin. Darüber hinaus macht es mir auch Spaß, mit jungen Menschen zu arbeiten.

Die Kinder vermissen ihre Großmutter, vor allem die beiden Kleinen, Ulla und Horstl. Es war vielleicht ein Fehler von mir, dass ich sie in das Sterbezimmer holte, damit sie Abschied von ihrer Großmutter nehmen. Ulla hat mir später einmal gestanden, dass sie den Anblick der sterbenden, alten Frau, die sie doch so anders kannte, niemals in ihrem Leben vergessen würde.

Als wir am 28. April 1928 mit den Kindern von Faulbrück mit dem Zug zum Richtfest unseres Hauses nach Langenbielau fuhren, waren wir alle sehr aufgeregt. In Reichenbach mussten wir umsteigen in die kleine Eulebahn, nach kurzer Fahrt stiegen wir auf freiem Feld in Neubielau aus und liefen zum Neubau, den wir schon von weitem sehen konnten. Den Kindern ging es nicht schnell genug, sie rannten voraus. Und dann der Wirbel im Haus, die Fragen gingen durcheinander, wo ist das Kinderzimmer, wo das Wohnzimmer, die Küche, das Bad? Richard konnte alles beantworten.

Im Erdgeschoss vier große Zimmer, in der Mitte eine Diele, von der die Zimmer abgehen, dazu eine Küche und ein Badezimmer, in dem eine richtige Badewanne stehen soll. Vom Wohnzimmer aus ist eine Veranda zugänglich. Die gleichen Räume im ersten Stock, doch getrennt in zwei kleinere, abgeschlossene Wohneinheiten, die vermietet werden sollen. Darüber im Obergeschoss zwei kleine Mansarden mit schrägen Wänden, ein Trockenboden und Bodenkammern.

Wir erkannten, dass wir bald ein neues, schönes Zuhause haben werden, Platz genug für alle; dazu einen Keller mit einer Waschküche, um das Haus ein großer Garten, über dessen Anlage Richard sich schon viele Gedanken macht, darin auch ein Sandkasten zum Spielen für die Kinder. Es wurde eine Photoaufnahme vom Bauherrn Ruhm und dem Baumeister Wolff gemacht. In ein paar Wochen sollen wir einziehen können, und glücklich über diese Aussichten, kehrten wir nach Faulbrück zurück.

Mutter hat in ihrem Tagebuch kurz erwähnt, dass ich Richard in Magdeburg kennen lernte. Ich möchte etwas ausführlicher darauf eingehen: Wir heirateten 1919, fünf Tage vor Weihnachten, ich war im dritten Monat schwanger. In der ersten Zeit wohnten wir bei meinen Eltern, da wir uns noch keine eigene Wohnung erlauben konnten.

Richard wurde am 9. Dezember 1895 in Neudorf bei Breslau geboren. Seine Eltern verzogen nach Faulbrück im Kreise Reichenbach, wo sein Vater, Gottlieb Ruhm, eine Ziegelei übernahm, für damalige Verhältnisse ein großer und moderner Betrieb, mit einem weitläufigen Gelände, zwei Teichen, Lehmgruben und Trocknungshallen. Sie bezogen ein kleines Haus, das Ziegeleimeisterhäuschen mit Garten, Hunden und Kleingetier, in der Nähe des Bahnhofs neben einer Zuckerfabrik gelegen.

Richard ist nach Bruder Otto und Schwester Emma das dritte von fünf Kindern, der zweite Sohn. Nach einer guten Kindheit kam für ihn der Ernst des Lebens. Im nahe gelegenen Reichenbach machte er eine Lehre als Eisenhändler bei der Firma Stettner am Ring, gegen Zahlung von Lehrgeld, Lohn gab es nicht. Arbeit vom ersten Hahnenschrei an bis spät in die Nacht, es setzte Ohrfeigen vom Chef und Prügel von allen über ihm stehenden Angestellten. Das war damals das Schicksal eines ‚Stiftes'.

Kurz vor Ausbruch des Krieges 1914 wurde er als Soldat einberufen und kam zum Infanterieregiment 66 in Magdeburg, dann musste er an die Front. Richard wurde in Frankreich bei Verdun eingesetzt; es gab furchtbare Kämpfe, ein totaler Krieg, bei dem über 200.000 deutsche Soldaten ihr Leben ließen. Wie Maulwürfe sollen sie sich in Schützengräben in die Erde eingewühlt haben. Während des Vormarsches bei Arras wurde Richard verwundet. Da er vormittags verwundet, aber erst abends gefunden wurde, hatte er viel Blut verloren, der linke Arm war zerschossen, und er hatte zwei Einschüsse im rechten Arm. Sein Leben hing an einem seidenen Faden. Sein linker Arm konnte nicht gerettet werden, er verlor ihn durch Wundbrand, der sich inzwischen gebildet hatte. Nach mehreren Lazarettaufenthalten kam er

Richard mit Eltern und Geschwistern (1904)

Richards Elternhaus in Faulbrück

Die Ziegelei

nach Magdeburg zurück, wo er als Kriegsversehrter eine Anstellung bei den Motorenwerken Grade bekam.

Zu dieser Zeit sind wir uns begegnet.

Richards Familie lernte ich kennen, als wir nach drei Jahren unserer Ehe von Magdeburg nach Faulbrück zogen, wo er eine Anstellung bei der Textilfirma Christian Dierig im nicht weit entfernten Langenbielau fand.

Wir hatten eine kleine Wohnung in der Nähe seines Elternhauses, in dem sein älterer Bruder Otto mit Frau, einem Sohn und zwei Mädchen sowie seiner Mutter lebte. Der Vater war bereits mit 61 Jahren verstorben.

Hier in Faulbrück kamen Ulla am 2. Dezember 1923 und Horst am 19. Februar 1925 zur Welt. Die Hebamme war rechtzeitig da, alles lief gut.

Am 1. August 1928 war es dann soweit, wir bezogen unser eigenes Haus in Langenbielau. Wir waren alle sehr glücklich!

Ich will das Haus näher beschreiben, denn wir sind sehr stolz darauf, dass wir das geschafft haben: Es hat einen hellgelben Verputz, ein rotes Ziegeldach, eine kurze Außentreppe hinauf zur Haustür und eine Veranda als Anbau.

Im Laufe der Zeit werden wir noch Möbel anschaffen müssen, denn hier geht weit mehr rein als in unsere kleine Wohnung in Faulbrück. Die Kinder haben nun ihr eigenes Zimmer, mit drei Betten und einer großen Spielkiste, in der alles für sie Wichtige aufbewahrt wird. Richard ließ die Wände des Kinderzimmers rot tünchen mit bunten Märchenmotiven ringsherum, das sieht sehr lustig aus. Die Doppelfenster und Türen wurden weiß gestrichen. Und wir haben nun eine Zentralheizung, der große Ofen steht im Keller und wird im Winter mit Koks und Briketts gefüttert. Es wird dann in allen Zimmern warm sein. Das Grundstück ist mit einem hohen Maschendrahtzaun umgeben.

Der Spielmannweg ist unsere neue Adresse, ein ungepflasterter Privatweg, der zum Grundstück des Bäckers Spielmann gehört, der auf der Hauptstraße einen gut gehenden Laden führt. Bis jetzt stehen hier drei Häuser, es sollen aber mehr werden, Platz dafür ist noch genug vorhanden.

Im ersten Haus wohnt der Briefträger Schmidt mit Frau und zwei Jungen, im zweiten Haus, dem unseren im Bau ähnlich, wohnt seit einem Jahr das Ehepaar Mühmer mit drei Kindern, das Obergeschoss ist vermietet, ebenso wie unser Obergeschoss. Richard hat die zwei Wohnungen an das Ehepaar Siebert mit einer Tochter und an die Familie Wolf mit zwei Mädchen vermietet. Die Mieteinnahmen kommen der Hausfinanzierung zugute.

Inzwischen bekamen wir auch schon Besuch von Richards jüngerem Bruder Martin, der mit Frau und Sohn Klaus in Kunzendorf bei Neurode lebt, auf der anderen Seite des Eulengebirges, im Glatzer Kessel. Mit Stolz führte er uns sein Motorrad mit Beiwagen vor, eine Zündapp-Maschine, die mit einem Keilriemen angetrieben wird. Er kam damit über die Berge, das schöne Wetter hatte ihn wohl zu diesem Ausflug verleitet. Bewundernd umstanden wir alle das Fahrzeug, die Kinder waren schnell in den Beiwagen geklettert und wollten gefahren werden. Das war ein aufregender Tag für sie.

Richard hat schon in Magdeburg, vor unserer Hochzeit, für seinen im Krieg 1914/18 verlorenen linken Arm eine Prothese bekommen. Es ist eine erstaunliche Erfindung aus Leder, Metall und Holz: ein ganzer Arm, beweglich in den Gelenken, mit einer Hand aus Holz, deren Finger sich einzeln so knicken lassen, wie er möchte.

An der Schulter ist eine Wölbung aus weichem Leder, die ans vernarbte Schultergelenk – wo der Arm amputiert worden ist – angepasst und mit einem breiten Leinengurt um Schulter, Brust und Rücken befestigt wird. Trägt er Oberhemd und Jackett darüber, ist nicht zu erkennen, dass der Arm eine Prothese ist. Er hält sie etwas angewinkelt nach vorn, die Hand leicht zusammengeballt, und trägt sie immer zum Dienst oder wenn er zum Männergesangverein geht, ist er zu Hause, legt er sie ab. Beim Anlegen helfe ich ihm, die Prothese zu halten, richtig an der Schulter einzupassen und den Gurt zu schließen. Anfangs wollte er es immer selbst machen, was sehr schwierig für ihn war, aber nun hat er sich daran gewöhnt, dass ich ihm dabei helfe. Bei Wetterwechsel hat er oft Phantomschmerzen im nicht vorhandenen Arm, er gibt aber nicht viel von sich, ist sehr tapfer, und noch niemals habe ich ihn klagen hören.

Im Sommer haben die Kinder schon viel Spaß gehabt: Unserem Haus gegenüber ist ein großes Getreidefeld, das dem Kaufmann Henkel gehört. Jetzt, da das Getreide hoch steht, laufen die Kinder mit Vorliebe hindurch und spielen Verstecken im Korn. Dass sie dabei Gänge laufen und das Getreide knicken, ist ihnen nicht klar zu machen. Um trotzdem zu erreichen, dass sie es bleiben lassen, habe ich ihnen die ‚Roggenmuhme' zitiert: Eine alte, bucklige Frau, einer Hexe ähnlich, holt sich die Kinder, die im hohen Getreide herumlaufen. Einige Male hatte ich Erfolg damit und sie ließen es. Als dann das Getreide geschnitten war und in Garben schräg zusammengestellt wurde, versteckten sich die Kinder darin. Das ist ein beliebtes Spiel der drei.

Dann gab es das erste heftige Gewitter mit Blitz und Donnerkrachen, die Kinder hatten Angst. Um ihnen die zu nehmen und sie daran zu gewöhnen, habe ich ihnen ein Spiel beigebracht: Ich stehe mit ihnen im Zimmer hinter dem Fenster, und gemeinsam sehen wir den Blitzen zu, dabei zählen wir, wie viel Zeit zwischen Blitz und Donner vergeht.

Je nachdem, wie weit die Kinder im Zählen kommen, was gemeinsam und laut vonstatten geht, eins, zwei, drei oder vier, so viele Kilometer ist das Gewitter entfernt. Dieses Spiel schien ihnen Spaß zu machen, und sie verloren die Angst. Als Belohnung für ihre Tapferkeit dürfen sie jedes Mal, wenn das Gewitter vorüber ist und der Regen aufhört, barfüßig in der Badehose auf dem Weg vor dem Haus durch die großen Pfützen laufen oder sich auch hinein setzen.

Zur größten Freude der Kinder gehört im Sommer der Sandspielkasten im

Richard (1919)

Ursel, Schulauftritt (1930)

Hof hinter dem Haus. Für die Gartenarbeit ließ Richard eine Pumpe anlegen, die aus etwa sechs Meter Tiefe Wasser nach oben holt. Und diese Pumpe liefert auch das Wasser für die Sand- und Wasserburgen der Kinder im Spielkasten. Es ist köstlich, zu beobachten, wie immer eines der Kinder am eisernen Schwengel der Pumpe hängt und mit dem Auf und Ab das Wasser in die Gießkanne sprudelt. Die Kinder tragen dabei nur ihre Badehose und sind barfüßig, am Abend werden sie dann im Hof mit Wasser übergossen, und sauber gerubbelt. Darüber sind wir dann alle sehr zufrieden!

Der 14. August 1929 brachte eine Sensation: Im Radio und in der Zeitung wurde bekannt gegeben, dass der Zeppelin von Breslau aus am Gebirge entlangfliegen wird und wir ihn in Langenbielau auch sehen können. Natürlich standen an diesem Tage alle auf der Straße und hielten Ausschau, auch wir mit den Kindern.

Als es am zeitigen Nachmittag soweit war, vergaßen wir den Mund zu schließen, so fasziniert waren alle. Was da langsam mit einem tiefen Brummen über uns hinweg glitt, war unglaublich: wie eine dicke, lange Zigarre schwebte, nicht sehr hoch, ein silberner Körper, am unteren Teil konnten wir eine kleine Kabine erkennen, von wo aus der Zeppelin wahrscheinlich gelenkt wurde.

Alle schrieen und jubelten, die Kinder sprangen in die Luft, als wollten sie das Ungetüm greifen. Aber in ein paar Minuten war nichts mehr von ihm zu sehen. Eine grandiose, schier unglaubliche Erfindung des Grafen Ferdinand von Zeppelin, eines ehemaligen Generals und Luftschiffkonstrukteurs, der 1838 geboren wurde und 1917 verstorben ist (das habe ich aus der Zeitung). Ein unvergessliches Erlebnis.

Ulla ist in die Schule gekommen, einen Tag nach Ostern 1930 habe ich sie mit einer großen, bunten Schultüte, gefüllt mit Bonbons und Keksen, zur evangelischen Volksschule in Neubielau gebracht. Nun hat auch für sie der Ernst des Lebens angefangen. Von Katchen Wagenschein, einer Schulfreundin aus Magdeburger Tagen, bekamen wir ein Kleiderpaket, in dem die abgelegten Sachen ihrer Tochter Helga waren, die nun Ulla tragen soll. Dazu gehörte auch ein keckes Hütchen, das erste für sie, niedlich sah sie darin aus. Auf dem Rücken hatte sie ihre Mädchenschultasche, mit der Schiefertafel darin, Schwamm und Wischlappen daran angebunden, die außen baumelten. Um den Hals die kleine Frühstückstasche mit den Schulbroten. Die evangelische Schule ist nicht weit entfernt, ein hoher, roter Ziegelbau, Ulla geht den Weg inzwischen allein. Jochen ist nun schon in der vierten Klasse, und Horstl kommt ein Jahr später dran.

Im Mai 1931 ist Richard zum Oberbuchhalter ernannt worden, das heißt, dass er jetzt 35 Reichsmark im Monat mehr verdient. Viel nutzt das aber auch nicht bei *den* Ausgaben, die wir für das Haus haben. Für wenig Geld konnten wir inzwischen ein Mädchen einstellen, das im Haushalt hilft und sich um die Kinder kümmert. Es ist Frida Jalke, sie wohnt in der Nähe bei ihren Eltern und ist gerade von der Schule abgegangen.

Weihnachten 1931, das erste Fest ohne Mutter. Meine Schwester Hanna und ihr Mann Erich wollten zu Besuch kommen, aber seine Mutter liegt im Sterben, und so unterblieb es.

Richard hatte einen kleinen Tannenbaum gekauft, und während ich mit den Kindern in der Kirche war, hat er ihn im Wohnzimmer aufgestellt und geschmückt, wie schon in den vergangenen Jahren.

In der Kirche, während des Gottesdienstes, sagte Jochen mit einem tiefen Seufzer laut und vernehmlich: ‚Ist es denn noch nicht endlich zu Ende?' Oh, was war mir das peinlich!

Unter dem Weihnachtsbaum lagen dann für Jochen die ersten Skier, Ulla bekam eine Puppenstube mit kleinen Püppchen und Horstl ein großes Schaukelpferd. Wir haben die Sachen günstig kaufen können, und die Kinder waren zufrieden. Dann wurden ein paar Weihnachtslieder gesungen, und als es noch Kartoffelsalat mit Würstchen gab, war alles gut.

Jochen ist elf Jahre alt und ein rechter Flegel! Was stellt der Junge alles an, nichts ist vor ihm sicher. Wenn er aus der Schule kommt, ist er nach dem Essen direkt weg und treibt sich mit seinen Freunden herum, macht Unfug. Und die Schularbeiten?

Wir bekommen laufend Klagen aus der Nachbarschaft, hier wird mit dem Fußball eine Scheibe eingeschlagen, da beschwert sich der Bauer Ruppelt, dass die Jungen seinen Pflug einen Hang haben herunterrollen lassen, oder sie haben in einem fast reifen Getreidefeld ein Feuer gemacht.

Wir bestrafen den Jungen mit Hausarrest, Vati verpasst ihm schon mal eine Ohrfeige, auch eine Tracht Prügel mit der Riemenpeitsche, oder er bekommt kein Mittagessen. Aber alles nutzt nichts, sein Unfug geht weiter.

Vor kurzem gingen Richard auch mal die Nerven durch; Jochen hatte wieder etwas recht Schlimmes angestellt, und Richard geriet in Wut, was ihm nicht oft passiert, aber wenn, dann ist er nicht mehr zu halten, dann verliert er die Beherrschung. Mit der Riemenpeitsche schlug er auf das Kind ein, dass ich Angst bekam; Jochen rannte um den Tisch, Richard hinter ihm her, brüllte, er solle stehen bleiben. Ich stand dabei, schnappte mir den kleinen Kerl, drückte ihn in einen Spalt zwischen zwei Schränken und stellte mich zum Schutz davor. Richard stand vor mir, und ich sagte ihm, es sei nun genug, er solle aufhören. Zitternd vor Wut ließ er die Peitsche fallen und lief aus dem Zimmer. Jochen kroch ‚ganz klein' aus dem Versteck, und wir hatten tatsächlich eine ganze Weile Ruhe vor seinen Schandtaten.

In der Schule ist er schlecht, unaufmerksam, und sein Klassenlehrer, Herr Hoche, beschwert sich laufend über ihn. Was sollen wir nur machen? Was soll aus dem Jungen werden, wenn es so weitergeht?

Ulla, jetzt acht Jahre alt, ist still, spielt mit ihren Puppen, wir haben keinen Ärger mit ihr. In der Schule kommt sie so leidlich mit, ist mit ihren Gedanken meistens woanders und leider keine Leuchte. Sie tändelt herum, bei Schulausflügen ist sie immer die Letzte, berichtete mir ihre Lehrerin Fräulein Schwarz, entweder pflückt sie Blumen am Wegesrand, beobachtet einen Käfer oder einen Schmetterling. Sie beteiligt sich auch nicht an Gesprächen der anderen Kinder. Ich nenne sie manchmal ‚Träumerchen', wenn sie so ganz in sich gekehrt ist.

Nur einmal mussten wir hart durchgreifen: Wir hatten sie schon ein paar Mal dabei erwischt, dass sie lügt, uns anschwindelt, und da sollte sie einen Denkzettel bekommen, Richard bestand darauf. Der Denkzettel sah dann so aus: Ich zog ihr das Höschen aus, sie musste sich über einen Hocker legen, und Richard gab ihr mit dem Teppichklopfer zwei leichte Schläge auf den nackten Popo. Mir tat das Herz weh! Aber das Kind hat nicht geschrien, nur still vor sich hin geweint und ist in einer Ecke verschwunden.

Ich habe sie jetzt dazu angehalten, nach dem Mittagessen in der Küche unserem neuen Mädchen Maria, beim Spülen zu helfen, sie soll das Geschirr abtrocknen. Auf diese Weise verhindere ich, dass Maria nach dem Essen und noch vor dem Spülen am Küchentisch einschläft, was häufig passiert. Ich weiß nicht, ob das Mädchen überfordert ist oder weshalb sie so viel Schlaf braucht.

Horstl ist im Februar sieben Jahre alt geworden, er macht uns viele Sorgen. Er ist ein zartes und für Krankheiten anfälliges Kind, aber man merkt ihn kaum. Von klein auf ist er schwächlich, hat bereits eine Ohrenentzündung hinter sich und schlimme Masern. In der Schule fällt er nicht auf.

30. Januar 1933, Machtergreifung von Adolf Hitler.

Durch unser Radio haben wir erfahren, dass der Reichspräsident von Hindenburg die Regierungsmacht an Adolf Hitler übertragen hat. Hitler will ‚die Macht an sich reißen', so hat er sich geäußert, er will alles für Deutschland tun, damit es uns wieder besser geht, und er will die Arbeitslosigkeit beseitigen. Das wäre ja schön für uns alle, aber wie will er das machen? Kann er zaubern?

Präsident von Hindenburg soll dem neuen Reichskanzler Adolf Hitler, dem österreichischen Gefreiten aus dem Ersten Weltkrieg, die Hand gereicht haben. Richard meinte: ‚Er hat uns verkauft.' Bis dahin hatte Hindenburg sich Hitler gegenüber ablehnend verhalten. Die Kommunisten, die hier in Langenbielau das Sagen haben, in der Übermacht sind und bestimmen, was gemacht wird, sind weniger geworden. Langenbielau galt bisher als ‚Hochburg der Kommunisten', doch nun ist es wohl damit vorbei.

Hitler bezeichnet sich als ‚von der Vorsehung berufen', er verspricht uns ein besseres Leben in der Zukunft. Ich glaube, der Kerl spinnt! Er soll in Landsberg in Festungshaft gesessen und während dieser Zeit ein Buch geschrieben haben, ‚Mein Kampf'.

Bei den Reichstagswahlen 1930 hat Richard die SPD gewählt, er sagte damals: ‚Die Nazis halten sich nicht lange, das sind doch alles dumme Jungen.' Und nun wird das gesamte öffentliche Leben von den Nazis bestimmt.

Ein Zeitungsbericht: ‚Am 28. Februar 1933 ist der Reichstag in Berlin von Kommunisten in Brand gesteckt worden, er brannte völlig aus. Daraufhin erfolgten als Maßnahme viele Verhaftungen, dazu gehörten Schriftsteller,

Schauspieler, Zeitungsverleger, der rasende Reporter Egon Erwin Kisch; Berthold Brecht konnte mit seiner Familie nach Prag fliehen, auch andere verließen das Land.'

Im Ort gibt es einen Männer-Turnverein, und was ist mit den Frauen? Ich habe mich mit einigen Frauen zum Turnen zusammengetan, wir wollen eine Frauen-Turnabteilung bilden. Das hat inzwischen auch geklappt, der Männerturnverein ist damit einverstanden gewesen und wir sind ihm angegliedert worden.

Nun haben wir schon mal gemeinsam Fasching gefeiert. Im Gasthof ‚Zum Goldenen Schwert' wurde ein kleiner Saal gemietet, und alle kamen kostümiert. Ich ging als Harlekin; von der Völkel Lotte, einer Schneiderin, hatte ich mir einen Anzug aus Cordsamt nähen lassen, schwarzer Grund mit buntem Muster darin, dazu einen breiten, weißen Kragen und eine spitze Mütze. Das sah ganz lustig aus und ich habe mich sehr chic gefühlt. Richard, der nicht so sehr fürs Kostümieren ist, setzte sich nur ein kleines blaues Hütchen auf und band eine bunte Krawatte um. Es wurde sehr lustig, man kam sich näher, ich habe viel getanzt, und erst lange nach Mitternacht gingen wir nach Hause.

Im Sommer betreiben wir Turnfrauen Leichtathletik und bekommen darin auch Unterstützung des Männer-Turnvereins. Wir trainieren jetzt für das Sportabzeichen, das eine besondere Auszeichnung für einen Sportler ist. Es gehört viel Training dazu, aber wir wollen es schaffen, unser Ehrgeiz ist erwacht! Zu den Disziplinen gehören ein 100-Meter-Lauf, Kugelstoßen, Weitsprung, und das in vorgegebenen Weiten und Zeiten. Mit den Turnfrauen habe ich inzwischen freundschaftlichen Kontakt, es sind fast alle ledige Frauen, die fortschrittlich sind und sich gerne turnerisch betätigen, alles intelligente Mädchen, für Neues aufgeschlossen. Da ist Inge, die Tochter unseres Hausarztes Dr. Franz, Lotte, eine Schneiderin mit Meisterbrief, Erna, Chefsekretärin bei einem der Führungsherren der Firma Dierig.

Jetzt in den Sommermonaten habe ich die Turnerinnen eingeladen, morgens mit mir Gymnastik zu betreiben. Früh um sieben Uhr sind sie da, und wir turnen eine halbe Stunde im hinteren Teil des Gartens auf der großen Wiese. Es macht uns viel Spaß, und während wir anfangs nur zu dritt waren, sind wir jetzt schon sechs. Auch Ulla konnte ich animieren, mitzumachen.

Auf die Idee hat mich Erich Wagenschein gebracht, als er mit seiner Frau

Käthe aus Frankfurt am Main für zehn Tage bei uns zu Besuch war. Er turnt morgens zu Hause in seiner Wohnung, und dass er es hier an der frischen Luft tun konnte, begeisterte ihn – und mich!

Käthe Wagenschein ist eine Freundin aus Magdeburger Tagen, sie gehörte dazu, als Mutter mit uns Mädchen mit Gitarren in die Umgebung zog, wir hatten viel Spaß damals. Und zu dieser Mädchengruppe gehörte auch Molly Vogelsang, jetzt verheiratet mit Bernhard Voss in Berlin; auch die beiden besuchten uns schon hier, und wir unternahmen gemeinsam schöne Wanderungen ins Gebirge. Dabei machte Bernhard, der einen Photoapparat besitzt, schöne Naturaufnahmen.

Das Eulengebirge ist sehr naturhaft, mit herrlichem Nadelwald. Es gibt mehrere Bauden, im Gebirge verteilt, wo man etwas essen und trinken kann, wenn man den ganzen Tag unterwegs ist. Die höchste Erhebung im Eulengebirge ist der Bismarck-Turm mit 1015 Meter Höhe, ein Koloss aus Natursteinen, die Leute nennen ihn auch den Eule-Turm. Man kann ihn besteigen und hat eine weite Sicht über die Berge.

Die Kinder haben Diphtherie, Ulla fing damit an, klagte über Halsschmerzen, hatte Husten, allgemeines Unwohlsein und Fieber. Jochen und Horstl folgten. Dr. Franz riet sofort zu einer Isolierung, sie gingen nicht in die Schule. Wir richteten Mutters Zimmer für sie her, drei Betten kamen rein, die Kinder durften das Zimmer nicht verlassen. Ich brachte ihnen Essen und Trinken, und zog vor Betreten des Krankenzimmers einen Kittel über.

Es wurde ziemlich dramatisch, Ulla war schweißgebadet und hatte sehr hohes Fieber. Dr. Franz kam jeden Tag, maß Fieber und verabreichte Medikamente. Das zog sich etwa zwei Wochen hin. Eines Tages erwischte ich die drei bei einer Kissenschlacht, das war ein gutes Zeichen; von da an ging es wieder bergauf.

Drei schwere Tage habe ich hinter mir, Waschtage! Sie sind stets eine große Plage für mich. Diese Waschtage sind alle vier Wochen fällig: Bettwäsche, Hand- und Küchentücher sowie die Leibwäsche. Gott sei Dank habe ich die große Waschküche im Keller. Ich will mal im Einzelnen beschreiben, was das für ein Kraft- und Zeitaufwand ist: Die Bettwäsche und die Handtücher werden vor der Wäsche zwei bis drei Tage lang im Sommer bei Sonnenschein auf die Bleiche gelegt, auf die große Wiese hinter dem Haus. Jede Stunde werden sie mit Wasser aus der Gieskanne begossen, damit die schmutzigsten Stellen aufgeweicht und zugleich von der Sonne etwas gebleicht werden.

Am Waschtag dann kommt Frau Porrmann aus der Siedlung früh um sechs Uhr und macht Feuer unter dem großen Waschkessel, der mit Wasser gefüllt ist, und löst ein Waschpulver darin auf. Es gibt jetzt Persil, das ergibt eine seifige Lauge. Kocht das Wasser im Kessel, wird zunächst die Bettwäsche hinein gesteckt, dazu die Hand- und Küchentücher, die mittels eines kräftigen Stockes hin und wieder umgerührt werden.

Gegen Mittag wird die Bettwäsche vom Kessel in ein Aluminiumschaff umgeladen, während die Handtücher weiter in der kochenden Lauge bleiben. Die Waschküche füllt sich mehr und mehr mit Wasserdampf, so dass ich kaum die Hand vor Augen sehe, ich triefe vor Nässe!

Nun beginnt die Wascherei; auf einem Holzgestell steht das Schaff, und auf einem Waschbrett aus Aluminium wird Stück für Stück, mit Kernseife eingerieben, gerubbelt. Das geht über den Rücken und die Hände, die abends nicht mehr zu gebrauchen sind.

Die gewaschenen Stücke fliegen dann in ein zweites Schaff, das angefüllt ist mit klarem Wasser zum Spülen. Dem zweiten Spülwasser wird ein Weichmittel beigegeben, das die Wäsche weich machen und gleichzeitig etwas aufklaren soll, denn die Wäsche nimmt schnell einen grauen Farbton an. Danach werden die Wäschestücke einzeln ausgewrungen, damit sie nicht zu nass auf die Wäscheleine im Gartenhof kommen.

Seit kurzem kann ich eine Wringmaschine benutzen, die sehr hilfreich ist und die schwere Arbeit des Auswringens erleichtert. Es ist ein nicht sehr großer Holzrahmen mit zwei eng aneinander liegenden Hartgummirollen und einer Kurbel, der am Schaff festgeschraubt ist, das Wäschestück wird durch die Gummirollen gedrückt und kommt weniger nass heraus. Am zweiten Tag ist dann die Leibwäsche dran. Am dritten Tag werden die trockenen Wäschestücke gefaltet und anschließend zur Mangel gebracht.

Der Kaufmann Winkler hat hinter seinem Kolonialwarengeschäft einen Extraraum, in dem eine Mangel steht, ein großes, schweres Ungetüm. Mittels eines Motors schiebt sich ein schwerer Block mehrmals über die ausgelegte Wäsche, die dadurch ziemlich glatt wird.

Die Handtücher und die Leibwäsche müssen nach und nach gebügelt werden, wozu ich mir dann aber Zeit lasse. Nach einer Woche Arbeit bin ich körperlich ziemlich fertig und gebe auch während dieser Zeit keinen Turnunterricht.

In Faulbrück habe ich zum Bügeln der Wäsche noch ein altes Bügelgerät aus schwerem Eisen benutzt, in das wiederholt ein glühender Eisenbolzen geschoben werden musste. Inzwischen habe ich mir jedoch ein elektrisches Bügeleisen kaufen können, das macht das Bügeln doch sehr viel einfacher und schneller. Aber eine arge Plage sind diese Waschtage immer noch!

Ein herrlicher Sommer, die Kinder sind den ganzen Tag draußen an der Luft. Jochen ist mit seinen Freunden ständig unterwegs; was sie alles anstellen, ich weiß es nicht.

Ulla wollte gern an seinen Streifzügen teilnehmen, war neugierig, was er alles unternimmt. Er nahm sie mit unter der Bedingung, dass sie nichts verrät und dass sie alles mitmacht.

So zogen sie einmal zusammen ins Feld, um Mäusenester auszuheben; das Getreide war schon abgeerntet, Ulla durfte mit, musste aber die Mäuse anfassen, das war die Bedingung. Sie tat es dann auch, und es war gar nicht so schlimm, verriet sie mir danach. Richtig schwärmerisch berichtete sie von den winzigen, noch nackten Mäusen im Nest, die aussahen wie kleine Marzipanschweinchen.

Ein andermal erlebte sie das Fangen von Molchen in einem größeren Tümpel. Auch Horstl durfte mit, und zusammen brachten sie in einem Einweckglas ein paar junge Molche mit nach Hause. So ähnlich sahen dann in der Folge viele gemeinsame Streifzüge aus.

Wir Turnerinnen können nun auch die große Turnhalle benutzen, die hinter dem Gymnasium steht. Diese Turnhalle ist wirklich beeindruckend, denn da ist alles vorhanden, was ein Turner zur Ausübung seines Sportes braucht: ein Barren, zwei Recks, in der Höhe verstellbar, zwei Paar Ringe von der Decke herab, ein Hochsprunggerät, eine Sprunggrube für den Weitsprung, angefüllt mit Sägemehl; es gibt Bälle, Keulen, Reifen, Speere und Ringe für die Gymnastik. Seit kurzem steht sogar ein älteres Klavier für die musikalische Begleitung der Gymnastik in einer Ecke, worüber ich mich besonders freue. Und in der großen Halle können auch Darbietungen des Sportvereins stattfinden, dazu gibt es eine Empore für die Zuschauer. Im Hof hinter der Turnhalle kann man Kugelstoßen und Speerwerfen betreiben. Es macht Freude, mit den Frauen und Kindern zu turnen.

Ich trage eine Idee mit mir herum: Mir ist beim Kinderturnen aufgefallen, dass sich viele der Kleinen schlecht und nachlässig halten. Dagegen kann man doch etwas tun! Eine spezielle Gymnastik für Kinder mit Haltungsschäden. Ich habe mir in einem Breslauer Geschäft Bücher über das orthopädische Turnen besorgen lassen, die mir ausreichend Anleitung dafür geben.

Im Ort haben wir einige begüterte Familien mit Kindern, bei denen so eine Art Gymnastik vielleicht angebracht wäre. Aber ich muss erst einmal einen Anfang haben, das heißt, eine Familie finden, die zu solch einem Unterricht bereit ist und bezahlt. Das muss sich herumsprechen, und dann werden sich hoffentlich weitere Familien dafür interessieren. Für diesen Spezial- und Einzelunterricht kann ich ein gutes Honorar verlangen, das ist für mich die einzige Möglichkeit, etwas Geld zu verdienen. Ich sprach mit Dr. Franz darüber, und er findet die Idee hervorragend, wie er mir versicherte. Mit meinem erlernten Beruf als Fremdsprachen-Korrespondentin kann ich hier im Ort nichts anfangen, so etwas ist in Langenbielau kaum gefragt. Auch in einem Büro mit Kurzschrift und Schreibmaschine als Stenotypistin zu arbeiten, kommt nicht in Frage. Außerdem könnte ich das nur stundenweise oder halbtags, denn die Kinder und der Haushalt gehen vor. Und mein Sport mit den Frauen und Kindern soll auch nicht zu kurz kommen. Aber ich muss sehen, dass ich etwas Geld verdiene, Richards Gehalt reicht nur für das Notwendigste, im Haushalt fehlt noch so viel, und die Kinder wachsen weiter und kosten mehr.

Anfang 1914 arbeitete ich in Magdeburg bei der Firma Kramer und Niklas als Fremdsprachen-Korrespondentin, beherrschte die englische und französische Sprache in Wort und Schrift, und wurde für ausländische Besuchergruppen eingesetzt. Bei solch einer Gelegenheit lernte ich einen jungen Mann kennen, Mitglied einer Delegation aus Japan, der mich zusammen mit einem Kollegen, nachdem ich sie in der Firma herumgeführt hatte, zum Essen in ein Restaurant einlud. So etwas kam nicht oft vor, und ich fühlte mich geehrt.

Als ich Mutter davon erzählte, fand sie es nicht richtig, dass ich die Einladung angenommen hatte, doch ich war pünktlich im Restaurant. Aus dieser Bekanntschaft entwickelte sich eine Freundschaft mit dem jungen Mann, sein Name war Hisa Hibino, er war Kunstmaler und viel auf Reisen, wie er erzählte; zur Zeit lernte er Deutschland kennen, und aus allen Ecken erreichten mich wunderschöne Postkarten, von ihm selbst gemalt. Er hatte viele Ausstellungen seiner Ölbilder und war offenbar ein berühmter Künstler. Bei Ausbruch des Krieges im Juli 1914 musste er Deutschland verlassen, kehrte nach Japan zurück, und wir hörten nichts mehr voneinander, was ich sehr bedauert habe.

Nun haben wir ein Schwimmbad in Niederbielau, es liegt in einem großen Park, es hat ein Becken von 50 Meter Länge für die Schwimmer, ein Nichtschwimmer- und ein Planschbecken. In einer langen Baracke sind die Umkleideräume.

Im Park hinter dem Schwimmbad gibt es einen großen Teich, auf dem kann im Sommer Kahn gefahren werden, wenn im Winter das Wasser gefroren ist, soll er zum Eislaufen freigegeben werden. Mit zwei Männern vom Turnverein habe ich mich zusammen getan, und wir erteilen Schwimmunterricht. Es gibt zwar einen Bademeister, der die Aufsicht führt, aber er muss sich um so viele Dinge kümmern, dass er froh ist, wenn wir ihm den Unterricht abnehmen.

Für die Schwimmanfänger steht ein so genannter ‚Galgen' bereit, an den der Lernende mit einer langen Leine und einem Gurt um den Bauch gehängt wird; dann sind Brustgürtel aus Kork für die Fortgeschrittenen da und kleine Luftkissen aus Nessel für die Kinder, die ihnen um die Brust gebunden werden.

Ich halte während des Unterrichts eine lange Stange mit einer Drahtschlaufe am Ende dem Schwimmenden vor das Gesicht, damit er sich notfalls anklammern kann.

Unseren Kindern werde ich sicher auch bald das Schwimmen beibringen, man kann nicht früh genug damit anfangen.

Ich habe Freude am Schreiben, nicht, weil ich mich als Dichterin fühle, es ist mir zum Bedürfnis geworden, eine Art Kalender, in dem ich schon mal unter einem Datum eine bestimmte Begebenheit nachlesen konnte. Ich schreibe ja bewusst kurz und knapp, im Telegrammstil sozusagen, aber es macht mir Spaß.

Natürlich komme ich nicht regelmäßig dazu, und wenn, dann erst am Abend, wenn die Kinder im Bett sind. Dann sitze ich zusammen mit Richard unter dem großen Lampenschirm am Esstisch, er liest seine Tageszeitung, ich lese in meinen Sportbüchern oder schreibe. Es ist eine sehr angenehme Atmosphäre, die ich sehr mag, das Radio spielt leise Musik oder bringt Nachrichten aus aller Welt.

In Langenbielau gibt es keinerlei Unterhaltung, kein Theater, kein Konzert, keine Vorträge, es ist ein armes, kleines Dorf. Das gesellschaftliche Leben – so man überhaupt davon reden kann – spielt sich privat ab, bei uns im Turnverein oder im Männergesangverein, dem Richard angehört.

Im Turnverein tut sich eigentlich genug, man muss nur die Möglichkeiten nutzen. In Kürze soll es auch ein Kino geben, so wie in Reichenbach. Dort wird jede Woche ein neuer Film gezeigt, ich kann die Anzeigen in der Zeitung lesen. Und noch etwas gibt es in Reichenbach, unserer Kreisstadt: ein Hallenschwimmbad, das vor allem für die Wintermonate einen Ausgleich bietet, wenn das Freibad geschlossen ist.

Ich war mit Lotte, der Schneiderin, dort, und es war herrlich, so etwas Feines! Die Bahn ist 25 Meter lang und 10 Meter breit, das Wasser ist ganz sauber, und durch die hellblauen Fliesen, mit dem das Becken ausgekachelt ist, sieht es blau aus, wie im Meer. Ich fühlte mich wie ein Fisch im Wasser.

Der Anfang ist gemacht! Frau Graf hat mich für ihre zwei Töchter Inge und Heidi engagiert, sie sind neun und elf Jahre alt; mit ihnen soll ich turnen, sie halten sich schlecht, meinte sie.

Frau Graf ist die Ehefrau eines leitenden Herrn bei der Firma Dierig, in der Richard als Buchhalter beschäftigt ist. Der Unterricht soll in der Villa stattfinden, die neben der Villa der Familie Dierig auf dem Butterberg steht.

Die Dierigs sind die Gründerfamilie des großen Werkes, das den meisten Familien in Langenbielau Arbeit und Brot gibt. In der großen Weberei werden Textilien hergestellt, Bettwäsche, Oberhemden- und Kleiderstoffe.

Ich werde einmal in der Woche den Unterricht geben, mache Übungen, die ich mir aus meinen Büchern heraussuche, solche, die die Fehlhaltungen bei Kindern mit der Zeit korrigieren und möglichst beseitigen sollen.

Als ich mit Dr. Franz noch einmal über diese Art zu turnen sprach, bestärkte er mich in meinem Vorhaben; er ist zwar Allgemeinarzt, aber ich denke, dass er doch etwas Ahnung von einer Gymnastik haben wird, die Kinder vor späteren Schäden bewahrt. Ich soll ein Honorar von 20 Reichsmark im Monat bekommen, und darüber bin ich sehr froh, bereichert es doch meine Haushaltskasse, mit der ich nur schlecht über die Runden komme. Ich spare zwar, wo es geht, es gibt nur Margarine aufs Brot, die billige Vierfruchtmarmelade, und wir trinken nur Blümchenkaffee; die Kinder bekommen allerdings morgens ihre Milch, im Winter ist es eine heiße Mehlsuppe am Morgen, und am Abend gibt es einen Löffel Lebertran.

Langenbielau ist ein lang gestrecktes Dorf. Entlang der Hauptstraße stehen die

Wohnhäuser rechts und links, einfache, meistens zweistöckige Häuser. Neben der Straße verläuft der Bach, die Biele, die aus den Bergen kommt und durch eine Mauer in ihrem Bett gehalten wird. Wenn im Winter viel Schnee fällt und der schmilzt, kommt es auch schon mal zu Hochwasser. Die Einkaufsmöglichkeiten sind ganz gut: Auf der Hauptstraße ist das Kolonialwarengeschäft von Paul Henkel, in dem es alles für den täglichen Bedarf gibt. Ein paar Häuser weiter ist der Bäcker Spielmann, dem wir unseren Straßennamen verdanken, und gegenüber ist die Milchhalle, ein kleines, viereckiges Holzhaus, das täglich frische Milch anbietet. Der Fleischer und ein Gemüsegeschäft sind etwas weiter entfernt, aber da gehe ich nur einmal in der Woche hin oder schicke das Mädchen; wir haben ja das meiste Gemüse und Kartoffeln im Garten. Nicht zu vergessen die Gärtnerei Leuchtenberger, in der es alles frisch gibt.

Außer dem gelben Postauto, das dreimal am Tage von einem Ende des acht Kilometer langen Dorfes zum anderen fährt, gibt es einen Personenzug, der zwischen Reichenbach und Langenbielau pendelt. Er ist die einzige Verbindung zur weiten Welt.

Und es gibt noch die kleine Eulebahn, das ist ein Bummelzug mit zwei Wagons und Holzsitzplätzen, der von Reichenbach kommt und die einzige Verbindung in die Umgebung darstellt. Er fährt durch Wiesen und Felder und hält auf Wunsch auch auf offener Strecke. Im Wagon hängt ein heiterer Spruch, der die Langsamkeit des Zuges kennzeichnet: ‚Das Aussteigen und Blumenpflücken während der Fahrt ist verboten!'

Diese kleine Eulebahn fährt bis nach Silberberg, das ist ein beliebter Ausflugsort und Anziehungspunkt vor allem für Kinder und junge Leute. Es gibt eine alte Burg, wo Friedrich der Große mit seinen Soldaten stationiert war, ein Donjong, eine Festung, in der die Soldaten zur Bestrafung eingesperrt wurden, mit dunklen Verliesen und Folterwerkzeugen. Sie soll 1760 erbaut worden sein.

Der Sage nach soll Friedrich der Große, der Preußenkönig, mit seinem Heer am Eulengebirge entlang gezogen sein nach Silberberg, der Weg dorthin ist noch heute markiert, und an der ‚Kanonenbrücke' im Wald weist eine kleine Tafel darauf hin.

Am letzten Sonntag machten wir mit den Kindern eine Wanderung bis nach Silberberg, besichtigten die Burg und den Donjong mit den gruseligen Verliesen, die es besonders Jochen angetan hatten.

In einem kleinen Museum im Ort, dem ehemaligen Bürgermeisteramt, das wir danach aufsuchten, machten wir in den ausliegenden Geschichtsbüchern eine amüsante Entdeckung: Eine Anekdote über König Friedrich den Großen und Bürgermeister Ruhm. Als Richard sich als ‚Ruhm' auswies, gab es erst großes Gelächter unter den Anwesenden, und dann bekamen wir eine Kopie der Anekdote. Sie trug die Überschrift:

„*König Friedrich der Große und Bürgermeister Ruhm.*
Im Jahre 1781 lebte in Silberberg im Eulengebirge der Bürgermeister Ruhm.
Das war ein sehr achtungswerter Mann. Er besaß etliches Vermögen und ein eigenes Haus, in welchem er einen Spezerei-Handel betrieb. Sein Amt verwaltete er schon viele Jahre zur Zufriedenheit seiner vorgesetzten Behörde, weshalb er sich auch die Liebe und Achtung des größten Teils der hiesigen Bürger erworben hatte. Doch selbst der rechtschaffenste Mann hat seine Feinde gehabt, so auch der Bürgermeister Ruhm. Er hatte die ungefährliche Angewohnheit, dass er täglich nach eingenommenem Abendbrot ein Gläschen Branntwein trank und sich alsdann ruhig aufs Ohr legte.

Dies benutzten seine Gegner, von denen einer selbst gern Bürgermeister geworden wäre, um ihn bei der Kriegs- und Domänenkammer als Trunkenbold anzuklagen, um die Entsetzung aus dem Amt zu bewirken. Eine Untersuchung durch eine an Ort und Stelle gesandte Kommission ergab aber, dass Magistrat nebst Syndikus und Viertelältestem die Klage gegen Ruhm für eine Verleumdung erklärten und ihm das Zeugnis eines nüchternen, moralischen Mannes ausstellten. Die Kläger mussten mit einem scharfen Verweis abziehen, beruhigten sich aber nicht, sondern sandten die Klage direkt an den König. Der schickte dieselbe zurück mit der Randbemerkung: ‚Soll an Ort und Stelle untersucht werden.'

Nun kam der König wie alle Jahre im August 1781 wieder nach Silberberg. Er stieg unterhalb der Stadt bei dem Töpferhaus ab und machte den Weg durch die Stadt bis zu seinem Quartier, welches sich im Hause des Kaufmanns Tüffe befand, zu Fuß. Auf dem Platze vor dem Brauhaus hatten sich wie gewöhnlich die Geistlichen beider Konfessionen und der Magistrat – Bürgermeister und Syndikus nach damaliger Sitte den Degen an der Seite zum Empfang – aufgestellt. Als der König erschien, trat der Pastor vor und sprach einige Worte der Begrüßung. Der König dankte mit kurzen Worten und wandte sich zugleich zu den bewaffneten Herren, den einen anredend: „Wer ist Er?"

Der Angeredete sprach: ‚Eure Majestät, ich bin der Bürgermeister.'

König: ‚Wie heißt er?'
Bürgermeister: ‚Ich heiße Ruhm.'
König: ‚Na, hör Er, von ihm höre ich sehr schlechten Ruhm. Weiß Er, Er ist bei mir verklagt worden.'
Bürgermeister schweigt und zuckt die Achseln.
König: ‚Wie lange dient Er.'
Bürgermeister: ‚Majestät, ich diene 15 Jahre.'
König: ‚Was hat Er für Gehalt?'
Bürgermeister: ‚Sechzig Taler.'
König: ‚Monatlich?'
Bürgermeister: ‚Nein, Majestät, jährlich sechzig Taler.
König, nach einigen Augenblicken: ‚Nun, so hör Er, wenn Er jährlich für sechzig Taler als Bürgermeister dient, so kann Er Schnaps trinken, so viel Er will, und Er wird nicht abgesetzt, sondern Er bleibt Bürgermeister, so lange Er lebt.'
Der Bürgermeister, sich verneigend: ‚Majestät, ganz wohl.'

Der König ging in sein Quartier zurück und der Bürgermeister?
Davon sagt die Geschichte nichts. Jedenfalls ging auch er nach Hause, ebenso vergnügt wie sein König.

Das also war ein Vorfahr von Richard, und nun weiß ich, weshalb auch er ganz gern ein Gläschen trinkt.

Im vergangenen Sommer 1933 haben wir unsere Veranda richtig nutzen können, das Wetter war durchweg freundlich. Inzwischen konnten wir gebrauchte Sitzmöbel kaufen, und haben sie rot angestrichen. Ich habe eine Blumenecke eingerichtet und helle Gardinen vor die rundum gehenden Fenster gehängt, damit die vorübergehenden Leute uns nicht beobachten können, denn wir nehmen da auch unsere Mahlzeiten ein und sitzen abends gern darin.

Ich will mal etwas über unsere Nachbarn aufschreiben, es ist die Familie Mühmer mit drei Kindern im gleichen Alter wir unsere, zwei Jungen und ein Mädchen. Herr Mühmer arbeitet auch bei Dierig, ist im Vertrieb tätig, sagt Richard.

Die Kinder verstehen sich gut, Ulla hat Freundschaft geschlossen mit Trautel, beide Puppenmütter, die bei gutem Wetter stundenlang mit ihren Puppenwagen herumspazieren. Bei trockenem Wetter spielen sie auch im Hof hinter dem Haus und zeichnen mit einem kleinen Stock ganze Wohnungen in den Sand, Möbel werden eingekratzt und nichts wird dabei vergessen. Ein beliebtes Spiel, bei dem sie ihrer Phantasie freien Lauf lassen, und es mangelt ihnen wirklich nicht daran, ich kann nur staunen! Sie vergessen dann alles um sich herum.

Der älteste Mühmer-Junge ist Karl-Heinz, in Jochens Alter, aber sie haben verschiedene Interessen. Dann gibt es noch den Horst, im Alter zwischen den beiden.

Ein steter Zankapfel aber ist Olga Mühmer, etwa in meinem Alter. Sie ist auf alles neidisch, auf meine sportliche Betätigung und das Turnen mit den Kindern überhaupt. Oft ist sie so boshaft in ihren Äußerungen, dass ich ihr am liebsten den Hals umdrehen möchte.

Jetzt, da die Kinder größer werden, haben wir einen Zimmerwechsel vorgenommen: Im zweiten Stock haben wir die zwei kleinen Stübchen, die Zimmer sind sehr klein, haben eine schräge Wand, und es passen nur ein Bett, ein kleiner Tisch und ein Stuhl hinein.

Bisher schliefen die Kinder in ihrem großen Spielzimmer, aber mit drei Betten, einem Schrank, einer Kommode und ihrer Spielkiste wurde es inzwischen doch etwas eng, außerdem – sie werden älter. So haben wir Jochen und Horstl in die zwei Zimmer einquartiert und Ulla bleibt allein im Spielzimmer.

Richard war das ganze Jahr über sehr darauf bedacht, den Garten in Ordnung zu halten, er ist sein ganzer Stolz. Natürlich müssen die Kinder ihm zur Hand gehen, Gartengeräte holen oder wegbringen und Handreichungen machen, anders geht es nicht mit nur einem Arm.

Den größten Unwillen der Kinder erregt das Steinklauben im Garten; jeden Sonnabendnachmittag nach der Schule müssen sie zwei Stunden auf den Beeten und Rabatten Unkraut jäten und dicke Steine aufsammeln.

Unser Grundstück war vor der Bebauung Ackergelände eines Bauern, dort wurden Jahr für Jahr Kartoffeln, Rüben oder Getreide angebaut, und niemand hat sich um die Steine gekümmert. Jetzt im Garten sind sie hässlich und sollen weg, deshalb müssen die Kinder ran. Das ist eine leichte Arbeit, und die Kinder lernen, dass man auch etwas tun muss fürs Schönaussehen.

Im letzten Jahr hatten wir eine gute Obsternte, die Johannis- und Stachelbeersträucher haben viel getragen, die Kirschen- und Pflaumenbäume hingen voll, und jetzt im Herbst werden wieder viele Äpfel und Birnen reif.

Im hinteren Teil des Gartens hat Richard einen Komposthaufen eingerichtet, auf den kommen sämtliche Gartenabfälle und einiges aus der Küche wie Gemüseabfälle und Kartoffelschalen. Was nicht darauf gehört, also nicht zu Humus wird, landet in der Aschegrube im Hof, so die Brennasche aus der Zentralheizung und Verpackungen.

Jetzt im Oktober ist hier Kirmes, das Ereignis für alle Kinder!

Auf einer großen Wiese nahe bei der Gärtnerei Leuchtenberger wurden Buden und Karussells aufgebaut. Nicht nur wir mussten das Taschengeld erhöhen. Die Kinder waren den ganzen Tag über verschwunden, erst am Abend trudelten sie wieder ein. Ulla war käseweiß im Gesicht und gestand mir, dass sie viermal hintereinander im Kettenkarussell gefahren sei, dass ihr schlecht wurde und sie sich übergeben musste. Nun, ich denke, das wird sie nie wieder tun.

Eine Leidenschaft hat sich bei mir eingestellt: Ich habe meine Vorliebe für Bohnenkaffee entdeckt! Durch Herrn Henkel, unseren Kaufmann an der Ecke, bin ich auf den Geschmack gekommen. Bei ihm kaufen wir alles für den täglichen Bedarf. Paul Henkel ist ein fortschrittlicher Mensch und hat in seinem Laden eine Kaffeerösterei eingerichtet. Einmal im Monat röstet er die grünen Kaffeebohnen selbst, und jeder kann ihm dabei zusehen. Da steht eine große, runde Maschine mit einem drehenden Rost, auf dem bei großer Hitze die Kaffeebohnen geröstet und langsam dunkelbraun werden.

Sooft ich Zeit habe, gehe ich an dem Rösttag in sein Geschäft, das dann angefüllt ist von einem wundervollen Kaffeeduft. Und ich leiste mir ab und zu ein kleines Tütchen davon. Eine Kaffeemühle konnte ich auch schon auftreiben, mit der mahle ich die Bohnen zu einem Kaffeemehl, das wird dann in einer Kanne mit kochendem Wasser übergossen, muss kurze Zeit ziehen, damit sich das Kaffeemehl absetzt, und dann sitze ich zufrieden vor meiner Tasse und genieße den Bohnenkaffee – schon fast eine heilige Handlung!

Vorgestern kam Richard mit einem kleinen Hund nach Hause, einem Foxterrier, braun und weiß gefleckt. Ein niedlicher Kerl, aber ich war nicht gerade erbaut davon, doch die Kinder kriegten sich vor Jubel kaum noch ein. Sie haben ihn Lump getauft.

Richard übernahm den Hund von einem Kollegen, der ihn nicht halten konnte oder wollte. Nun, in unserem Garten wird er Auslauf genug haben, und vom Tisch wird auch genügend für ihn abfallen.

Jochen ist jetzt in der Hitlerjugend, alle Jungen seiner Klasse machen da mit, und dagegen ist auch nichts einzuwenden, sind sie doch wenigstens von der Straße.

Ulla weigert sich, in den Bund deutscher Mädel einzutreten, wie die meisten Mädchen ihrer Klasse. Sie hasst alle größeren Zusammenkünfte, es fiel mir schon im Turnverein auf, dass sie meistens abseits steht und nie der Mittelpunkt ist. Nun soll sie in den Pflicht-BDM abgeholt werden, wurde uns angekündigt; ein Polizist oder ein älterer Hitlerjunge in Uniform wird sie von zu Hause abholen und zur Zusammenkunft der Jungmädel bringen.

Wir wollten den Kindern etwas Besonderes bieten, und sind mit ihnen nach Breslau in den Zoo gefahren. Schon die Fahrt von Langenbielau nach Reichenbach, da umsteigen in den Zug nach Breslau, dort die Straßenbahnfahrt, das alles war ein nicht alltägliches Ereignis für die drei.

In Breslau haben wir erst einmal bei Aschinger Erbsensuppe mit Würstchen gegessen, und später gab es auch noch eine Eistüte für jeden. Im Zoo war viel Betrieb, wir kamen nur langsam vorwärts, es gab auch viel zu sehen, alle Tiere wurden bestaunt, die Kinder stellten viele Fragen. Bei den Affenkäfigen passierte es, dass Jochen, von uns unbemerkt, einem Affen einen kleinen Taschenspiegel durch das Gitter steckte. Das Tier hatte nichts anderes zu tun, als ihn in den Mund zu stecken und darauf herum zu beißen, mit dem Ergebnis, dass es blutete. Sofort große Aufregung unter den Besuchern, zwei Pfleger kamen dazu, sahen die Bescherung und wiesen uns mit vielen Vorwürfen aus dem Zoo.

Wir Frauen trainieren jetzt ernsthaft für das Sportabzeichen, das wir im Herbst erwerben wollen. Zur Abnahme wird dann eigens ein Sportwart aus der Kreisstadt Reichenbach kommen, damit alles seine Richtigkeit hat. Wenn wir die verschiedenen Disziplinen schaffen, bekommt jede ein Sportheft, in das die Leistungen eingetragen werden, und dann dürfen wir das Sportabzeichen tragen.

Die Kinder haben Läuse, aus der Schule mitgebracht. Ulla fing damit an, in ihrem dichten Haar fühlten sie sich scheinbar besonders wohl. Anfangs ging ich noch mit einem Läusekamm ‚auf Jagd' und bearbeitete ihren Kopf täglich. Als aber die beiden Jungen auch damit anfingen, wusste ich mir nicht anders zu helfen und ließ Dr. Franz kommen, der verordnete sofort Kopfpackungen. Da die ganze Schule inzwischen mit Läusen verseucht war, wurde sie erst einmal geschlossen. Das hat es noch nicht gegeben!

Nun laufen die drei mit verpacktem Kopf herum, eine dicke, grauweiße Pampe unter der Verhüllung, die mehrere Tage darauf bleiben muss. Nach fünf Tagen haben wir die Packungen wieder abgenommen, die Läuse waren zwar verschwunden, aber die Kopfhaut hat sich entzündet und fängt nun an zu eitern. Nun haben alle drei dicke Eiterbeulen auf dem Kopf. Dr. Franz hat damit begonnen, den Eiter auszudrücken, was sehr schmerzhaft sein muss, denn Ulla schreit jedes Mal wie am Spieß. Diagnose des Arztes: Kopfschwartenvereiterung – ein neues Krankheitsbild. Den Kindern fallen die Haare büschelweise aus, wohin soll das führen?

Durch die Straßen fährt jetzt häufiger ein Auto und macht sich mit einer lauten Glocke bemerkbar. Die Kinder lieben dieses Auto, das für fünf oder zehn Pfennig Eis in kleinen Waffeltüten verkauft. Es handelt sich um ein umgebautes Cabriolet, auf dessen Rücksitz zwei Eisbehälter stehen, die von Frau Walter bedient werden. Herr Walter fährt das Auto und bedient die Glocke, so fahren sie bimmelnd durch den Ort, und ich glaube, das Geschäft läuft ganz gut.

Jochen geht Ostern zur Konfirmation – meine Güte, wo ist die Zeit geblieben? Wir kauften ihm einen dunklen Anzug, das ist hier üblich, aber wir hatten beträchtliche Schwierigkeiten wegen seiner Größe. Jochen ist der Kleinste seiner Klasse, und wir machen uns Sorgen deswegen, denn Richard ist groß, und ich bin es auch.

Doch Dr. Franz tröstete uns mit den Worten: „Machen Sie sich keine Sorgen, er hat Schuhgröße 43 und alle Chancen, ein großes Mannsbild zu werden."

Welche Parallelen zu meinem Bruder Rudolf: Auch Jochen will nicht auf die Höhere Schule, er will einen praktischen Beruf erlernen.

Als ich diese Woche wieder zum Turnen mit Inge und Heidi in der Villa am Butterberg war, kam Frau Dierig aus der Nachbarvilla dazu, die Ehefrau des obersten Chefs der Dierig-Werke, Christian Dierig. Ulla nehme ich oft mit zu diesem Turnen, sie macht die Übungen sehr schön vor.

Frau Dierig war sehr freundlich und unterhielt sich mit mir über das Turnen der Kinder. Sie möchte, dass auch ihre Kinder bei mir turnen; Bärbel ist fünf Jahre alt und Krischan acht. Sie machte den Vorschlag, dass die beiden zusammen mit Inge und Heidi turnen könnten. Ich bin richtig stolz, dass mein Plan mit dem orthopädischen Turnen ankommt und akzeptiert wird; noch ein Verdienst für mich.

Jochen ärgert überaus gern seine kleine Schwester. Wenn sie nicht in der Nähe ihrer Puppen ist, steckt er diese mit dem Kopf unter die Decke des Puppenwagens, und die Beine ragen oben heraus, ein lustiges Bild!

Aber Ulla gefällt das gar nicht, und wenn sie es entdeckt, schimpft sie oder weint sogar. Das tut mir immer leid, denn sie liebt ihre Puppen über alles.

Ich habe ihr ein ‚Rezept' verraten: Sie soll versuchen, gar nicht darauf zu reagieren, soll es ignorieren, und als sie das schafft, ist bei Jochen die Lust dazu vergangen. Seitdem hat sie Ruhe vor diesem Spiel. Aber Jochen liebt auch weiterhin jeden Schabernack bei seinen Geschwistern.

Von meinem selbstverdienten Geld habe ich mir ein Fahrrad gekauft, zwar gebraucht, aber gut erhalten. Das hilft mir sehr auf meinen Wegen zum Sport.

Jochen ist im August bei der Firma Dierig in der Lehrwerkstatt angenommen worden. Er will den Beruf des Webers erlernen, in der Absicht, nach Absolvierung der am Ort ansässigen Textilfachschule ein Textiltechniker zu werden. Der Junge wird nun doch langsam vernünftig, und er ist auch dabei zu wachsen, wie Dr. Franz es voraus gesagt hat, der Junge holt jetzt auf.

Im Ort gibt es den ersten SA-Mann in brauner Uniform; er erregt damit unliebsames Aufsehen und soll schon mal verprügelt worden sein. Und die Nazis im Ort werden immer mehr, man sieht nun häufiger braune Uniformen. Auch an die Kinder machen sie sich mehr und mehr ran, auf Plakaten heißt es: ‚Die Jungen gehören in die Hitlerjugend, die Mädchen in den BDM, die Frauen in die Reichsfrauenschaft.'

Das öffentliche Leben verändert sich dadurch spürbar. Hitler holt die Arbeitslosen von der Straße, sagt man, es sollen schon weniger geworden sein.

Für die Mädchen zwischen 16 und 18 Jahren soll ein Pflichtjahr eingeführt werden, in dem sie während der Erntezeit bei Bauern arbeiten sollen. Und für Jugendliche zwischen 18 und 25 Jahren wird es einen Arbeitsdienst von einem halben Jahr geben.

Langenbielau hat jetzt 20.000 Einwohner. Durch die Textilindustrie, von der der größte Teil der Bevölkerung lebt – Christian Dierig ist der größte Arbeitgeber –, ist es eine Arbeiterstadt, alles Kleinverdiener, aber wohl zufriedener als im vorigen Jahrhundert, in dem es einen Weberaufstand gab. Gerhart Hauptmann hat darüber ein Theaterstück geschrieben. Hier gibt es

Winterlandschaft (1935)

kein Theater, in dem man so etwas einmal sehen könnte. Das nächste Theater ist in Schweidnitz, aber da gibt es Schwierigkeiten mit der Heimfahrt, denn so spät fährt die Eisenbahn nicht mehr.

Richard sieht schwarz für die Zukunft, er meint, dass Hitler größenwahnsinnig ist und die ganze Welt erobern will! Reichspropagandaminister Goebbels, der ‚Mann mit der großen Schnauze', wie Richard ihn nennt, ist ein guter Redner im Sinne Hitlers und mit immer neuen Parolen zu hören. Die Nazis wollen ‚eine neue Welt aufbauen', heißt es.

4. Januar 1935, ein neues Jahr, ein kalter Winter mit viel Schnee. Es fing schon Ende November an zu schneien, und Weihnachten lag so viel Schnee wie sonst erst im Januar. Die Kinder haben zu Weihnachten einen Schlitten und Schlittschuhe bekommen, die wünschten sie sich. Auf dem nahe gelegenen Ruppelt-Teich ist dickes Eis, und die Kinder der Umgebung treffen sich dort zum Eislaufen. Es scheint ihnen Spaß zu machen; Ulla, die sehr gewachsen ist, stellt sich dabei gar nicht so dumm an.

Vor ein paar Tagen kam sie weinend und völlig durchnässt vom Schlittschuhlaufen nach Hause. Sie war auf dem Teich eingebrochen, das Eis am Rande war zu dünn, und da ist es passiert. Zwei ältere Jungen haben sie gerettet, das heißt herausgezogen, das Wasser am Rand war nicht tief. Ich habe sie gleich ausgekleidet und ordentlich abgerubbelt, hoffentlich gibt es keine Erkältung. Danach nahm ich sie tröstend in die Arme und sagte ihr, dass sie Glück gehabt habe, da ihr Schutzengel aufgepasst hat und die beiden Jungen gleich bei ihr waren.

Sie meinte dagegen: „Wieso Schutzengel? Wenn der richtig aufgepasst hätte, wäre ich doch gar nicht erst eingebrochen." Nun, wenn sie Recht hat, hat sie Recht!

Wir haben jetzt minus zehn Grad, und ich muss darauf achten, dass die Kinder warm genug angezogen sind. Den Schlitten benutzen sie jetzt fast täglich nach der Schule, dass dabei auch ein Unglück passieren kann, habe ich nicht bedacht: Ulla und Horstl waren mit dem Schlitten zum Herrleinberg gezogen, um dort eine ziemlich steile Wiese hinab zu fahren. Horstl saß vorn, sein Freund Jokel hinter ihm und dahinter Ulla, die den Schlitten während der Abfahrt mit den Füßen lenkte. Als Älteste hat sie die längsten Beine, aber sie machte es wohl nicht richtig, oder das Tempo war zu groß, so dass sie die Gewalt über den Schlitten verlor; jedenfalls rasten sie mit voller Wucht in den Drahtzaun am unteren Ende der Wiese. Ergebnis: Horstl brach sich das linke Bein. Heulend langten sie zu Hause an, Dr. Franz kam, und das Bein wurde in Gips gesteckt. Vorläufig ist es aus mit dem Schlittenfahren.

Ich nutze den Schnee mit meinen Skiern, so oft ich kann. Meine Turnerinnen sind ebenfalls begeisterte Skifahrerinnen, und da wir die Berge vor der Nase haben und somit keinen langen Anweg, um schöne Abfahrten zu machen, kann ich die Skier schon vor dem Haus anschnallen.

Die Wege im Gebirge sind allerdings oft tückisch und nicht ungefährlich, es passieren immer wieder Unfälle und Knochenbrüche. Die Abfahrtswege haben auch die entsprechenden witzigen Bezeichnungen von den Skifahrern bekommen, wie ‚Apotheke' oder ‚Blutige Knochen'; die allein geben schon genügend Auskunft über die Unfälle, die sich da ereignen.

Am letzten Sonntag bin ich wieder mit meinen Turnerinnen auf Skiern im Gebirge gewesen, wir hatten schönes Wetter und viel Spaß. Ich bedaure nur, dass Richard nicht mithalten kann, aber mit einem Arm hat er nicht das nötige Gleichgewichtsgefühl, sagt er. So sucht er seinen Ausgleich in der Haus- und Gartenarbeit.

Ab und zu spricht er mit mir über Politik, obwohl ich nicht so viel davon verstehe und mich auch nicht dafür interessiere, ich finde, das ist Männersache. Aber Richard meint, da ich mit vielen Kindern und Jugendlichen zusammenkomme, wäre es gut, wenn ich etwas Bescheid weiß.

In den letzten Wochen des Januars 1935 haben immer wieder Ausschreitungen im Ort stattgefunden, Straßenschlachten zwischen Kommunisten und Nazis. Mit Schlagstöcken und Messern sollen sie aufeinander losgegangen sein; es soll schon Verletzte auf beiden Seiten gegeben haben. Die Mützen der SA-Männer sind mit Sturmriemen unter dem Kinn befestigt. Scheußlich sieht das aus! Und sie sprechen sich auch untereinander nur noch mit ‚Volksgenosse' an. Neben den braunen SA-Uniformen tauchen jetzt auch die schwarzen SS-Uniformierten auf.

Bei ihren Märschen auf der Straße führen die SA-Leute Standarten mit sich, und wenn sie in ihren schwarzen Stiefeln vorbeimarschieren, knallt es richtig auf dem Pflaster. Dabei grölen sie das Lied: ‚SA marschiert mit ruhig festem Tritt.' Jeder Passant muss dann mit erhobenem Arm grüßen, bis sie vorbei sind.

Die Bismarckstraße in Niederbielau wurde jetzt in Adolf-Hitler-Straße umbenannt. Wir haben einen Ortsgruppenleiter der NSDAP bekommen, der die Bevölkerung kontrolliert, ja, man kann schon sagen, überwacht. Die Kinder und Jugendlichen sind inzwischen auch schon alle organisiert.

Und es gibt schon eine ganze Menge ‚Bonbonträger', wie Richard sie nennt, Leute, die das Hakenkreuzabzeichen am Revers tragen. Eine Führerin der NS-Frauenschaft war dieser Tage bei mir und drängte mich, der Frauenschaft beizutreten, es „gehöre sich einfach für eine deutsche Frau", sagte sie. Ich schützte viel Arbeit bei den Turnern vor und sagte ihr, dass ich es mir überlegen werde.

Wenn Hitler im Radio spricht, beginnt er stets mit den Worten „liebe Volksgenossen und -genossinnen"; er hat uns schon vereinnahmt, meint Richard, ob wir wollen oder nicht. Neben dem Deutschlandlied wird jetzt auch immer das Horst-Wessel-Lied gesungen, beide Lieder die ganze Dauer mit erhobenem, ausgestrecktem Hitlergruß-Arm, was sehr gewöhnungsbedürftig ist! (Horst Wessel wurde als SA-Mann ermordet, ist deshalb ein Märtyrer und wird als Held gefeiert.)

Die Nazis haben einen Vierjahresplan aufgestellt, der Beauftragte dafür ist Hermann Göring. Es heißt: ‚1. Die deutsche Armee soll in vier Jahren einsatzfähig sein. 2. Die deutsche Wirtschaft soll in vier Jahren kriegsfähig sein.' Wir fragen uns: Plant Adolf Hitler einen Krieg? Was hat er in vier Jahren vor?

Wir haben ein Klavier – ich kann es noch gar nicht fassen! Frau Graf bot es mir für fünfzig Mark an, da konnte ich einfach nicht nein sagen. Wir verrechnen es mit den Turnstunden, hat sie gesagt. Für ihre Mädchen wurde ein Flügel angeschafft. Nun kann ich auch mal wieder am Klavier sitzen. Als junges Mädchen hatte ich, zusammen mit Hanna, einige Zeit Klavierunterricht. Es hat mir immer viel Freude gemacht, und als Hanna singen lernte und im Kirchenchor sang, habe ich sie bei den Proben begleitet.

Auch Ulla lernt spielen, es fördert das musikalische Empfinden, sie lernt Noten lesen, und vielleicht macht es ihr auch einmal Freude. Inzwischen habe ich eine erfolgreiche Methode entwickelt, um sie ans Klavierüben zu bekommen: ich habe ihr versichert, dass es meinen Mittagsschlaf fördert, wenn ich sie Spielen höre. Erst sah sie mich zweifelnd an, aber dann merkte ich, dass ihr meine Worte gut taten, und jetzt spielt sie täglich nach dem Mittagessen, wenn Richard wieder zum Dienst ist, ihre Etüden und Sonaten, ohne dass ich sie groß ermahnen muss.

Richard hat Jochen erlaubt, sich Kaninchen zu halten, maximal vier Stück, meinte er, seien genug. Allerdings unter der Bedingung, dass Jochen sich allein um die Tiere kümmert, ihnen Futter besorgt und den Stall sauber hält. Jochen hat alles versprochen. Im Hof hinter dem Haus hat er nun mit Hilfe seiner Freunde einen Kaninchenstall gebaut, zwei Boxen. Richard besorgte aus der Siedlung die Kaninchen. Es sind niedliche Viecher, und ich mag nicht daran denken, dass wir sie eines Tages auf dem Teller haben werden.

Im Gasthof ‚Zum Goldenen Schwert' habe ich einen Raum gemietet, in dem ich weitere drei Kinder im orthopädischen Turnen unterrichte. Ja, mein Spezialturnen für haltungsgeschädigte Kinder hat sich herumgesprochen, so, wie ich es erhofft hatte, und ich bin richtig stolz darauf. Sogar Richard ist von meinen Aktivitäten beeindruckt, wie er mir sagte, und diese Anerkennung ist mir sehr wichtig, weil sie mir zeigt, dass er sie akzeptiert und sogar für gut befindet.

Am 5. August habe ich das Goldene Sportabzeichen geschafft! Zwei der Männer, die sich darum bemühten, ebenfalls, und ich als einzige Frau. Bei der Überreichung der Urkunde wurde ich als achte Frau Deutschlands geehrt, die das Goldene Sportabzeichen erworben hat. Ich bin richtig stolz auf mich!

Das Goldene Sportabzeichen, um das man sich erst nach Vollendung des 40. Lebensjahres bemühen kann, verlangt höchste Anstrengungen; ist man jünger, kann man das Abzeichen in Silber oder Bronze erwerben. Es war nicht leicht für mich, die geforderten Zeiten in den fünf Disziplinen zu schaffen, aber ich habe eisern trainiert, weil ich es schaffen wollte.

Ulla und Horst besuchen jetzt das Realgymnasium in der Mittelstadt; Ulla ist schon in der zweiten Klasse, der Quinta, Horstl in der Sexta. Aber sie lernen beide schlecht, es fällt ihnen schwer, dementsprechend fallen die Zeugnisse aus. Ich gehe täglich mit ihnen die französischen Vokabeln durch, höre sie ab, lasse sie alle Vokabeln dreimal in ein Oktavheft schreiben. Beide sind nicht gerade sprachbegabt, wie ich es in der Schule war.

Ulla ist mit Heidi Graf in der gleichen Klasse, die Mädchen sind Freundinnen geworden. Durch Zufall entdeckte ich in Ullas Schultasche ein mit Wurst belegtes Schulbrot. Auf meine Frage, woher das stammt, gestand sie mir, dass sie ihr Brot mit Heidi tauscht. Heidi bekommt täglich Wurstbrote mit in die Schule, die sie schon nicht mehr mag; Ullas Margarinebrote, mit etwas Zucker bestreut, haben es ihr dagegen angetan, so kam der Tausch zustande, für Ulla eine willkommene Abwechslung, denn außer an Wochenenden gibt es bei uns keine Wurst.

Im Oktober wurde ich von Frau Graf zu einem Tanzabend der Mary Wigman in Breslau mitgenommen. Sie hatte mich eingeladen, in ihrem Auto mitzufahren. Es gibt nur ein paar Familien im Ort, die sich ein Auto leisten können, so die Herrn im Vorstand von Christian Dierig.

Es war ein Traum, in so einem Auto zu sitzen! Ich muss es beschreiben: Es hat weißen Lack und hellbeige Lederpolster, im Sommer lässt sich das Dach öffnen. Gefahren wurde es von ihrem Chauffeur. Es ist ein Ford des Unternehmers Henry Ford, der schon 1925 ein Werk in Deutschland gegründet haben soll; 1931 wurde das erste Auto von ihm in Köln am Rhein gebaut.

Und dann der Tanzabend! Er war für mich eine Offenbarung. Mary Wigman ist eine bekannte Ausdruckstänzerin, sie tanzt so, wie ich es gern täte. Ich empfinde es gar nicht so sehr als Tanz, eher als rhythmische Gymnastik, sehr geschmeidig und mit ballettartigen Elementen. Das möchte ich auch können.

Ich konnte ein altes Grammophon auftreiben, einen großen Holzkasten mit einem riesigen Trichter aus Messing obendrauf und einer Kurbel an der

Seite zum Aufziehen. Nun gehe ich auf Jagd nach Schallplatten, denn ich möchte die Gymnastik mit meinen Frauen durch passende Musik begleiten. Die Frauen sind begeistert davon, auch sie finden es schön und anregend, sich nach Musik zu bewegen. Vielleicht können wir auch mal einen Tanz einstudieren.

In unserer Tageszeitung steht ein Artikel über die Anordnung zum Eintopfessen, den ich festhalten möchte: ‚Reichenbacher Tageblatt, den 4. März 1936:

Am kommenden Sonntag, dem 8. März, kommt zum letzten Male in diesem Winter der Eintopf auf den Tisch jeder deutschen Familie. Noch einmal richtet das Winterhilfswerk einen eindringlichen Appell an alle deutschen Volksgenossen und ihre vorbildliche Opferbereitschaft: Zeigt Sozialismus der Tat! Ihr dient damit dem größten Hilfswerk aller Zeiten und schafft neue Mittel zum Kampf gegen Hunger und Not!

Der Eintopfsonntag ist ein Kampftag. Wer wollte in diesem Kampfe gegen die Not leidender Volksgenossen fern stehen? Du – oder ich? Keiner darf an der friedlichen Kampffront fehlen. Für jeden Deutschen gibt es am 8. März nur eine Losung: Ich will opfern, ich werde opfern, ich muss opfern, damit kein einziger deutscher Volksgenosse darben und hungern muss. Gib am letzten Eintopfsonntag nicht nur gewohnheitsmäßig dein Scherflein für fremde Not, sondern zeige wirkliche Verbundenheit mit allen deutschen Brüdern und Schwestern, indem du auch selber mit dem Eintopfgericht vorlieb nimmst. Über diese selbstverständliche Pflicht hinaus trage in die Eintopfliste am letzten Eintopfsonntag einen größeren Betrag ein als bisher, dann hast du wirklich geopfert und zeigst dich unserer großen Zeit und Aufgabe würdig!'

So geht es noch eine ganze Weile weiter, wäre es nicht so ernst, könnte man nur darüber lachen! Jetzt bekommen wir schon vorgeschrieben, was wir wann essen sollen.

Bei uns gibt es jeden Sonnabend Eintopf. Nicht, weil es angeordnet wird, sondern weil es zu anderem nicht reicht und wir sparen müssen. Meistens koche ich Kartoffelsuppe, manchmal mit ein paar Scheiben Wurst oder mit ausgelassenem Speck, was Richard am liebsten mag. Häufig gibt es auch Bohneneintopf, grüne Bohnen oder Kohlrabi aus dem Garten.

Für die Gaststättenbetriebe sind Eintopfgerichte wie Suppentopf mit Gemüseeinlage, Fisch-Eintopfgerichte nach freier Wahl oder Pichelsteiner Fleisch vorgeschrieben. Die Festlegung der Eintopfgerichte gilt nur für Gaststätten. Den Hausfrauen bleibt die Wahl der Eintopfgerichte selbst überlassen.

Der Sinn des Eintopfsonntags ist, dass an einem Tag im Monat vom ganzen deutschen Volk ein einfach bereitetes Mahl gegessen und das dadurch ersparte Geld dem Winterhilfswerk zugeführt wird. Damit soll jeder Deutsche seine Verbundenheit mit den Not leidenden Volksgenossen bekunden.

Richard hat mir ein großes Stück Garten zugeteilt, das ich für Gemüseanbau und Gewürze nutze. Alles was in dieser Gegend gedeiht, baue ich an, angefangen von Kartoffeln über Mohrrüben, grüne Bohnen, Salat, Rhabarber, Kohlrabi, Tomaten bis zu Petersilie, Schnittlauch und Bohnenkraut.

Richard ist für das Obst zuständig, so haben wir rote und schwarze Johannisbeeren sowie mehrere Sorten Stachelbeeren, drei Süßkirschbäume und einen Sauerkirschbaum. Auf der großen Wiese, die etwa die Hälfte des hinteren Gartens einnimmt, stehen verschiedene Apfel-, Birnen- und Pflaumenbäume. Die Äpfel und Birnen lagert Richard im Herbst im Keller ein, wo sie auf Holzstellagen ausgebreitet werden und reifen können, die Kinder dürfen sich aus dem Garten holen, was sie mögen.

Was möglich ist, koche ich für den Winter ein; es ist zwar immer eine Schweinearbeit, und ich bin samt unserem Mädchen tagelang mit Putzen und Einkochen beschäftigt. Wir legten uns einen großen Einwecktopf aus Zink zu, in den auf eine runde Trage die Einweckgläser mit dem Obst gestellt werden; der Topf wird dann bis oben hin mit Wasser gefüllt und auf der großen Ofenplatte für einige Zeit zum Kochen gebracht. So sind wir auch den Winter über gut mit Obst und Gemüse versorgt.

Eine Sensation: Ich werde nach Berlin zu den Olympischen Sommerspielen fahren! Richard hat es erlaubt und steuert sogar einen Teil zur Finanzierung bei, den anderen Teil habe ich angespart. Wohnen kann ich bei Molly und Bernhard im Grunewald, sie waren ja schon zweimal bei uns zu Gast und haben es mir angeboten. Ich freue mich riesig, ein großer Wunsch geht damit in Erfüllung!

Die Olympischen Winterspiele mit den Skiabfahrtsläufen fanden schon im April 1936 in Garmisch-Partenkirchen statt.

Bernhard war es auch, der mich beim letzten Besuch neugierig aufs Photographieren gemacht hat und mein Interesse dafür weckte. Er beschäftigt sich schon seit längerer Zeit damit; er hat einen Apparat, bei dem er vor jeder Aufnahme die Belichtung, die Entfernung und ich weiß nicht was noch alles einstellen muss, ehe er knipst. Mit dem Erfolg, dass er meisterhafte Landschaftsaufnahmen macht.

Ich war dabei, als er im Eulengebirge fotografierte, und musste mich sehr in Geduld üben, bis er alles berechnet und eingestellt hatte und endlich knipste.

Mit unserem Drogisten, Herrn Wisniewski, dessen Tochter auch bei mir turnt, unterhielt ich mich darüber. Er hat in seiner Drogerie eine kleine Photoabteilung eingerichtet und bietet Photoapparate und andere Photozutaten an. Er entwickelt auch die Filme und stellt Photobilder her. Und er war es auch, der damals die erste Blitzlichtaufnahme zu Weihnachten von den Kindern machte, worüber Mutter in ihrem Tagebuch sehr aufschlussreich berichtete.

Nun habe ich bei ihm einen Photoapparat gekauft, eine Photo-Box, es ist ein kleiner, viereckiger Kasten, und ohne Komplikationen habe ich bereits einen ersten Film verknipst. Der Apparat ist nicht schwer zu bedienen, ich brauche nur durch eine Linse zu blicken und zu entscheiden, was ich photographieren möchte, ein leichter Druck auf einen kleinen Knopf, und schon knipst das Ding.

Den Film legt Herr Wisniewski in den Apparat ein, weiter ist nichts erforderlich, und er nimmt ihn auch wieder heraus, wenn ich alle Bilder geknipst habe. Ich bin zu einer eifrigen Fotografin geworden!

Jetzt bin ich von den Olympischen Sommerspielen zurückgekommen und restlos begeistert von den sportlichen Darbietungen im Olympiastadion in Berlin, das extra dafür gebaut wurde. Bernhard und Molly haben mir die Stadt gezeigt, ich habe viel gesehen und kennen gelernt. Natürlich hatte ich meinen Photoapparat mit.

Die Olympischen Spiele waren für mich atemberaubend; das Stadion ist ein beeindruckender Bau, so etwas habe ich noch nie gesehen, das werde ich in meinem Leben nicht vergessen. Von meinem Platz aus – Bernhard hatte die Karten schon lange vorher besorgt, er saß neben mir – konnte ich alles gut sehen, nichts entging mir.

Adolf Hitler eröffnete mit einer Rede die Olympischen Sommerspiele 1936. Die olympische Fackel, durch einen Läufer ins Stadion getragen, wurde in elf Tagen und elf Nächten von Athen nach Berlin gebracht und in einer großen Schale hoch oben im Stadion entzündet. Die Olympia-Fanfaren erklangen.

Nach Hitler sprach Joseph Goebbels, der Propaganda-Minister. Die Olympia-Hymne, von Richard Strauss in diesem Jahr extra komponiert, erklang. Alles hat mich sehr beeindruckt. Und dann der Einmarsch der Sportler aus aller Welt ins Stadion mit ihren jeweiligen Landesfahnen – es war überwältigend!

Viel Nazi-Prominenz war anwesend, das gehört wohl zu so einer Veranstaltung, auf die die ganze Welt blickt. Auf den Rängen des Stadions sah ich viele braune Uniformen, aber auch viele SS-Leute in schwarzen Uniformen. Und hier sah ich Adolf Hitler, unseren neuen Führer, wenn auch aus großer Entfernung. Zum ersten Mal habe ich in der Menge meinen rechten Arm zum Hitler-Gruß heben müssen, alle taten es.

Viele Filmkameras im Stadion nahmen alle sportlichen Aktivitäten auf, das soll dann später in den Kinos in der ‚Fox-tönenden-Wochenschau' gezeigt werden. Da werde ich dann mit Richard ins Kino gehen, damit er das auch sehen kann.

Die Leiterin der Filmaufnahmen ist Leni Riefenstahl, eine junge Frau, die mir sehr imponiert hat, ehemals wohl Tänzerin und Filmschauspielerin, die sich aber nun hauptsächlich der Regie von Filmen zuwandte. Man wird bestimmt noch mehr von ihr hören. Das Motto für die Turner und Turnerinnen, das das Propaganda-Ministerium herausgab, lautete: ‚Nur in einem gesunden Körper wohnt ein gesunder Geist.' Diese Reise war berauschend und unvergesslich!

Hitler hat inzwischen einige seiner Versprechen an das Volk eingelöst: Mit KdF (Kraft durch Freude) können die Arbeiter für wenig Geld auf einem Schiff eine Reise durch die norwegischen Fjorde machen. Das Schiff heißt ‚Wilhelm Gustloff' und soll eine klassenlose Gesellschaft beherbergen, jeder ist gleich, es soll jedem arbeitendem Menschen offen stehen. Das finde ich wirklich sehr gut und beachtenswert. Wir haben für Richard sofort einen Antrag gestellt.

Auch bei seiner Firma gibt es Veränderungen; er erzählte mir davon. Die Herren der Leitung haben offenbar eine soziale Einstellung zu ihren Arbeitern und Angestellten. Da gibt es bereits eine Säuglingskrippe, ein Werkerholungsheim, ein Ledigenheim, und eine Haushaltungsschule ist geplant. Ich bin platt! Nun sollen werkseigene Wohnungen gebaut werden, eine Art Siedlung für die Arbeiter. In der Werkszeitung für die Gefolgschaft, die Richard mitbrachte, stehen Berichte über die Produktion und über die Planungen für die Zukunft.

Noch etwas muss ich erwähnen: Richard ist begeistert vom Boxsport, vor allem, seitdem Max Schmeling am 19. Juni 1936 einen legendärer K.O.-Sieg in der 12. Runde gegen Joe Louis in New York erkämpfte, ein deutscher Boxer!

Schmeling hatte schon einmal Aufsehen erregt, nicht als Sportler, sondern weil er 1933 die Schauspielerin Anny Ondra heiratete, die in Deutschland Karriere machte, eine Tschechin.

Wir mussten unseren ‚Lumpi' abgeben. Es ging nicht mehr, Lumpi ließ niemanden durchs Gartentor. Er hat sich immer im Garten aufgehalten und jeder, der am Grundstück vorbeiging, wurde kräftig angebellt, keiner durfte rein. Am schlimmsten war der Briefträger betroffen, dem hat er schon ein paar Mal die Hose zerrissen und ihn sogar in die Wade gebissen. Richard entschied: Lumpi muss weg! Wohin er ihn gegeben hat, niemand hat es erfahren. Die Kinder machten großen Wirbel, Tränen flossen, aber eines Tages, als sie aus der Schule kamen, war Lumpi nicht mehr da.

Jetzt haben wir endlich ein Kino, und ich bin mit Richard schon dort gewesen, das konnten wir uns nicht entgehen lassen! Ulla und Horstl hatten uns von den Film-Plakaten erzählt, die außen am Kino hängen, und von den Szenen-Fotos in Glaskästen. Gezeigt wurde ‚Der Tiger von Eschnapur'. Es war der erste Kinofilm unseres Lebens! Aufregend! Das Kino wurde in einer ehemaligen Scheune in der Nähe des Gymnasiums eingerichtet, ein ziemlich langes Gebäude, das umgebaut wurde, mit Holzbänken für die Zuschauer, und einer großen Leinwand vorne. Hinter den Bänken, auf einer Empore, ist der Filmvorführapparat, der die Bilder auf die große Leinwand wirft, und von einem Filmvorführer bedient wird.

Wir sahen auch ‚Fox tönende Wochenschau' mit dem Bericht von der Olympiade in Berlin; auch Richard war beeindruckt von den Bildern und verstand nun meine Begeisterung. Wenn ein neuer Film gezeigt wird, wollen wir wieder hingehen. Kinder dürfen nicht ins Kino.

Ich habe Frau Dierig, die ich beim Turnen mit den Mädchen mal wieder antraf, von meiner Idee erzählt, bei Dierig eine Sportabteilung für die Betriebsangehörigen einzurichten. Natürlich in deren Freizeit, aber umsonst. ‚Das wäre doch etwas zur Erhaltung der Gesundheit', habe ich gesagt, und da stimmte mir Frau Dierig sofort zu.

Sie muss es wohl weitergegeben haben, denn es dauerte gar nicht lange, da wurde ich über Richard gebeten, zu einem Gespräch in die Personalabteilung der Firma zu kommen. Ich war überrascht darüber, und das Ergebnis: Ich soll bei der Firma einen Betriebssport abhalten und bekomme dafür sogar ein kleines Gehalt.

Nun muss ich erst mal sehen, wie ich das in den Griff bekomme. Ob ich mir da nicht etwas zuviel vorgenommen habe?

2. Dezember 1936, Ullas 13. Geburtstag; sie hat sich ein Poesie-Album gewünscht und es bekommen, alle Mädchen ihrer Klasse haben so etwas, da will sie nicht zurückstehen. Die Mädchen tragen in dieses Album reihum gegenseitig Sprüche ein, zur Erinnerung an die Schulzeit; auch Eltern, Onkel und Tanten verewigen sich darin.

Zumeist sind es lächerliche Sprüche, ein Beispiel: ‚Bleib sittsam und bescheiden, dann mag dich jeder leiden.' Nun, die Begeisterung dafür wird sich bald wieder legen, schätze ich.

Seit Januar ist Horstl ein Hitler-Junge! Er wollte unbedingt dem Jungvolk, also der Gemeinschaft der 10 bis 14-jährigen angehören, die sich jeden Nachmittag in einem Raum einer leeren Fabrik trifft. Unter der Leitung eines älteren Jungen machen sie Spiele, singen und haben Musikinstrumente zur Verfügung, auf denen sie spielen lernen. Die Hälfte seiner Klassenkameraden macht da mit, und so konnten wir ihm diese Zusammenkünfte nicht verwehren. Und ich finde es gar nicht so schlecht, sind sie doch unter Aufsicht mit nützlichen Dingen beschäftigt, und lungern nicht auf der Straße herum, machen Unsinn.

Parallel dazu gibt es die Jungmädelgruppe der 10 bis 14-jährigen, aber Ulla will davon noch immer nichts wissen; dieser Gruppe folgt der BDM für Mädchen zwischen 14 und 18 Jahren, danach die Frauenschaft für die Erwachsenen.

Nun will Horstl natürlich auch eine Jungvolk-Uniform haben, das halte ich zwar für überflüssig, aber es wird wohl sein müssen. Dazu gehört ein braunes Oberhemd, ein schwarzes Dreieckstuch, das um den Hals geschlungen und mit einem kleinen geflochtenen Lederknoten zusammen gehalten wird. Eine kurze schwarze Cordhose, die das ganze abrundet, gehört auch dazu, aber die tragen die meisten Jungen ja sowieso schon.

Vom ersten Zusammensein ist Horstl begeistert nach Hause gekommen, und wir erfuhren, dass die Jungen bereits ‚geschult' werden, das heißt, sie werden politisch unterrichtet, was Adolf Hitler alles für das deutsche Volk tut und plant: Erst mal der Vierjahresplan, dann der Bau einer Autobahn, genannt ‚Straße des Führers', die eines Tages durch ganz Deutschland führen soll und auf der nur Autos fahren dürfen. Bis 1938 sollen 3000 Kilometer fertig gestellt werden, und 7000 Kilometer sollen es in weiteren Jahren werden.

Aber ich frage: Wer hat denn schon ein Auto? Es gibt ‚Volkswagensparer', die bis 999 Mark ansparen bis zu dem Tag, da sie sich einen Volkswagen leisten können. Es sollen einfache Autos fürs Volk auf den Markt kommen, solche Autos, die sich bald jeder wird leisten können. Dieser Volkswagen wurde von Ferdinand Porsche entwickelt, er soll schon im Bau und eines Tages für jeden Bürger erschwinglich sein. Schön wäre es!

Weiter soll es einen garantierten Urlaub für jeden Arbeiter im Jahr geben; im Rahmen von ‚Kraft durch Freude' wird jeder die Möglichkeit haben, Deutschland und die halbe Welt für wenig Geld kennen zu lernen. Was für Pläne!

Für die wirklich Armen soll ein Hilfswerk eingerichtet werden, ein ‚Winterhilfswerk', da es für die Wintermonate gedacht ist, in denen es den armen Menschen besonders schlecht geht. Die besser Verdienenden und Menschen der Öffentlichkeit, auch Prominente, sollen Straßen-Sammlungen vornehmen, und mit einer Sammelbüchse Geld für die Armen sammeln. Dann ist ein Nationalsozialistischer Verband geplant, der kinderreiche Familien betreuen und versorgen wird.

Fast jeden Tag bringt Horstl solche Neuigkeiten mit, was Hitler alles seinem Volk verspricht. Nun, wenn er das schafft, was er propagiert, kann man sich dem Neuen nicht verschließen, und die Arbeitslosigkeit wird bestimmt weiter zurückgehen.

Von nun an ist Horst ein ‚zackiger' Junge! Was wir mit unserer Erziehung bei ihm nicht geschafft haben, in der Hitlerjugend, im Umgang mit den anderen Kindern, gelingt Erstaunliches. Horstl, immer ein stilles, in sich gekehrtes

Kind, wird munter. Von Stund an benutzt er nur noch den Hitler-Gruß, das heißt, er sagt nicht mehr ‚Guten Tag' oder ‚Auf Wiedersehen', sondern mit erhobenem, ausgestrecktem rechten Arm nur noch ‚Heil Hitler!', egal, ob er kommt oder geht. Richard ist wütend darüber, hält es für unnützes Zeug, das zum Drill führen wird. Aber Horstl lässt sich nicht davon abbringen. Für ihn ist Adolf Hitler, unser Führer, *der* große Mann.

Im Ort sieht man jetzt immer mehr Uniformen; die Männer, die sie tragen, sind selbstbewusster geworden. Es gibt auch schon eine gewisse Kontrolle der Hitlerjugend auf den Straßen und in den Gaststätten. Jugendliche sollen auf der Straße nicht rauchen, Minderjährige gehören nicht in Gaststätten oder ins Kino.

Die Auseinandersetzungen zwischen Kommunisten und Nazis, die Aufmärsche beider Parteien nehmen zu. Hitlers Devise vor allem für die Jugend heißt: ‚Zucht und Ordnung'. Nun, dagegen ist eigentlich nichts einzuwenden.

Der 1. Mai ist zum Nationalfeiertag erklärt worden, an diesem Tag finden in Nürnberg große Aufmärsche statt, SA und SS, Reichsarbeitsdienst, Hitlerjugend und BDM sowie die NS-Frauenschaft, alle gehören dazu.

Überall hängen Anschläge, die den Hitler-Gruß verordnen, und in den Geschäften sieht man immer mehr große Bilder von Adolf. Von den Kindern erfuhr ich, dass auch in den Klassenzimmern der Schule seine Bilder hängen. Und ein Wandspruch in einem Heim der Hitlerjugend lautet sogar: ‚Wir sind geboren, um für Deutschland zu sterben!'

Wenn bisher die Arbeitszeit für alle 12 bis 14 Stunden am Tag währte, und das sechs Tage in der Woche, führt die Deutsche Arbeitsfront neue Tarife und Arbeitszeiten ein. Von nun an soll nur acht bis neun Stunden täglich gearbeitet werden und am Sonnabend nur noch bis Mittag. Mit diesen neuen Einrichtungen wird Hitler schnell die Zustimmung der Bevölkerung bekommen, wer möchte nicht besser leben? Auch ich bin davon angetan.

Ich habe einen Elektroherd, meine neueste Errungenschaft! Bisher war ich zum Kochen auf den gemauerten Kohleherd in der Küche angewiesen sowie auf den Gaskocher. Immer musste das Feuer im Ofen brennen, denn zum Essenkochen reichen die zwei Gasflammen nicht aus.

Und nun ein Elektroherd! Niemand in unserem Bekanntenkreis hat so etwas. Ich habe aber auch lange dafür gespart und manche Mark zur Seite gelegt. Nun muss ich mich erst darauf einstellen, die Hitze ist anders, kommt schneller und bleibt länger bestehen. Der Herd steht auf vier Beinen, außen weiße Emaille, oben drauf drei elektrische Kochplatten; aber das Schönste ist der Backofen darunter. Endlich kann ich selbst Kuchen backen, allerdings muss ich es erst noch lernen.

Zu meinem 43. Geburtstag am 5. März hat Ulla im neuen Elektroherd allein eine Torte gebacken. Ich war überrascht. Sie ist zwar immer dabei, wenn ich einen Kuchen backe, vor allem den Napfkuchen, den Richard so gern mag und der auch nicht so teuer ist, aber dass sie sich allein an eine Torte wagt, habe ich ihr nicht zugetraut. Sie nutzte meine Abwesenheit am Nachmittag des Vortages, als ich zum Turnunterricht war, und mit Hilfe meines Oetker-Backbuches – wie sie mir verriet – hat sie es geschafft: eine Torte mit rosa Zuckerguss. Zur allgemeinen Freude haben wir sie dann gemeinsam gegessen, und sie hat auch geschmeckt.

Ulla macht uns Sorgen; sie ist zu schnell gewachsen, klagt immer über Seitenstechen, und oft bleibt ihr die Luft weg. Dr. Franz hat sie untersucht und meinte, dass durch das schnelle Wachsen die inneren Organe nicht mitgekommen seien, vor allem das Herz sei zu klein, zu schwach. Sie isst auch schlecht, alles schmeckt ihr nicht. Nun bekommt sie ein herzstärkendes Medikament. Am besten wäre eine Luftveränderung, meinte Dr. Franz, Seeluft täte ihr gut.

Lange habe ich nichts von Hanna gehört; einige Zeit nach Mutters Tod zog sie mit Erich von Hannover nach Bremen, er wurde von der Reichsbahn dorthin versetzt. Inzwischen ist er auch zum Reichsbahn-Oberinspektor befördert worden. Kinder haben sich noch keine eingestellt, aber ich habe den Eindruck, dass sie eine gute Ehe führen und zufrieden sind. Sie machen jedes Jahr zwei Reisen, da Erich bei der Bahn kostenlos fährt und Hanna nur den halben Preis zahlen muss, können sie es sich leisten.

Als ich jetzt Hanna von unseren Sorgen um Ulla berichtete, kam von ihr und Erich der Vorschlag, unsere Tochter für einige Zeit zu ihnen zu geben, zur Luftveränderung, wie Dr. Franz es vorgeschlagen hat.

Bremen liegt zwar nicht gerade an der See, aber das Klima sei schon anders. Sie haben Ulla immer gern gehabt und sich auch immer ein Mädchen gewünscht. Das Gästezimmer in ihrer Wohnung stehe zur Verfügung, so dass das Kind sein eigenes Zimmer haben werde.

Richard und ich haben den Vorschlag lange durchgesprochen und finden ihn gut, wir wollen ihn annehmen, der Gesundheit des Kindes wegen.

Ulla allerdings ist geteilter Meinung, auf der einen Seite ist sie begierig, etwas Neues kennen zu lernen, und sie hat Tante Hanna immer bewundert und verehrt. Aber auf der anderen Seite ist sie noch nie von zu Hause weg gewesen und hat etwas Angst davor. Was ist mit ihren Freundinnen und was mit der Schule?

Das Problem mit der Schule wurde von Erich schon geklärt: Ulla kann ab Ostern für ein halbes Jahr (oder länger) das Mädchenlyzeum in der Bremer Neustadt besuchen, zehn Minuten von der Wohnung entfernt. Auf ihre Freundinnen muss sie allerdings verzichten, aber sie wird neue finden.

Hanna und Erich, die schon länger als ein Jahr nicht bei uns waren, werden uns einen Besuch machen und bei der Rückfahrt Ulla mitnehmen.

So wurde es geregelt. Ende März fuhren sie mit Ulla nach Bremen zurück. Es fiel uns nicht leicht, das Kind wegzugeben, und Ulla liefen Tränen übers Gesicht, als sie uns auf dem Bahnhof aus dem Zugfenster zuwinkte. Sie will uns ganz oft schreiben, versicherte sie. Nun, hoffentlich geht alles gut, und das Kind fügt sich in die neue Umgebung.

Hier geht das Leben wie gewohnt weiter. Mit meiner Turnerei bin ich gut beschäftigt. Im Haus ist es ruhiger geworden. Richard und Jochen sind tagsüber in der Firma, Horstl ist bis zum Nachmittag in der Schule, lernt mühsam, und Maria, unser Mädchen, ist mit dem Haushalt beschäftigt.

Am vergangenen Sonntag unternahm ich mit einigen Turnerinnen mal wieder eine herrliche Wanderung ins Gebirge. Das Wetter war schön, man konnte schon den Frühling ahnen. Ich wurde dabei an die musikalischen Wanderungen 1916 mit unserer Mutter erinnert, als wir mit unseren Gitarren und Mandolinen, an denen bunte Bänder flatterten, in Magdeburgs Umgebung herumstiegen.

Im Dorf nimmt die Zahl der SA-Leute in ihren braunen Uniformen zu, die Nazis machen sich breit. Richard ist zwar kein Kommunist, aber der SA will er nicht beitreten, er hält nichts von Adolf Hitlers Versprechungen.

In den Geschäften hängen immer mehr Portraits von Hitler, und die Bevölkerung wurde jetzt angehalten, rote Fahnen mit dem Hakenkreuz anzuschaffen, die bei Festtagen aus den Fenstern gehängt werden sollen.

In unserer Turnhalle haben wir nun auch ein Klavier, etwas verstimmt zwar, aber es liefert die Musik zur Gymnastik und für die Volkstänze, die wir einstudieren. In der Klenner Liesel haben wir eine talentierte Klavierspielerin gefunden, die aus Begeisterung mitmacht. Sie ist 19 Jahre alt und kommt aus einer Musikerfamilie. Ihre ältere Schwester Elli, verheiratet mit einem Kapellmeister, gibt Klavierunterricht und spielt bei Veranstaltungen, sie hat auch eine gute Stimme. Ulla hatte bei ihr den ersten Klavierunterricht bekommen, doch nun ruht der erst einmal, solange sie in Bremen ist.

Von ihr haben wir erste Nachrichten, es scheint ihr in Bremen zu gefallen, soweit das aus den Briefen zu entnehmen ist. Mit der Schule hat es auch geklappt, aber sie kommt schlecht mit auf dem Lyzeum, es ist ein ganz anderes Schulpensum, und statt Französisch wie hier, wird dort Englisch unterrichtet. Das wird Probleme geben, zumal Hanna keine Sprachen spricht.

Ulla hat Rollschuhe bekommen und lernt auf einer ruhigen Teerstraße in der Nachbarschaft mit anderen Mädchen das Fahren. In den Sommerferien haben Hanna und Erich mit ihr eine Dampferfahrt vorgesehen zur Insel Helgoland. Ulla berichtete in ihrem letzten Brief ganz aufgeregt davon, ist es doch ihre erste Dampferfahrt.

Mein Betriebssport bei Dierig hat sich nur mühsam angelassen, die Beteiligung ist gering. Die Menschen hier sind schwerfällig und stehen allem Neuen sehr zurückhaltend gegenüber, es braucht seine Zeit.

Zwei Briefe aus Bremen kamen gestern gleichzeitig hier an: Ulla berichtet von der Fahrt nach der Insel Helgoland, Aufregung über Aufregung und Seekrankheit auf der Dampferrückfahrt. Nie wieder auf einen Dampfer, schreibt sie!

Was passiert war, beschreibt Hanna in dramatischen Sätzen: ‚Etwas Unfassbares ist geschehen, Ulla ist allein, ohne Fahrkarte, ohne Geld von Bremerhaven aus nach Helgoland gefahren!'

Wie konnte das geschehen? ‚Wir setzten Ulla morgens in einen Bus, der sie von Bremen nach Bremerhaven mitnahm; wir fuhren mit der Bahn, des Fahrpreises wegen. Am Schiff wollten wir uns treffen und gemeinsam an Bord gehen. Als wir ankamen, war Ulla nicht zu sehen, wir warteten und warteten, schließlich fuhr das Schiff ohne uns ab.

Was sollten wir tun? Wo steckte das Kind? Was war geschehen?

Erich brachte in Erfahrung, dass Ulla an Bord des Schiffes gegangen war, ohne Fahrkarte, aber mit dem Versprechen an die Kontrolle, dass ihre Verwandten gleich nachkommen würden.

Am Nachmittag standen wir bei der Rückkehr des Schiffes bereit, und Ulla kam vergnügt von Bord. Natürlich konnten wir ihr Vorwürfe nicht ersparen, was hätte alles passieren können! Unsere Angst den ganzen Tag über brauche ich wohl nicht zu beschreiben.

Ulla hat den Tag auf Helgoland gut verbracht, mitfahrende Passagiere haben sie zum Essen eingeladen und schenkten ihr die berühmte Schokolade von Helgoland. In dieser Gesellschaft lernte sie auch die Insel kennen. Wir waren völlig mit den Nerven am Ende, kamen am Abend nach Bremen zurück, diesen Tag werde ich nie vergessen, in meinem ganzen Leben nicht!' So der Bericht von Hanna.

Eine Woche danach trifft ein weiterer Brief von Ulla ein, in dem sie flehentlich darum bittet, dass ich sie abholen soll, sie hält es bei Tante Hanna nicht mehr aus. Seit der Rückkehr von Helgoland hat Hanna kein einziges Wort mit ihr gesprochen. Anstatt Schläge oder Zimmerarrest für ihren Ungehorsam, was sie durchaus verdient hätte, gab es Sprechverbot. Das ist für das Kind schlimmer, als hätte sie von Erich eine kräftige Ohrfeige bekommen.

Und nun will sie unbedingt nach Hause, hat auch Heimweh, glaube ich. Doch ich kann sie noch nicht holen, sie ist jetzt fünf Monate in Bremen, und wenigstens sechs sind vorgesehen, der Schule wegen, da muss sie noch etwas aushalten.

Vor ein paar Tagen kam Jochen mit einem Paket nach Hause, zum Vorschein kam eine lange Wurst. Meine erstaunte Frage, ob er nicht genug zu essen bekommt, dass er sich jetzt noch zusätzlich Wurst kauft, beantwortete er forsch mit: ‚Es ist eine Pferdewurst!'

Vor kurzem hat ein Pferdemetzger ein Geschäft im Ort aufgemacht, und Jochens Neugier war erwacht, wie wohl eine Pferdewurst schmecken mag.

Ich habe ihm gesagt, dass in meine Küche keine Pferdewurst kommt, er soll sie lassen, wo er will, aber nicht in meiner Küche und Speisekammer. Beleidigt ist er abgezogen.

Im August, in den großen Ferien, sind Erich und Hanna mit Ulla an die Ostsee gefahren, nach Sellin auf der Insel Rügen. Das wird die richtige Luftveränderung für das Kind sein. Fotos vom Strand haben sie auch schon geschickt.

Inzwischen hat sich das gespannte Verhältnis zwischen Hanna und Ulla etwas gebessert, nachdem ich Hanna einen langen Brief geschrieben habe und sie bat, die Schweigezeit zu beenden, da das Kind sehr darunter leidet.

Aber Hanna ist nachtragend, war sie schon immer, das merke ich daran, wie sie in ihrem Brief Ullas Reaktion auf den ersten Besuch in Sellin schildert; sie schreibt: ‚Wir standen oben an der Treppe, die zum Strand hinunter führt, und hatten einen wundervollen Blick auf das Meer. Da von Ulla keine Reaktion kam, fragte ich, ob sie gar nichts dazu zu sagen habe. Ich bekam die kurze Antwort: ‚Soll ich dir vielleicht vor Freude um den Hals fallen?' Das hat mich sehr verletzt.'

Nun ja, Ullas Antwort war nicht gerade fein, aber ich kenne mein Mädchen, sie ist sehr verhalten und gibt so schnell nichts von sich. Vielleicht hat sie auch dieser grandiose Blick auf das Meer, das sie zum ersten Mal sah, so überwältigt, dass sie zu keiner Reaktion fähig war.

Wir feierten das Erntedankfest, ganz Langenbielau war auf den Beinen, es gab einen langen Umzug mit geschmückten Bauernwagen. Vor allem die Nazis hatten alles heraus geputzt, und sie forcierten das Fest. Viele rote Hakenkreuzfahnen hingen aus den Fenstern, ich war überrascht, wie viele!

Am Abend gab es im großen Saal der Gastwirtschaft ‚Zum Quoos' einen Ball, an dem wir teilnahmen. Vorher zeigte meine Gymnastikgruppe einige Übungen mit Ball, Reifen und Keulen, begleitet von der Klenner Liesel am Klavier. Es hat sehr gefallen, und wir erhielten viel Beifall.

Das Turnen mit den Kindern habe ich jetzt an Lotte delegiert, ich schaffe es zeitlich nicht mehr, da ich im Textilwerk Fröhlich den Betriebssport übernommen habe. Der Betriebssport bei Dierig wurde wieder eingestellt, weil sich zu wenige dafür gemeldet hatten. Dr. Wagner der Firma Fröhlich möchte den Frauensport in seiner Firma ganz groß herausbringen, ich glaube, er ist Nazi und hat die Unterstützung der Partei. Mir ist das egal, solange er mich nicht zwingt, der NS-Frauenschaft beizutreten.

Hanna und Erich haben ein gutes Leben, so hat es den Anschein. Sie sind beide Mitglied eines Bremer Sportvereins, der an der Weser ein Grundstück hat, ein kombinierter Club mit Kanusport, Fußball und Tennis. Erich ist begeisterter Fußballer, und Hanna spielt mit Leidenschaft Tennis. Im Sommer verbringen sie jeden Sonntag im Club und treiben ihren Sport. Ulla ist dann sich selbst überlassen, wie sie mir schreibt, aber das gefällt ihr, denn sie ist gern für sich. Eine alte dicke Trauerweide auf dem Gelände des Clubs hat es ihr wohl angetan, schreibt sie, sie verbringt darauf die meiste Zeit des Tages, Erich versorgt sie mit Büchern, und die liest sie auf der alten Trauerweide hoch oben im Geäst.

In der Schmidt'schen Wohnung gibt es einen zahmen Wellensittich, mit dem Ulla sich gern beschäftigt, er spricht einzelne Worte und fliegt frei im Wohnzimmer herum.

Mit einem gleichaltrigen Mädchen aus dem Nachbarhaus hat sie sich angefreundet; zusammen mit dieser Marga fährt sie auf einer ruhigen Nebenstraße Rollschuh, worüber sie sehr glücklich ist.

Ihre Schulklasse ist in den großen Ferien in ein Feriencamp in der Lüneburger Heide gefahren, und Ulla schreibt begeistert von den Wanderwegen durch die Heide und von den Hünengräbern, die es dort noch gibt.

Ende November, nun ist Ulla wieder zu Hause, ich holte sie Ende Oktober von Bremen ab. Gott, was hat sich das Kind gefreut, sie wollte mich gar nicht wieder loslassen!

Mit der Schule hier gibt es jetzt Schwierigkeiten, erst der Wechsel vom hiesigen Gymnasium zum Lyzeum in Bremen und jetzt zurück. Nun haben wir beschlossen, im Interesse des Kindes, Ulla das letzte halbe Jahr bis Ostern zu ihrer Konfirmation wieder auf die Volksschule zu schicken, in ihre alte Klasse. Es flossen viele Tränen! Aber Ulla will sowieso nicht weiter zur Schule gehen, will nicht studieren, wie ich es gern sähe, sie möchte einen Beruf erlernen.

Dafür bietet sich Richards Firma Dierig an, die Lehrlinge auch im kaufmännischen Beruf ausbildet. Da kann sie eine dreijährige kaufmännische Lehre durchlaufen, danach Stenotypistin werden. Das ist ein ordentlicher Beruf. Wir werden sie auf die Handelsschule schicken, wo sie Stenographie, Schreibmaschine und Buchführung lernen kann. Auf der Haushaltungsschule in Reichenbach soll sie außerdem zwei Semester Schneidern, Kochen und Haushaltsführung erlernen. Wir glauben, dass das ein guter Berufsstart für das Mädel ist. In ein paar Tagen, am 2. Dezember, wird sie 14 Jahre alt, und ist groß wie eine Bohnenstange!

So nach und nach rückt sie auch mit ihren Erlebnissen, die sie in Bremen hatte, heraus; das Kind ist alles andere als spontan, es braucht Zeit, bis es sich öffnet.

Gesundheitlich hat sie sich gut erholt, Dr. Franz ist nach seinen Untersuchungen zufrieden. Aber die Geschehnisse der letzten Monate sind doch viel für sie: die Rückkehr von Bremen und wieder auf die Volksschule, dann die Konfirmation; ich merke, dass sie Mühe hat, das alles zu verarbeiten. Was aber wird mit dem Mädchen?

Es bleibt nur das Büro, doch dazu hat sie wenig Lust. Sie vertraute sich dieser Tage mir an: ‚Ich möchte Tänzerin werden.' Ich war nicht so erstaunt wie Richard, als er das hörte, aber er sagte: ‚Lerne erst mal etwas Anständiges, danach kannst du machen, was du willst.'

Also bleiben nur das Büro und die kaufmännische Lehre. Ob sie allerdings bei Dierig angenommen wird, ist noch fraglich. Aber die Textilwerke Suckert hier in Langenbielau nehmen ebenfalls Lehrlinge für die kaufmännische Ausbildung an. Danach hat sie einen soliden Beruf, der ihr immer helfen wird. Weiteres müssen wir abwarten.

Ich habe ständig Angst, dass jemand Richard oder mich anzeigen würde wegen unserer Gesinnung, weil wir keine Nazis sind. Richard war in der SPD, aber die wurde inzwischen von Hitler verboten, und ich bin nicht in der Frauenschaft, wie es sich für ‚jede anständige Frau gehört.'

Dr. Wagner von der Firma Fröhlich hat mich wiederholt darauf angesprochen. Wer nicht *für* Hitler ist, ist gegen ihn und wird als Volksfeind oder Kommunist bezeichnet. Ein Rat von Richard, den er mir gab: ‚Still sein und abwarten, sonst kommst du noch ins Konzentrationslager.'

Ulla ist Ostern in der evangelischen Kirche von Pastor Wolter konfirmiert worden. Wir kauften ihr ein schönes Kleid und Spangenschuhe, das Kind sah richtig erwachsen aus. Wären wir katholisch, hätte uns eine Kommunion viel Geld gekostet, denn es ist hier üblich, dass die Mädchen weiß gekleidet vor den Altar treten. Ein Jahr lang musste Ulla in den Konfirmanden-Unterricht bei Pastor Wolter gehen, aber das tat sie gern.

Nun hielt ich es für angebracht, mit ihr ein ‚ernstes' Gespräch von Frau zu Frau zu führen. Ich habe ein Buch gekauft mit dem Titel ‚Woher die Kindlein kommen', das soll sie lesen und mich dann fragen, wenn sie etwas nicht verstanden hat.

Darin wird in einfachen Worten über die Befruchtung gesprochen, wie ein Kind im Mutterleib wächst und wie es zur Welt kommt. Zeichnungen verdeutlichen den Ablauf. Zusammen haben wir das Buch durchgeblättert, ich gab meine Erfahrungen dazu, erklärte einiges, und Ulla hörte aufmerksam zu. Ob sie allerdings alles verstanden hat, bezweifle ich, aber sie wird sich mit dem Büchlein beschäftigen, denke ich.

In den letzten Tagen bekam sie ihre Regel. Verstört kam sie zu mir, wusste nicht, was los ist, wieso sie Blut im Schlüpfer hat, ob sie etwa schwer krank sei, fragte sie.

Ich erklärte es ihr, zeigte ihr meine Binden, meinen Bindengürtel, woran die Binde geknöpft und wie es gemacht wird. Die Binden sind aus weißem Garn gestrickt und ziemlich dick, sie saugen viel Blut auf.

In die Waschküche im Keller stellte ich für sie einen Eimer mit Deckel und Wasser und zeigt ihr, wie sie die Binden darin wässert, zum Schluss der Periode auswäscht und in der Waschküche trocknet.

‚Nun bist du eine kleine Frau', habe ich zu ihr gesagt, doch sie sah mich zweifelnd an.

Wir laufen Rollschuh. In einer großen und leeren Maschinenhalle der Firma Dierig, die einen zementierten Fußboden hat, können wir nun rollen. Die Geschäftsleitung stellte uns den Raum einmal in der Woche zur Verfügung.

Aus Breslau ließ ich von einem Sportgeschäft Rollschuhe mit Holzrollen und doppeltem Kugellager kommen, sie laufen leicht und leise. Es ist ein großartiges Gefühl, mit den Rollen an den Füßen über den Boden zu gleiten. Die Rollschuhe kann man an feste Schuhe anschnallen, ähnlich wie die Schlittschuhe. Es soll aber auch schon Rollschuhe geben, die an Spezialschuhen fest angeschraubt sind.

Ulla hat ihre Rollschuhe mit den Eisenrollen, mit denen sie in Bremen auf der Straße lief, und flitzt nun mutig durch die große Halle. Später soll sie auch Holzrollen bekommen. Ich habe es ziemlich rasch gelernt. Nun will ich mir Bücher schicken lassen, um die Regeln kennen zu lernen, sie sollen ähnlich wie beim Eislaufen sein.

Jochen hat sich – ohne unser Wissen – freiwillig zur Marine gemeldet, wieso gerade Marine, konnte er uns nicht erklären. Nun muss er zunächst zum Reichsarbeitsdienst, das ist jetzt Pflicht für die Jugend, ein halbes Jahr wird er da eingesetzt bei Bauern zur Feldarbeit bei der Ernte oder zu Schachtarbeiten bei irgendwelchen Bauvorhaben. Es ist eine Art Vormilitärzeit, danach soll er dann zur Marine übernommen werden. Nun haben wir schon einen so großen Sohn.

Etwas Schreckliches ist geschehen! Mit Datum vom 19. April habe ich eine Vorladung der Geschäftsstelle des Sondergerichts beim Landgericht Breslau erhalten.

Auf Anordnung des Sondergerichts werde ich zur Hauptverhandlung auf den 6. Mai 1938, zwölf Uhr, nach Breslau geladen; es läuft eine Strafsache gegen mich. Beigefügt war eine Anklage gegen mich vom 30. März 1938, die an den Herrn Vorsitzenden des Sondergerichts für den Oberlandesgerichtsbezirk Breslau erging.

Ich habe das Schreiben wieder und wieder gelesen, kann mir jedoch keinen Reim darauf machen. Ich habe doch nichts verbrochen. Richard meint, dass mich jemand angezeigt haben muss, vielleicht habe ich mal etwas gesagt, was gegen die Regeln der Nazis ist.

Richards Antrag für eine Nordlandreise ist genehmigt worden. In vier Wochen soll es losgehen; er bekommt noch genau Bescheid, wann er wo sein muss und wohin die Reise geht. Ich freue mich für ihn, ist es doch eine schöne Abwechslung in dieser grauen Zeit. Er hat die Genehmigung für die Reise wohl bekommen, weil er im Ersten Weltkrieg so schwer verwundet worden ist, den Arm verlor.

Mit bangem Herzen fuhr ich am 6. Mai zur Hauptverhandlung nach Breslau, und was ich dort erlebt habe, kann ich nur schwer wiedergeben.

Nur soviel:

‚Wegen Schädigung des Wohls und des Ansehens der Reichsregierung' werde ich vom 4. bis 26. August nach einer 14-tägigen Untersuchungshaft in Reichenbach, zum Strafvollzug vom 15. September bis 14. Dezember1938 ins Gefängnis nach Schweidnitz eingeliefert.

Die Anklageschrift führte folgendes an: Der Briefträger Heinrich Schmidt hat mich wegen Volksverhetzung angezeigt. Die Anklage lautet: ‚Ich habe im Juli 1937 in Langenbielau vorsätzlich eine unwahre Behauptung tatsächlicher Art verbreitet, die geeignet ist, das Wohl des Reiches und das Ansehen der Reichsregierung schwer zu schädigen. Vergehen, strafbar nach § 1 Absatz 1 des Gesetzes vom 20. Dezember 1934.'

Es war folgendes passiert: Wir hatten im Juli 1937 einen KdF-Urlauber aus Berlin aufgenommen, der mir erzählte, dass die Frau von Dr. Joseph Goebbels, in zweiter Ehe mit ihm verheiratet, aus ihrer ersten Ehe mit einem Juden ein jüdisches Kind mit in die Ehe gebracht hat, wofür Dr. Goebbels vom Staat Kindergeld erhalte. Und ich habe ihm erzählt, dass mein Bruder Rudolf als Pilot mit Hermann Göring im Krieg in der gleichen Richthofen-Staffel war. Vielleicht habe ich dabei eine abfällige Bemerkung gemacht, ich weiß es nicht mehr.

Jedenfalls habe ich über dieses Gespräch ein paar Tage später mit Frau Fischer aus meiner Nachbarschaft gesprochen, und die muss es wohl an den

Briefträger Schmidt weitergegeben haben, der mich daraufhin angezeigt hat. Ob Tatsache oder nicht, es ist verboten, über das Privatleben der Nazigrößen zu sprechen.

Als mir bei der Gerichtsverhandlung mitgeteilt wurde, dass ich für drei Monate ‚einsitzen' muss, –so nennt man das hier –, fiel ich aus allen Wolken, – das wegen einer wiederholten Äußerung eines Dritten.

Am 4. August erschien ich pünktlich, wie angeordnet, beim Gericht in Reichenbach und wurde zur Voruntersuchung in Gewahrsam genommen.

Es kann sich keiner vorstellen, was ich in den Gefängnissen von Reichenbach und Schweidnitz durchgemacht habe. Zu Hause hatte ich alles geregelt, soweit das möglich war. Unser Mädchen Maria hatte ich instruiert, was sie kochen soll.

Die drei Wochen in Reichenbach waren schon schlimm für mich, aber ich durfte Bücher mitbringen und habe viel gelesen. Die drei Monate in Schweidnitz dagegen waren schrecklich! Schlimm ist wohl jedes Gefängnis für den, der da rein muss, aber nicht zu wissen, was noch alles folgen kann, ist entsetzlich. Ich hatte mir das Nötigste eingepackt: Unterwäsche, einen warmen Pullover, denn in Gefängnissen ist es immer kalt, Unterwäsche, Strümpfe und Socken, Handtücher, Seife, Zahnbürste und Pasta, Hautcreme, einen kleinen Spiegel und einen Kamm.

Das Gefängnis in Schweidnitz unterschied sich nicht sehr von dem in Reichenbach. Ich saß allein in einer kleinen Zelle, abgeschirmt gegen andere Häftlinge, bekam morgens, mittags und abends ein sparsames Essen, hatte ein Eisenbett mit einem Strohsack drauf und blau karierte Bettwäsche.

Am 14. Dezember kehrte ich nach der Haft wieder nach Hause zurück, danach war nicht mehr alles so wie sonst. Die Zeit der Haft hat mich nachdenken lassen, über vieles, über unsere Familie, über die Entwicklung der Kinder, über den Fortgang der Naziherrschaft. Keiner kann voraussehen, wie die sich weiter entwickeln wird. Aber ist es nicht ein schlechtes, ja ein beunruhigendes Zeichen, dass ein normaler Kleinbürger wegen ein paar harmloser Worte für Monate ins Gefängnis gesteckt wird?

Nun bin ich eine Vorbestrafte!

Ich muss noch etwas nachholen, was ich wegen der schrecklichen Ereignisse aufzuschreiben vergaß. Als ich zwischen den Gefängnissen Reichenbach und Schweidnitz zu Hause war, kam Jochen vom Arbeitsdienst zu seinem ersten Urlaub, das war am 1. September. Zwei Wochen blieb er, und es wurde eine schöne Zeit für uns.

Er ist in einem Lager in Strehlen/Schlesien eingesetzt, wo er mit anderen jungen Männern zum Arbeitseinsatz kommt, sie müssen Bauern bei der Ernte helfen und werden militärisch geschult. Er trug eine mittelbraune Uniform, und stolz ging ich mit ihm Arm in Arm die Hauptstraße hinunter. Schon am nächsten Tag wurde in unseren Geschäften erzählt, ‚die Frau Ruhm hat einen Freund'. Wir haben sehr gelacht.

Sichtbares Zeichen des Reichsarbeitsdienstes, sein Symbol, ist der Spaten, mit ihm wird auch beim Hissen der Hitlerfahne salutiert.

Die Männer des Reichsarbeitsdienstes werden zu allen nur denkbaren Arbeiten herangezogen, zum Bau des Westwalls ebenso wie zum Roden der Wälder und eben bei der Ernte, wo Jochen jetzt seinen Einsatz hatte.

Der RAD ist wohl auch dazu gedacht, Arbeitsplätze zu schaffen und so die Arbeitslosigkeit zu mindern. Anfangs war der RAD ja noch freiwillig, aber ab 1935 wurde er zur Pflicht. Es heißt: ‚Alle jungen Deutschen beiderlei Geschlechts sind verpflichtet, ihrem Volk im RAD zu dienen. Er soll die deutsche Jugend im Geiste des Nationalsozialismus zur Volksgemeinschaft und zur wahren Arbeitsauffassung, vor allem zur gebührenden Achtung der Handarbeit erziehen.'

Ein Formular mit diesem blöden Text brachte Jochen mit.

Nach meiner Rückkehr aus dem Gefängnis in Schweidnitz im Dezember erfuhr ich gleich Entsetzliches, was inzwischen hier passiert war. Vom 9. zum 10. November wurden im Ort die Schaufensterscheiben von drei Geschäften eingeschlagen und die Auslagen verwüstet. Es waren Geschäfte von Juden, auch Albert Böhm gehörte dazu; bei ihm haben wir immer unsere Kleidung gekauft. Er und seine Frau waren stets höflich und freundlich, wir hatten niemals etwas auszusetzen. Nun ist ihr Geschäft kaputt, und die Nazis haben sie abgeholt, niemand weiß, was man mit ihnen gemacht hat.

Im Radio wurde bekannt gegeben, dass in dieser Nacht in ganz Deutschland die Synagogen in Brand gesteckt worden sind und viele jüdische Geschäfte und Wohnungen von den Nazis demoliert wurden. Hitlers Begründung: ‚Spontane Empörung der Bevölkerung über das von einem jüdischen Terroristen verübte Attentat auf den deutschen Gesandtschaftsrat vom Rath in Paris.'

Jeder hier weiß, dass dies nicht ein Einfall der Bevölkerung war, sondern eine befohlene Aktion der Nazis gegen die Juden. Wohin soll das noch führen?

In der Zeitung wird diese Aktion ‚Reichskristallnacht' genannt, und die Juden werden offiziell als ‚Volksfeind Nummer 1' bezeichnet. Überall wurden Zettel angebracht mit der Aufschrift: ‚Kauft nicht bei Juden!'

Mit der kaufmännischen Lehre bei der Firma Suckert hat Richard wohl das Richtige für Ulla gefunden. Jetzt hat sie schon fast ein Jahr hinter sich und durchläuft weiter die ganze Firma. Sie ist in vielen Abteilungen gewesen, in der Postabteilung, wo sie Pakete packen lernte; in der Versandabteilung, in der die Stoffballen fachmännisch verpackt werden; im Stofflager musste sie die Stoffrollen, die aus der Weberei kommen, sortieren, katalogisieren und für den Versand fertig machen. Die Firma Suckert ist, wie Dierig, eine Stoffweberei, doch wesentlich kleiner und produziert hauptsächlich Kleiderstoffe, keine Bettwäsche und Herren-Oberhemden wie bei Dierig. Dort hätte Ulla nicht die Chance gehabt, alle Abteilungen durchlaufen zu können, der Betrieb ist zu groß.

Wenn sie die praktischen Abteilungen durch hat, soll sie die verschiedenen Büros kennen lernen wie Buchhaltung, Personalabteilung und Gehaltsbüro. Im Schreibbüro werden Briefe diktiert, die in Steno aufzunehmen sind und dann in die Schreibmaschine übertragen werden. Nach ihrer dreijährigen Lehrzeit wird sie zunächst weiter in der Firma als Stenotypistin arbeiten. Wir kauften ihr jetzt ein gebrauchtes Fahrrad, mit dem sie in zehn Minuten in der Firma ist.

Adolf Hitler hat die deutsche Wehrmacht in die Tschechoslowakei einmarschieren lassen. Jetzt gibt es eine selbständige Slowakei und ein ‚Protektorat Böhmen und Mähren', das dem Deutschen Reich eingegliedert ist.

Nun steht Ostern auch Horsts Konfirmation bevor; er ist inzwischen ein großer Junge geworden und ein aktives Mitglied bei den Pimpfen. Er ist fast keinen Nachmittag und oft auch abends nicht zu Hause, gleich nach den Schularbeiten verschwindet er. Das Jungvolk, wie sie sich nennen, beansprucht ihn mehr, als uns lieb ist.

Auch Horst will nicht länger aufs Gymnasium gehen, will kein Abitur machen, nicht studieren, obwohl wir ihm die Möglichkeit dazu geben. Er will lieber einen Beruf erlernen, ‚etwas Praktisches', sagt er, wo er sich bewegen kann. Fast die gleichen Worte sagte damals mein Bruder Rudolf, es liegt wohl in der Familie. Nun, wir müssen sehen, welche Möglichkeiten sich für ihn bieten.

Endlich mal wieder Post von Jochen! Er schreibt, dass er nun bei der Marine aufgenommen worden ist und zur Zeit eine Rekrutenausbildung in Wesermünde durchmacht. Im Juli soll er als Matrose auf ein Schiff kommen. Dann wird er endlich die Art Dienst tun, die er sich so sehr gewünscht hat. Woher seine Liebe zum Wasser kommt, weiß ich nicht.

20. April 1939, Adolf Hitlers 50. Geburtstag, ein Feiertag mit Marschmusik und Reden den ganzen Tag über im Radio. Wir haben jetzt einen Volksempfänger, von Hitlers Leuten auf den Markt gebracht, nicht teuer und besser in der Tonqualität als unser alter Apparat. Nun hören wir alle Meldungen, die stündlich durchgegeben werden.

Aus allen Fenstern hängen die Hakenkreuzfahnen, das ist jetzt Pflicht, auch wir konnten uns nicht mehr verschließen. Richard ließ auf beiden Seiten der Haustür eine eiserne Vorrichtung anbringen, in die die kurze Fahnenstange gesteckt wird. Unsere Nachbarn machten es ebenso. Aber deswegen sind wir noch lange keine Nazis!

Der Betriebssport bei der Firma Froehlich hat sich durch den Einsatz von Dr. Wagner gut angelassen. Er hat die Damenriege seiner Arbeiterinnen nach dem Vorbild Hitlerscher Turngruppen ‚Glaube und Schönheit' benannt. Das klingt natürlich gut, geht ins Ohr, hat aber sonst nichts weiter zu bedeuten.

Ich habe es noch nicht bereut, diesen Betriebssport übernommen zu haben, zumal er bei der Firma Dierig keinen Widerhall fand und wegen zu geringer Beteiligung eingestellt wurde.

Ulla dichtet! Sie schreibt nette Gedichte, ganz heimlich, wie es wohl bei jungen Mädchen üblich ist. Und jetzt hat sie sogar einen ‚Roman' geschrieben, einen Kinderroman, wie sie betont. Sie hat sich ausgemalt, was sie mit ihren Schulfreundinnen anfangen würde, wenn sie reich wäre. Soviel hat sie mir verraten: Sie würde einen Bus bauen lassen, in dem es unter den Sitzbänken, die einen erhöhten Standort hätten, Schlafboxen gibt, in denen die Mädchen die Nacht verbringen. Mit dem Bus würden sie über Land ziehen und die Welt kennen lernen.

Dieser Roman ist uns nicht verborgen geblieben, und nun zieht Horstl sie damit auf, ruft sie ‚Roman', was sie beschämt zur Kenntnis nimmt. Wenn ich mal ein Gedicht erwische, werde ich es hier festhalten!

Horst ist in die Hitlerjugend aufgenommen worden, also in den Verband der Großen. Das geschieht immer am Vortag zu Hitlers Geburtstag, es soll eine Ehrung für die zukünftigen Gefolgsleute sein. Horst musste eine Verpflichtungsformel auswendig lernen, er trug sie uns vor, sie lautet: ‚Ich verspreche, in der Hitlerjugend allzeit meine Pflicht zu tun in Liebe und Treue zu Führer und Fahne.'

Jochen ist im Juli auf das Schlachtschiff Kreuzer Admiral Hipper gekommen, das benannt wurde nach Vizeadmiral Franz Ritter von Hipper.

Es ist ein großes Schiff, schreibt er, ziemlich neu; der Stapellauf war erst am 6. Februar 1937, und 1938 wurde es in Dienst gestellt.

Weiter schreibt er: Das Schiff ist 205 Meter lang, 21,3 Meter breit, hat vier Zwillingstürme, acht Geschütze, drei Bordflugzeuge, ist 32,6 Knoten schnell. Es hat eine Besatzung von 1660 Mann, davon 41 Offiziere. Gebaut wurde es auf der Werft von Blohm & Voss in Hamburg. Jochens erste Fahrt auf diesem Kreuzer ging nach Schweden und Russland.

Wir haben Ulla erlaubt, im Herbst eine Tanzschule zu besuchen, um die gängigen Gesellschaftstänze zu erlernen wie Foxtrott, Tango und Walzer. Einige Mädchen ihrer Umgebung nehmen ebenfalls teil. Die Leiter sind Herr und Frau Giedke, die in Schweidnitz eine Tanzschule betreiben, sie haben in Reichenbach im Gasthof ‚Zur Goldenen Sonne' einen Saal gemietet und geben einmal in der Woche Unterricht.

Zur ersten Stunde habe ich Ulla nach Reichenbach begleitet, ich wollte mich selbst überzeugen, was da abläuft. Herr und Frau Giedke machten einen durchaus seriösen Eindruck. Acht Mädchen und acht Jungen nehmen am Unterricht teil.

Inzwischen hat Ulla einen ‚Tanzherrn', Bernd heißt er, ein 17-jähriger Junge aus Reichenbach, dessen Eltern eine Drogerie am Ring führen.

Die beiden scheinen sich auch außerhalb der Tanzstunde zu treffen und ‚mögen' sich, wie Ulla mir errötend gestand.

Im nächsten Februar soll der Abschlussball stattfinden, DAS Ereignis für alle. Ulla wird ihr erstes Ballkleid bekommen, ich lasse es von unserer Schneiderin nähen.

Wir haben Ulla erlaubt, Bernd zu Sylvester zu uns einzuladen, wir wollen den Jungen näher kennen lernen. Anfang des neuen Jahres beginnt er ein Studium in Breslau, er will Ingenieur werden.

Ende August steht uns ein großes Ereignis bevor: Vom 26. bis zum 28. August soll das Langenbielauer Heimatfest stattfinden, anlässlich zur Stadternennung der Gemeinde. Es sind viele Veranstaltungen geplant, Sportwettkämpfe sollen stattfinden, eine Sportstaffel wird durch den Ort laufen, es wird Kundgebungen und Volksbelustigungen geben. Mit meiner Trachtengruppe studiere ich mehrere schlesische Tänze ein, die auf dem Marktplatz gezeigt werden sollen.

Als Höhepunkt dieser Tage ist die Aufführung von Gerhart Hauptmanns ‚Die Weber' geplant, die wir schon seit einiger Zeit einstudieren. Außer einigen Schauspielern vom Schweidnitzer Theater spielen viele Langenbielauer mit, ich bin mit meinen Turnerinnen auch dabei, ebenfalls die Männer-Turnabteilung, auch Ulla macht mit. Die Proben haben schon vor einiger Zeit begonnen.

Ich habe mir ein Reclamheft von den ‚Webern' besorgt und gelesen, damit ich weiß, worum es eigentlich geht. Es ist eine dramatische Geschichte, die in den Jahren um 1844 passiert ist, ein Weberaufstand, die Ärmsten der Armen protestierten gegen ihr Elend. Gerhart Hauptmann hat ein Schauspiel daraus gemacht, das Vorgefallene in Szene gesetzt. Eine vereinfachte Handlung soll auf den drei am Hang liegenden Terrassen der ‚Steinhäuser' aufgeführt werden.

Die Gaststätte ‚Steinhäuser' liegt neben einigen Wohnhäusern am Berg des Ortes und ist in den Sommermonaten ein beliebtes Ausflugsziel für Familien mit Kindern; ihre Bezeichnung ‚die Steinhäuser' haben sie durch die Natursteine, aus denen sie gebaut wurden. Auf den Terrassen der Gaststätte stehen in den Sommermonaten Tische und Stühle, und man hat einen weiten Blick über Langenbielau bis nach Reichenbach und zum Zoptenberg hinüber.

Gestern war Generalprobe, und Gerhart Hauptmann ist aus Agnetendorf im Riesengebirge gekommen. Er stand auf der obersten Terrasse in derber Sportkleidung mit Knickerbockerhosen, Strickstrümpfen und festen Schnürschuhen, ohne Kopfbedeckung, sein volles, weißes Haar wehte wie reifes Wollgras im Sommerwind.

Neben dem Eulebrunnen auf dem Marktplatz wurden inzwischen vier hohe Lichtmasten aufgestellt, die mit langen, bunten Stoffbahnen bespannt sind. Der ganze Ort ist jetzt schon mit Girlanden an den Hauswänden und über die Hauptstraße geschmückt worden. Karussells und Schiffsschaukeln für die Kinder wurden aufgebaut, ein langer Steg für eine Modenschau wurde errichtet, auf der auch die Männer-Gesangsgruppe von Helmut Jokiel auftreten wird.

In der Nacht zum Freitag, dem 26. August, haben Polizei und Hitlerjugend erste Gestellungsbefehle verteilt – der Krieg mit Polen steht bevor! Am Morgen des 26. sind viele junge Männer zum Bahnhof gezogen, um in Reichenbach zum Militärdienst erfasst zu werden. Es herrschte eine gedrückte Stimmung, wohin man auch kommt. Was soll nun werden? Unser Heimatfest fällt ins Wasser, wurde abgeblasen, weil schon zu viele Teilnehmer fehlen. Alle Arbeit und alle Hoffnung auf ein schönes Fest sind zunichte.

Und schon heute mussten wir uns an einer zentralen Stelle Lebensmittelkarten abholen. Alles wird rationiert. Die wöchentliche Brotration soll pro Person 2000 Gramm betragen, die Fleischration 300 und Fett 260 Gramm. Nur Schwer- und Schwerstarbeiter sowie Kleinkinder sollen bessere Rationen erhalten. Für wichtige Arbeitskräfte soll ausreichend gesorgt werden, heißt es.

Natürlich müssen auch wir uns einschränken, obgleich wir viele gefüllte Einweckgläser im Keller haben und Gemüse und Obst im Garten gut gedeihen. Die Abschnitte der Lebensmittelkarten sollen wochenweise eingelöst werden. Anstatt Wurst gab es jetzt schon einen wurstähnlichen Brotaufstrich, woraus der bestand, war allerdings nicht auszumachen.

Es wird immer mehr gesammelt, es gibt fast nichts, was nicht gesammelt wird: Knochen zur Herstellung von Leim oder Seife, Korken, Flaschenverschlüsse, leere Tuben und Papier. Die Kirchenglocken sollen für Kanonen geopfert werden, heißt es.

Die Sammelstellen sind in Schulen, in der Turnhalle und im Dierig-Betrieb, und die Hitlerjungen sind damit beschäftigt, diese Sammlungen durchzuführen und ihre Beute zu den Sammelstellen zu bringen, auch Horst macht da mit.

Wir haben jetzt eine ‚Deutsche Arbeitsfront', die ‚Organisation der schaffenden Deutschen, der Stirn und der Faust. Sie hat dafür zu sorgen, dass jeder Einzelne von uns seinen Platz im wirtschaftlichen Leben der Nation in der geistigen und körperlichen Verfassung einnehmen kann, die ihn zu höchster Leistung befähigt, und damit den großen Nutzen für die Volksgemeinschaft gewährleistet'. So lautet der Aufruf, der in allen Zeitungen veröffentlicht wurde, ein Aufruf, wie er blöder nicht sein kann!

Die Volkstanzgruppe für schlesische Tänze gewinnt an Sympathie bei den Mitwirkenden. Die Anregung holte ich aus Büchern, die ich mir in Breslau in diversen Geschäften zusammen gesucht habe. Was wäre ich bei meinen Unternehmungen ohne die Anleitungen in den Büchern? Nicht nur die Tanzschritte und die Anordnungen für die Gruppe, auch die schlesischen Trachten werden darin beschrieben. Die Tänze sind inzwischen fast in Vergessenheit geraten. Dr. Wagner ist ganz versessen auf diese Darbietungen und hat auch die Stoffe für die Trachten aus seinem Werk zur Verfügung gestellt. Er meint, damit erhalten wir schlesische Tradition. Die Trachten wurden von den Mitgliedern in Eigenarbeit genäht, wobei unsere Schneidermeisterin Lotte Hilfe leistete.

Im Ort gibt es inzwischen eine Menge ausländischer Arbeiter, sie kommen aus Polen, der Ukraine und Italien – freiwillig, heißt es, aber sie werden ‚Fremdarbeiter' genannt. In einem Barackenlager hinter dem Bahnhof sind sie untergebracht, auch Frauen sind dabei. Morgens werden sie von Parteileuten abgeholt und am Abend an ihren Arbeitsstellen eingesammelt und ins Lager zurückgebracht.

Unser Bauer Werner hat auch zwei Frauen aus der Ukraine, die als Mägde auf seinem Hof arbeiten. Ich glaube, es geht ihnen aber nicht schlecht bei ihm.

1. September 1939, Sondermeldung im Radio: Heute ist die deutsche Wehrmacht in Polen einmarschiert, der Zweite Weltkrieg hat begonnen!

Die Verdunklung aller Fenster wurde befohlen; ab sofort werden Bezugsscheine für Kleidung und Brennstoffe, also Kohle, Koks und Briketts, ausgegeben. Luftschutzkeller sind angeordnet worden mit Maßgaben für die Ausstattung.

Zwei Tage später haben uns England und Frankreich den Krieg erklärt, nachdem die Forderungen beider Länder nach einem Rückzug der Truppen aus Polen nicht erfüllt wurden.

Es treffen die ersten Lazarettzüge mit Verwundeten in der Heimat ein, schon gibt es Vermisste und erste Gefallene. Die Meldungen darüber sind in der Zeitung und im Radio sehr knapp gehalten. Was geschieht nun? Was haben Hitler und seine Genossen vor?

Bei den Kriegsereignissen, die jetzt im Gange sind, klingt es fast wie Hohn: Ich lerne mit Ulla den Stepptanz – wir können den Krieg nicht aufhalten!

Es ist es mir gelungen, aus einem Verlag in Breslau ein Fachbuch über Stepptanz zu bekommen. Nun üben wir fast täglich zusammen nach einer Schallplattenmusik – dem ‚Spatzen-Konzert' – von unserem alten Grammophon-Ungetüm. Es macht uns unsagbaren Spaß.

Aus der Hübner-Tischlerei konnte ich eine große Spanplatte ergattern, die wir auf den Fußboden legen; darauf üben wir unsere Schritte. Das auf dem Holzfußboden des Zimmers zu machen, wäre nicht ratsam, denn die Aluminium-Beschläge unter unseren Stepp-Schuhen würden Kratzer und Streifen hinterlassen.

Ulla gefällt das Steppen sehr, ich wundere mich, mit welcher Begeisterung sie gerade diese Schritte unermüdlich übt. Sie ist überhaupt begabt in allen tänzerischen Bewegungen, vielleicht wird doch noch einmal eine Tänzerin aus ihr. Damit würde sie in meine Fußstapfen treten. Ich hatte in meiner Kindheit keine Chance, doch heute ist eine andere Zeit. Mein Vorbild war stets die Tänzerin Gret Palucca, und Mary Wigman ist es noch. Beide zeigen kein klassisches Ballett mit Spitzentanz, sondern bieten Ausdruckstanz. Ich finde, es ist ein künstlerischer, rhythmischer Tanz, freier als das klassische Ballett. Das gefällt mir sehr!

Vor ein paar Tagen hat Ulla mir eröffnet, dass sie in Breslau eine Ballettschule besuchen möchte, sie hat diesen Plan also noch immer nicht aufgegeben.

‚Wie willst du das schaffen?', habe ich sie gefragt, ‚neben deiner kaufmännischen Lehre, die doch erst Ostern 1941 zu Ende ist.'

Dafür hatte sie eine Erklärung und zielstrebig, wie sie ist, wird sie das auch schaffen. Allerdings darf Richard vorläufig nichts davon erfahren, er würde es verbieten. Ihr bisschen Lohn bei der Firma Suckert wird dafür nicht ausreichen, und ich werde ihr etwas unter die Arme greifen müssen. Aber sie soll es versuchen, es kann ja nicht schaden.

Mein Eheleben mit Richard ist soweit in Ordnung, natürlich kommt es hier und da zu kleinen Auseinandersetzungen, hauptsächlich wegen meiner vielen Abwesenheiten, des Sportes wegen. Aber schließlich hat er akzeptiert, dass ich außer dem Hausfrausein noch einer sinnvollen Beschäftigung nachgehe. Nur Hausmütterchen zu sein, genügt mir nicht.

Jetzt, da die Kinder größer und außer Haus sind, stellt sich dieses Problem sowieso nicht mehr. Ich bemühe mich, dass Richard seine Ordnung hat, also dass das Essen pünktlich auf dem Tisch steht, ab und zu sein Lieblingsessen dabei ist, dass seine Leibwäsche in Ordnung ist, immer saubere Oberhemden greifbar sind. Die Abende bin ich fast immer zu Hause, und wir verbringen sie gemeinsam.

Es gibt auch späte Abende oder Wochenenden, an denen wir Zärtlichkeiten austauschen, das ist noch nicht ‚eingeschlafen'.

Mein Gemüsegarten kommt auch nicht zu kurz, da passe ich schon auf, im eigenen Interesse, denn das selbst gezogene Gemüse kommt meinem Portemonnaie zugute und entlastet die Haushaltskasse.

Am 13. Februar 1940 stand im Reichenbacher Tageblatt ein großer Bericht über unsere Veranstaltung: ‚Der ‚Bunte Abend', der am Sonnabend wieder ausschließlich von heimischen künstlerischen Kräften durchgeführt wurde und dessen Reinertrag dem Kriegswinterhilfswerk zukommt, wurde in zweifacher Hinsicht zu einem noch größeren Erfolg wie die erste Veranstaltung dieser Art im Dezember vorigen Jahres.'

Dann heißt es weiter über meine Arbeit: ‚Frau Dora Ruhm hatte mit Unterstützung durch Direktor Wagner, der die Beschaffung neuer farbenfroher und origineller Kostüme für die Tanzgruppe Froehlich ermöglicht hatte, mit der Einstudierung neuer Tänze eine Entwicklung des tänzerischen Könnens dieser werktätigen Mädchen erreicht, die wohl kaum noch von anderen Laientanzgruppen übertroffen werden kann. Dieselbe körperliche Gewandtheit zeigten auch die ebenfalls von Dora Ruhm geführten Rollenden 6 von der Abteilung Roll- und Eislauf des Wintersportvereins Langenbielau. Ein flottes Stepp-Solo von Fräulein Ulla Ruhm, das wiederholt werden musste, bot ebenfalls für Aug' und Ohr Genüsse, die den Besuch dieser Veranstaltung lohnenswert machten. …' Ist das nicht ein schöner Erfolg?

Der Abschlussball der Tanzschule Giedke war DAS Ereignis für Ulla. Er wurde im großen Saal des Gasthofes ‚Zur Sonne' in Reichenbach abgehalten. Viele Eltern der Tanzschüler waren mitgekommen, so wie wir auch, und es wurde wirklich ein großes Ereignis, jedenfalls für die Tanzschüler.

Bei Lotte, unserer Schneidermeisterin und Mitturnerin, ließ ich für Ulla ein langes Kleid nähen. Richard hatte von seiner Firma einen rosa Musselinstoff bekommen, und es wurde ein prächtiges Ballkleid daraus. Ich habe es noch in Seidenmalerei mit kleinen Veilchensträußen über dem Saum versehen. Ulla sah darin wirklich sehr hübsch aus – und schon so erwachsen!

Die Silvesternacht 1939/40 begingen wir zu Hause. Wir hatten Ulla erlaubt, ihren Tanzstundenherrn Bernd einzuladen. Richard hatte ein paar Flaschen Rheinwein auftreiben können, und so wurde der Abend ganz lustig. Zu später Stunde, Ulla war ein bisschen beschwipst, drapierten wir sie mit bunten Luftschlangen in einem Sessel, sie war eingeschlafen, und ich fotografierte sie, wovon sie nichts merkte. Später haben wir über dieses Photo sehr gelacht.

Am Neujahrsmorgen, er war sehr kalt, aber klar, machten wir zu dritt – Ulla, Bernd und ich – einen schönen Winterspaziergang. Ich photographierte beide mehrmals im hohen Schnee, sie waren sehr verliebt!

Wir trainieren jede Woche fleißig im großen Maschinensaal der Firma Dierig auf unseren Rollschuhen. Die Gruppe ist schon auf zwölf Mitglieder angewachsen, auch ein paar männliche Jugendliche sind dabei. Aus Ullas Schulklasse haben sich drei Mädchen angemeldet, unter ihnen ihre Schulfreundin Trautel Burghardt, deren Eltern einen großen Bauernhof an der Hauptstraße haben.

Mit den Fachbüchern über Rollkunstlauf komme ich gut zurecht, ich muss nur Seite für Seite und Schritt für Schritt vorgehen. Am kniffligsten sind die Pflichtübungen, wie im Kreis vorwärts oder rückwärts fahren, mal auf dem linken, mal auf dem rechten Bein, oder die Schlangenlinien, die auf einem Bein mit nur einem Abstoß gefahren werden müssen, es sind zwei ineinander übergehende Kreise.

Von einem Maler haben wir uns diese Kreise und Doppelkreise auf den Zementboden aufmalen lassen, und wir befahren sie nach Vorschrift. Am meisten Spaß macht jedoch das Kürlaufen, da kann man fahren wie und was man will. Es ist aber nicht so leicht, immer wieder gibt es Stürze.

Ich bin mit Ulla schon einige Male in Breslau auf der Rollschuhbahn gewesen, wir fuhren mit der Bahn hin. Dort macht es großen Spaß, im Freien zu laufen und den Rollern zuzusehen, die schon gut laufen. Für Ulla, die sich besonders gut dabei anstellt, habe ich nun aus Breslau weiße Lederhalbschuhe kommen lassen, die fest am Rollschuh angeschraubt sind; sie haben schmale Manschetten, die um die Knöchel geschnallt werden und damit mehr Halt geben sollen.

Von diesem Breslauer Sportgeschäft bekam ich auch die Information, dass sich fortgeschrittene Rollkunstläufer in Berlin beim Olympiastadion zu einem Weiterbildungskursus anmelden können. Er dauert eine Woche, und die Teilnehmer können für einen geringen Betrag in den ehemaligen Unterkünften der Olympiade-Sportler wohnen. Ich habe Ulla dafür angemeldet; Richard ist zwar nicht dafür, hat aber dann zugestimmt. Und Ulla ist überglücklich, jetzt muss sie für diese Zeit die Freistellung von ihrer Arbeitsstelle bekommen. Aber ich denke, da es eine offizielle Veranstaltung der Reichssporthochschule Berlin ist, wird sie wohl erteilt werden.

Am 26. März 1940 stand in der Reichenbacher Zeitung:
‚Frohe Feiertagsunterhaltung bereiteten am Ostersonntag in der Gaststätte ›Zum Quoos‹ die Eulesänger und zahlreiche andere Könner mit einem Großen Bunten Nachmittag, der wieder zu Gunsten des Kriegswinterhilfswerkes durchgeführt wurde.' Weiter im Artikel: ‚Zwei reizende Neueinstudierungen der Tanzgruppe der Firma Froehlich, der Holzschuhtanz und die Wiener Wäschermadeln, zeigten, dass ihre Ausbilderin, Frau Dora Ruhm, immer wieder neue Wege findet, die gymnastisch gut durchtrainierten Mädchen nach des Tages Arbeit zu neuem Schaffen anzuregen … Rassig und temperamentvoll steppten Mutter und Tochter (Frau und Fräulein Ruhm) das Spatzenkonzert und wurden zu Zugaben gezwungen …'

Im Ort gibt es eine weitere Unterhaltungsmöglichkeit: ein zweites Kino hat eröffnet, das ‚Palast-Theater'. Für die Ostertage gab es in der Tageszeitung die Anzeige ‚Eine kleine Nachtmusik' mit Heli Finkenzeller und Hannes Stelzer, ein kostbarer Film, an dem man seine helle Freude haben kann, unter Mitwirkung des Wiener Staatsopern-Balletts und des Wiener und Berliner Philharmonischen Orchesters'. Den wollen wir uns unbedingt ansehen.

Im zweiten Kino ‚Schauburg' wird der Film ‚Zwei Welten' angekündigt, ein heiterer Film von Gustaf Gründgens, es heißt: ‚Ein Abbild unserer Tage mit lachender Jugend und pulsierendem Leben! Ein Genuss für jung und alt.' Na bitte, und das mitten im Krieg!

Vom Krieg merken wir hier in Schlesien gottlob nicht viel, außer, dass die Lebensmittel noch mehr rationiert wurden. Aber wir haben ja genug Kartoffeln im Keller, Gemüse und Obst ausreichend im Garten und brauchen nicht zu hungern.

Vorläufig findet der Krieg für uns nur im Radio statt. Jeden Abend sitzt Richard davor, über sich und dem Kasten eine dicke Decke, die jedes Geräusch schluckt. Er hört die Abendnachrichten von BBC, die so anders klingen als die Hitler'schen Nachrichten, welche oft als Sondermeldungen im deutschen Rundfunk gesendet werden.

Ich halte immer die Luft an, wenn er diese Nachrichten hört, denn es ist nach wie vor bei Strafe verboten, Auslandssender zu hören, darauf steht Gefängnis. Also darf man nicht dabei erwischt werden, doch infolge der befohlenen Verdunkelung kann keiner in die Fenster sehen. Bei einbrechender Dunkelheit hängen wir eine Decke in den Fensterrahmen, an zwei langen Nägeln am oberen Rahmenrand wird sie aufgespießt.

Auf einer Europakarte hat Richard mit bunten Stecknadelköpfen den Frontverlauf der deutschen Wehrmacht markiert, und jeden Abend ‚spielt' er damit. Tagsüber ist diese Karte in seinem Schreibtisch eingeschlossen.

Fast täglich ist im Radio das Nazi-Kampflied zu hören: ‚Wir werden weiter marschieren, bis alles in Scherben fällt, denn heute gehört uns Deutschland und morgen die ganze Welt!' Dazu das ‚Durchhaltelied' für die Soldaten von der ‚Lilli Marleen'. Will Hitler die ‚ganze Welt' erobern? Es sieht fast so aus!

Unsere Tageszeitung, das Reichenbacher Tageblatt, brachte eine Aufstellung der letzten militärischen Ereignisse, davon gebe ich mal einiges wieder. Da heißt es: ‚Im März 1939 marschierte die deutsche Wehrmacht in Böhmen und Mähren ein. Danach folgte das Memelgebiet. Im Mai 1939 wurde ein deutsch-italienischer Militärpakt abgeschlossen. Danach im August ein deutsch-sowjetischer Nichtangriffspakt. Am 3. September 1939 die Kriegserklärung der Westmächte an Deutschland. Und jetzt im Mai 1940 besetzte die deutsche Wehrmacht hintereinander Holland, Belgien, Luxemburg und Frankreich, der Westfeldzug hat begonnen.' Wohin soll das noch führen?

Durch alle diese Ereignisse ist unser kleines, bescheidenes Familienleben ganz in den Hintergrund getreten. Richard arbeitet zwar nach wie vor regelmäßig bei Dierig und geht einmal in der Woche abends zum Männergesangverein. Ich betreibe meine verschiedenen Turnaktivitäten weiter, und doch ist alles anders geworden. Die Politik – hier in unserem Dorf, so weitab vom großen Leben – hat uns alle eingefangen, und der Krieg macht sich mehr und mehr im täglichen Leben bemerkbar.

Die Bevölkerung ist aufgefordert worden, acht Tage lang die Hitler-Fahnen herauszuhängen, dazu der Aufruf des Führers: ‚An das deutsche Volk! Die größte Schlacht aller Zeiten wurde durch unsere Soldaten siegreich beendet. In wenigen Wochen sind über 1,2 Millionen Gegner in unsere Gefangenschaft geraten. Holland und Belgien haben kapituliert. Das britische Expeditionsheer ist zum größten Teil vernichtet, zum anderen gefangen oder vom Festland verjagt worden. Drei französische Armeen haben aufgehört zu existieren. Die Gefahr eines Einbruchs durch Feinde in das Ruhrgebiet ist damit endgültig beseitigt.

Deutsches Volk! Diese geschichtlich glorreichste Tat haben deine Soldaten unter dem Einsatz ihres Lebens und ihrer Gesundheit mit beispiellosen Anstrengungen blutig erkämpft. Ich befehle deshalb, von heute ab in ganz Deutschland auf die Dauer von acht Tagen zu flaggen. Es soll dies eine Ehrung unserer Soldaten sein.

Ich befehle weiter auf die Dauer von drei Tagen das Läuten der Glocken. Ihr Klang möge sich mit den Gebeten vereinen, mit denen das deutsche Volk seine Söhne von jetzt ab wieder begleiten soll. Denn heute morgen sind die deutschen Divisionen und Luftgeschwader erneut angetreten zur Fortsetzung des Kampfes für die Freiheit und Zukunft unseres Volkes!

Führerhauptquartier, den 5. Juni 1940. gez. Adolf Hitler.'

Ein weiterer Aufruf lautet: ,Soldaten! Mein Vertrauen zu euch ist grenzenlos. Ihr habt mich nicht enttäuscht. Der Kampf um die Freiheit des Volkes wird fortgesetzt bis zur Vernichtung der Gegner.'

Am 4. Juli eine weitere Meldung im Reichenbacher Tageblatt:

,Gemeines Verbrechen britischer Flieger: Zwölf deutsche Kinder durch Bomben getötet! Sprengbomben durch dichte Wolkenschicht auf friedliche Passanten und spielende Kinder in Hamburg-Barmbeck – insgesamt sechzehn Tote.

Am Mittwochnachmittag gelang es einigen englischen Fliegern, in sehr großer Höhe bis nach Hamburg vorzudringen. Wie skrupellos Englands Methoden der Kriegsführung sind, geht daraus hervor, dass in Barmbeck durch die Wolken Sprengbomben abgeworfen wurden. Friedliche Passanten und spielende Kinder wurden getroffen. Zwölf Kinder, drei Frauen und ein Mann wurden getötet, etwa 25 Personen schwer verletzt, davon die größere Zahl Kinder.

Nachdem es den Engländern trotz wiederholter Versuche nicht gelungen ist, hier in Hamburg militärische Ziele in der Nacht wirkungsvoll anzugreifen, haben sie jetzt sogar bei Tage unschuldige Kinder und friedliche Zivilisten zum Angriffsziel gewählt.

Reichenbacher Tageblatt

Langenbielauer Tageblatt · Nimptscher Tageblatt · Peterswaldauer Tageblatt

Nummer 146 — Reichenbach (Eulengebirge), Dienstag, den 25. Juni 1940 — 95. Jahrgang

Der Lärm der Waffen ist verstummt

Der Krieg gegen Frankreich beendet

In der Nacht um 1.35 Uhr ist auf deutscher und französischer Seite Waffenruhe eingetreten

Führerhauptquartier, 24. Juni.

Heute — am Montag, dem 24. Juni — um 19.15 Uhr fand die Unterzeichnung des italienisch-französischen Waffenstillstandsvertrages statt.

Um 19.35 Uhr erfolgte die offizielle Mitteilung darüber an die deutsche Regierung.

Auf Grund dessen ist der deutsch-französische Waffenstillstandsvertrag in Kraft getreten.

Das Oberkommando der Wehrmacht hat die Einstellung der Feindseligkeiten gegen Frankreich angeordnet. Am 25. Juni, 1.35 Uhr deutscher Sommerzeit, tritt auf beiden Seiten die Waffenruhe ein.

Der Krieg im Westen ist damit beendet.

„Das ganze Halt"

Der glorreichste Sieg aller Zeiten

Ein Aufruf des Führers — Sieben Tage Beflaggung, sieben Tage Glockenläuten

Wir fahren gegen England

Die Stunde des Gerichts naht

Die Stunde der Vergeltung rückt näher. England wird das ernten, was es gesät hat. Bei der sehr großen Höhe und der dichten Wolkenschicht musste man sich darauf beschränken, Jäger zur Verfolgung einzusetzen.'

Ein Feldpostbrief von Jochen! Er schreibt über seinen Dienst an Bord des Schiffes, der scheint sehr anstrengend zu sein. Der Kreuzer Admiral Hipper ist im Kriegseinsatz. Jochen war dabei, als Drontheim besetzt wurde; dann ging das Schiff auf lange Fahrt und legte einen Minenteppich in russischem Gebiet vor der Insel Nowaja Semlja. Darauf folgten Geleitzugschlachten im Nord- und Eismeergebiet, und nun befinden sie sich im Handelskrieg im Atlantik.

Das klingt alles sehr schaurig! Hoffentlich übersteht er alles gut. Dem Brief lag ein Photo bei, das ein Kamerad von ihm in der Kombüse aufgenommen hat.

In unserer Zeitung wird über die Jahreshauptversammlung des Wintersportvereins berichtet, wo ich Mitglied bin. Dabei geht es unter anderem um die Neugründung der Abteilung Roll- und Eislauf. Es heißt: ‚Die rührige Leiterin der Abteilung Roll- und Eiskunstlauf, Frau Dora Ruhm, berichtete über diese beiden neu aufgenommenen Arbeitsgebiete. Die Abteilung hat ab ihrer ersten Werbeveranstaltung im November 1938 einen erfolgreichen Aufschwung genommen. Mit der in den letzten Wintern erfolgreich durchgeführten Pflege des Eislaufs auf dem Teich des Geländes im Schwimmbad ist ein lang gehegter Wunsch des Vereins in Erfüllung gegangen, aber auch im Rollschuhlauf hat die Abteilung bei einer großen Veranstaltung in Waldenburg Siege errungen, die über alles Erwarten gingen. Frau Ruhm konnte erfolgreich an einem Gaulehrgang in Breslau teilnehmen, während Fräulein Ursel Ruhm sogar zu einem Reichslehrgang für Rollkunstlauf an der Akademie für Leibesübungen in Berlin einberufen wurde...'

Im August waren Hanna und Erich für vierzehn Tage bei uns, es waren schöne Tage, nach langer Zeit mal wieder. Hanna machte einen munteren Eindruck, die Zwei scheinen zufrieden zu sein.

Erich wurde inzwischen zum Reichsbahn-Oberinspektor befördert, und da er die Bahn kostenlos benutzen kann – Hanna zahlt den halben Fahrpreis –, unternehmen sie jedes Jahr zwei Reisen. Ich beneide sie etwas darum, bekommen sie doch viel zu sehen, jedenfalls solange es durch die Kriegsereignisse noch möglich ist.

Hanna ist eine eifrige Tennisspielerin – ich fange auch bald damit an! –, mit

Erich ist sie noch immer Mitglied im Sportclub an der Weser. In Bremen gibt es jetzt sogar ein Sportstadion, wo auch Fußball-Wettkämpfe ausgetragen werden. Im Ort sieht man nur noch alte oder gebrechliche Männer. Die Jugendlichen sind in vollem Einsatz bei der Hitlerjugend. Auch Horst, der seine Aufgaben sehr ernst nimmt, widmet seine ganze Freizeit nach der Schule der Sammelaktion, die auf vollen Touren läuft. Er hat natürlich längst die vorgeschriebene Uniform der Hitlerjugend, trägt die Kordel des Rottenführers und ist mächtig stolz darauf. Er ist inzwischen ein großer Junge geworden, größer als Jochen im gleichen Alter.

Zwischen Richard und Ulla gab es mal wieder einen großen Streit, wie schon öfter in letzter Zeit. Bei dem Kind ist es wohl ähnlich wie bei mir mit meiner Mutter. Durch ihre herrischen Anordnungen, die schon Befehlen gleich kamen, forderte sie immer von neuem meinen Widerspruch heraus. Das gleiche trifft bei Ulla und ihrem Vater zu. Richard ist sehr streng mit den Kindern, was er anordnet, muss ohne Widerrede befolgt werden.

Ulla schminkt sich die Lippen, und Richard hat es ihr verboten mit den Worten: ‚Du läufst mir nicht wie eine Nutte herum.' Er ist immer sehr drastisch in seinen Ausdrücken.

Bei der Firma Suckert, wo Ulla in der Ausbildung ist, kommt sie mit anderen Frauen zusammen, die sich schminken, sie möchte natürlich nicht zurückstehen; im Dezember wird sie 17 Jahre alt, da kann man es ihr nicht verbieten, denke ich. Ich habe Ulla geraten, ihre Lippen erst nachzuziehen, wenn Richard morgens aus dem Haus ist. Und wenn sie abends vom Dienst kommt, soll sie das Rouge vor dem Haus von den Lippen entfernen. Für die Fingernägel, die sie sich anfangs blutrot lackierte, empfahl ich ihr einen farblosen Lack. Nun herrscht wieder Frieden.

Von Jochen treffen ziemlich regelmäßig Feldpostbriefe ein, jetzt kam ein Brief aus Holland, wo er zur Zeit mit dem Kreuzer Hipper stationiert ist. Es geht ihm gut, schreibt er, und ich hoffe, dass es so bleibt.

Meine sportlichen Dinge habe ich ziemlich zurückgestellt; das orthopädische Turnen fällt ganz aus, da mehrere Eltern ihre Kinder abgemeldet haben. Das Kriegsgeschehen lähmt auch unser Turnen im Verein, die Frauen haben keine Lust mehr. Ab und zu machen wir mal eine Wanderung ins Gebirge oder treffen uns in kleinem Kreis in der Turnhalle.

Bei der Firma Froehlich habe ich inzwischen auch aufgehört, mit der Tanzgruppe zu arbeiten. Nachdem Dr. Wagner mich mehr und mehr drängte, in die NS-Frauenschaft einzutreten, was ich immer wieder abgelehnt habe, war nun Schluss. Er sagte: ‚Ich kann mir in meinem Betrieb keine führende Turnerfrau leisten, die nicht in der Frauenschaft ist.' Nun, das war deutlich, und so trennten wir uns. Er ist ein Nazi!

Für eine Einladung von Bernd an Ulla zum Semesterball seiner Universität im Januar nach Breslau haben wir unser Einverständnis gegeben. Er findet in einem großen Hotel statt, und wir ließen für Ulla ein Zimmer für die Nacht reservieren. Es ist das erste Mal, dass sie mit einem jungen Mann über Nacht wegbleibt, aber sie ist jetzt 17 Jahre alt, da müssen wir die Zügel etwas lockerer lassen.

Sie hat noch das Ballkleid vom Abschlussball der Tanzstunde, so wird sie gut gekleidet sein, tanzen hat sie gelernt, und ich hoffe, sie wird viel Spaß haben.

Kriegsweihnachten 1940, ein trauriges Fest, in jeder Beziehung! Über das Radio gehen Grüße an die Soldaten nach Holland, Belgien und Frankreich.

Im Ort gibt es schon mehrere schwarz gekleidete Frauen, deren Männer oder Söhne gefallen sind. In der Nachbarschaft ist Frau Sommer Witwe geworden, sie erhielt die Nachricht zwei Tage vor Weihnachten. Eine wirklich schöne Bescherung!

Die Mädchen in den Schulen sind aufgefordert worden, für die Soldaten im Feld Strümpfe und Fausthandschuhe zu stricken. Über eine Sammelstelle der Frauenschaft werden diese Sachen dann an die Feldpoststellen zur Verteilung geschickt.

Die Meldungen, die uns über das Radio erreichen, sind nicht gerade ermunternd. Wir gelten in Schlesien als ‚Luftschutzkeller' Deutschlands; Kindertransporte aus stark zerbombten Städten in Westdeutschland treffen immer häufiger hier ein, das wird als ‚Kinderlandverschickung' bezeichnet. Diese Kinder werden für mehrere Wochen oder Monate bei Familien oder in Heimen untergebracht.

Auf den Straßen und in den Geschäften gibt es nur noch ein Thema: Der Krieg, wo stehen die deutschen Truppen, wer der Angehörigen wurde verwundet oder ist gefallen, wer vermisst.

Student Bernd

Ulla, Bernd (1940)

Jetzt wurden auf öffentlichen Gebäuden Sirenen installiert; als man sie ausprobierte und das auf- und abschwellende Geheul erklang, bekam ich Gänsehaut am ganzen Körper. Es hörte sich scheußlich an, richtig gefährlich! Bis jetzt blieben wir ja verschont, aber die Radiomeldungen über Bombenabwürfe der Feinde auf die Großstädte nehmen zu. Es ist ein Wunder, dass noch keine Bomben auf Breslau gefallen sind.

Vor einigen Wochen ließ Richard den Kaninchenstall vergrößern, in dem nun sechs Kaninchen hoppeln. Sie sollen eines Tages unseren Speisezettel aufbessern. Dazu kamen inzwischen auch ein paar Zwerghühner und ein Hahn; so haben wir kleine frische Eier und irgendwann eine Hühnersuppe. Noch müssen wir nicht hungern.

6. April 1941, Einmarsch deutscher Truppen in Jugoslawien und Griechenland.

Mitten in die vielen Kriegsmeldungen, die uns über das Radio erreichen, donnerte Anfang April eine besondere, eine private Meldung: Ulla ist schwanger!

Es war ein später Nachmittag, Richard noch nicht vom Dienst zurück, als Ulla sich mir anvertraute. Wir saßen im Wohnzimmer, sie druckste schon eine ganze Weile herum, ich merkte, dass sie etwas loswerden wollte. Da platzte es aus ihr heraus: ‚Mutti, ich glaube, ich kriege ein Kind!'

Ich sah sie verständnislos an, begriff nicht gleich, und sie wiederholte: ‚Ja, ich kriege ein Kind, meine Periode ist schon dreimal ausgeblieben.' Sie begann zu weinen und vergrub ihren Kopf in ihren Armen, schluchzte: ‚Was soll ich nur machen?!'

Ich brauchte eine Weile, ehe ich Worte fand, fragte: ‚Der Semesterball im Januar in Breslau?' Ulla nickte bestätigend mit dem Kopf. Ja, was sollte nun werden? Ein uneheliches Kind? Eine Heirat mit Bernd stand wohl nicht in Aussicht. Was würde Richard dazu sagen, wie reagieren? Wie sollte eine eventuelle Abtreibung vonstatten gehen? Was werden die Leute sagen? Schrecklich, wir kommen ins Gerede!

Von diesem Tag an tritt der Krieg für uns in den Hintergrund, es gibt nur ein Thema: das Kind!

Zunächst habe ich mit Richard allein gesprochen, ohne Anwesenheit von Ulla. Ich wollte, dass er seinen Zorn erst einmal an mir auslässt. Ich kenne ihn, wusste, dass es heftige Worte geben würde, eine Auseinandersetzung, die erst einmal an mir abgleiten sollte.

Doch ganz konnte ich sie nicht abfangen. Richard stellte Ulla zur Rede, es fielen Worte wie: ‚So, so, unser Fräulein Tochter kriegt ein uneheliches Balg! Konntet ihr nicht aufpassen?' Ulla kleinlaut: ‚Wie denn?' Richard: ‚Was soll nun werden, wie hast du dir das vorgestellt?' Ulla stand weinend neben mir, diese Vorwürfe konnte ich ihr nicht ersparen.

Es vergingen einige Tage. Als Bernd am nächsten Wochenende wieder von Breslau zu seinen Eltern in Reichenbach kam, bestellten wir ihn zu einem Gespräch. Er wusste noch nichts von der Schwangerschaft, Ulla hatte keine Gelegenheit gehabt, es ihm zu sagen. Er fiel prompt aus allen Wolken, sagte kein einziges Wort und zog völlig verwirrt wieder ab. Jetzt ist guter Rat teuer – wie man sagt.

Nach ein paar Tagen kam ein Brief seines Vaters, in dem er mitteilte, dass sein Sohn sein Studium fortsetzen werde und eine Heirat nicht in Frage komme.

Jetzt müssen wir uns Gedanken darüber machen, wie es weitergehen soll. Richard hat in seinem Zorn angedroht, Ulla ‚aus dem Hause zu jagen'. Das kommt natürlich nicht in Frage, wir können das Mädchen jetzt nicht im Stich lassen. Ach, warum musste ihr das passieren?

Am 22. Juni 1941 marschierte die deutsche Wehrmacht in Russland ein. Dieser Angriff kommt einer sowjetischen Aggression zuvor, heißt es, es ist die Entscheidung Adolf Hitlers, der kritische Stimmen in seiner Umgebung ignoriert haben soll.

Richard meint, der Kerl ist größenwahnsinnig geworden, will er die ganze Welt erobern? Es scheint so, aber dass er sich da mal nicht die Finger verbrennt, wohin soll das führen? Was hat er vor?

Hanna hat geschrieben, dass ihr Erich in die Partei eingetreten ist, man hat es ihm bei der Reichsbahn nahe gelegt, von Berufs wegen, hieß es, wäre es besser für ihn. Er musste seine arische Abstammung nachweisen. Inzwischen ist er Reichsbahn-Oberinspektor und möchte es noch weiter bringen; da blieb ihm wohl keine andere Wahl. Aber ein Nazi ist er nicht. Nun wurde er eingezogen, ist als Offiziersanwärter nach Kiew in der Ukraine gekommen, wo er beim Stab Dienst tut. Hannas Stimmung ist entsprechend.

Ulla hat ihre kaufmännische Lehre im Juni abgeschlossen und bleibt erst mal als Stenotypistin weiter in der Firma. Noch weiß niemand, dass sie schwanger ist, man sieht es ihr noch nicht an, obwohl sie inzwischen am Anfang des fünften Monats ist. Es geht ihr gut, sie ist bei Dr. Franz in guten Händen. Richard hat sich einigermaßen beruhigt, und wir machen uns Gedanken darüber, wie es weitergehen soll. Die Entbindung wird im Oktober oder Anfang November sein und soll zu Hause stattfinden. Wir geben ihr das Zimmer, das meine Mutter bewohnte, und für das Kind müssen wir ein Bettchen besorgen, zu kaufen gibt es hier im Ort so etwas nicht. Aber was wird aus Ulla? Ein Fräulein mit einem unehelichen Kind. Es wird schwer für sie werden, einen rechtschaffenen Mann zu finden, der sie mit einem Kind heiratet.

Ich mache mir große Sorgen, sie hat ihre ganzen Zukunftspläne mit der Schwangerschaft versaut. Und der Vater des Kindes? Der Herr lässt nichts von sich hören, obwohl Ulla ihm schon mehrere Briefe nach Breslau geschrieben hat – es kommt keine Antwort. Sie leidet darunter, ich kenne mein Mädchen, aber sie spricht nicht darüber. Sie liest jetzt viel und näht Babyhemdchen, es gibt ja nichts zu kaufen. Windeln nähen wir aus alten Bettlaken, das muss erst mal gehen.

Ich habe für Ulla zwei Umstandskleider genäht, Kleider von mir, die unmodern waren und nun durch die Umarbeitung durchaus noch tragbar sind. Die Babywäsche ist durch Spenden einer befreundeten Familie inzwischen auch ziemlich komplett. Und einen gebrauchten Kinderwagen haben wir auch aufgetrieben, sehr chic sogar, einen Korbwagen. Eine Turnerin organisierte ihn für uns.

Ulla wird am 1. September bei der Firma Suckert mit der Arbeit aufhören, sie bekommt Mutterschaftsurlaub. In der Nachbarschaft hat es ziemlichen Aufruhr gegeben, als bekannt wurde, dass Ulla ein Kind erwartet. Natürlich waren auch einige liebe Nachbarinnen dabei, die hämische Bemerkungen nicht unterlassen konnten. Ich habe Ulla gesagt: ‚Da musst du durch, du hast es dir selbst zuzuschreiben.' Nun, sie ist tapfer!

Die Juden, die noch hier sind, müssen einen Stern aus gelbem Stoff auf ihrer Kleidung tragen; nun ist jeder Jude gekennzeichnet, die Menschen tun mir leid.

Am 21. Oktober 1941 gegen zehn Uhr kam das Kind zur Welt, es ging alles ziemlich reibungslos. Ulla war tapfer, Mutter und Kind gesund – so sagt man wohl.

Die Wehen setzten schon am Sonntagmorgen ein, zunächst in großen Abständen. In der Nacht zu Montag wurden sie häufiger und am Morgen ging das Fruchtwasser ab. Ich schickte Horst zur Hebamme, sie war schnell da.

Wir haben Mutters Zimmer als Babyzimmer hergerichtet, konnten ein Kinderbett auftreiben und bereiteten aus einer alten Kommode eine Wickelkommode für den Säugling. In den vergangenen letzten Wochen habe ich darauf geachtet, dass Ulla regelmäßig zur Schwangerschaftsuntersuchung ging, es war auch immer alles in Ordnung, so dass es dabei blieb, dass die Geburt zu Hause stattfinden würde. Nun ist mein kleines Mädchen eine Mutter, ich kann es noch gar nicht fassen.

In der Nacht vom 15. zum 16. Oktober ist Köln am Rhein bombardiert worden. Es sollen Sprengbomben und Brandbomben auf das ganze Stadtgebiet abgeworfen worden sein, auch Leuchtbomben. Die Stadt ist völlig zerstört; arme Menschen.

Die Bombenangriffe der Engländer auf deutsche Großstädte nehmen zu, wir hören es im Radio, laufend gibt es neben den Nachrichten die Sondermeldungen. Und das Wehrmachtslied: ‚Wir fahren gegen Engeland …' ist täglich zu hören, dabei fliegen die Engländer über Deutschland ihre Einsätze! Auch in unserer Tageszeitung werden die Meldungen über den Fortgang des Krieges regelmäßig abgedruckt. Die Partei ruft zur Großkundgebung auf dem Marktplatz auf, und es ist Pflicht für jeden, hinzugehen.

Die Sängerin Lale Andersen hören wir täglich im Radio das Lied von der Lilli Marleen singen: ‚Vor der Kaserne, vor dem großen Tor…' Richard meint, es ist DAS Durchhaltelied für unsere Soldaten.

19. Februar 1942, Horsts 17. Geburtstag. Er überraschte seine Eltern mit der Nachricht, dass er sich freiwillig zur Waffen-SS gemeldet hat – ohne unser Wissen –, und stellte uns vor vollendete Tatsachen. Das war ein Schock! Richards Protest und meine Vorhaltungen nutzten nichts, Horsts Antwort auf Vatis Schimpfkanonade war: ‚Ach, du bist ja verkalkt!' Richard verschlug es die Sprache, er schnappte regelrecht nach Luft, hatte Mühe, das zu verarbeiten, aber wir können nichts dagegen tun. Das haben wir von unserem Jüngsten nicht erwartet.

Und am 1. März hat er uns schon verlassen. Er wurde zu einer vierwöchigen Grundausbildung nach Weimar eingezogen. Ziemlich abrupt hat er sich von uns verabschiedet, scheint uns böse zu sein, dass wir ihn von seinem Vorhaben abhalten wollten. Nun sind beide Jungen Soldaten, und ich bete, dass sie eines Tages gesund nach Hause zurückkehren mögen, dass nicht das gleiche passiert wie mit meinen beiden Brüdern, die im ersten Weltkrieg fielen.

Im Frühjahr 1942 stehen die deutschen Truppen vor den Toren Moskaus, sie haben Leningrad umzingelt und marschieren auf Stalingrad zu. Und sie kämpfen in Afrika – das Afrikakorps – und am Atlantik, sie besetzten Dänemark und Norwegen.

Wir sind verpflichtet worden, einen Luftschutzkeller zu schaffen für den ‚Ernstfall'; der Kartoffelkeller ist der richtige Raum dafür, weil er der trockenste ist. Das Kellerfenster wurde zugemauert, eine feste Tür kam statt der einfachen Brettertür rein, eine Kiste mit Sand und Verbandszeug für den Brandfall, eine Feuerpatsche haben wir selbst gebastelt, und eine Bank wurde reingestellt. Wir hoffen sehr, dass es keinen Ernstfall für uns geben wird und dass wir uns darin niemals aufhalten müssen.

Unser Baby entwickelt sich prächtig, ist gesund, hat blaue Augen und blondes Haar. Ulla kann stillen, noch reicht ihre Milch für den kleinen Kerl. Richard ist dem Kind gegenüber sehr zurückhaltend, er muss sich erst daran gewöhnen, wir müssen ihm Zeit lassen, denke ich.

Im Dezember fand eine kurze Taufe in der evangelischen Kirche statt, nur wir vier und die alte Frau Weber waren dabei, sie hatte sich während der letzten Zeit von Ullas Schwangerschaft etwas um sie gekümmert, wenn ich nicht im Haus war.

Um den Namen gab es mit Richard eine kleine Auseinandersetzung: Er war nicht damit einverstanden, dass der Junge den Namen Peter bekommen soll, den Ulla gern mag, Richard findet ihn zu modern.

Ulla hat in der letzten Zeit ihrer Schwangerschaft das Buch ‚Die Ahnen' von Gustav Freytag gelesen, und im Teil ‚Ingo und Ingraban' gefiel ihr der Name Ingo gut. Richard war schließlich mit diesem Namen einverstanden, aber was für ein Kompromiss! In unserer näheren Umgebung heißt kein einziger Junge Ingo, aber es gibt mindestens vier Peter.

Jochen ist überraschend für vierzehn Tage auf Urlaub gekommen, sein Schiff liegt noch in Hoek van Holland, soll aber bald auslaufen.

Es ist schön, den Jungen mal wieder zu Hause zu haben. Er ist jetzt schon fast ein Mann, so komisch das auch für mich ist. Er ist vernünftiger geworden und so ordentlich. Was ich bei ihm nicht geschafft habe, das Militär hat es ihm beigebracht.

Ingo entwickelt sich weiter gut, wir turnen jetzt mit ihm. Ich konnte mir Bücher besorgen, in denen ich Übungen für Babys aufgezeichnet finde, und daran halten wir uns. Es scheint dem kleinen Kerl auch Spaß zu machen, denn er ‚kräht' – jauchzt – dabei und wir legen das als Freude aus.

Und etwas habe ich mit Genugtuung festgestellt: Richard spielt mit unserem Bübele, das Eis scheint gebrochen zu sein. Es soll wohl keiner sehen, denke ich, aber ich habe ihn beobachtet, wie er dem Kind eine Rassel hinhielt und mit ihm sprach und spielte.

Wir haben den kleinen Kerl jetzt schon mal auf den Topf gesetzt, bisher aber ohne Erfolg. Er soll das Verfahren aber kennen lernen, und da er noch nicht allein sitzen kann, stellten wir ihn samt Topf in eine Ecke, damit er nicht umkippt.

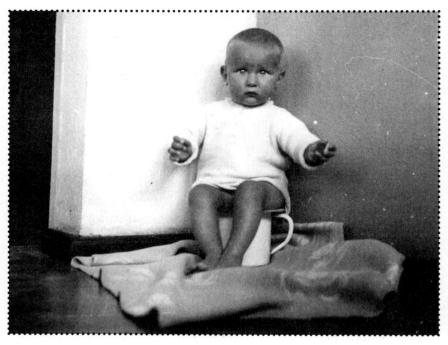

Ingo (Juli 1942)

Unser Mädchen Elfriede beschäftigt sich gut mit ihm, sie kann mit Kindern umgehen, kommt aus einer kinderreichen Familie, hat sechs Geschwister und ist die Älteste; sie wohnt in der Nähe, in der Siedlung bei ihren Eltern. Oft singt sie Ingo kleine Lieder vor, eines davon heißt: ‚Als Bübele geboren ward, da war er noch so klein …' Ein hübsches Lied. Wir haben Elfriede erst kürzlich eingestellt, denn mit Bübele ist mehr Arbeit ins Haus gekommen. Ulla, die wieder bei der Firma Suckert arbeitet, gibt ihren Verdienst ab; der ist zwar nicht hoch, aber wir können Elfriede davon bezahlen.

In Niederbielau gibt es ein großes Krankenhaus; ich habe dort einmal eine Turnschwester besucht, die wegen einer Blinddarmoperation da lag, und war erstaunt über die große Anlage, von der ich bisher so gut wie nichts wusste. Bei diesem Besuch erfuhr ich, dass das St. Elisabeth-Krankenhaus eine öffentliche Wohltätigkeitsanstalt ist, 1900 erbaut und 1931 erweitert. Es gibt einhundert Krankenbetten, und die Patienten werden von einem Operateur und sechs anderen Medizinern behandelt. Das Haus ist den Anforderungen entsprechend eingerichtet und von einer schönen Anlage umgeben, es liegt ziemlich ruhig. Die Leitung des Hauses und die Pflege der Kranken haben die Grauen Schwestern von der Hl. Elisabeth übernommen.

Neben dem Krankenhaus gibt es noch das St. Elisabeth-Stift, das von den Schwestern bewohnt wird. Außerdem wird dieses Haus als Pensions- und Altersheim genutzt, es soll freundliche Zimmer haben und rundum einen schönen Park mit Aussicht auf das Eulengebirge. Beide Häuser verfügen über eine Hauskapelle mit Allerheiligen, und im Pensionärsheim wird täglich eine Messe abgehalten.

Das ist jetzt vorbei, denn das große Haus wurde Militärlazarett.

Ab Januar 1943 ist der allgemeine Kriegsdienst für Frauen eingeführt worden, alle arbeitsfähigen Frauen müssen in Fabriken arbeiten, wer sonst soll für den Kriegsnachschub sorgen? Es gibt keine arbeitsfähigen Männer mehr, alle wurden Soldaten. Mich ließ man bisher in Ruhe, aber wie lange noch?

Aber unsere Ulla haben sie geholt. Die Begründung: Die Geburt des Kindes ist zehn Monate her, die Mutter stillt nicht mehr, und der Junge lebt ohnehin bei den Großeltern, also ist die Mutter entbehrlich und soll für Großdeutschland arbeiten wie andere Frauen auch.

Da sie jedoch Mutter mit Kleinkind ist – wie es in der Fachsprache heißt – braucht sie nicht zum Militär als Luftwaffenhelferin, wie die meisten jungen Frauen. Sie wurde als Schreibkraft ins Luftwaffen-Ausbildungslager nach Reichenbach verpflichtet, wo sie in der Schreibstube sitzt und Marschbefehle für die Soldaten ausschreibt. Nun, ich glaube, es ist das kleinere Übel. Sie fährt jeden Morgen mit der Bahn nach Reichenbach und kommt erst abends nach Hause. Bübele ist mir überlassen.

Es treffen immer mehr Flüchtlinge hier ein, sie kommen aus Oberschlesien, Breslau und Brieg; die Russen rücken näher! Ein Ortsgruppenleiter war vorige Woche bei uns und beschlagnahmte ein Zimmer, in dem Flüchtlinge untergebracht werden sollen.

Schon nach drei Tagen wurde eine Frau mit zwei Mädchen aus Breslau eingewiesen, 14 und 16 Jahre alt. Inzwischen sind auch die Schulen geschlossen und für die Flüchtlinge hergerichtet worden. Auch in unserer Turnhalle stehen

Feldbetten und Stroh wurde aufgeschüttet. Das Rote Kreuz kümmert sich um diese Menschen, im Hof steht eine große Gulaschkanone.

Am 18. Februar 1943 hat Propagandaminister Joseph Goebbels im Sportpalast in Berlin eine denkwürdige Rede gehalten, sie wurde vom Radio übertragen und nun auch in unserer Zeitung abgedruckt. Goebbels hat die Volksmenge im Sportpalast gefragt: ‚Wollt ihr den totalen Krieg?‘, und alle Versammelten sollen einstimmig ‚Ja!‘ geschrien haben.

Richard meint dazu, dass Goebbels mit der Devise ‚totaler Krieg‘ das Rezept zur Lösung aller Schwierigkeiten verbreiten will.

Für uns Deutsche kommt der ‚totale Krieg‘ zunächst vor allem aus der Luft, nur Schlesien wurde bisher davon noch nicht betroffen. Anfang Februar soll das katastrophale Ende der Schlacht um Stalingrad gewesen sein, so ein Bericht von BBC.

Post von Horst – endlich! Der Feldpostbrief kommt aus einem Lazarett in Bitsch, ist vom 19. März datiert, war also drei Wochen unterwegs. Horst schreibt, dass er in Italien an der ligurischen Küste verwundet worden ist, es war sein erster Feindeinsatz bei Cicina, sein Panzer wurde abgeschossen und ging in Flammen auf. Horst konnte sich retten, hat aber schwere Kopfverletzungen davongetragen, kam ins Lazarett. Wie mag es dem Jungen jetzt gehen?

Es ist nicht viel, was er schreibt, aber vielleicht ist er durch die Kopfverletzung zu mehr nicht in der Lage. Wenn er wiederhergestellt ist, soll er zur Partisanenbekämpfung nach Slowenien kommen.

Von Jochen haben wir schon lange nichts gehört, wo mag er stecken? Das sind tägliche Sorgen, die wir uns um die Jungen machen.

Radio BBC meldet: ‚Am 24. und 25. Juli 1943 ist Hamburg bombardiert worden. Innerhalb einer halben Stunde wurden weite Gebiete der Stadt in ein Flammenmeer verwandelt. Leichen bedeckten die Straßen, 40.000 Hamburger sollen den Tod gefunden haben.‘

Meine neueste Freizeitbeschäftigung – so ich überhaupt Freizeit habe – ist Handarbeit, ich stricke. Da ich das Turnen mehr und mehr einschränken musste, bleibt mir Zeit dafür. An Garne und Wolle komme ich heran, habe auch einen guten Rest in der Hinterlassenschaft unserer verstorbenen Mutter entdeckt, und nun stricke ich, was mir großen Spaß macht. Ich fertige für Bübele Jäckchen, Höschen, Pullover und Kniestrümpfe, alles Sachen für kleine Kinder, die es nicht zu kaufen gibt, auch nicht auf Kleiderbezugsschein. Auf einigen Fotos habe ich meine Arbeiten schon festgehalten, süß sieht der kleine Kerl darin aus.

Ulla hat ihren Ballett-Unterricht in Breslau wieder aufgenommen, wenn auch nicht mehr so regelmäßig wie anfangs, die Zeit fehlt dafür. Nun hat sie uns wieder einmal überrascht: Als sie vorige Woche vom Ballett-Unterricht zurückkam, äußerte sie den Wunsch, zum Hiller-Ballett gehen zu wollen. Wir fielen aus allen Wolken, wie kommt sie nur darauf? Wir erfuhren, dass sie bei ihren Fahrten nach Breslau auch das Liebig-Theater besucht hat, in dem manchmal ein Varieté-Programm gezeigt wird. Zur Zeit gastiert dort das Hiller-Ballett, bekannt durch die Revue-Filme, in denen es mitwirkte, unter anderem in Marika Rökk-Filmen. Sie hat sich das Programm angesehen und ist so begeistert von diesem Ballett, dass sie gern Mitglied werden möchte. Vielleicht will sie auch der tristen Arbeitsstelle in der Amtsstube des Luftwaffen-Ausbildungslagers in Reichenbach entgehen.

Ich dachte, Richard springt aus dem Anzug! Das hat gerade noch gefehlt: ein Kind, eine Arbeit im Kriegsdienst – wie soll das alles zusammenpassen? ‚Den Floh hast du ihr ins Ohr gesetzt', musste ich mir von Richard anhören.

Nun, wir haben dann in Ruhe überlegt, was das kleinere Übel für das Mädel und für uns ist. Wir haben schon beide Jungens bei den Soldaten, und jetzt sollen wir auch noch das Mädel hergeben, wer weiß, wohin man sie dienstverpflichten wird. Jetzt im Krieg ist alles möglich. Wir sind gemeinsam zu dem Schluss gekommen, dass ich mit ihr nach Breslau fahre, das Hiller-Ballett aufsuche und mit dem Leiter spreche.

Das haben wir gemacht, ich sah mir das Programm an – war ebenfalls begeistert von den Darbietungen des Balletts – und sprach mit Herrn und Frau Hiller, den Leitern der Tanztruppe.

Ulla soll zum Vortanzen kommen, man wird prüfen, ob sie talentiert und geeignet ist. Danach könnte sie kurzfristig Ballett-Mitglied werden. Es wird ein Vertrag aufgesetzt werden, den Vati unterschreiben muss, da Ulla noch nicht volljährig ist.

Nun warten wir auf Bescheid; Frau Gertrud Hiller ist Ballettmeisterin und trainiert die Mädchen; Rolf Hiller macht die Verträge und Engagements.

Der Bescheid kam sehr schnell; wir fuhren nach Breslau, Ulla zeigte zwei Tänze, einen Walzer und einen Stepp, sie gefiel damit, und ihr wurde der Vertrag in Aussicht gestellt. Ulla hat auch die vorgeschriebene Größe, die zwischen 1,65 und 1,75 liegt, sie ist rank und schlank und hat schöne lange Beine.

Schon gestern kam der Vertrag von Herrn Hiller, Ulla hat gefallen und wird ins Hiller-Ballett aufgenommen. Sie gilt als Tanzelevin mit einer monatlichen Gage von zunächst 210 Reichsmark, die im zweiten und dritten Lehrjahr etwas steigt. Der Vertrag gilt ab dem 1. April 1944 und geht bis zum 31. März 1947. Herr Hiller gab uns den Rat, den Vertrag der Einziehungsbehörde vorzulegen, damit Ulla von der Kriegsdienstverpflichtung freikommt. Da das Hiller-Ballett auch zur Truppenbetreuung eingesetzt wird, gilt es als ‚kriegswichtig', und so wird man sie wohl freigeben. Vati hat den Vertrag unterschrieben und sagte: ‚Besser, sie wird eine Ballett-Tänzerin als eine Soldatin.'

Gestern ist sie abgereist nach Heidelberg, wo das Ballett noch bis zum 15. gastiert. Dort soll sie sich einfinden und zusammen mit den Mädchen nach Hamburg reisen, von wo die gemeinsame Abreise nach Stockholm stattfinden wird. Hiller hat über die Reichstheaterkammer, Berlin, ein Engagement für das Ballett im neutralen Schweden bekommen.

Ich habe Ulla zum Bahnhof gebracht, aber es war nicht klar, ob sie wegkommt, denn viele Züge fahren nicht mehr oder sehr unregelmäßig. Es wird eine lange Fahrt für sie werden, und ich hoffe, dass sie gut und ohne Bombenalarm in Heidelberg ankommt. Sie will uns schreiben, sobald es möglich ist und falls die Post transportiert wird. Beim Abschied drückte ich ihr ein Schulheft in die Hand und riet ihr, es als ‚Freundin' zu benutzen und ihm alles anzuvertrauen, was sie bedrückt. ‚Ich habe gute Erfahrungen damit gemacht', verriet ich ihr.

Nun sind unsere Kinder aus dem Haus, und wir sind froh darüber, dass wir den kleinen Ingo haben, der uns viel Freude macht. Richard beschäftigt sich inzwischen viel mit ihm, und ich beobachte es mit Zufriedenheit! Jetzt hat er ihm sogar die Dampfmaschine unserer Jungen erklärt, die mit Hartspiritus die nötige Temperatur entwickelt, das Wasser im Kessel zum Kochen bringt, und damit ein Transportrad in Bewegung setzt. Ingo ist ein aufgewecktes Kerlchen, fragt viel, und Richard kann sich dieser Fragerei nicht verschließen.

Muttertag: Ingo und Dora (1944)

Der erste Brief von Ulla aus Stockholm, datiert vom 14. April. Begeistert schreibt sie von dieser Stadt, die keine Verdunklung kennt, in der sich die Straßenlaternen vielfach im Wasser spiegeln, wovon die Stadt umgeben ist. Es ist wie im Märchen. Und es gibt alles zu kaufen, hier kennt man weder Lebensmittelkarten noch Bezugsscheine. Schweden ist neutral geblieben, hat sich nicht am Krieg beteiligt, deshalb dieser Ausnahmezustand, wie ihn auch die Schweiz hat.

Ulla schreibt auch über das China-Theater, in dem das Hiller-Ballett auftritt. Sie darf allerdings noch nicht auf die Bühne, ist noch Lehrling und nur Ersatz, falls mal ein Mädchen ausfällt.

‚Jeden Abend stehe ich hinter der Bühne in den Kulissen und sehe zu', schreibt sie begeistert. Zwei Monate ist das Ballett an diesem Theater engagiert, dann wird es in Göteborg und einigen anderen Städten Schwedens auftreten. Hiller möchte solange wie möglich in Schweden bleiben, hat er geäußert.

Zum Muttertag schickte ich ihr ein Foto, Bübele mit einem Blumenstrauß aus unserem Garten und dem selbst gestrickten Anzug für das Kind, der mir gut gelungen ist.

Jochen liegt mit seinem Panzerkreuzer Admiral Hipper vor der Küste der Insel Rügen, in Saßnitz. Er schreibt und macht mir den Vorschlag, ob ich ihn nicht besuchen möchte. Welch ein Vorschlag! Natürlich möchte ich, nur zu gerne, aber das ist nicht so einfach heute, dazu braucht es eine Genehmigung, die eine Militärdienststelle in Reichenbach erteilt. Als Zivilist darf man jetzt im Krieg nicht ohne Erlaubnis die Reichsbahn benutzen, und diese Genehmigung bedarf der Angabe von wichtigen Gründen.

Ich muss an unsere Mutter denken, als sie 1917 Rudolf in Mittenwald besuchte, der nach seiner Verwundung dort in einem Lazarett lag. Sie fuhr zwei Wochen zu ihm, verbrachte schöne Tage mit ihm; als er wieder Dienst tat, wurde er in seinem Flugzeug in Feindesland abgeschossen. Mutter hat das in ihrem Tagebuch festgehalten. Sie war so froh gewesen, diese lange Reise von Magdeburg aus gemacht zu haben, ohne zu ahnen, dass sie ihren Jungen zum letzten Mal sehen sollte. Wird es mir mit Jochen ebenso ergehen? Die mögliche Parallele erschreckt mich.

Nun habe ich die Genehmigung für diese Reise erhalten und fuhr Mitte Juni – sogar mit Erlaubnis für Ingo – nach Saßnitz. Jochen hatte mir in einer Pension ein Zimmer besorgt, mit Balkon und Blick aufs Meer – welch ein Luxus!

Da Jochen erst abends dienstfrei hatte, fuhr ich tagsüber einmal mit Ingo im Bus nach Prora. Von dieser Anlage hatte ich schon vor meiner Reise gelesen, und ich war überwältigt – nicht von der Schönheit der Anlage für die Werktätigen, sondern von ihrer Scheußlichkeit!

Adolf Hitler ließ in den Jahren 1936 bis 1939 ein 4,5 Kilometer langes gewaltiges Bauwerk direkt hinter dem Strand zwischen Binz und Saßnitz hochziehen, das im Falle eines Krieges als Lazarett genutzt werden sollte. So entstand ‚Auf der schmalen Heide' oder der Prora, einem Waldgebiet auf Rügen, ein Riesenbau, in dem 20.000 Werktätige Urlaub machen konnten. Wie Kasernen sah das aus, sechsstöckige Reihenhäuser, voneinander nicht zu unterscheiden. Wie ich dort erfuhr, ist es von der Deutschen Arbeitsfront errichtet worden und soll von der Gemeinschaft Kraft durch Freude (KdF), betrieben werden, die Teil der Arbeitsfront ist. Es soll der ‚Erziehung aller im Arbeitsleben stehenden Deutschen zur nationalsozialistischen Gesinnung' dienen, genau wie die anderen KdF-Projekte, Kreuzfahrtschiffe und Volkswagen. Der Urlaubsort soll als Geschenk dem Volk schmackhaft gemacht werden.

Die Anlage ist aber noch immer nicht zu Ende gebaut, es heißt, dass die Arbeiter zu kriegswichtigen Projekten, wie dem Raketenversuchsgelände in Peenemünde, abkommandiert wurden. Jetzt gibt es auch keine Urlauber, sondern ein Polizeibataillon ist hier stationiert, Funkerinnen werden ausgebildet, Verwundete, Flüchtlinge und Ausgebombte wurden hier untergebracht. Kein schönes Bild das Ganze, ich war froh, als ich wieder in Saßnitz ankam.

Ich habe sechs unvergessliche Tage in dieser kleinen Stadt erlebt; Jochen kam jeden Abend vom Schiff, und wir hatten schöne Stunden. Ingo war selig, denn tagsüber tummelten wir zwei uns am Strand, spielten im weißen Sand, bauten Burgen, und planschten im Meer; und das mitten im Krieg.

Am 20. Juli 1944 wurde ein Attentat auf Adolf Hitler in seinem Hauptquartier ‚Wolfsschanze' verübt, aber er blieb am Leben. Das Radio berichtete ausführlich und empört über diesen ‚Schurkenstreich', wie sie es nennen.

Der Krieg wird immer schlimmer; der ‚Wüstenfuchs' Generalfeldmarschall Rommel, der mit seinen Soldaten seit 1941 in Nord-Afrika kämpft, kapitulierte am 13. Mai 1943. 100.000 Soldaten sollen im Wüstenkrieg ihr Leben gelassen haben.

Ulla, Hiller-Girl, Stockholm (1944)

Rommel hat von Hitler den Einmarschbefehl nach Frankreich bekommen, nach La Roche, sein Hauptquartier soll vor Paris liegen. Und am 14. August 1944 hat Hitler den Tod von Rommel befohlen – aber warum, wenn er doch ein so mutiger General ist?

Wieder ein langer Brief von Ulla aus Stockholm, mit einem Bühnenphoto. Mir ist bis jetzt noch gar nicht aufgefallen, dass ich eine so schöne Tochter habe! Es ist ein so genanntes Künstlerphoto, aufgenommen für das Programmheft des China-Theaters, vom Königlichen Hofphotographen Edling in Stockholm, es zeigt sie im Portrait. Dazu noch ein Photo im Kostüm des Tanzes, den sie nun schon mittanzen darf. ‚Jeden Morgen um 10 Uhr ist Training bis 13 Uhr, die ‚Hillerin' schleift uns ganz schön' schreibt sie. Sie ist sehr glücklich, und ich bin es mit ihr. Weiter heißt es, dass sie auf Verlangen von Frau Hiller ihr Haar blondieren musste. Als Kind war sie hellblond, wurde aber im Laufe der Jahre aschblond. Frau Hiller hat sie vor die Alternative gestellt: blond oder dunkel, aschblond ist keine Bühnenfarbe.

Ab 1. Mai gastiert das Hiller-Ballett in Göteborg, das ist im Südwesten von Schweden, es tritt im Liseberg-Park auf, einer Art Vergnügungspark. Ulla schreibt: ‚Es ist wie im Märchen, der ganze Park ist mit vielen bunten Lampen erleuchtet, dass es so etwas Schönes in der heutigen Zeit noch gibt, es ist wundervoll!'

Jetzt will sie versuchen, ein Paket an uns zu schicken, mit Süßigkeiten, Kaffee und Schokolade. Für Ingo hat sie einen Strickanzug gekauft, so etwas gibt es hier schon lange nicht mehr.

Am 7. April 1944 wurde General Dietrich von Choltitz von Hitler zum Stadtkommandanten von Paris berufen, mit dem Befehl, die Stadt dem Erdboden gleich zu machen. Doch der General hat sich den Amerikanern ergeben und unterschrieb vor Leclercs Panzerdivision im Bahnhof Montparnasse am 25. August 1944 die Kapitulationsurkunde. Daraufhin haben die Alliierten Truppen Paris zurückerobert, nach vier Jahren der Besetzung ist Paris nun wieder frei und unversehrt.

Am 6. Juni begann die Invasion der Amerikaner und Engländer in der Normandie. Hitlers Durchhalteparole: ‚Schwere Zeiten lassen innere Stärken wachsen.'

Das alles erfahren wir erst nach und nach; dadurch, dass Richard regelmäßig den BBC-Sender hört, sind wir gut unterrichtet. Aber wenn es um die Siege der deutschen Wehrmacht geht, kommt sofort eine Sondermeldung vom Reichsrundfunk. So werden wir von Hitler nur einseitig informiert, regelrecht betrogen.

Von beiden Jungen schon lange keine Post! Von Ulla wieder ein Brief, diesmal aus Oslo/Norwegen, wo das Hiller-Ballett ab August im Nordland-Theater auftritt. Oslo ist eine schöne Stadt, schreibt sie, direkt am Meer gelegen, mit beeindruckenden Fjorden und hohen Bergen ringsum. In der Nähe liegt auch die Olympia-Sprungschanze, auf der das Winterskispringen 1936 stattgefunden hat.

Die Hillermädchen wohnen zusammen in einer Pension und haben strenge Ausgangsregeln. Die Stadt ist Besatzungsgebiet, und viele deutsche Soldaten sind da stationiert. Das Theater gilt als Front-Theater und ist ausschließlich für die deutsche Truppenbetreuung bestimmt, die norwegische Bevölkerung ist nicht zugelassen. Der Direktor des Theaters ist Harry Gondi, ein bekannter Rundfunksprecher aus Hamburg.

Das Ballett soll drei Monate in Oslo auftreten, danach wird es nach Deutschland zurückkehren. Wie es weitergeht, kann Hiller nicht sagen, es gibt in Deutschland keine großen Bühnen mehr, alles ist zerbombt.

Ulla schreibt: ‚Bei einem Spaziergang durch die Stadt wurde ich von einem deutschen Offizier angesprochen, und es stellte sich heraus, dass es mein Lehrer Müller aus der Volksschule war, der zur Zeit Stadtkommandant von Oslo ist.'

Das Mädel hat große Sehnsucht nach Zuhause und ihrem Bübele, das lese ich aus ihren Zeilen. Die Ungewissheit für uns alle ist zermürbend, man kann keine Pläne machen, muss abwarten, wie lange der Krieg noch dauert und wie er endet.

Die Russen kommen, sie nähern sich Deutschland! Wir erfahren, dass im Oktober 1944 die große Flucht der deutschen Bevölkerung aus Ostpreußen vor den heranrückenden russischen Truppen begonnen hat. Das muss schrecklich sein für die Menschen, unvorstellbar, hoffentlich bleibt uns das hier in Schlesien erspart.

Schon am 15. Juli 1943 sind Mussolini und das faschistische Regime in Italien gestürzt worden, unsere Truppen marschierten ein. Aber was wollen wir dort? Es gibt ja jetzt fast kein europäisches Land, das nicht von der deutschen Wehrmacht überfallen und besetzt wurde. Wohin soll das nur führen?

Richard spricht jetzt öfter mit mir über den Krieg, vielleicht weil ich nicht verstehe, was Hitler vorhat. Warum, weshalb marschiert die deutsche Wehrmacht in alle Länder Europas ein, was beabsichtigt unser ‚Führer'? Am 15. Juli 1943 soll die erste V2-Rakete von Peenemünde aus auf England abgefeuert worden sein.

Ulla ist zurück, das kommt so unverhofft, dass ich es immer noch nicht recht glauben kann. Am 21. November stand sie plötzlich vor der Tür; das Hiller-Ballett ist aufgelöst worden, die Mädchen wurden nach Hause geschickt.

Erst nach und nach rückt sie mit den Geschehnissen der letzten Zeit heraus, und es wird sicher noch eine Weile dauern, schätze ich, dass sie uns alles erzählt. Nur soviel habe ich inzwischen erfahren: Das Engagement des Hiller-Balletts in Oslo war zu Ende, ein neues gab es nicht, weder im Ausland noch in Deutschland. Es gibt keine Bühnen mehr, kein Programm, der Krieg hat alles zunichte gemacht. Eines der letzten Militärschiffe hat sie von Oslo aus mitgenommen und nach Dänemark übergesetzt, dann bekamen sie Fahrkarten bis Berlin. Von da aus musste jedes Mädchen selbst sehen, wie es nach Hause kommt.

Frau Hiller ist in Stockholm geblieben, und Hiller wurde in Oslo festgehalten, er bekam keine Ausreisegenehmigung. Tja, nun ist das Kind erst mal wieder daheim und wir müssen abwarten, wie es weiter geht, was die Zukunft bringen wird und wann der Krieg endet.

Wir hatten ein frohes Weihnachten, weil Ulla wieder da ist, vor allem unser Bübele war darüber sehr glücklich. Wir hatten einen kleinen Tannenbaum geschmückt und sogar ein paar Kerzen aufgetrieben, Ingos Augen leuchteten. Und wir haben an unsere Jungens gedacht, von denen wir schon lange nichts mehr hörten. Wo mögen sie stecken?

Bübele hat ein paar organisierte Spielsachen bekommen, dazu eine Tafel Schokolade. Er durfte vor dem Schlafengehen die Kerzen ausblasen. Geschenke für uns Erwachsene hat es nicht gegeben.

Am 13. Februar 1945 ist Dresden schwer bombardiert worden.

Viele Langenbielauer sind schon vor den immer näher rückenden Russen geflohen, oft zu Verwandten nach Westdeutschland, unter unsagbaren Strapazen – so sie überhaupt dort angekommen sind –, oder über das Gebirge ins Glatzer Bergland. Inzwischen kommen aber viele schon wieder zurück, es heißt, dass der Krieg bald zu Ende sein wird. Aber vorher sollen wir alle zwangsevakuiert werden.

Dieser Tage bin ich mit Ulla im Wald gewesen, im Tiefengrund, dort haben wir uns im dichten Gebüsch eine kleine Höhle gebaut für den Fall, dass wir uns verstecken müssen, wenn die Russen kommen. Wir haben Ingo mitgenommen und das Ganze als Spaziergang getarnt, falls uns jemand beobachtet. Nun werden wir öfter dahin spazieren und jedes Mal etwas mitnehmen, vor allem Decken und Konserven.

Ab 15. Februar wurde Breslau von den Russen eingekesselt, und am 6. Mai ist die Stadt in russische Hände gefallen. Wir konnten den Geschützlärm bis hierher hören. Die Stadt soll in Schutt und Asche liegen, und mehr als 18.000 Menschen fanden den Tod. Der Gauleiter Hanke soll sich mit dem letzten Flugzeug aus dem Staub gemacht haben.

Die deutsche Wehrmacht weicht mehr und mehr zurück, und das kleine Langenbielau wird zum Auffanggebiet für unsere Soldaten. Überall finden Einquartierungen statt, auch wir mussten drei Soldaten aufnehmen, einen Unteroffizier und zwei Gefreite. Durch sie kommen wir aber wenigstens ab und zu in den Genuss von etwas Brot und Margarine. Doch so schnell, wie die deutschen Truppen jetzt von hier aus über das Eulengebirge verschwinden, so schnell rücken die russischen Truppen nach.

Ulla ist wieder zum Kriegsdienst verpflichtet worden, das Dierig-Werk wurde in einen Sanitätspark umgerüstet und stellt nun Verbandsmaterial für die Front her. Jetzt muss sie von früh um sechs Uhr bis abends um sechs Uhr in die Fabrik, eine lange Zeit, wenn auch keine schwere Arbeit, wie sie sagt, aber doch anstrengend durch das lange Stehen an einem Webstuhl, auf dem Verbandsmull für die verwundeten Soldaten gefertigt wird.

Unser Einwand, dass Ulla Mitglied des Hiller-Balletts sei, und jederzeit bei der Truppenbetreuung zum Einsatz kommen kann, wurde ignoriert. Wir können noch froh sein, dass sie nicht zur Arbeit in einer Munitionsfabrik herangezogen wurde, denn die soll schlimm sein.

20. April 1945, Adolf Hitlers 56. Geburtstag; es gab Reden, Aufmärsche und Versammlungen. Was wird uns die Zukunft bringen?

Am 25. April soll eine Friedenskonferenz in San Franzisko stattfinden; ob wir dann klarer sehen werden?

Eine Meldung der BBC: Am 21. April standen die Russen kurz vor Berlins Stadtgrenze. Und in Sachsen, nördlich von Dresden, sind die Russen fast mit den Amerikanern zusammengestoßen, heißt es. Der Schwarzwald soll von deutschen Truppen frei sein, also sind auch da schon die Amerikaner. Delmenhorst bei Bremen wurde von den Amerikanern eingenommen, ebenfalls Nürnberg und Bayreuth im Süden Deutschlands. Im Juni gab es viele Fliegerangriffe auf Köln am Rhein. Es sollen 262 Angriffe gewesen sein, und die Menschen besaßen nur noch ihre Kleider am Leib. Es heißt, dass von den 750.000 Einwohnern nach dem Zusammenbruch nur noch 42.000 am Leben sind.

Von Jochen und Horst haben wir schon sehr lange nichts mehr gehört, täglich halte ich Ausschau nach einem Feldpostbrief der Jungen. Die Post geht immer unregelmäßiger, vielleicht hat sie auch schon aufgehört zu funktionieren.

So schön blühen jetzt unsere Kirschen- und Pflaumenbäume, der Natur sieht man keinen Krieg an.

Berlin ist schon zur Hälfte in russischer Hand, der Widerstand soll gar nicht so groß gewesen sein. Sogar die Volkssturmleute und einzelne Wehrmachtsteile haben sich gegen die eigene Wehrmacht gerichtet. Adolf Hitler soll noch in Berlin sein, aber daran glauben wir nicht, der hat sich bestimmt schon irgendwo in Sicherheit gebracht. In einem Aufruf ‚an sein Volk' hat er bekannt gegeben, dass Berlin und Prag niemals russisch werden und Wien bald wieder deutsch sein wird. Aber wann das alles?

1. Mai 1945, wir sitzen vor dem Radio und erwarten jede Stunde den Waffenstillstand. Frieden – was ist das für ein Wort! Daran müssen wir uns erst wieder gewöhnen. Aber vorher werden wir wohl Besatzung bekommen. Alles hat dann wieder ein anderes Gesicht. Vielleicht gehen wir auch einer großen Hungersnot entgegen?

Soeben ist im Radio bekannt gegeben worden, dass Adolf Hitler tot ist, gefallen für Volk und Vaterland. BBC dagegen meldet etwas ganz anderes: Hitler und Eva Braun sollen Selbstmord begangen haben, Hitler hat sich mit einer Pistole in den Mund geschossen, Eva Braun vergiftete sich mit Blausäure. So sieht die Wahrheit aus!

Großadmiral Dönitz ist an seine Stelle gerückt und hat in einem Befehl gesagt, dass der Eid auf Hitler sich auf ihn übertragen hat. Er sagt, es wird gekämpft bis zum endgültigen Sieg!
So ein Witz, wo die Russen Berlin doch schon fast ganz eingenommen haben. Richard meint, dass der Kampf nicht mehr lange weitergehen wird, es steht auf Messers Schneide; Hitler hat den Untergang des alten Europas vollendet.

7. Mai 1945: *Der Krieg ist aus!* Was für Worte, wie lange haben wir darauf gewartet! Von deutscher Seite wurde es zwar im Radio noch nicht bekannt gegeben, aber Richard hat auch das von BBC. Der Befehlshaber von Schlesien, Tschörner, wollte weiterkämpfen, aber jetzt ist der Waffenstillstand unterzeichnet worden, ein ereignisreicher Tag!

Gestern hieß es wieder, ganz Langenbielau muss binnen 24 Stunden geräumt sein. Viele Leute aus unserer näheren Umgebung packten ihre Sachen und zogen ab über das Gebirge. Die Menschen hinter dem Gebirge zogen hier ein, denn dort kam ebenfalls der Befehl der Räumung. Ein großes Durcheinander soll auf der Passstraße geherrscht haben. Und in allen Geschäften wurde auf einmal alles frei verkauft, zwar für viel Geld – Sloty – aber es gab alles!

Unser kleines Eckchen Schlesien ist noch alles, was vom Großdeutschen Reich übrig geblieben ist! Und wo sind die ‚Führer', die einst so große Reden vom Durchhalten geschwungen haben? Selbstmord, geflüchtet, gegenseitig erschossen – eine feine Gesellschaft, auf die Deutschland wirklich stolz sein kann!

Es hat nichts anderes mehr Platz in unserem Leben als die Kriegsereignisse. Was ist auch wichtiger? Unser tägliches Leben ist reduziert auf diese Vorkommnisse. Der Tag ist ausgefüllt mit der Beschaffung der wichtigsten Lebensmittel und der Zubereitung dieser einfachsten Mittel zu einem Essen. Ingolein ist unser aller Sonnenschein! Nur von ihm kommen noch Heiterkeit und Unbefangenheit. Gott sei Dank ahnt er noch nicht, was in der Welt vor sich geht. Wenn Jochen und Horst noch gesund sind, befinden sie sich jetzt in Gefangenschaft, aber bei wem? Wollte Gott, dass sie diese gut überstehen!

Gestern, am 8. Mai, zogen am Nachmittag die Russen in Langenbielau ein! Die Soldaten wurden mit Jubel von der Bevölkerung begrüßt, und mit Blumen und Zigaretten empfangen, Langenbielau ergab sich kampflos. Überall hingen weiße Fahnen aus den Fenstern.

Noch am Vormittag wurde im Ort von den Deutschen vieles gesprengt und vernichtet; wir hörten immer wieder Detonationen. Die Schienen der Eisenbahn, auch die der Eulebahn, sowie einige Brücken wurden zerstört. Das Wasserwerk sollte ebenfalls gesprengt werden, aber einige beherzte Männer konnten das verhindern.

Unsere Soldaten, die hier noch einquartiert waren, verließen fluchtartig ihre Quartiere und zogen über das Gebirge ab. Eine Handvoll hatte sich im benachbarten Weigelsdorf festgesetzt und eröffnete am Nachmittag das Feuer auf die Zivilbevölkerung, weil sie die weißen Fahnen aus den Fenstern gehängt hatte. Als dann die Russen einmarschierten, flohen die letzten Soldaten.

In der Nacht zu heute soll im Ort viel passiert sein. Die Russen haben Frauen vergewaltigt, den Menschen Schmuck und anderes abgenommen. Gott sei Dank sind sie nicht zu uns gekommen.

Auch die Juden aus dem Lager am Bahnhof wurden entlassen. Wir hoffen, dass wir durch die drei Juden, die beim Bauer Werner arbeiten und uns kennen, etwas Schutz haben werden. Die Ukrainerin Käthe, die auch dazu gehört, will morgen früh mit anderen Zwangsarbeitern nach Hause fahren, aber wie weit sie kommen werden, ist ungewiss. Bis Breslau können sie mit einem Pferdewagen fahren und von Breslau aus soll wieder die Bahn fahren, heißt es. Die Freude dieser Menschen kann man sich vorstellen! Käthe hat uns noch ein paar Zeilen in russischer Sprache geschrieben, damit die Russen, wenn sie uns aufsuchen sollten, uns nichts tun. Vielleicht hilft es etwas. Sollte es aber doch geschehen, dass sie in unser Haus einbrechen, haben wir für Ulla auf dem Oberboden, zwischen den Schornsteinen, ein Versteck eingerichtet, und wenn sie bis da oben hinaufsteigen sollten, will Ulla aus der Dachluke hinaus aufs Dach klettern.

Unsere gepackten Koffer haben wir im Garten im Komposthaufen versteckt, da die Russen alles nehmen, was sie nur kriegen können. Bisher haben wir Glück gehabt, wir wurden noch nicht von ihnen belästigt, aber wir verlassen auch nicht das Haus, vor allem Ulla darf sich nicht auf der Straße sehen lassen.

Wir haben erfahren, dass schon deutsche Soldaten nach Hause gekommen sind, aber nur von der russischen Seite, die Amerikaner haben noch keinen Deutschen entlassen. Von Jochen und Horst kein Lebenszeichen; Horst wird als Angehöriger der Waffen-SS so schnell nicht frei kommen.

BBC meldet, dass in Berlin auf sowjetischen Befehl die Moskauer Zeit eingeführt worden ist, die Uhren wurden um zwei Stunden vorgestellt.

Innerhalb von drei Tagen mussten wir die Rundfunkgeräte abgeben, ebenfalls Schreibmaschinen, Fahrräder und Nähmaschinen. In der Zeit zwischen 22 und 6 Uhr morgens darf kein Deutscher auf der Straße sein.

Unser Haus ist von den Russen beschlagnahmt worden, ein Oberst mit seinem Burschen ist eingezogen. Wir wurden in die kleine Wohnung im ersten Stock, zwei Zimmer mit Küche, umquartiert. Es ging aber alles friedlich vor sich; der Oberst ist ein Jude und spricht ganz gut Deutsch, so konnten wir uns verständigen, und alles ging glimpflich ab. Richard meint, dass der Oberst uns Frauen nichts tun wird, und vielleicht haben wir sogar durch ihn etwas Schutz vor Plünderern.

Mit der Zeit erweist sich die Einquartierung des Obersts tatsächlich als Schutz. Er stellte uns auch ein Papier in russischer Sprache aus, das uns gegen Überfälle schützen soll. Und er spielt mit Richard Schach. Ein wahres Wunder! Richard hätte es sich niemals träumen lassen, dass er einmal mit einem Russen an einem Tisch sitzen und mit ihm Schach spielen würde. Auf Veranlassung des Obersts bekamen wir unser Radio zurück, und ich mein Fahrrad.

Der russische Kommandant Poppow, der in unserem Rathaus sitzt und das Sagen im Ort hat, scheint gerecht und loyal zu sein, ja, er soll sogar bei der Bevölkerung richtig beliebt sein.

Es ist bekannt geworden, dass er einem russischen Oberleutnant, der bei der Bevölkerung den Spitznamen ‚Revolverkolle' hat, weil er bei jeder Kleinigkeit seinen Revolver zieht und in die Luft schießt, eine Ohrfeige versetzt haben soll. Poppow hatte erfahren, dass der Oberleutnant eine deutsche Frau belästigt hat. Seit die kämpfenden russischen Truppen weiter gezogen und jetzt die Besatzungstruppen da sind, haben die Vergewaltigungen etwas nachgelassen, weil Poppow es seinen Leuten verboten hat. Nun heißt es, dass wir bald einen polnischen Bürgermeister bekommen sollen, den wir aber nicht haben wollen, weil uns die russische Verwaltung lieber ist. Da sollen sich dieser Tage bis zu 400 Langenbielauer auf dem Marktplatz versammelt haben, die für den russischen Kommandanten demonstrierten. Das muss man sich mal vorstellen, was dazu für ein Mut gehört!

Anfang dieser Woche gerieten wir mal wieder in große Aufregung, als bekannt wurde, dass die Tschechen über die Grenze gekommen und in Neurode eingezogen sind. Dadurch wurden die Polen aufsässig, und alle Deutschen mussten ihre Wohnungen innerhalb von ein paar Stunden verlassen. Es soll fürchterlich geplündert worden sein, kein Stück blieb auf dem anderen. Unser Neffe Klaus – der Sohn von Richards Bruder Martin – ist mit seinem Großvater zu uns gekommen, sie sind auch Betroffene und wussten nicht, wohin.

Nun heißt es, dass wir die Stadt verlassen müssen, wir sollen in die Görlitzer Gegend transportiert werden, die Gerüchte halten uns in Atem. Und nach hier sollen die Tschechen kommen. Früher oder später werden wir wohl doch zu den Polen kommen, und die Russen werden weiter ziehen. Dann wird es uns aber nicht gut ergehen, denn die Polen haben einen unbändigen Hass auf uns Deutsche.

Vom Oberst haben wir erfahren, dass er in Leningrad lebt, mit einer bekannten Moskauer Schauspielerin verheiratet ist und eine Tochter hat. Er heißt Arkadij Tscherniawski, ist 45 Jahre alt, immer höflich und freundlich.

Heute haben wir den 28. Juli 1945, sehr, sehr viele Russen sind im Ort einquartiert, und es kommen immer mehr! Dementsprechend sind die Plünderungen und Vergewaltigungen. Keine Frau, kein Mädchen ist sicher, weder im Haus noch auf der Straße.

Hinter unserem Grundstück haben die Russen auf freiem Feld eine Autowerkstatt eingerichtet, und jetzt müssen wir jede Nacht damit rechnen, dass sie bei uns einbrechen.

Ulla darf jetzt tagsüber gar nicht mehr auf die Straße, und nur im Dunkeln lassen wir sie mal in den Garten. Bis jetzt hatten wir noch Glück.

Leider hat die Demonstration im August für Poppow auf dem Markplatz nichts genutzt, denn seit drei Tagen haben wir einen polnischen Bürgermeister, der die Zivilverwaltung des Ortes übernommen hat. Nun haben die Polen das Sagen, und das zeigen sie auch!

Nichts ist sicher vor ihnen, doch während die Russen nur klauen, was sie kriegen können, werden die Polen gewalttätig, wenn man sich ihnen entgegenstellt.

Gestern wollten sie in unser Haus, Ulla war allein. Sie klopften und riefen, Ulla verhielt sich still und machte nicht auf. Eine Stunde später kamen sie wieder, fünf Männer, und als Ulla auch jetzt nicht reagierte, versuchten sie, die Haustür aufzubrechen. Da schloss Ulla die Tür auf, versteckte sich dahinter, herein stürmten fünf Polen, und schwupp, schwupp, hatte sie mehrere Ohrfeigen weg, ihre Nase blutete. Sie brüllten Ulla an und durchsuchten das ganze Haus, wonach sie suchten, war nicht festzustellen. Dann zogen sie wieder ab, ohne etwas mitzunehmen. Die Unruhe im ganzen Ort ist schrecklich, man muss immer gewärtig sein, dass etwas passiert. Die Polen bringen laufend Anschläge mit Verordnungen heraus, auch, dass wir für Polen optieren sollen.

Die Russen, die noch immer hier sind, lachen darüber und sagen, dass sie die Polen bald rauswerfen werden. Das wäre gut für uns, denn Polen und Russen im Ort, das ist einfach zu viel, sie können sich gegenseitig nicht leiden, sie spielen sich abwechselnd als ‚die Herren' auf.

Am Dienstag hat die Konferenz der Siegermächte im Schloss Cecilienhof bei Potsdam begonnen, mit Churchill, Truman und Stalin. Die großen Drei trafen sich zum Gipfeltreffen der Anti-Hitler-Koalition, und haben entschieden, Deutschland zu entwaffnen, zu ‚demokratisieren und den Nationalsozialismus auszurotten'. So wurde es im Sender BBC formuliert.

Wir schätzen, dass Oberschlesien und Schlesien östlich der Oder vielleicht Polen zugeteilt wird und wir hier westlich der Oder zu Deutschland kommen. Aber die russische Besatzung wird wohl bleiben, meint Richard, vielleicht auch eine Kommission der Alliierten. Doch dann käme langsam wieder Ordnung in unser Leben. Bis jetzt wird immer noch geplündert und vergewaltigt, aber wir hatten bisher noch Glück.

Ulla hat mit einigen Artisten und Sängern eine Künstlertruppe zusammengestellt, sie wollen bald einen ‚Bunten Abend' für die Bevölkerung geben. Die Polen haben das Programm im großen Saal der Firma Dierig, der auch eine Bühne hat, gesehen und die Vorstellung genehmigt. Der polnische Bürgermeister, der offenbar eine Vorliebe für Künstler hat, gratulierte der Truppe am Schluss der Vorstellung und sagte: ‚Für dieses Programm bekommen sie in Polen tausend Sloty am Abend.'

Die Truppe hat Freundschaften mit russischen Offizieren geschlossen, um das Programm auch vor ihnen zu zeigen. Dabei hat sich ergeben, dass sie von ihnen Lebensmittel bekommen anstelle einer Gage. Auch wir profitieren davon, sonst bliebe uns nichts anderes übrig, als Tag für Tag trocken Brot und

Kartoffeln zu essen, solange wir das noch haben. Schlesien ist am Aushungern, aber wir haben noch keine Lust, Hungers zu sterben!

Sämtliche Straßen und Geschäfte im Ort tragen jetzt polnische Namen, und alle Bekanntmachungen sind in polnischer Sprache abgefasst. Die Bezahlung in den Geschäften ist nur noch in Sloty, es gibt kein deutsches Geld mehr. Noch immer ist offen, ob wir den Russen oder den Polen zugeteilt werden.

Am 6. August 1945 wurde eine Atombombe über Hiroshima in Japan abgeschossen mit verheerenden Folgen für die Bevölkerung, eine ganze Landschaft soll ausgelöscht worden sein. Am 9. August das gleiche über Nagasaki.

Post von Horst mit Datum vom 11. Juli aus Kornwestheim bei Stuttgart mit einer knappen Mitteilung auf einer zerknitterten Feldpostkarte, dass er bei den Amerikanern in Gefangenschaft ist. Wie hat er diese Nachricht auf den Weg bringen können?

Es gibt kaum noch etwas zu essen, und wer keinen Garten hat, ist zum Verhungern verurteilt. Jetzt haben wir schon mindestens seit vier Wochen keine Butter mehr bekommen, Milch sehen wir überhaupt nicht, höchstens Magermilch, und Brot gibt es nur 800 Gramm pro Person für eine Woche, Fleisch gab es diese Woche gar nicht.

In Reichenbach soll es für Sloty schon wieder alles zu kaufen geben, aber zu hohen Preisen. 400 Gramm Bohnenkaffee kosten 250 Sloty, das sind 500 Reichsmark, 100 Gramm Bonbons kosten 75 Sloty gleich 150 Reichsmark.

Viele deutsche Soldaten sind schon aus Gefangenschaft zurückgekehrt, so auch der Leuchtenberger Hannes aus Ullas Volksschulklasse, die Familie wird sich gefreut haben! Ob unsere Jungen auch bald bei uns sein werden?

Wann wird diese Spannung wohl ein Ende haben? Gehen nun die Russen oder die Polen? Die vielen Gerüchte, die herumschwirren, machen uns ganz verrückt. Und alles wird immer teurer, wohl der Anfang einer Inflation? Alle haben Hunger, aber es gibt nichts zu kaufen, mit Mühe mal ein Brot, sonst nichts.

Rückblick: Als 1938 der ‚Westwall' gebaut wurde, war keinem von uns klar, weshalb. Was sollte so ein Bauwerk von 630 Kilometer Länge entlang der Grenze zu Frankreich und Belgien? Ein Bauwerk aus Beton und Stahl, mit unzähligen Bunkern, eine Verteidigungslinie an der deutschen Westgrenze?!

Jetzt ist klar, was es mit diesem Westwall auf sich hat, was Hitler schon 1938 plante: nämlich Krieg! Wozu sonst eine Verteidigungslinie? Wir hatten Frieden, niemand bedrohte uns. Der Bauaufwand soll gigantisch gewesen sein: 8 Millionen Tonnen Zement, 1,2 Mill. Tonnen Eisen und über 20 Mio. Kubikmeter Kies und Sand wurden verbaut.

Anfangs sind die Jungen vom Reichsarbeitsdienst dafür eingesetzt worden, später bauten Tausende daran, daher gab es dann auch keine Arbeitslosen mehr.

Die deutschen Soldaten der 7. Armee bezogen bei ihrem Rückzug vor den Amerikanern im September 1944 die Bunker des Westwalls, mussten sie dann aber aufgeben, denn für die Amis waren sie kein Widerstand. Die Alliierten sollen das Festungswerk ‚Siegfried-Linie' getauft haben. Unsere Armee sprengte bei ihrem Rückzug die steinerne Brücke von Remagen über den Rhein, um die Westmächte aufzuhalten, doch die kamen trotzdem und besetzten Westdeutschland.

Ulla strebt allen Ernstes eine Solo-Karriere als Tänzerin an für den Tag, da alles wieder in normalen Bahnen laufen wird. Die Zukunft des Hiller-Balletts ist ungewiss und sie möchte nicht darauf warten, ob und wann es wieder auf einer großen Bühne tanzen wird, sie will sich selbständig machen, vielleicht auch zusammen mit ihrer Freundin Elschen aus dem Hiller-Ballett als Duo auftreten. Das Kind hat Mut! Täglich trainiert sie auf dem großen Wäscheboden, um fit zu bleiben, wie sie sagt. Die Artistentruppe, die sie mit Hilfe anderer Künstler aufgebaut hat, leistet in meinen Augen Beachtliches und verdient Anerkennung. Es ist ein vollständiges Unterhaltungsprogramm mit allem, was dazu gehört. Woher hat das Mädel diese Fähigkeiten? Etwa von mir?

Richard hat Ulla verboten, weiterhin unter unserem Familiennamen aufzutreten, er möchte nicht, dass er mit ihrer ‚Tanzerei' in Verbindung gebracht wird. Gemeinsam haben wir Zwei überlegt, wie wir ihren Namen verändern können, und sind zu dem Ergebnis gekommen: Ursula heißt auf Polnisch Ulka, auf Russisch Uliana. Wir entschieden uns für Uliana, das spricht sich gut, und Ruhm wandelten wir ab in Rumin, das klingt gut und passt zu Uliana. Nun wird sie in Zukunft als Uliana Rumin auftreten. Ich habe den Eindruck, dass Ulla durch ihr tägliches Training mit der Truppe den scheußlichen Dingen des Alltags zu entkommen versucht.

Nun müssen schon wieder mehrere Wohnungen geräumt werden, aber wo sollen die Menschen hin? Uns kann es bald ebenso ergehen, und wohin könnten wir gehen? Die Polen werden immer frecher, und alles wird von Tag zu Tag teurer.

Wir haben noch einmal herrliches Wetter, es sind geschenkte Tage, denn nun beginnt bald der Herbst mit Stürmen und Regengüssen. Obst haben wir in diesem Jahr nicht viel ernten können, die Russen haben alles aus dem Garten geholt.

In einigen Tagen sollen die Lebensmittelkarten abgeschafft werden, heißt es, und alles soll frei zu kaufen sein, aber zu welchen Preisen! Ein Kilo Fleisch soll 15 Mark kosten. Da wird den meisten bald das Geld ausgehen, auch uns. Richard hat jetzt noch einmal Koks kaufen können, einen Zentner für 30 Reichsmark, früher kostete er 2,30 Mark. Richard konnte 60 Zentner bekommen für insgesamt 1.800 Reichsmark. Dafür muss er vier Monate arbeiten. Ein Dreipfundbrot kostet jetzt 3,12 Mark, früher war es für 42 Pfennige zu haben. Es heißt jetzt, dass die Polen von hier wieder weggehen, aber alle Geschäfte und Gaststätten sind von Polen besetzt.

Ob ein neuer Krieg in Vorbereitung ist? Viele sprechen davon. Wenn die Polen von hier weg wären, gingen vielleicht auch die Russen, und wir könnten aufatmen. Der ewige Druck und die Angst sind furchtbar und können einen auf Dauer fast verrückt machen. Dazu die ewigen Parolen, mal so, mal so.

Unser Reichsmarschall Hermann Göring hat sich im Nürnberger Gefängnis mit einer Zyankalikapsel vergiftet. Diese Nachricht kam aber nicht durch unser Radio, sondern am 15. Oktober über BBC.

Heute ist der 21. Oktober und unser kleiner Ingo wird vier Jahre alt; er ist so goldig und macht uns viel Freude. Wir haben ihm einen kleinen Kuchen gebacken und konnten ihm für 10,- Mark zehn Gramm Bonbons kaufen. Aber auch ein paar kleine Spielsachen haben wir aufgetrieben. Der kleine Kerl hat sich gefreut; noch ahnt er ja nichts von unserem Dilemma.

Ullas Freundin Elschen aus dem Hiller-Ballett ist hier eingetroffen, sie konnte nicht in Berlin bleiben, da die Wohnung ihrer Mutter zerbombt wurde und die Mutter darin umgekommen ist. Nun wusste sie nicht, wohin, wir haben sie bei uns aufgenommen.

Die Polen haben verfügt, dass wir nur noch zu bestimmten Stunden am Tage auf die Straße dürfen und nur mit einer weißen Armbinde als Kennzeichnung für Deutsche; auch Deutsch auf der Straße zu sprechen ist verboten. Welcher Irrsinn!

Auf die Weiden entlang des Gebirges sind Kühe aus der Umgebung getrieben worden, von Bauern, die geflohen sind. Ihr schmerzvolles Muhen ist weit zu hören, sie werden nicht versorgt und nicht gemolken. Mit Ulla bin ich die Weiden entlang gegangen, so viele Kühe standen da, dass man sie nicht zählen konnte. Sie haben klagend geschrien, auch einige tote Kühe lagen mit dick aufgetriebenen Bäuchen im Gras, scheußlich hat das ausgesehen.

Nun gehe ich mit Ulla jeden Tag mit Eimer und einem Kochtopf auf diese Weiden, und melke die Kühe. Das ist gar nicht so einfach, ich habe ja noch nie gemolken – aber ich lerne schnell! Ulla hält die Kuh an den Hörnern fest und spricht beruhigend auf sie ein, während ich mich von hinten an sie heranpirsche und zu melken beginne. Es geht täglich besser, und wir laben uns an der frischen, fetten Kuhmilch, mit der sich in der Küche viel anfangen lässt.

Erst jetzt im November konnten wir aus einer Zeitungsmeldung erfahren, was es mit der Tschechoslowakei und der Vertreibung der Sudetendeutschen auf sich hat. Ich schreibe es mal ab:

‚Die Bênes-Dekrete: Die mehr als 140 Dekrete mit Gesetzescharakter wurden zwischen 1940 und 1945 vom CSR-Präsidenten Edvard Bênes (1884-1948) zum Teil im Londoner Exil zur Wiederherstellung der Verfassungsordnung in der Tschechoslowakei erlassen. Nach Kriegsende wurden sie vom Prager Parlament abgesegnet. Auf dieser Grundlage von fünf der Verfügungen wurden die im Land lebenden etwa drei Millionen Deutschen ihrer politischen Rechte und wirtschaftlichen Lebensgrundlagen beraubt. Gleichzeitig schufen sie die Voraussetzung für die am 2. August 1945 von den Alliierten im Potsdamer Abkommen gebilligte Ausweisung der Deutschen.'

Elschen ist als Luftwaffenhelferin eingezogen worden, sie musste sich in Schweidnitz melden. Von der Artistentruppe, die ursprünglich geschlossen nach Westdeutschland gehen wollte, sind jetzt nur Manfred, der Maler, wie sie ihn nennen, weil er einmal Kunstmaler werden möchte, und Ulla übrig geblieben. Die anderen haben inzwischen Bedenken bekommen, die Familien wollten nicht oder hatten einfach Angst. Ulla und der Maler wollen nun in ein paar Tagen losziehen, sie haben eine Möglichkeit gefunden, wie sie von hier wegkommen.

Auf Richards Rat hin haben wir folgendes beschlossen: Ulla soll versuchen, bis nach Augsburg in Süddeutschland durchzukommen. Dort gibt es ein kleines Zweitwerk der Firma Dierig, da soll sie vorsprechen und versuchen, für Richard einen Weg zu finden, dass er dort Arbeit bekommt, wenn wir von hier weg müssen. So hätten wir erst einmal einen Anfang, um in Westdeutschland leben zu können.

Ich bin dabei, in ihre Kleidung Geld einzunähen, falte die Scheine in schmale Streifen, das soll sie dann in Augsburg auf einer Bank einzahlen, ebenfalls als Startkapital für einen Neuanfang. Ulla wird mehrere Kleidungsstücke übereinander tragen, wir haben Dezember, und es ist kalt, außerdem ist das Geld da sicherer als in ihrem Rucksack, den sie mitnimmt, der ihr aber leicht abgenommen werden kann. Sie will versuchen, bis nach München zu gelangen, obwohl, wie man hört, die Hauptbahnstrecken noch weitgehend kaputt sind. Vielleicht hat sie Glück, und es klappt. Ihren 22. Geburtstag morgen will sie noch hier verbringen, dann soll es losgehen. Der Maler will sich in München um einen Studienplatz an der Kunstakademie bemühen.

Meine sportlichen Aktivitäten habe ich so ziemlich eingestellt, wer will heute noch turnen? Auch ich habe keine Lust mehr dazu, der tägliche Kampf ums Überleben nimmt meine ganze Zeit und Kraft in Anspruch.

Heute morgen am 10. Dezember sind Ulla und der Maler losgezogen, ohne weiße Armbinde, aber mit einem dicken Rucksack auf dem Buckel. Bis Reichenbach werden sie von einem Bauernwagen mitgenommen, und von dort aus wollen sie es wagen, mit der Eisenbahn weiterzukommen. Ihr erstes Ziel ist Neustadt in Thüringen, wo der Vater von Manfred lebt und wieder verheiratet ist; danach soll es weitergehen nach Augsburg. Dort wird Ulla das versteckte Geld aus ihrer Kleidung herausholen und bei einer Bank ein Konto eröffnen. Danach will sie nach München, um die Arbeitsmöglichkeiten zu testen, die sich ihr als Tänzerin bieten.

25. Dezember 1945, welch ein trauriges Weihnachten! Wir sind froh, dass wir unser Bübele haben, sonst wären wir ins Bett gegangen. Aber der kleine Kerl hat uns über die traurigen Stunden hinweg geholfen. Wir haben an unsere Jungen gedacht, wie mag es ihnen gehen, wo mögen sie stecken? Und wo steckt Ulla? Ob alles geklappt hat, was sie und der Maler sich vorgenommen haben? Durch die Kriegsereignisse gibt es keine Verbindungen mehr, weder Telefon noch Post. Unser Leben wird immer unsicherer und unerträglicher,

alle sind nervös und gereizt. Die Polen tun sich dicke in unserer Wohnung und im Garten, den wir nicht mehr betreten dürfen.

So eine Silvesternacht möchten Richard und ich nie wieder erleben, es war furchtbar, was sich draußen abgespielt hat. Es wurde geschossen, gegrölt, Türen wurden aufgebrochen, Frauen herausgezerrt und vergewaltigt.

5. März, mein 52. Geburtstag; zunächst ein sehr trauriger Tag, der sich am Nachmittag aber zu einem guten Tag veränderte: Als mein Geburtstagsgeschenk stand plötzlich Ulla vor der Tür. Welche Freude, das Kind nach drei Monaten wieder wohlbehalten in die Arme schließen zu können. Sie ist schmal geworden, abgemagert, gab nicht viel von sich; erst nach und nach werde ich erfahren, was sie erlebt hat.

Nun ist schon wieder eine ganze Weile vergangen, seitdem ich die letzten Notizen gemacht habe. Es ist viel passiert – und auch wieder nicht.

Der Oberst wohnt nicht mehr bei uns, er ist nach Russland zurück gefahren. Sofort waren die Polen da und haben die Wohnung beschlagnahmt, es zog ein Pole mit Frau und kleiner Tochter ein. Sosnowski benimmt sich frech und aufreizend, zeigt, dass er den längeren Arm hat. Fast jede Nacht kommt er besoffen nach Hause und schlägt seine Frau, dass wir sie durchs ganze Haus schreien hören; dabei haut er alles kaputt, was ihm in die Hände kommt. Und jeden Tag bringt er beschlagnahmte, also geklaute Sachen mit.

Wenn doch nur bald endlich Schluss wäre mit der Ungewissheit, was aus uns wird. Man kommt nicht zur Ruhe. Es wäre besser, ein neuer Krieg käme jetzt als erst in ein paar Jahren – viele Leute sprechen davon. Wenn dieses Gebiet hier polnisch werden sollte, habe ich Richard endlich soweit, dass er das Haus nicht in die Luft sprengen wird, wie er es vorhatte, sondern sich mit uns evakuieren lässt. Hoffentlich ändert er seine Meinung nicht. Wir verkaufen jetzt alles, was wir entbehren können, beziehungsweise nicht mitnehmen können.

Täglich sitzen wir und warten, warten, warten, aber nichts tut sich. Das Warten hier ist zwar angenehmer als irgendwo anders, haben wir doch noch immer das Notwendigste und vor allem ein Dach über dem Kopf. Unsere Nachbarn sind inzwischen auch weg, man sieht überhaupt kaum noch Deutsche, alle haben Angst, auf die Straße zu gehen. Warten heißt hoffen, ich habe immer noch ein bisschen Hoffnung, dass es zu einem guten Ende kommt.

Heute wurde der Pole Sosnowski von der Geheimen Polizei der Polen abgeholt, weil heraus gekommen ist, dass er eine Pistole besitzt, außerdem, heißt es, würde er nicht arbeiten, sondern nur ‚handeln'. Jetzt hat ihn sein Schicksal ereilt, und darüber freuen wir uns insgeheim und hoffen natürlich, dass er nicht so schnell wiederkommt. Aber Richard meint, dass die Polen alle unter einer Decke stecken, und durch einen Verrat oder durch Eintritt in die Partei (genau wie bei Hitler) oder durch Beziehungen und Bezahlung von 6000 Sloty wieder frei kommen wird.

Und gestern schon kam er zurück, sofort hat er uns wieder bedroht, weil er glaubt, dass wir ihn angeschwärzt haben wegen der Pistole.

Wir hausen noch immer mit vier Personen in der oberen kleinen Wohnung. Wie gern hätte ich ihm ins Gesicht gespuckt, ihm meine Wut gezeigt. Doch ich konnte mich beherrschen, aber heimlich liefen mir die Tränen übers Gesicht. Das hält ja auf Dauer kein Mensch aus, immer das hämische Grinsen dieses Kerls, die höhnische Fratze vor sich, und da muss man auch noch ruhig sein, darf sich nichts anmerken lassen. Aber ich weiß, dass ich stark sein muss, ich habe Verantwortung, und alles muss ja einmal ein Ende haben. Vielen Menschen geht es noch schlechter, die haben gar nichts mehr, wir dagegen besitzen immer noch unsere Kleidung und haben ein Dach über dem Kopf.

Wir befürchten, dass Sosnowski jetzt eine ‚Arbeit' für mich besorgen wird, irgendwo Kartoffeln schälen, Getreide schieben oder Fußböden putzen. Ein junger Pole hat mir verraten, dass junge Menschen vor dem Abtransport herausgezogen und zum Arbeitseinsatz nach Polen transportiert werden, dort in ein Lager kommen.

Die Zustände werden immer unhaltbarer, alle sind nervös und gereizt. Was sich hier für ein Gesindel herumtreibt, man könnte das Heulen oder auch das hysterische Lachen kriegen!

Seit voriger Woche, 7. April, wird evakuiert, und die meisten Deutschen sind schon fort. Wir bekamen den Bescheid, dass wir am Dienstag dran sind, also übermorgen. Jeder darf einen Rucksack mitnehmen und zwei Koffer. Der Abmarsch soll straßenweise erfolgen, auf der Hauptstraße werden wir gesammelt, in Reichenbach kommen wir in ein Durchgangslager zwecks Registrierung, danach auf dem Bahnhof zum Abtransport in Güterwagen.

Es wurde ein Sonderbefehl der Polen verteilt, in dem festgelegt ist, was wir zu tun haben: die Haus- und Wohnungstüren dürfen nicht abgeschlossen werden, der Schlüssel muss von außen stecken bleiben. Weiter heißt es, dass jeder nur 20 Kilo Gepäck haben darf, weder Tiere, noch Möbelstücke dürfen mitgenommen werden. 500 Mark pro Person sind gestattet, das ist nicht viel und wir denken mit Genugtuung an das Geld auf der Bank in Augsburg.

Ich bin ja nicht gerade ein großer Kirchgänger, aber doch so gläubig, dass ich unseren Herrgott bitte, uns die bevorstehenden Strapazen heil überstehen zu lassen und uns an einen Ort zu bringen, an dem wir ein menschenwürdiges Leben führen können.

16. April 1946, diese Zeilen werden die letzten sein, die ich in mein Tagebuch schreibe, es ist genug, und ich verspüre keinen Drang mehr, unser Leben weiter aufzuzeichnen. Ich bin tief deprimiert, ich kann es nicht leugnen. Gott allein weiß, was aus uns wird und wohin der Wind uns weht. Als Bettler verlassen wir das, was wir seit unserer Heirat 1919 in 27 Jahren aufgebaut haben, aufgebaut mit vielen Entbehrungen, immer als Ziel eine gesicherte Zukunft für uns und unsere Kinder.

Nun haben wir keine Zukunft mehr, wir sind allein mit Ingo, unserem Enkel. Unsere Kinder sind draußen in der Welt, die Jungen noch immer in Gefahr für ihr Leben, die Folgen des Krieges können sie noch immer fressen. Ich kann nicht mehr, ich bin am Ende meiner Kräfte. Und doch geht das Leben weiter, irgendwie."

Und nun Ulla:

Zu der Zeit, da ich mich meinen Tagebuchaufzeichnungen widmete, war ich 80 Jahre alt, einigermaßen gesund, noch immer aktiv und interessiert an allem.

Auf mein Leben zurückblickend kann auch ich sagen: Es war nicht immer leicht. Nach einer schönen, behüteten Jugend hat mir das Leben arg mitgespielt, sicher nicht immer ohne eigene Schuld. Ich habe viel falsch gemacht, nicht bewusst, so etwas merkt man ja meistens erst hinterher, wenn es passiert ist. Meine Aufzeichnungen geben genug Beweise dafür.

Aber jetzt, mit inzwischen 82 Jahren, habe ich mir aus eigener Kraft und Mitteln ein schönes Zuhause geschaffen, und bin auf niemanden angewiesen. Ich habe mein Lebensmotto erreicht: Freiheit und Unabhängigkeit. Gott sei Dank!

Ich habe mir das Ziel gesetzt, dieses Manuskript mit den Aufzeichnungen aus drei Generationen zu Ende zu bringen, es soll mein „Lebenswerk" sein. Es dokumentiert eine Zeit von über hundert Jahren, auch wenn es sich nur „nebenbei" mit dem Weltgeschehen, Politik und Geschichte, befasst. Das Leben der Familie lag uns drei Frauen immer am Herzen, es war unsere „Kraft zu leben".

Meinen Söhnen Ingo und Detlef gewidmet

Ich bin Ulla

1923 –

Hurra – ich werde Hiller-Girl! Meine Freude ist groß, Vati hat seine Zustimmung gegeben, dass ich als Mitglied des berühmten Hiller-Balletts tanzen darf. Ich bin erst 19 Jahre, noch nicht großjährig, und es bedarf seiner Genehmigung. Er hat sich ausgerechnet, dass ich bald kriegsdienstverpflichtet werde wie andere Mädchen in meinem Alter, als Luftwaffenhelferin oder zur Rüstungsindustrie. Dann schon besser das Hiller-Ballett, hat er gesagt.

Wir schreiben das Kriegsjahr 1943, die deutsche Wehrmacht steht in Polen, Holland, Belgien, Dänemark, Norwegen und in Russland, und niemand kann sagen, wann wieder Frieden ist.

‚Also soll das Mädel tanzen', hat Vati gesagt, ‚besser, als in einer Rüstungsfabrik Granaten drehen.'

Und wieso gerade das Hiller-Ballett, wollte Mutti wissen. Durch meinen Ballett-Unterricht in Breslau habe ich die Truppe mehrmals bei ihrem Gastspiel im Liebig-Theater gesehen, in wunderschönen Kostümen, ein Traum! So entstand mein Wunsch, ich möchte dazu gehören.

Die Zeitschrift ‚Der Stern' vom September 1939 schrieb, dass das Hiller-Ballett den gleichen guten Ruf hat wie das Tiller-Ballett in England. Es heißt: ‚Das Ballett wird geleitet von Rolf Hiller als Geschäftsmann und seiner Frau Gertrud als Ballettmeisterin. Vor zehn Jahren gründeten sie das Ballett, beide kamen vom Theater und kannten den Geschmack des Publikums. Seitdem zeigen 16 langbeinige und hübsche Mädchen ihr Können, jedes Girl soll eine Solotänzerin sein.' Soweit der ‚Stern'.

Ich sah fast alle Filme im Kino, in dem das Hiller-Ballett mitgewirkt hatte, Revuefilme mit viel Musik und Tanz, so ‚Der Stern von Rio' mit La Jana, ‚Cora Terry' mit Marika Rökk oder ‚Wir tanzen um die Welt', in dem die Geschichte des Balletts erzählt wurde.

Ich habe Herrn Hiller geschrieben und um Aufnahme ins Ballett gebeten. Nach einiger Zeit kam die Antwort, ich wurde zur Vorstellung gebeten.

Original
HILLER-GIRLS
HILLER-BALLETT
BERLIN-CHARLOTTENBURG 5
Kantstrasse 76/III
Telefon: 340338

VERTRAG

Zwischen ......G. Hiller......, Inhaber der Truppe ......Hiller-Ballett...... (Kontrahent 1)
und ......Ursula Kuhm......, wohnhaft zu ......Langenbielau, Spielmannsweg 3...... (Kontrahent 2)
ist folgender Vertrag abgeschlossen worden:

§ 1. Kontr. 1 engagiert Kontr. 2 für seine Truppe als ......Tanzlehrling......
Der Vertrag beginnt am ......1. April...... 194 4 und gilt bis zum
......31. März...... 194 7 als fest.
Der Vertrag läuft von da ab so lange, bis er von einem der beiden Kontrahenten mit einer
6wöchentlichen Frist gekündigt wird.

§ 2. Für die pünktliche und gewissenhafte Erfüllung der eingegangenen Verpflichtungen zahlt Kontrahent 1 an Kontrahent 2 eine monatliche Gage von ......210.-Zweihundertzehn...... Reichsmark,
eine tägliche Gage von .... Reichsmark. ......nur Pension RM
Wenn die Truppe nicht im Engagement ist, so erhält Kontrahent 2 per Tag ....
als Pausiergage.
An Tagen, an denen auf Grund behördlicher Anordnung oder force majeure keine Vorstellungen stattfinden, wird nur Pausiergage gezahlt.
Die im Auslande zu zahlenden Gagen müssen unter „Besondere Vereinbarungen" schriftlich festgelegt und an den landesüblichen Gagentagen gezahlt werden. Ist eine Vereinbarung über Gagen im Auslande nicht getroffen, so ist die vereinbarte Gage auch im Auslande in Landeswährung zum Tageskurse des Auszahlungstages zu zahlen.

§ 3. Kontrahent 2 erhält freie Reise während der Dauer seines Engagements bei Kontrahent 1. Kontrahent 2 hat sich die nötigen Legitimationspapiere, einschließlich Paß, selbst zu besorgen; jedoch zahlt Kontrahent 1 die eventuellen Paßvisierungen.

§ 4. Während einer Krankheit wird dem Kontrahent 2 nur Pausiergage gezahlt; erstreckt sich die Krankheit länger als auf 4 Wochen, so kann Kontrahent 1 den Vertrag ohne weiteres lösen.

§ 5. Kontrahent 2 verpflichtet sich ausdrücklich, die Hausordnung derjenigen Etablissements, in denen die Truppe engagiert ist, innezuhalten, sowie pünktlich und rechtzeitig zu den von Kontrahent 1 angesetzten Proben zu erscheinen. Strafen, die die Direktion des Etablissements gegen die Truppe infolge eines Verschuldens des Kontrahenten 2 festsetzt, trägt Kontrahent 2. Versäumnis der Probe wird mit ......1.-...... RM bestraft, welcher Betrag der Unterstützungskasse ......Tanzsch. Artistik...... zufließt.
Die gesetzlichen Kündigungsgründe der §§ 123 und 124 der Reichsgewerbeordnung für das Deutsche Reich sind beiden Parteien bekannt und werden für alle Länder als gültig anerkannt.

§ 6. Das Mitglied hat sämtliche Kostüme und Requisiten in sauberem und gebrauchsfähigem Zustande zu erhalten und kann für mutwillige oder fahrlässige Schäden haftbar gemacht werden.

§ 7. Wenn Kontrahent 2 diesen Vertrag schuldhaft dadurch verletzt, daß er das Engagement nicht oder nicht rechtzeitig antritt oder es vorzeitig verläßt, so hat er dem Kontrahent 1, vorbehaltlich weiterer Schadenersatzansprüche, eine Konventionalstrafe von 600.- RM zu zahlen. Dies gilt für

§ 8. Das Rauchen der Truppenmitglieder ist während der Proben und während der Vorstellung auf der Bühne und auch in den Garderoben s t r e n g v e r b o t e n.

§ 9. Für Streitigkeiten aus diesem Vertrage wird hiermit die Zuständigkeit des Arbeitsgerichts Berlin vereinbart.

Besondere Vereinbarungen.

Kontrahent II erhält in allen Sparten des Tanzes, nach Veranlagung und soweit dieselben im Hiller-Ballett gepflegt werden, Ausbildung. Bedingung ist, daß Kontrahent II äussersten Pflichteifer bei den Proben und später bei der praktischen Ausübung des Tanzes zeigt. Kontrahent II erhält im 1.Lehrjahr monatlich 210.-RM, im 2.Jahr 225.-RM, und 3.Jahr 240.- bis 270.-RM. Bei Fleiß und guten Leistungen kann Kontrahent II schon früher eine höhere Gage erhalten und zwar kann sich dann die Gage von Fall zu Fall bis auf 270.-RM steigern. Bei besonders guten Leistungen und je nach Dauer des weiteren Vertrages, kann die Gage bis auf 330.-RM erhöht werden.
Sollte sich die Truppe auf eine Auslandstournee begeben, so gilt der Vertrag für die ganze Dauer der Tournee. Kontrahent II hat sich allen Anordnungen von Kontrahent I oder dessen Bevollmächtigten zu fügen. Zuwiderhandlungen, oder evtl. ein Lebenswandel, der das Renommé der Truppe gefährden könnten, können mit fristloser Entlassung bestraft werden, vorbehaltlich aller Ersatzansprüche von Kontrahent I (Siehe §§ 5 & 7).
Im Falle einer Erkrankung von Kontrahent II hat Kontrahent I das Recht, Kontrahent II durch einen von Kontr. I zu bestimmenden Arzt vertrauensärztlich untersuchen zu lassen.

Gelesen und von beiden Kontrahenten als richtig anerkannt.

Berlin-Langenbielau, den 18.III. 1944

Kontrahent 1
(Unterschrift)

Kontrahent 2
(Unterschrift)

Als Vater:
" Mutter:
" Vormund:

Richard Ruhm

Da habe ich Mutti eingeweiht, und gemeinsam fuhren wir nach Breslau ins Liebig-Theater.

Mein Vortanzen muss wohl gefallen haben, denn kurze Zeit danach ist die Zusage von Hiller gekommen samt Vertrag. Da ich noch nicht volljährig bin, musste Vati ihn unterschreiben.

Nach einiger Überlegung tat er es. Der Vertrag gilt ab April 1944 für drei Jahre, ich werde als ‚Tanzlehrling' angenommen und bekomme eine monatliche Gage von 210 Reichsmark im ersten Lehrjahr.

Am 15. März soll ich in Heidelberg sein, wo das Ballett im UFA-Lichtspieltheater auftritt. Mutti brachte mich zur Bahn. Der Abschied fiel mir nicht leicht, es ist Krieg, und wir wissen nicht, was noch alles passiert. Mutti drückte mir ein Schreibheft mit einem schwarzen Wachstuchdeckel in die Hand und meinte: ‚Das soll deine Freundin sein, wenn du etwas los werden willst und niemanden zum Reden hast.' Inzwischen ist es mir wirklich schon zur Freundin geworden – doch der Reihe nach:

Die Reise nach Heidelberg war anstrengend; mit großen Erwartungen fuhr ich fast dreißig Stunden quer durch das zerbombte Kriegsdeutschland, quasi von Bahnhof zu Bahnhof, nicht wissend, wie ich weiterkomme, und immer wieder unterbrochen durch Angriffe der feindlichen Tiefflieger, die mit Vorliebe fahrende Züge unter Beschuss nahmen. Ich saß eingequetscht zwischen anderen Reisenden mit vielem Gepäck. Aber ich war voller Freude auf das Neue, das mich erwartete.

Bei Dunkelheit kam ich in Leipzig an, keine weitere Verbindung. Einen Fahrplan gab es nicht, die Personenzüge, manchmal auch ein D-Zug, verkehrten nach Möglichkeit. Und dann fuhren sie, dicht behängt mit Menschentrauben, soweit sie eben kamen, behindert durch zerbombte Schienenstränge. Wenn Alarm gegeben wurde, verließen die Menschen den Zug, versteckten sich im Umland und stürzten wieder hinein, wenn der Zug sich in Bewegung setzte. In Leipzig verbrachte ich die Nacht im kalten und überfüllten Wartesaal, ohne zu wissen, wann es weiter gehen würde. Dann kam ich bis Frankfurt am Main, wieder langer Aufenthalt, und am Abend traf ich endlich in Heidelberg ein.

Ich fragte mich zum UFA-Theater durch. Das Ballett tanzte gerade den letzten Tanz im Programm. Ich durfte in die Garderoben und traf auf Edith, das Käpt'n-Girl der Truppe.

Sie sagte mir, dass Herr Hiller im Hotel Schieder wohnt und heute Abend nach Berlin zurückfährt. Ich solle schleunigst zu ihm gehen.

Als ich sein Hotelzimmer betrat, muss ich ihm wohl wie ein Gespenst vorgekommen sein, denn er empfing mich mit den Worten: ‚Was willst du denn hier?'

Über diesen Empfang war ich so erschrocken, dass mir die Tränen kamen. Er erklärte mir, dass er mir ein Telegramm nach Langenbielau geschickt habe mit dem Bescheid, nicht erst nach Heidelberg zu fahren, sondern direkt nach Berlin, wo er und seine Frau mich erwarteten. Das Telegramm hatte mich aber nicht mehr erreicht.

Da ich für die Nacht keine Unterkunft hatte, bot er mir sein Hotelzimmer an, er selber würde in einer Stunde nach Berlin aufbrechen. Ich war froh darüber, denn ich hätte vor Müdigkeit umfallen können; zwei Tage und eine Nacht auf der Bahn, ohne etwas Ordentliches zu essen und zu trinken.

Am Morgen habe ich mich erst einmal richtig ausgeschlafen, das Hotelzimmer gehörte mir bis Mittag. Dann bummelte ich mit einigen Mädchen des Balletts durch die Stadt, und wir sahen uns das Heidelberger Schloss an. Der Blick vom Berg auf die Landschaft und den Rhein unter uns beeindruckte mich sehr. Mein Zug nach Berlin ging um Mitternacht, die Mädchen brachten mich zum Bahnhof. Edith drückte mir einen großen Umschlag für Herrn Hiller in die Hände.

Die Reise von Heidelberg nach Berlin war wieder sehr beschwerlich, der Zug hielt immer wieder wegen der Tiefliegerangriffe; auch jetzt wieder mussten die Fahrgäste aussteigen und sich im Gelände verbergen; nach etwa einer halben Stunde hörten wir einen langen Pfiff und durften wieder einsteigen, die Fahrt ging weiter. Auf diese Weise kam der Zug erst am späten Abend in Berlin an. Alles war stockdunkel, wie sollte ich Herrn Hiller finden? So etwas wie Taxen gab es nicht, außerdem war ringsherum alles bombardiert. Hätte sich nicht ein älterer Mann meiner erbarmt, der mich am Bahnhof Zoo herumstehen sah, ich hätte niemals nach Charlottenburg in die Kantstraße 76 gefunden.

Diesmal freute sich Herr Hiller, als ich vor seiner Wohnungstür stand. Da er Besuch von Theater- und Filmleuten hatte, führte er mich in ein kleines Zimmer, in dem ich mich ausruhen sollte; er brachte mir ein paar belegte Brote und einen Tee.

Langsam erholte ich mich; Herr Hiller kam ein paar Mal zu mir mit Gebäck und Likör und vertröstete mich auf später. Auf meine Frage nach Frau Hiller sagte er, dass sie schon nach Hamburg vorausgefahren sei, um Quartier für die Mädchen zu machen, die am nächsten Tag dort ankommen sollten. Am Tag darauf würden wir alle zusammen über Dänemark nach Schweden reisen, wo wir in Stockholm im China-Variete ein Engagement für zwei Monate haben werden.

Es war wohl gegen Mitternacht, als ich hörte, dass sich die Gäste verabschiedeten, dann wurde es ruhig. Kurz darauf saß ich meinem neuen Chef gegenüber, er war sehr nett und versicherte mir, dass er seine Worte in Heidelberg bedauere, ich solle sie nicht so ernst nehmen, es war die Überraschung, als ich so plötzlich vor ihm stand.

Wir plauderten, rauchten, ich knabberte vom Gebäck, trank Likör – Danziger Goldwasser –, und unterhielten uns über das Ballett, denn ich hatte viele Fragen. Ich wurde sehr müde und wollte ins Bett, der Likör machte sich bemerkbar. Aber Herr Hiller redete mir zu, goss mir weiter ein und zeigte mir, wie man ex-trinkt. Was war ich doch für ein Schaf! Als ich merkte, worauf es hinaus lief, übersah ich es zunächst, wollte es nicht gleich mit ihm verderben. Dann aber sagte ich in bestimmtem Ton, dass ich nun ins Bett möchte, es sei spät und ich sehr müde von der langen Bahnfahrt.

Endlich lenkte er ein und zeigte mir das kleine Zimmer, in dem ich schlafen konnte. Ich zog mir gerade das Nachthemd über, als die Tür aufging und Herr Hiller in Pyjama und Schlafrock vor mir stand. Ehe ich etwas sagen konnte, fasste er mich an den Schultern und zog mich an sich.

‚Was wollen Sie?', fragte ich ahnungsvoll und wehrte ihn ab. ‚Dich will ich', sagte er mit einem grässlichen Lächeln, ‚was denn sonst?'

‚Verlassen Sie sofort das Zimmer', entgegnete ich und setzte mich müde und etwas alkoholisiert auf das Bett. ‚Ach, tu doch nicht so, du bist doch kein Kind mehr', antwortete er.

‚Wenn ich auch kein Kind mehr bin, so bin ich doch nicht zu Ihrem Vergnügen hier, Herr Hiller!' Da stürzte er sich auf mich, stieß mich auf das Bett zurück und riss mir das Nachthemd herunter. Ich war unfähig, mich zu bewegen oder ein Wort zu sagen, der Schreck und der Alkohol lähmten mich. Er saß neben mir und betastete meinen Körper, dabei stand ein hämisches Lächeln in seinem Gesicht, wie ein Teufel sah er aus. Als er sich auf mich warf und mich umklammerte, war mir klar, was nun folgen würde. Mit der ganzen Kraft, die ich noch hatte, stieß ich ihn von mir und schlug ihm ins Gesicht. In diesem Augenblick war er nicht mehr mein Chef, sondern mein Feind.

Er ließ von mir ab, ich floh ins Badezimmer und riegelte die Tür zu. Mit zitternden Händen drehte ich den Wasserhahn über der Badewanne auf, um die Spur seiner geilen Hände abzuwaschen. Ich kam mir schrecklich gedemütigt vor, wie sollte es nun weiter gehen? Ob er jedes Mädchen, das er in sein Ballett aufnahm, vorher ‚ausprobierte'? In der Nacht quälten mich schwere Träume, die Zimmertür hatte ich abgeschlossen, er ließ mich in Ruhe.

Am Morgen wurde ich von Lydia, einem Mädchen des Balletts, geweckt, wir frühstückten in der Küche. Von Hiller war nichts zu sehen. Lydia teilte mir in seinem Auftrag mit, dass ich am Abend von Berlin nach Hamburg fahren solle, wo Frau Hiller mich in Empfang nehmen würde. Ich wäre auch auf keinen Fall noch eine Nacht in Hillers Wohnung geblieben.

Am Vormittag besuchte ich Tante Molly, eine Jugendfreundin von Mutti, die nicht weit entfernt im Grunewald wohnte. Auf dem Weg dahin stellte ich fest, dass die Umgebung schrecklich aussah, kein Haus war unversehrt. Die armen Menschen, was müssen sie durchgemacht haben in den Bombennächten. Was hatten wir dagegen in Schlesien bisher für ein ruhiges Leben gehabt; keine Luftangriffe, keine Bomben, kein Luftschutzkeller. Schlesien, der ‚Luftschutzkeller' Deutschlands.

Tante Molly freute sich sehr, mich zu sehen, und nach einer guten Tasse Bohnenkaffee – woher sie den wohl hatte? – ging ich in die Kantstraße zurück. Lydia war da und übergab mir die Fahrkarte und den Berechtigungsschein für die Reise nach Hamburg, der Zug sollte gegen 20 Uhr vom Lehrter Bahnhof abgehen. Es verkehrten nur noch Personenzüge, und entsprechend lange würde die Reise dauern. Lydia wurde vom Ballett beurlaubt, weil sie zu dick geworden war. Hillers hatten sie in ein Sanatorium geschickt, um abzunehmen.

Wie Herr Hiller es geschafft hat, aus Kriegs-Deutschland heraus für das gesamte Ballett eine Genehmigung zum Auftritt in einem neutralen Ausland zu bekommen, war mir schleierhaft, wahrscheinlich hatte er gute Beziehungen zu den Nazigrößen oder war selbst ein Nazi.

Eine Stunde vor dem Abfahrttermin war ich auf dem Bahnhof, der Zug nach Hamburg stand schon da, und ich sicherte mir einen Sitzplatz.

Aus dem Abteilfenster sah ich, dass der Bahnsteig sich rasch füllte, vor allem mit Soldaten aller Waffengattungen, die entweder zu ihren Fronteinsätzen fuhren oder in Urlaub.

Erst lange nach der angegebenen Abfahrtzeit setzte sich der Zug in Bewegung; mein Wagon war übervoll besetzt, viele Menschen standen in den Gängen. Neben mir saß ein Soldat, ein Unteroffizier, er war jung und sah gut aus, war sympathisch. Während der langen Fahrt durch die Nacht kamen wir ins Gespräch und ich erfuhr, dass er Heimaturlaub hat, er fuhr nach Hamburg zu seinen Eltern.

Auch dieser Zug musste mehrmals auf freier Strecke halten, wir hörten Flugzeuggeräusche über uns, bangten, dass Bomben fallen würden, aber wir hatten Glück. Als ich müde wurde, nahm mein Nachbar, er hieß Kurt, eine Militärdecke aus seinem Gepäck, wir hüllten uns gemeinsam darin ein, denn es war kalt im Wagen, keine Heizung; dann nahm er meinen Kopf und lehnte ihn an seine Schulter. Ich schlief sofort ein, seine Nähe gab mir Ruhe.

Noch im Dunkeln traf der Zug in Hamburg ein; ich sollte mich im UFA-Palast bei Frau Hiller melden, die dort mit den Mädchen Unterkunft gefunden hatte. Das Haus war halb zerbombt, im hinteren Teil des Gebäudes wurde mir in einem großen Raum auf dem Fußboden in einer Ecke ein Schlafplatz zugewiesen. Alle Mädchen hatten sich auf dem Fußboden verteilt.

Kurt blieb, da es um diese Zeit keine Verbindung mehr nach Blankenese gab. Wir lagen nebeneinander, nur eine Decke über uns. Und wieder legte ich meinen Kopf an seine Schulter, seine Gegenwart beruhigte mich.

Am Morgen war großes Sammeln im Hinterhof des Theaters mit Frau und Herrn Hiller. Kurt hatte sich zuvor mit einem Kuss von mir verabschiedet, wir tauschten unsere Adressen aus und versprachen, uns bald zu schreiben.

Am Hauptbahnhof stand der Zug nach Dänemark. Unsere Truppe erregte Aufsehen, denn es passierte wohl nicht oft, dass 17 schöne Mädchen einen Zug nach Kopenhagen bestiegen. Drei Abteile waren für uns reserviert – nun begann für mich das große Abenteuer.

Mit einer Fähre setzten wir später von Dänemark nach Schweden über, ein Zug fuhr uns nach Stockholm. Es wurde Abend.

Stockholm, eine Stadt, die sich auf viele Inseln verteilt. Der Zug rollte in ein Lichtermeer, die Lampen der Stadt spiegelten sich im Wasser. Alle Mädchen standen schweigend an den Fenstern und staunten, wir kamen aus dem zerbombten Deutschland, aus Dunkelheit und Unsicherheit, und fuhren hier in eine Märchenwelt.

Bisher waren wir unruhig gewesen, hatten gelacht und Unsinn gemacht, waren übermütig in Erwartung des Neuen. Nun war es still im Abteil, keiner sprach ein Wort, alle standen wortlos am Fenster, um das Wunder, das draußen an uns vorbei zog, zu erleben. Ein Kleinbus brachte uns vom Bahnhof in eine Pension.

Jetzt bin ich in Stockholm, es sind einige Tage vergangen, an denen ich nicht zum Schreiben gekommen bin, das will ich jetzt nachholen. Das China-Varieté, Stockholms größtes Theater, bietet ein Varieté-Programm mit Akrobaten, einem Zauberer, einer Sängerin, einer Kautschuk- und einer Rollschuh-Nummer. Das Programm wird von einem Nummern-Girl angezeigt. Das Hiller-Ballett tritt jeden Abend mit drei Tänzen auf. Ich darf noch nicht mittanzen, weil ich die Tänze erst lernen muss, so stehe ich in den Kulissen und sehe zu.

Jeden Morgen wird von 10 bis 13 Uhr auf der großen Bühne trainiert. Frau Hiller kontrolliert während des Trainings oft von der Seite unseren Beinschwung, ob er bei allen egal hoch ist und die Knie durchgedrückt sind. Wer auffällt, bekommt mit einem kurzen Stöckchen einen kleinen Hieb auf das Bein. Zweiunddreißig Mädchenbeine im gleichen Takt und Rhythmus, das erfordert strenges Training. Frau Hiller hat mich der Größe nach, als siebte eingereiht, ich stehe bei den Proben zwischen Erika und Elschen. Die Mädchen sind zwischen 168 und 178 cm groß, ich bin 171. Mit dem Training allein ist es aber noch nicht getan, neue Tanznummern werden durchgesprochen, Musikproben finden statt sowie Kostümbesprechungen. Frau Hiller bezieht alle Mädchen mit ein, jedes soll seine Meinung sagen.

Vorgestern hatte das gesamte Ballett einen Termin beim Königlichen Hof-Photographen Edling in der Stadt, der Aufnahmen von uns für das Programmheft des Theaters machte. Es hat ziemlich lange gedauert, uns alle zu knipsen. Im Photoatelier waren viele Scheinwerfer aufgebaut, und jeder wurde ‚ausgeleuchtet', so heißt es in der Fachsprache. Das Ergebnis ist phantastisch! Ich sehe aus wie ein Filmstar, kaum wieder zu erkennen. Ich werde das Bild nach Hause schicken.

Den Nachmittag haben wir frei und nutzen die Zeit, um uns die Stadt anzusehen. Mit Elschen und Erika bin ich unterwegs; Stockholm ist eine schöne, saubere und imposante Stadt, es gibt erstaunliche Geschäfte und große Parkanlagen.

Edith, unser Käpt'n-Girl, studiert jetzt erst einmal mit mir allein den Stepp und den Girl-Tanz, dann muss ich mit in die Reihe. Die Tänze fallen mir nicht schwer, Mutti würde es gefallen, könnte sie mich beim Steppen sehen. Ich denke sehr oft an zu Hause, wie mag es meinem Süßen gehen, meinen Eltern? Hoffentlich ist noch alles in Ordnung bei ihnen.

Manchmal bezweifele ich, dass ich in Schweden bin, weit weg von den Kriegsereignissen daheim. Die Kämpfe in Ost und West gehen weiter, ich kann es hier aus der Zeitung entziffern, wenn auch nicht lesen. Ob ich Recht tue, in Stockholm zu tanzen, die Beine zu werfen, während unsere Soldaten im Krieg sterben?

Hiller geht mir aus dem Weg, beachtet mich nicht, was mir aber sehr lieb ist. Frau Hiller ist nett, aber auf Distanz. Mit den Mädchen verstehe ich mich gut, sie behandeln mich allerdings als ‚die Neue', bis auf zwei oder drei, mit denen ich Streifzüge durch die Stadt unternehme. Das Schloss, in dem die schwedische Königsfamilie wohnt, haben wir von außen bewundert, und im Wiking-Museum sind wir auch schon gewesen. Dabei haben wir Bekanntschaft mit zwei jungen Männern gemacht und viel gelacht.

Frau Hiller hat darauf bestanden, dass ich mein Haar blondiere, mein Aschblond sei keine Bühnenfarbe, hat sie gesagt, entweder blond oder dunkel sollte ich werden. Diese Frisörarbeit haben die älteren Mädchen an mir vorgenommen, so wie auch sie sich selbst gegenseitig helfen. Ich bekam einen weißen Pamps auf den Kopf, bestehend aus mit Wasser verdünntem Wasserstoffsuperoxyd, mit Magnesium gebunden; mittels eines mit Watte umwickelten Holzstäbchens wurde er mir aufgetragen. Etwa eine halbe Stunde musste dieses Gemisch auf dem Kopf bleiben, als es abgewaschen wurde, war ich blond.

Wir alle genießen das Leben ohne Krieg! An das Gute gewöhnt man sich schnell. In der Pension bekommen wir gutes und reichliches Essen; wir bestaunen die Auslagen in den Geschäften, in denen es alles zu kaufen gibt. Leider haben wir Mädchen nicht viel Geld, aber verführerisch ist das alles schon. Ende des Monats werde ich meine erste Gage bekommen, es ist zwar

Hiller-Ballett, Stepp-Tanz, Göteborg (1944)

nicht viel, aber ich kann es auch ausgeben, denn die Pension und das Essen werden von Hiller bezahlt.

Morgen darf ich zum ersten Mal den Girl-Tanz mittanzen. Jenny hat eine starke Erkältung und soll im Bett bleiben; ich freue mich riesig, nun zum ersten Mal mit den Hiller-Girls auf der Bühne zu stehen, mein größter Wunsch seit langem! Inzwischen trainiert Edith mit mir die Tarantella, die für nächsten Monat auf dem Programm steht, sowie den langsamen Walzer.

Die Tarantella verlangt viel, die Musik ist sehr schnell, und es sind viele schwierige Schritte und Sprünge, sogar ein eingesprungener Spagat, dabei komme ich immer ganz schön ins Schwitzen. Was mir Schwierigkeiten macht, ist der Spagat rechts, links ist kein Problem, aber der rechte Spagat ist angesagt, die ganze Reihe der Mädchen macht ihn, also muss ich mit. Edith hat mich im rechten Spagat brutal abgedrückt, und dabei ist wohl die Sehne gezerrt worden, es tut höllisch weh. Das Ballett hat insgesamt acht Tänze im Repertoire, die abwechselnd im Programm getanzt werden.

Ich möchte einmal festhalten, wie ich mich fühle, wenn ich mit dem berühmten Hiller-Ballett auf einer so großen Bühne stehe. In erster Linie muss ich natürlich aufpassen, dass ich mich nicht in den Schritten irre, denn sie sind auf zweiunddreißig Beine abgestimmt.

Es hat etwas Besonderes, geschminkt im Kostüm und mit den Mädchen nach einer flotten Musik zu tanzen. Im Zuschauerraum erkennt man nur in den vorderen Reihen ein paar helle Gesichter, der weitere Raum verschwindet im Dunkel, weil grelle Scheinwerfer auf uns gerichtet sind. Das ist eine Atmosphäre, die ich nicht beschreiben kann. Das Flair eines so großen Theaters ist unbeschreiblich, es nimmt mich gefangen und beglückt mich.

Endlich Post von daheim, wie sehr habe ich darauf gewartet! Es ist noch alles in Ordnung zu Hause, schreibt Mutti. Da die Post möglicherweise zensiert wird (weil sie ins Ausland geht), sind Muttis Zeilen sehr zurückhaltend geschrieben. Und Bübele hat mir ‚ein Bild' gemalt, eine Sommerblume. Ich habe mich gleich hingesetzt und zurück geschrieben, einen kurzen ‚Lagebericht' gegeben.

Hiller hat mir heute einen gewaltigen Schrecken eingejagt! Als wir uns in der Pension begegneten, sagte er zu mir: ‚Ich werde dich wahrscheinlich zurückschicken müssen, die Reichstheaterkammer in Berlin macht Schwierigkeiten, weil du ‚überzählig' bist'; ich zähle ja als ‚Ersatz'.

Hiller-Ballett, Stepp-Tanz, Stockholm (1944)

Frau Hiller hat uns nach dem Training mitgeteilt, dass wir im nächsten Monat in Göteborg, im Südwesten von Schweden, auftreten werden, unser Engagement in Stockholm wurde von der Theater-Direktion um vier Wochen gekürzt. Natürlich wollten wir wissen, warum, weshalb? Waren wir nicht gut?

Wir erfuhren, dass wir keine gute Presse haben, das ‚Stockholm Dagblatt' ist nicht gut auf uns Deutsche zu sprechen. Das gleiche haben wir auch schon auf der Straße oder in den Geschäften festgestellt, viele Schweden sind uns feindlich gesonnen, schließlich kommen wir aus Hitler-Deutschland. Die Zeitung bezeichnete uns als ‚zu dick', um schön zu sein! So eine Frechheit!

Ich habe gestohlen! Gut, dass ich meine kleine ‚Freundin', das Tagebuch habe, ich kann mit niemandem darüber sprechen, was habe ich doch für eine kluge Mutti! Es kam so: Mit Elschen bummelte ich gestern Nachmittag durch die Stadt, wir betrachteten die Auslagen in den Schaufenstern und gingen durch mehrere Kaufhäuser. Welche Verführungen lagen da vor uns ausgebreitet! Dinge, die ich nur vom Hörensagen kenne, oder nicht mal das; sogar anfassen durfte man alles. Zarte Gebilde aus weißer und rosa Seide, ein zartes Hemdchen wie ein Gedicht. So etwas habe noch nicht gesehen.

Dann, in der Parfümerieabteilung, Lippenstifte in allen Farben, Wimperntusche, Puderdosen und Parfüme. Da bin ich schwach geworden und habe in einem unbeobachteten Augenblick einen Lippenstift eingesteckt. Ich hatte nicht genug Kronen in der Tasche. Auch Elschen hat es nicht bemerkt, sie stand kurz vor mir und sah sich gerade eine Puderdose an.

Solange wir im Kaufhaus waren, hatte ich weiche Knie und Angst, dass jemand hinter mir herkommt und mich anhalten würde. Aber es ging gut.

Jetzt besitze ich einen dollen Lippenstift, der nicht schmiert und sogar kussecht sein soll. Das werde ich ausprobieren – trotz schlechtem Gewissen. Aber ich werde so etwas nicht wieder tun. Ich bin über mich selbst erschrocken, deshalb die ‚Beichte'.

Am 1. Juni nachmittags kamen wir in Göteborg an, Taxen standen vor dem Bahnhof und brachten uns nach Liseberg, dem Vergnügungspark der Stadt, einem Märchenpark. Ich muss ihn beschreiben – dass es so etwas in heutiger Zeit gibt!

Liseberg ist eine riesige Anlage, in ihm die Cabaret-Hallen, in denen wir tanzen, dann eine Freilichtbühne, auf der Artisten auftreten, Karussells, eine

Achterbahn, ein großes Terrassencafé mit einer überdachten Tanzfläche und ein kleines Schwimmbad. Aber was das Ganze so romantisch macht, sind die großen Rasenflächen mit Blumenbeeten und Lichterketten, die abends erstrahlen. Blumen aus Kunststoff hängen in den Bäumen und leuchten in vielen Farben. Es ist einfach phantastisch, romantisch und märchenhaft – ich komme ins Schwärmen, vor allem wenn ich an unser verdunkeltes Zuhause denke. Ich hasse den Krieg!

Ein Ereignis hat mich wieder auf die Erde zurückgeholt: Frau Hiller eröffnete mir, dass ich als Neuzugang Hausarbeiten zu leisten habe, das heißt, ich muss täglich ihre und Hillers Schuhe putzen, seine Socken – er hat Schweißfüße – sowie seine und ihre Unterwäsche waschen. Morgens zum Frühstück habe ich Milch, Sahne und Brötchen zu holen.

Als ich dagegen rebellieren wollte, beschwichtigten mich die Mädchen, alle ‚Neuen' müssen das für einige Zeit machen.

Ich habe auch oft Krach mit Herrn Hiller, er behandelt mich wie ein kleines Kind, nichts kann ich ihm recht machen, bin ihm nicht schnell genug, immer meckert er an mir herum. Ich glaube, das ist seine Rache für die Abfuhr in Berlin.

In der Pension wohne ich zusammen mit Elschen und Erika in einem Zimmer, es ist ein richtiger Salon mit einem Erker und großem Fenster. Ich verstehe mich gut mit ihnen. Hillers wohnen ein paar Blocks weiter in einer Pension in der Vasagatan 71, da essen wir auch gemeinsam, das Essen ist gut. Es gibt zwei Mahlzeiten, um 10 und um 18 Uhr; die Schweden haben eine andere Einteilung.

Jeden Tag ist auch hier zwischen 11 und 14 Uhr Probe, hinterher bin ich immer ziemlich fertig. Frau Hiller nimmt mich ganz schön ran. Sie sagte mir dieser Tage, dass ich die Tänze nicht nett genug tanze, die Leichtigkeit fehlt mir noch. Aber Radschlagen kann ich gut und sitze jetzt auch richtig im Spagat.

In Göteborg haben wir mehr Erfolg mit unseren Tänzen als in Stockholm. Wir haben täglich zwei Vorstellungen, nachmittags und abends, und die Vorstellungen sind ausverkauft. Ich darf nun den Valse triste nach der Musik von Rachmaninow mittanzen, der liegt mir sehr.

In der gestrigen Nachmittagsvorstellung waren fast nur Studenten, alle behielten während der Vorstellung ihre weißen Studentenmützen auf dem Kopf.

Daran, dass sich in den Schlussapplaus regelmäßig ein Pfeifkonzert mischt, haben wir uns gewöhnt. Anfangs war es neu für uns, und wir erschraken, weil wir annahmen, wir haben nicht gefallen, bis man uns aufklärte, dass es eine Steigerung des Händeklatschens ist.

Nach der Vorstellung haben sich die Studenten vor dem Theater im Kreis auf den Boden gesetzt, Studentenlieder gesungen und auf uns gewartet. Hillers, die wissen, dass die schwedischen Studenten in ihrer Begeisterung leicht über die Stränge schlagen, schickten uns durch den Hinterausgang des Theaters, und so sind wir ihnen entkommen.

Wir haben zwischen Nachmittag- und Abendvorstellung drei Stunden Zeit, um auszuruhen, gehen geschlossen in die Pension zurück und sind pünktlich zur Abendvorstellung wieder im Theater.

Es ist wundervolles Wetter; ich gehe mit Elschen zum Schwimmen in Liseberg – herrlich!

Von Zuhause habe ich wieder Post bekommen, es lag ein schönes Photo von meinem Bübele dabei, von Mutti aufgenommen. Niemand im Ballett weiß von Bübele, auch Hillers nicht. Die hätten mich bestimmt nicht aufgenommen, ein Hiller-Girl mit Kind!! Undenkbar! Elschen und Erika, die schon Photos von Ingo sahen, habe ich gesagt, dass es mein kleiner Bruder ist, unser ‚Nachkömmling'.

Aus Deutschland ist jetzt Anneliese hier angekommen, nun sind wir 18 Mädchen, aber der Auftritt bleibt bei 16. Frau Hiller teilte uns mit, dass es Schwierigkeiten mit einem Anschluss-Engagement in Schweden gibt. Es gibt noch keinen Ersatz für die vier Wochen Stockholm, die gekündigt wurden. Ab 1. Juli soll hier in den Cabaret-Hallen ein dänisches Ballett auftreten, doch sein Kommen steht noch nicht ganz fest. Für uns die Chance, einzuspringen.

Am Gagentag habe ich mir Schuhe im Ausverkauf gekauft: weiße Sportschuhe aus Leder für acht Kronen und ein Paar Überschuhe mit Pelzbesatz und Reißverschluss für fünf Kronen, fast geschenkt! Für die nächste Gage werde ich mir ein paar Seidenstrümpfe leisten. Und wir haben schon viel Geld in Liseberg ausgegeben, denn natürlich wollten wir alle Karussells und die Achterbahn ausprobieren.

In einem kleinen Holzhäuschen, in dem man auf Wachsplatten sprechen oder singen kann, lernten Elschen und ich einen netten Mann kennen, der das Geschäft zusammen mit einem Kompagnon leitet. Er spricht gut deutsch und lebt seit zehn Jahren in Schweden.

An einem Abend ging er nach der Vorstellung mit uns auf einen Berg in der Nähe, auf dessen Kuppe eine alte Burg steht, Skansen Kronan. Wir konnten weit über die Stadt sehen, bis hin zum Meer, denn hier im Norden wird es um diese Zeit nachts nicht dunkel. Es war phantastisch.

Diese Ausflüge nach der Abendvorstellung wiederholten sich; wir hatten Spaß daran, und der Mann – wir nennen ihn Roschi, in Abkürzung seines Namens – wohl ebenfalls, sonst würde er sich nicht mit uns abgegeben. Er erzählte uns, dass seine Frau Konzertgeigerin ist, zur Zeit auf Tournee durch Schweden. Er ist von Beruf Goldschmied in einem Göteborger Juweliergeschäft. Wir sollen ihn da einmal besuchen.

Hillers dürfen von diesen Unternehmungen nichts erfahren, denn es ist uns verboten, Männerbekanntschaften zu machen. Wir haben strenge Ausgangsregeln, weil wir uns in einem neutralen Ausland aufhalten. Nach der Abendvorstellung müssen wir um zehn Uhr in der Pension sein. Wer das nicht einhält, wird bestraft, entweder mit Ausgehverbot oder einer Geldstrafe, die von der Gage einbehalten wird.

Ich habe einen ersten Feldpostbrief von Kurt bekommen, den Mutti mir nachschickte. Er ist im Feldeinsatz, wo, schreibt er nicht; ich habe mich sehr, sehr darüber gefreut, denke ich doch täglich an ihn und unser Kennenlernen auf der Eisenbahnfahrt von Berlin nach Hamburg. Ich werde den Brief abschreiben, vielleicht bleibt es der einzige von ihm, wer weiß, ob er aus dem Krieg zurückkehrt, oder der Brief geht mir verloren, was ich sehr bedauern würde! Er schreibt:

O.U., 2.5.1944

Du ewig geliebte Ursula!

Nun schreibe ich einmal nicht in das Büchlein, das ich für Dich angelegt habe und das ich immer bei mir trage, um mit Dir zu sprechen. Wie oft stand ich am Ostseestrand und blickte hinüber nach Norden, wo Du jetzt bist. Meine Sehnsucht nach Dir ist sehr groß. Häufig nehme ich Deine Zeilen zur Hand, die Du mir damals in Hamburg gegeben hast. Da wussten wir noch nicht, dass wir uns nach der langen Reise und der darauf folgenden Nacht, die wir zusammen mit den Mädchen auf dem Fußboden verbrachten, so schnell nicht wieder sehen würden. Damals ... nein, Du geliebter Mensch, immer soll das Glück währen, das die Erinnerung an unsere Begegnung uns schenkt und hoffentlich auch noch in Deinem Herzen weilt.

Die Stunde des Wiedersehens muss doch einmal schlagen. Das ist mein heißer Wunsch. Wo Du auch jetzt sein magst, aus der Stellung hier, die die Kennzeichen des Krieges birgt, sende ich zu Dir die weit reichendsten Wellen meines sehnenden Herzens. Kein Tag, wo ich nicht in Gedanken bei Dir bin. Das sollst Du endlich wissen und wirst diesen Brief hoffentlich auf Umwegen auch bekommen. Es umarmt Dich heiß und lange,
  Dein Kurt.

Durch diesen Brief sehe ich Kurt vor mir, so, wie ich ihn kennen gelernt habe, tiefsinnig und feinfühlig. Wenn er wüsste, wie oft ich an ihn denke. Ich weiß nicht einmal, ob er noch lebt, denn dieser Brief war fast acht Wochen unterwegs und es ist der einzige, den ich von ihm erhielt. Ich habe oft an ihn geschrieben, weiß aber nicht, ob er die Briefe erhalten hat; einen bekam ich schon zurück, da sich wohl seine Feldpostnummer geändert hatte.

Ich habe den Eindruck, dass die Engagements des Hiller-Balletts in Schweden eine etwas unsichere Sache sind. Hillers wollen so lange wie möglich hier bleiben, was auch verständlich ist bei den Verhältnissen in Deutschland. Aber durch den verlorenen Monat in Stockholm sind anscheinend die Planungen etwas durcheinander geraten. Hier in den Zeitungen steht nichts Gutes über das Kriegsgeschehen. Roschi übersetzt es uns bei unseren abendlichen Spaziergängen. Die Alliierten sind in der Normandie einmarschiert.

Das dänische Ballett ist inzwischen hier eingetroffen und wird ab 15. Juli in den Cabaret-Hallen auftreten, bis dahin sind wir noch dran. Ab dem 16. sind wir dann ohne Engagement, wie Frau Hiller sagte, doch im August haben wir dann nochmals vier Wochen Auftritt in den Cabaret-Hallen.

Für die zwei leeren Juliwochen schickt Hiller acht Mädchen nach Malmö auf eine kleinere Bühne. Im Monat September sind wir in Oslo/Norwegen engagiert, das ist wohl fest. Wie es danach weiter geht, darüber hat sich Hiller noch nicht ausgelassen. Ich bin jetzt soweit, dass ich gar nicht böse wäre, wenn Hiller mich nach Hause schickt, aber davon ist keine Rede mehr.

Heute sind die acht Mädchen für eine Woche nach Malmö abgefahren, anschließend folgt für sie eine Woche Halmstadt, das liegt auch in Südschweden, nicht weit von Malmö entfernt.

Die Ruhe jetzt ist schön, wenn ich auch der Hillerin Gesellschaft leiste, ich muss beim Nähen neuer Kostüme helfen und bei den ständigen Reparaturen der vorhandenen; es werden auch Kostüme für einen neuen Tanz geschneidert. Wir haben schon mal zusammen schwedischen Schnaps getrunken und gequatscht. Ich glaube, dass sie vom Alkohol redselig wurde, denn sie hat mir allerlei von den Mädchen erzählt, was sie sonst nicht tut. Ich habe sie gefragt, ob sie mich für eine Niete hält; sie sagte, ich würde es schon noch lernen, die anderen Mädchen haben auch einige Zeit gebraucht. Außerdem hält sie mich nicht für einen Hohlkopf wie die meisten anderen Mädchen. Sie machte mir den Vorschlag, ob ich nicht als Privatsekretärin für sie arbeiten wolle, vielleicht Sprachen lernen auf ihre Kosten. Das werde ich mir durch den Kopf gehen lassen.

Mit Elschen, Erika, Gertrud und Anuschka war ich heute nach der Vorstellung auf Skansen Kronan, dem Berg, den wir durch Roschi kennen gelernt haben. Ich wollte ihn auch den anderen Mädchen zeigen. Dabei haben wir nicht auf die Zeit geachtet und kamen 25 Minuten zu spät in die Pension zurück. Hiller stand schon wartend hinter der Eingangstür, und ehe wir es uns versahen, hatte jede eine Ohrfeige weg! Dabei schimpfte er wie ein Bierkutscher, ob wir unseren Aufenthalt hier gefährden wollten. Wir waren so überrascht und empört, dass wir ihn am liebsten gelyncht hätten.

Am nächsten Morgen erfuhren wir, dass eigentlich die Hillerin an der Ohrfeige schuld war, sie hatte ihn aufgestachelt und gesagt, dass er zu feige dazu sei. Ich holte an diesem Morgen weder Brötchen noch Sahne und ließ mich nicht blicken.

Als ich meine Gage von Hiller erhielt, habe ich ihm gesagt, dass er mir die Fahrkarte nach Deutschland geben soll, ich möchte nach Hause fahren, warum, das könne er sich ja denken.

Darauf sagte Hiller nichts, aber zehn Minuten später kam die Hillerin in mein Zimmer und druckste herum, entschuldigte ihren Mann, es sei mit ihm durchgegangen, so etwas könne ja mal passieren. Außerdem meinte sie, wenn ich jetzt nach Hause fahre, käme ich gar nicht bis dahin, ich würde sicher schon am Grenzübergang geschnappt und in einen Rüstungsbetrieb gesteckt werden.

Da wir jetzt nur acht Mädchen sind, wurden wir in der Pension von Hiller untergebracht und sind dadurch noch mehr unter seiner Kontrolle.

Am letzten Abend, ehe wir umzogen, habe ich mit Elschen noch einmal unsere Freiheit ausgenutzt, wir sind nach der Vorstellung mit Roschi nach ‚Slotskogen' gelaufen, wo wir noch nicht gewesen sind. Es war wunderschön, zwischen den Bäumen und über den Rasenflächen stand der Nebel, und langsam wurde es etwas dämmerig. Wir setzten uns unter einem Baum auf eine Bank, mit Zeitungen unter dem Po, weil es feucht war; Roschi weiß spannend über die Theosophie zu reden, unser Lieblingsthema, das Vor- und Nachleben des Einzelnen. Er kann gut darüber sprechen und erklären, bei uns in Deutschland ist das Thema tabu. Als uns kalt wurde, machten wir einen kleinen Wettlauf, es schlug fünf Uhr vom Kirchturm, als wir in die Pension zurückkehrten. Der Aufpasser war nicht da – welch ein Glück!

Elschen fragte mich dieser Tage, ob ich glücklich sei. Ich wusste nicht gleich, was ich darauf antworten sollte, und stellte mir selbst die Frage.

Bin ich glücklich, da sich mein Wunsch, im Hiller-Ballett zu tanzen, erfüllt hat? Wenn ich ehrlich bin, muss ich *Nein* sagen. Ich bin nicht glücklich, im Gegenteil, ich bin sehr unglücklich!

Am meisten ist wohl die große Sehnsucht nach meinem Bübele daran schuld. Ich wusste ja nicht, dass Sehnsucht so schmerzen kann. Wären wir in Deutschland und ich könnte ab und zu Zuhause sein und den Süßen in die Arme nehmen, dann wäre es vielleicht nicht so schlimm. Vielleicht ist der Krieg bald zu Ende, dann bleibe ich sowieso nicht im Ballett.

Vielleicht fehlt mir auch die Liebe meiner Eltern, Hillers sind so wenig nett. Und unter den Mädchen ist auch wenig Kameradschaft. Mit Elschen verstehe ich mich ganz gut, aber man kann ihr nicht alles erzählen, weil sie nichts für sich behält.

In Deutschland sieht es schlimm aus, es werden immer wieder und immer mehr Bomben über den Städten abgeworfen. Wenn der Krieg doch nur bald zu Ende wäre. Hillers wollen solange wie möglich hier bleiben, das verriet mir die Hillerin bei unseren Gesprächen; das kann ich auch verstehen. Und wenn wir im September nach Oslo reisen, bleibt sie erst einmal in Schweden, vielleicht kommt sie später nach, oder wir kommen noch einmal zu einem Engagement nach Liseberg zurück, sagte sie mir.

Göteborg, ich habe wieder einen Brief von Mutti bekommen, datiert vom

15. Juli, einen langen Brief mit vielen schönen Bildchen von meinem Bübele. Eines davon liegt nun jede Nacht unter meinem Kopfkissen. Der kleine Kerl hat große Sehnsucht nach seiner Mami, so wie ich nach ihm. Ein klein wenig Erleichterung für mich ist, dass ich oft von daheim träume, so ist mir am Morgen, als wäre ich wirklich dort gewesen.

Mutti schreibt wörtlich: „…als es ein Gewitter gab, hat er sich an die Omi gekuschelt und gerufen: Meine Mameli, wo bist Du denn, kommst du gar nicht zu deinem Bübele?

Als das Gewitter dann vorüber war, ist er ans Fenster geklettert, hat es geöffnet und hinaus gerufen: Meine Mami in Stockholm, hörst Du nicht, dein Bübele ruft Dich, warum hörst Du nicht? So in der Tonart ging es bis zum Abend, bis Richard nach Hause kam, da erzählte er ihm: Ich habe meine Mami gerufen, aber sie kommt nicht, ich bin so traurig.'

Ich habe geweint. Und diese Zeilen haben die Sehnsucht nach meinem Bübele derartig wachsen lassen, dass ich am liebsten alles hier hinwerfen möchte und weglaufen, bis ich ihn in den Armen halte. Wäre ich doch nie von ihm weggegangen, ich habe ja nicht gewusst, dass er mir so sehr fehlen würde. Aber ich habe es ja nicht anders gewollt, nun muss ich auch durchhalten.

Am vergangenen Sonntag war ich mit Elschen und Roschi im Seefahrts-Museum und im Aquarium, was mich sehr interessiert hat. Anschließend haben wir dann in Slotskogen (im Schlosspark) Kaffee getrunken. Beim Kaffeetrinken rückte Roschi mit einer Überraschung heraus; er überreichte uns ein kleines Geschenk, das er selbst in seinem Juweliergeschäft angefertigt hat: einen in Herzform gearbeiteten goldenen Anhänger, in dem drei große R stehen, für unsere Nachnamen, die mit R beginnen. Eine schöne Idee, wir haben uns sehr darüber gefreut. Roschi meinte es als Abschiedsgeschenk, da ja unsere Reise nach Oslo bevorsteht.

Die vergangenen Nachmittage habe ich, wenn ich der Hillerin nicht Gesellschaft leisten musste, allein am Meer verbracht. Roschi hat mir das Fahrrad seiner Frau geliehen, und ich hatte herrliche Stunden an der Ostsee. Es ist wundervoll, durch die Gegend zu radeln. Für Ausländer sind die Schären zwar verboten, aber ich suchte mir einsame Stellen aus, um nicht angesprochen zu werden und mich dabei zu verraten. Oder ich bin hinaus zu einer kleinen Felseninsel vor der Küste geschwommen.

Nur einmal habe ich das geschlossene Schwimmbad, das für Männer und

Frauen getrennt ist, aufgesucht, alle Frauen liefen ohne Badeanzug herum, und was ich da für Figuren sah, hat mich geekelt. Da gehe ich nicht mehr hin. Aber etwas anderes hat mich noch geschockt: Ich stellte mich auf eine Personenwaage und die zeigte an, dass ich sieben Pfund zugenommen habe, oh Schreck! Das gute und viele Essen hier in Schweden ...

Wir sind noch nicht nach Oslo abgereist, wie es vorgesehen war. Da muss etwas schief gelaufen sein, die Hillerin hat sich nicht weiter darüber geäußert, meinte nur, die Abreise verschiebt sich um vier Wochen. Wir werden zwei Wochen pausieren und dann die zweite Hälfte August nochmals in Liseberg auftreten; jeden Morgen haben wir ausgiebiges Training für einen neuen Tanz.

Vor meinem Eintritt ins Hiller-Ballett habe ich immer geglaubt, und auch die Zeitungen schrieben es, dass jedes Mädchen im Ballett eine Solotänzerin sei. Aber das stimmt nicht. Ich möchte mal eine von ihnen allein auf der Bühne sehen, ich glaube, keine von ihnen – außer Edith und Annemie – könnte ein gutes Solo bringen.

Dieser Abende gab es mal wieder Kontrolle von Hiller, ob alle Mädchen in ihren Betten liegen. Hiller kam die Treppen heraufgepoltert, riss unsere Zimmertür auf, drehte den Lichtschalter an, aber – Pech gehabt, gerade an diesem Abend lagen wir alle drei im Bett.

Am 15. August sollen Annelies und Lydia nach Deutschland zurück, die Gründe kennen wir nicht, irgendwelche Schwierigkeiten mit der Reichstheaterkammer, erklärte die Hillerin. Das heißt für mich, dass ich das volle Programm mittanze, und darauf freue ich mich, bin ich doch nun vollwertiges Mitglied und kein Ersatz mehr.

Es ist wieder ganz anders gekommen; Hiller hat kurze Verträge in Südschweden abgeschlossen für jeweils sechs Mädchen, und ich musste mit. Wir fuhren drei Tage nach Lund, drei Tage nach Ängelholm und drei Tage nach Hälsingborg; jetzt noch einmal drei Tage Malmö, dann geht es zurück nach Göteborg.

Was uns in den Orten geboten wurde, konnten wir kaum glauben! Hiller muss in großen Schwierigkeiten stecken, dass er sein Ballett aufteilt und uns in kleinen Gruppierungen auf primitiven Bühnen arbeiten lässt. In Ängelholm war die Bühne sogar im Freien, und wir konnten von Glück sagen, dass es nicht geregnet hatte.

Der Abschied von Göteborg wird mir schwer fallen, auch von Roschi, der mir ein guter Freund geworden ist. Er hat mir einen kleinen Photoapparat geliehen, und ich habe Aufnahmen gemacht von Liseberg und von meinem Badestrand. Schöne Erinnerungen!

Bei der Abschiedsvorstellung in Liseberg hat jedes Mädchen des Balletts von der Direktion des Theaters einen kleinen Blumenstrauß bekommen, darüber haben wir uns sehr gefreut. Elschen und ich erhielten noch einen zweiten kleinen Blumenstrauß, er kam von Roschi, unserem Freund. Oh Gott, was kann die Welt schön sein – ohne Krieg. Ich fühle mich hier in Schweden wie verzaubert, das Training und das Tanzen gehören schon dazu. Hier könnte meine Welt sein, wenn ich nur meine Lieben hier hätte. Ach, ich glaube, ich spinne!

Ehe wir Göteborg verließen, habe ich mit Elschen noch unseren Freund Roschi in seinem Juweliergeschäft auf Göteborgs Hauptstraße, der Kungsgatan, besucht. Ein piekfeines Geschäft mit kostbaren Angeboten, nichts für uns Mädchen mit kleiner Gage. Der Eingang des Geschäftes ist mit Marmor verkleidet, darüber hängt ein elegantes Schild mit der Aufschrift: Hovjuwelerare C. G. Hallberg, also Königlicher Hofjuwelier. Im Verkaufsraum waren große Spiegel an den Wänden und Glasvitrinen mit kostbaren Schmuckstücken.

Inzwischen haben wir auch mehr über Roschi erfahren, er erzählte uns, dass er aus einer ungarischen jüdischen Familie stammt. Als junger Mann emigrierte er mit seiner älteren Schwester von Budapest nach Schweden. Hier in Göteborg lernte er bei einem Konzert seine Frau Britta kennen, bei dem sie als Violinistin mitwirkte und er als Sänger auftrat. Kann ein Jude blaue Augen haben?

Vor der Abfahrt in der Nacht vom 4. zum 5. September von Göteborg brachte Roschi uns Bohnenkaffee in einer Thermoskanne und belegte Brote. Ich übergab ihm einen Brief, worin ich mich für seine Fürsorge und Freundschaft bedankte und der Hoffnung Ausdruck gab, dass wir in Kontakt bleiben und der Krieg uns nicht auseinander bringt. Ob ich Göteborg wohl noch einmal wiedersehen werde?

Am nächsten Tag gegen Mittag waren wir in Oslo; es regnete in Strömen, und wir bekamen keinen guten Eindruck von der Stadt. An der Grenze von Schweden nach Norwegen hatten wir die ersten deutschen Soldaten getroffen, Norwegen und Dänemark sind seit 1940 von der deutschen Wehrmacht besetzt.

Wir wohnen mit anderen deutschen Artisten in einer Pension, sie liegt in der Vorstadt von Oslo, und das Theater ist gut zu Fuß zu erreichen. Es sind nette Zimmer, ich wohne wieder mit Elschen zusammen. Das Essen finden wir gut, weil deutsch gekocht wird, im Gegensatz zu den Mahlzeiten in Schweden. Von Hiller bekamen wir die Auflage, nicht allein auf die Straße zu gehen, nur in Gruppen, und auch keinen Kontakt zur norwegischen Bevölkerung aufzunehmen.

Noch am Abend hatte unser Ballett Musikprobe im Theater und anschließend Generalprobe vor der Öffentlichkeit – es hat natürlich nichts geklappt, sonst hätte ja die Premiere nicht geklappt – ein alter Artistenglaube. Aber die war in Ordnung, keiner von uns hat sich geirrt. Wir bringen den Girl-Tanz und den Stepp, also zwei flotte Tänze.

Ich möchte mal etwas über unsere Kostüme schreiben: Ich finde sie sehr schön in den Farben und geschmackvoll gearbeitet. Ein Beispiel: das kurze Kostüm des Stepptanzes ist ein türkisgrüner Atlasstoff mit rosa Marabubesatz.

Zur Premiere bekam jeder Artist des Programms von der Theaterleitung eine Flasche Likör und 20 Zigaretten, auch wir Mädchen, wahrscheinlich aus Wehrmachtsbeständen.

Der Direktor des Theaters ist Harry Gondi, ehemals Rundfunksprecher von Radio Hamburg, sehr bekannt und sympathisch. Die Musik für unsere Auftritte spielt eine größere Kapelle, die im Orchestergraben vor der Bühne sitzt. Das Theater ist okay, große Bühne, ausreichende Garderobe, zwei Vorstellungen, nachmittags und abends, sie sind stets ausverkauft. Die Vorstellungen sind nur für die deutschen Soldaten, die norwegische Bevölkerung bekommt einen Abend in der Woche, aber dann sind keine deutschen Soldaten in der Vorstellung.

In den Geschäften der Stadt ist nicht das große Angebot wie in Schweden, und was es gibt, ist sehr teuer. Einen Pelzmantel könnte ich kaufen, der ist aber unerschwinglich für mich.

Ich habe ein Päckchen nach Hause geschickt mit Schokolade, Seife und Zigaretten, dazu einen hübschen Strickanzug für Ingo, den ich noch in Göteborg gekauft habe. Hoffentlich kommt es an.

Gestern Abend gab es eine Stunde Alarm, es wurden aber keine Bomben abgeworfen, Wasserminen, heißt es, seien es gewesen. Angeblich sollen

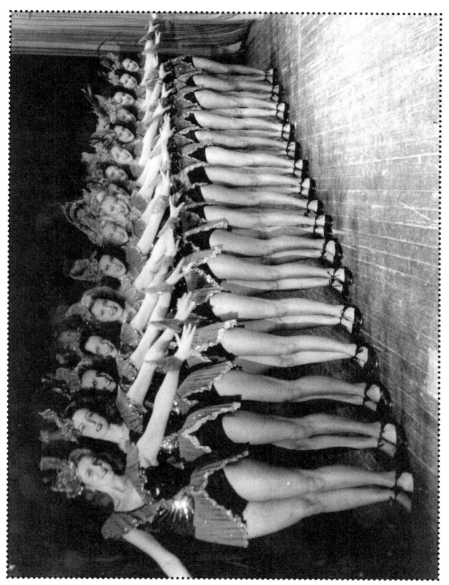

Hiller-Ballett, Oslo (1944)

zwei Schiffe getroffen worden sein, die hier im Hafen vor Anker liegen. Nun müssen wir uns wieder auf Alarm einstellen, auf den wir gerne verzichten würden.

Es ist empfindlich kalt geworden, ich habe bereits meinen Wintermantel anziehen müssen. Dazu trage ich mein rotes Schwedenmützchen mit der Stickerei an den Seiten, das ich mir in Göteborg kaufte, sieht nett aus. Wir Mädchen gehen oft ins Wehrmachtkino, es werden deutsche Filme gezeigt, und es kostet keinen Eintritt.

In der Pension steht im Frühstückszimmer ein Klavier, ich habe festgestellt, dass es nicht benutzt wird. Ich setze mich oft daran und spiele, obwohl mein Spiel nicht gerade meisterlich ist, hat sich bis jetzt noch niemand darüber beschwert, aber mir macht es Spaß.

Mit Harry Gondi, der ebenfalls in der Pension wohnt, kommen wir gut aus, er hat auch sein Büro hier. Es hat sich so ergeben, dass ich ihm jeden Tag ein oder zwei Stunden bei seiner Post helfe. Er hat mir erlaubt, ihn ‚Onkel Harry' zu nennen.

Hiller ist noch einmal nach Göteborg gefahren, warum, weshalb, hat er uns nicht gesagt. ‚Geschäfte', hieß es. Jetzt sitzen wir Mädchen allein hier, ohne Chef, und Edith, unser Käpt'n-Girl, kümmert sich um alles Notwendige. Frau Hiller ist auch noch nicht gekommen. Hiller sagte uns noch, dass er auf ein Fernschreiben aus Berlin wartet, das uns entweder noch hier bleiben lässt oder zurückruft. Sollte das der Fall sein, werden wir mit einem Schiff im Schnellverkehr – so drückte er sich aus – nach Deutschland zurückgebracht. Die Grenze von Norwegen nach Schweden ist dicht, so dass eine direkte Rückreise über die Nordsee durch den Skagerrak und über Dänemark nach Hamburg stattfinden wird. Edith sagte uns, dass wir nach Deutschland zurückmüssen, wenn wir kein weiteres Engagement bekommen, und dort sollen wir alle zusammen in einer Munitionsfabrik arbeiten. Hoffentlich nicht!

Das Sprichwort ‚Die Welt ist klein' hat sich wieder einmal bewahrheitet: Bei einem Spaziergang mit Elschen durch die Stadt blieb ein deutscher Offizier vor mir stehen, musterte mich einen Augenblick, und nannte mich beim Namen. Meine Überraschung war groß. Es war mein ehemaliger Lehrer Müller von der Volksschule, Major und jetzt Abteilungskommandeur in Oslo. Er lud uns für den nächsten Tag ein zu einem Spaziergang durch die Stadt und zu den Sehenswürdigkeiten, zur Insel Widkö, die nicht weit vor der Küste liegt und in den berühmten Skulpturengarten bekannter Künstler aus aller Welt. Für diese Besuche bedarf es besonderer Genehmigungen.

Im Theater wurden Photos vom Ballett gemacht, Harry Gondi war auch dabei. Und es ist ein langer Artikel mit einem Photo von unserem Girl-Tanz in einer großen Osloer Tageszeitung erschienen.

Hiller ist wieder da, er hat keine Einreisegenehmigung nach Schweden bekommen. Was wird aus uns? Irgend etwas ist im Busch, das fühle ich! In der vorigen Nacht gab es wieder Fliegeralarm, und wir mussten in den Keller. ...

24. Oktober 1944, ich bin wieder zu Hause in Langenbielau, hurra! Erst jetzt komme ich wieder zum Schreiben, ich brauchte Zeit. Als ich in Oslo die letzte Eintragung machte, ahnte ich nicht, dass wir am nächsten Tag von Harry Gondi zusammengerufen wurden, der uns mitteilte, dass wir sofort unsere Sachen zu packen hätten, um die Rückreise anzutreten. Hiller war nicht zu sehen. Von den Mädchen fehlten Annemie und Anneliese, niemand wusste, wo sie sind, sie waren unauffindbar.

Harry Gondi stellte uns einen ‚Betreuer' vor, Hans Anders, der hatte unsere Fahrkarten und drückte jedem Mädchen ein paar Kronen in die Hand; er sollte uns sicher bis nach Berlin bringen. Wo war Hiller?

Am 5. Oktober fuhren wir früh um halb acht Uhr vom Bahnhof Oslo nach Fredriksstadt, an der Südküste Norwegens gelegen, wo das Schiff wartete. Unterwegs erfuhren wir von Hans Anders, dass Hiller einen Tag vorher von deutschen Militärbehörden verhaftet worden ist, da er in der Nacht versucht hatte, mit zwei Mädchen – nämlich Annemarie und Anneliese –nach Schweden zu kommen. Es war ihm gelungen, ein Boot aufzutreiben, mit dem er sich bei Nacht und Nebel davonmachen wollte. Dabei ist er erwischt worden und wurde interniert. Recht geschieht ihm!

Gegen zwölf Uhr kamen wir in Fredriksstadt an, und wurden am Nachmittag aufs Schiff gebracht. Was es für ein Schiff war, konnten wir nicht erkennen, es ging alles sehr schnell. Hans sagte uns, es sei die letzte direkte Verbindung auf dem Wasserwege nach Deutschland. Uns wurden Kabinen zugeteilt mit der Aufforderung, sofort wieder an Deck zum Probealarm zurückzukommen. Die Schiffsroute durch den Skagerrak soll häufiges Ziel feindlicher Fliegerangriffe sein. Mit Elschen teilte ich eine Kabine; wir waren so müde, dass wir nicht zum Probealarm gingen, sondern uns direkt in die Kojen legten. Die Überfahrt verlief ruhig, wir schliefen bis zum Morgen. Gegen sieben Uhr wurden wir in Fredrikshaven in Dänemark ausgeschifft und durchliefen mit den an Bord befindlichen Soldaten ein Übergangs-Sammellager, wo wir Essen bekamen und Verpflegung für zwei Tage.

Am Nachmittag sollte es mit der Bahn weitergehen, Richtung Flensburg. Es vergingen Stunden, ohne dass sich etwas tat, wir saßen wie auf heißen Kohlen. Das heißt, ich eigentlich nicht mehr, ich weiß nicht, wieso, es war mir auf einmal egal, ob wir eine Stunde früher oder später abfahren, ich hatte das Gefühl, dass alles in Ordnung kommt.

Edith hatte an jedes Mädchen 7,50 dänische Kronen verteilt, und wir gingen in ein kleines Cafe. Hans Anders und ein Freund legten ihre restlichen Kronen zusammen, und so kamen wir auch noch zu ein paar Äpfeln. Am Abend ging es mit der Bahn Richtung Ahlborg.

Zwei Stunden sollte die Fahrt dauern, doch der Zug fuhr sehr langsam und hielt mehrere Male. Kurz vor dem Bahnhof von Ahlborg hieß es: Alle aussteigen mit Gepäck. Die Strecke war von feindlichen Flugzeugen gesprengt worden. Wir schleppten unsere Koffer über die Gleise bis zum Bahnhof, es wurde eine beschwerliche Wanderung um Mitternacht, etwa zweihundert Meter weit, wirklich kein Vergnügen.

Nach Mitternacht konnten wir die Reise fortsetzen, immer noch im Schneckentempo, langsam wurde es hell. Es lief ein Gerücht durch den Zug, dass auch diese Strecke gesprengt worden sei. Bis kurz vor Flensburg ging es langsam weiter, wieder Halt, aussteigen mit Gepäck. Diesmal war es schlimmer, ein Truppentransportzug war in die Luft geflogen, es gab Tote und Verletzte. Wir mussten über Felder, um den Unglückszug herum, über Gräben und Stacheldraht; kurz vorher hatte es geregnet, und der Boden war durchweicht. Wir hörten Rufe und Schreie der Verwundeten. Dann erreichten wir den Ersatzzug, erklommen mit viel Mühe einen Wagon. Im Schneckentempo ging es weiter bis Flensburg.

Dort wurden die Papiere kontrolliert, wir waren in Deutschland, die Fahrt ging weiter, diesmal etwas schneller. Dann wieder Halt auf offener Strecke, Fliegeralarm, dreiviertel Stunde Aufenthalt, Weiterfahrt bis Hamburg. Dort wurde durchgegeben, dass am gleichen Tag kein Anschluss nach Berlin besteht. Was tun?

Ich rief die Telefonnummer von Kurt in Hamburg-Vegesack an, und welche Freude, er war am Apparat, hatte Urlaub. Ich fuhr mit der S-Bahn nach Vegesack, dort holte er mich ab, wir gingen in seine Wohnung, verbrachten einen schönen Abend und eine phantastische Nacht!

Am nächsten Tag war ich zur verabredeten Zeit wieder im Hauptbahnhof, traf dort mit den Mädchen zusammen, ein Personenzug stand bereit, er war rappelvoll, ich fand einen schmalen Platz auf einer Holzbank. Erst gegen Abend kam der Zug langsam in Fahrt. Neben mir und Elschen saß ein Hauptfeldwebel, wir kamen mit ihm ins Gespräch und erfuhren, dass er Heimaturlaub hat, aus Dänemark kommt und nach Chemnitz fährt, wo seine Familie lebt. Er gestand uns, dass wir, seitdem er Soldat ist, die ersten deutschen Mädchen sind, mit denen er sich unterhalten kann.

Am Sonntag früh kamen wir in Berlin an und verabredeten uns für den nächsten Tag in Hillers Wohnung in der Kantstraße 76, Edith hatte die Wohnungsschlüssel. Hans Anders verabschiedete sich, seine Mission war beendet.

Ich machte mich auf den Weg zu Tante Molly und Onkel Bernhard in die Rintelnerstraße in Grunewald. Dann stand ich mit meinem schweren Koffer vor ihrer Tür, und ich war so fertig mit den Nerven, dass ich Tante Molly um den Hals fiel und in Tränen ausbrach. Die Strapazen, die Aufregungen und Anspannungen der letzten Tage und Nächte machten sich bemerkbar. Ich bekam ein gutes Frühstück, Tante Molly baute mir ein Bett auf der Couch, und ich schlief sofort ein.

Das Treffen mit den Mädchen am nächsten Tag in der Kantstraße brachte nicht viel. Auch Edith konnte uns nicht sagen, wie es weitergehen soll. Sie empfahl uns, erst einmal zu unseren Angehörigen nach Hause zu fahren und abzuwarten. Sie verteilte Geld für die Fahrkarten, und wir gingen auseinander mit vielen guten Wünschen.

Mit Elschen sprach ich auf der Reichstheaterkammer vor, um eine Bescheinigung über unsere Tätigkeit im Hiller-Ballett anzufordern, wir wollten darüber etwas in Händen haben. Ein Herr Dr. Geiger empfing uns und forderte uns auf, einen Bericht über Rolf und Gertrud Hiller zu schreiben, über die Zeit in Schweden und Norwegen und wie wir behandelt worden sind. Ob wir wissen, wo Frau Hiller sich aufhält. Er sagte uns, dass auch die anderen Mädchen des Balletts zu einem solchen Bericht aufgefordert werden.

Drei Tage hat es dann gedauert, bis ich die Genehmigung zur Reise nach Schlesien erhielt. Tante Molly brachte mich zur Bahn, und ab ging es nach Langenbielau. An Mutti hatte ich ein paar Zeilen geschrieben und mitgeteilt, wann ich ankomme. Sie ist mir bis Reichenbach entgegengekommen, hat mich aber wegen der Notbeleuchtung auf dem Bahnsteig beinahe nicht erkannt. Was haben wir uns gefreut! Immer wieder hat sie mich gedrückt, hat mich abgetastet, ob ich es auch wirklich bin, und sie weinte, es seien Freudentränen, sagte sie, ich habe auch geweint. Als wir nach Hause kamen, stand Vati mit Bübele schon vor dem Haus, der kleine Kerl flog auf mich zu und hat mich nicht mehr losgelassen, Küsse übersäten mich, er zitterte vor Freude am ganzen Körper. Ja, nun bin ich wieder da!

Es waren nur acht Monate, die ich im Hiller-Ballett verbracht habe, aber sie haben ausgereicht, zu erkennen, dass das nicht mein Weg ist. Diese Zeit sehe ich jetzt als ‚Lehre', die wohl zu jeder Entwicklung gehört. Mein Weg ist ein anderer; ich muss allein entscheiden, was ich mache, was mit mir geschieht. Und ich muss jederzeit die Möglichkeit haben, zu meinem Kind zu eilen. Nun verlebe ich schöne Tage zu Hause, alle verwöhnen und bestaunen mich, freuen sich, dass ich die Strapazen überlebt habe. Alarm gibt es auch hier, einmal, manchmal zweimal am Tage. In Breslau sind sogar schon Bomben gefallen, wir konnten es hören.

Elschen ist aus Berlin hier angekommen und wird wohl erst mal bei uns bleiben. Sie weiß nicht wohin, ihre Mutter kam bei einem Bombenangriff ums Leben, die Wohnung wurde völlig zerstört.

Zum 1. November bin ich dienstverpflichtet worden, und muss im Dierig-Werk, das als Hauptsanitätspark beschlagnahmt wurde, Verbandsbinden zuschneiden und verpacken, eine zwar saubere, aber langweilige Arbeit. Früh um halb sieben beginnt der Dienst und endet erst um halb sechs am Abend.

Und eine Woche später holen sie auch Elschen, die in der gleichen Abteilung arbeitet. Wir haben auf dem Arbeitsamt erreicht, dass wir nur sieben Stunden in die Fabrik müssen, legten unsere Artistenausweise vor und gaben an, dass wir noch Zeit zum Trainieren brauchen, weil wir als Tänzerinnen zur Truppenbetreuung eingezogen werden können. Das hat geklappt. Und nun trainieren wir auch wirklich jeden Abend, denn wir müssen an unsere Zukunft denken.

Inzwischen tanzten wir das erste Mal vor Verwundeten im Lazarett, wir haben einen Matrosentanz und einen Stepp einstudiert, mit Radschlagen und Sprungspagat. Und wir hatten sogar Erfolg.

Aus Oslo habe ich noch keine Post erhalten, weder von Harry Gondi noch von den anderen Artisten, mit denen ich die Adressen tauschte. Auch von Roschi aus Göteborg nichts. Die Postverbindung scheint eingestellt worden zu sein, meint Vati.

Ich habe eine Menge Verehrer, das hat sich so ergeben, aber es ist nichts Ernstes dabei. Mutti sagte im Spaß, sie wird mal ein Buch schreiben mit dem Titel ‚Die Männer um Ursula'! Dabei wäre ich froh, hätte ich nur einen Mann, aber den richtigen!

Jochen ist jetzt in Ede in Holland, wo er als Rekrutenausbilder eingesetzt wurde; sein Schiff ‚Kreuzer Admiral Hipper' ist außer Dienst gestellt worden, da es bei einer Geleitzugschlacht im Nordmeer mehrere Treffer erhielt. Aber es geht ihm gut, ‚Holzauge, sei wachsam', schreibt er. Er hat an der Besetzung von Drontheim in Norwegen teilgenommen, war auf seinem Schiff beim Minenlegen vor Novaja Semlja dabei und machte den Handelskrieg im Atlantik mit. Noch vor der alliierten Invasion wurde er in der Festung Hoek van Holland als Kommandant einer Bunkergruppe eingesetzt.

Horst wurde zur 16. SS-Panzergrenadierdivision versetzt und machte den Einmarsch in Ungarn mit, da fanden schwere Kämpfe bei Vesprim am Plattensee statt. Aber auch ihm geht es soweit gut, schreibt er.

Von Freunden bekamen wir heute Post aus dem Schwarzwald, ein Wunder, dass die noch angekommen ist; sie teilen uns mit, dass die Amerikaner am 23. November nur noch sieben Kilometer von Lahr entfernt waren. Auch die Engländer und Russen rücken immer weiter in unser Land vor.

Am Montag musste ich zum Betriebsarzt der Firma, zu einer Blutabnahme. Als die fast vorbei war, bin ich vom Stuhl gekippt, ein Ohnmachtsanfall, zwei Stunden hat es gedauert, bis ich wieder aufstehen konnte. Der Arzt hat mich für eine Woche krankgeschrieben, und danach soll ich zum Facharzt, der mein Herz untersuchen wird.

Elschen und ich müssen wieder voll arbeiten, wir bekamen vom Arbeitsamt den Bescheid, dass nur Artisten ab 50 Jahren halbtags arbeiten dürfen. Aber am Abend trainieren wir dennoch auf dem großen Wäscheboden, dazu üben wir Klavier und Akkordeon, und bemühen uns, Englisch zu lernen.

Anfang des Monats habe ich das erste Paket von Roschi aus Schweden bekommen, welch ein Fest, gerade richtig zu Weihnachten! Darin waren Bohnenkaffee und Stückzucker, Bonbons, Kekse und Schokolade. Ein Wunder, dass es angekommen ist in dieser unsicheren Zeit.

Das Weihnachtsfest haben wir ganz still verbracht, die Jungen fehlten uns. Für Bübele haben wir ein gebrauchtes Dreirad aufgetrieben, der kleine Kerl war sehr aufgeregt, stieg sofort auf, und ist damit durch die Wohnung gefahren. Dank des Paketes von Roschi gab es auch Süßigkeiten. Vati hatte einen kleinen Tannenbaum organisiert, und ich habe ihn mit vielem Selbstgebastelten geschmückt.

Die Silvesternacht verbrachten wir bei einem Glas Rotwein, den die Eltern zu ihrer Silberhochzeit von Freunden geschenkt bekamen. Am Neujahrstag habe ich einen langen Brief an ‚mein Märchen Kurt' geschrieben, der in München auf einem Lehrgang ist; er wurde jetzt zum Stabsfeldwebel ernannt. Ich denke immer lieb an ihn und unsere Fahrt von Berlin nach Hamburg in dieser entsetzlich kalten Nacht.

Schon Mitte Dezember fing es an zu schneien und hörte fast nie auf. Jetzt haben wir die schönste Schneelandschaft, die in der schräg stehenden Sonne wie tausend Diamanten glitzert.

Wir trainieren täglich, auch wenn es schwer fällt, da wir den ganzen Tag über in der Fabrik stehen müssen, aber wir können uns einfach keinen Leerlauf leisten, müssen in Übung bleiben. Nun haben wir eine Tarantella einstudiert, ähnlich der vom Hiller-Ballett, und sind dabei, uns aus einfachem Nesselstoff, den Vati bei Dierig organisieren konnte, Kostüme zu nähen. Von irgendwo her konnten wir Farbe auftreiben zum Färben des Stoffes, und so wird noch etwas ganz Brauchbares daraus.

Nun wollen wir uns auch an Walzerkleider wagen; mir ist es gelungen, aus der Fabrik Mullbahnen zu bekommen, woraus für die Lazarette Mullbinden gefertigt werden, es gibt genug davon.

Ich hatte an eine Künstler-Agentur nach Schweden geschrieben, und um Vermittlung unserer Tanznummern an ein Theater oder Variete gebeten. Jetzt kam Antwort vom Agenten Person: Er will uns, sobald eine Ausreise für uns möglich wird, in Badeorten Schwedens zum Engagement verhelfen. Wir haben Mutti gebeten, mit ihrem Photoapparat Aufnahmen von den Künstlerinnen zu machen, denn wir müssen ja etwas vorzuweisen haben.

22. Januar 1945: Nun ist eingetroffen, was wir immer befürchtet haben: Die Russen stehen kurz vor Breslaus Toren und ziehen in gewaltigen Märschen weiter. Wann werden sie bei uns sein? Wie es heißt, sollen wir weg von hier, aber wohin? Es ist doch überall das gleiche. Aber wir werden nicht weggehen, das haben wir gemeinsam beschlossen, mag kommen, was will. Nun besorgen wir an Nahrungsmitteln, was immer unsere Marken hergeben, denn bald wird nichts mehr da sein. Wir haben auch unser Geld von der Sparkasse abgeholt, alle tun das jetzt, weil es heißt, dass die Konten bald gesperrt werden.

Elschen hat den Bescheid bekommen, dass sie sich am 18. Januar in Breslau als Luftwaffenhelferin melden muss. Nun warten wir auf eine Nachricht von ihr. Ich hoffe nur, dass sie mich nicht auch noch holen.

Von Jochen und auch Horst kamen Feldpostbriefe, es geht ihnen noch gut.

Von Kurt habe ich lange nichts gehört, hoffentlich ist alles in Ordnung bei ihm. Alle Volkssturmmänner sind eingezogen worden und kommen zum Kriegseinsatz. Breslau wird jetzt öfter bombardiert, aber bei uns fielen noch keine Bomben. Vielleicht sind die Russen auch eher in Berlin als hier. Gott gebe nur, dass dies alles bald ein Ende hat, denn so können wir nicht weiterleben. Ich arbeite jetzt bei Dierig nur noch halbtags, weil keine Kohle vorhanden ist, darüber bin ich natürlich nicht traurig.

Mutti war sehr krank, hatte eine schwere Lungen- und Rippenfellentzündung, wäre fast gestorben, sie hatte mehrere Tage über 40 °C Fieber. Aber jetzt geht es ihr langsam wieder besser.

Post von Elschen traf ein, noch in Breslau aufgegeben, aber inzwischen ist sie auf dem Weg nach Rosenheim, wo sie als Luftwaffenhelferin zum Einsatz kommen soll.

Alle Haushalte müssen jetzt Flüchtlinge aus Breslau und Umgebung aufnehmen.

Wir glauben, dass wir Angst vor den eigenen Leuten haben müssen, die vor Einzug der Russen unsere Häuser, das Wasserwerk und die Brücken in die Luft sprengen wollen.

Ob meine Zukunftspläne, die Tanzkarriere betreffend, jemals Wirklichkeit werden? Wenn wir heil diesen Krieg überstehen, dann ganz bestimmt. Ich glaube fest daran!

Obwohl wir tagsüber das Rumoren der Geschütze von Breslau her hören, die Russen nicht mehr weit weg sind, trainiere ich täglich mindestens zwei Stunden auf dem Wäscheboden. Das ist besser, als die Flinte ins Korn zu werfen und zu resignieren, die Ablenkung tut gut. Bübele guckt meistens zu, manchmal macht er auch eine Übung nach, das sieht sehr putzig aus.

Die Russen sollen schon kurz vor Frankfurt an der Oder stehen und nur noch ein paar Kilometer vor Stettin. Gestern war wieder ein Tagesangriff auf Berlin, der bisher schwerste soll es gewesen sein, ebenfalls auf Magdeburg.

Es wurde bekannt gegeben, dass Mütter mit kleinen Kindern sich zum Abtransport bereithalten sollen, wohin, wurde nicht gesagt. Nun ist es soweit, wir müssen stündlich damit rechnen, dass Mütter mit Kindern evakuiert werden. Zuerst hieß es, es geht über die Berge nach Neurode oder nach Wünschelburg und von da weiter, aber was ist das für ein Unsinn, denn wenn die Russen hier erst mal durch sind, sind sie schon zwei Tage später dort. Was wird die nächste Zeit noch für uns bringen? Aber vielleicht ist es besser, es nicht zu wissen.

Der ganze Tag besteht daraus, dass gepackt wird, was man mitnehmen kann. Was hier bleiben muss, kommt in ein Kellerversteck, in der Hoffnung, dass es noch da ist, sollten wir eines Tages wieder zurückkommen. Jede Nacht, die wir in unseren Betten schlafen können, ist ein Geschenk. Das alles geht an die Nerven, und es gibt kein Anzeichen, wie es enden wird.

19. Februar 1945, heute ist Horsts 20. Geburtstag, wie mag es ihm gehen? Ich habe ihn noch immer als schüchternen Jungen in Erinnerung, aber inzwischen ist er wohl durch das Soldatsein zum Mann geworden.

Reichenbach und die ganze Umgebung bis nach Schweidnitz hin ist bombardiert worden. Die Russen haben Jordansmühl eingenommen, das ist etwa 35 Kilometer von hier entfernt. Sie kämpfen auch schon in den Vorortstraßen von Breslau.

Den ganzen Tag lang hatten wir heute Flieger-Alarm; kaum hatte die Sirene Entwarnung gegeben, kam schon der nächste Alarm. Gestern zählte ich tagsüber wohl an die neun Alarme. Zur Arbeit gehe ich nun nicht mehr, der Sanitätspark wurde in eine andere Gegend verlegt.

Mit Mutti gehe ich jetzt täglich auf die Weiden, dort ist das angetriebene Vieh der Bauern aus der Umgebung untergekommen. Wir melken die Kühe, was ziemlich mühsam ist, da wir vom Melken keine Ahnung haben. Und die Kühe bleiben auch nicht stehen, sie haben wohl Schmerzen, weil sie nicht regelmäßig gemolken werden. Man muss immer zu zweit heran, einer muss die Kuh festhalten, während der andere melkt. Mit der Milch können wir in der Küche viel anfangen. Viele Menschen holen sich von den Weiden sogar das Fleisch der Kühe, die sie an Ort und Stelle schlachten. Wir haben dabei schon zugesehen und bekamen ein Stück Rippe ab, das gab eine gute Suppe.

Mit Leiterwagen, hoch bepackt, ziehen die Menschen durch die Straßen, alle nur in eine Richtung, über die Berge.

Von Elschen höre ich nichts; wir erfuhren, dass es vor ein paar Tagen einen schweren Fliegerangriff auf die Stadt Rosenheim gab, hoffentlich ist ihr nichts passiert. Die letzte Post, die vor ein paar Tagen hier ankam, wurde per Fahrrad vom Postamt in Schweidnitz abgeholt. Es wird auch keine Post mehr angenommen. Die Lage hier wird immer brenzliger, der Geschützdonner ist schon sehr nahe.

Ich trainiere noch immer täglich, habe ja jetzt wieder Zeit, denn trotz allem muss ich an die Zukunft denken. Die Lage wird auch für uns immer brenzliger, der Geschützdonner ist schon sehr nahe; gestern sind die Russen bei Strehlen durchgebrochen, Brücken wurden gesprengt, bald werden sie hier sein.

Vati meinte, ich könne doch samt Bübele versuchen, nach Waldsassen zu kommen, zu Frau Männers, mit der wir befreundet sind. Die Gegend ist amerikanisch besetzt. Aber das kommt gar nicht in Frage! Zum einen sind alle Bahnverbindungen von den Russen blockiert, zum anderen lasse ich meine Eltern nicht alleine zurück, denn dann macht es Vati womöglich wahr, das Haus und sich in die Luft zu sprengen. Wenn so etwas geschehen sollte, dann will ich dabei sein, dann gehen wir alle zusammen in die Luft.

Mit Mutti war ich heute im Wald, um nach einem geeigneten Platz zu suchen für den Fall, dass wir hier unter starken Artilleriebeschuss geraten. Dann müssen wir für diese Zeit in den Wald flüchten. Wir wollen uns ein kleines Zelt oder einen Unterschlupf bauen, in dem wir jetzt schon Decken und Nahrungsmittel hinterlegen. Und ich kann mich da auch mit Bübele verstecken, wenn es gefährlich wird. Um mich ist mir eigentlich nicht so bange, denn ich habe das feste Gefühl, dass ich alles heil überstehen werde.

Die Russen stehen nun schon zwischen Schweidnitz und dem Zobten. Wenn man durch den Ort geht, kommt es einem vor, als sei man in einen Ameisenhaufen geraten, alle sind auf den Beinen, jeder ist gereizt und aufgeregt, ununterbrochen fahren die voll gepackten Bauernwagen mit Flüchtlingen durch die Straßen, dazwischen die vielen Soldaten in ihren Militärautos und Panzern. Heute haben wir einen Offizier als Einquartierung bekommen, er ist der Leiter der Dienststelle, die in die Wohnung unserer Nachbarn eingezogen ist. Der Wehrmachtbericht meldet: ‚In der Südfront von Breslau konnte der Gegner geringfügig eindringen'.

Ich wurde aufgefordert, morgen früh um acht Uhr mit Bübele auf einem Lastwagen mit nach Glatz zu fahren, es sei die letzte Gelegenheit. Aber ich bleibe.

Ein Tag nach dem anderen vergeht, und an jedem Sonntag denken wir, es wird der letzte sein, den wir Zuhause verbringen. Vor Wochen glaubten wir schon, dass die Russen jeden Tag hier sein könnten, doch noch ist es nicht soweit. Lange kann es aber nicht mehr dauern, wir hören ja schon ihre Maschinengewehre.

Eine Zeitungsmeldung: ‚Der Kriegshilfsdienst des BDM hat jetzt in den Einsatzscharen eine neue Form gefunden, die sich bemüht, den vielfältigen und fast immer unvorhergesehenen Anforderungen an hilfsbereite Hände möglichst weitgehend nachzukommen. Sie stehen für Verpflegungsaufgaben bereit, werden in Nähstuben eingesetzt, als Nachrichtenscharen in den Befehlsbunkern der Gauleiter und Kreisleiter oder als Gesundheitsscharen in Revierstuben, Lazaretten und Verbandsplätzen.'

Der Wehrmachtsbericht meldet heute, am 26. Februar: ‚Die Besatzungen von Breslau und Glogau verteidigen sich in erbitterten Straßenkämpfen, so dass dem Feind nennenswerte Erfolge versagt blieben. Zwischen Neu-Stettin und Konitz konnte der Gegner auf schmalem Raum unsere Sicherungslinien durchstoßen und nach Nordwesten hin Boden gewinnen.'

Immer mehr deutsches Militär trifft im Ort ein, warum wohl? Vati meint, sie rücken vor den Russen aus. Fliegeralarm täglich.

Mutti und ich waren wieder im Wald bei unserem Platz; mit Reisig, Grünzeug und Steinen haben wir ihn sicherer gemacht. Bübele ist ein aufgewecktes Bürschchen und interessiert sich für die Soldaten und die Panzerkampfwagen, wovon es inzwischen genügend im Ort gibt.

Eine Zeitungsmeldung: ‚Der Führer hat die probeweise Aufstellung eines Frauenbataillons genehmigt. Die Frauen sollen so rasch wie möglich tadellos ausgebildet werden. Aufstellung des Frauenbataillons in Verbindung mit der Reichsfrauenführung. Bewährt sich dieses Frauenbataillon, sollen sofort weitere aufgestellt werden.' So ein Bericht in unserer Zeitung – noch gibt es sie, kommt aber sehr unregelmäßig.

Am Morgen waren die ersten Tiefflieger über uns, sie schossen mit Bordwaffen auf Passanten, es gab eine Menge Tote. Nun ist es soweit, dass wir uns vor den eigenen Leuten verstecken müssen. Die Partei und der Volkssturm suchen die Häuser auf und kontrollieren, wer noch da ist. Den Frauen mit Kindern, die nicht gehen wollen, werden die Kinder weggenommen und auf Lastwagen verladen. So zwingen sie die Mütter, mit ihren Kindern zu gehen. In der Niederstadt sollen sie sogar schon mit Gummiknüppeln auf die Frauen losgegangen sein, die sich weigerten.

Für heute Nachmittag ist die Kreisleitung aus Reichenbach angesagt, um eine letzte Aufforderung an die Bevölkerung zu richten. Doch wir glauben, dass sie damit nichts erreichen wird. Lebensmittelmarken gibt es nicht mehr, sie wollen uns aushungern.

Wie ich erfahren habe, ist Langenbielau die erste kommunistische Hochburg in Deutschland gewesen und daher auch jetzt noch ziemlich rot. Ganz öffentlich wird schon gemeutert, Sprechchöre waren auf dem Marktplatz zu hören, und dort wurde auch der deutsche Bürgermeister von 16-jährigen Jungen angeschossen. Die Partei kümmert sich um das alles nicht mehr.

Wir halten jetzt die Garten- und die Haustür verschlossen, und die Verdunkelungen bleiben den ganzen Tag über an den Fenstern. An die Tür haben wir ein Schild gehängt mit der Aufschrift: ‚Evakuiert nach Trautenau'. Sie sollen annehmen, dass wir weg sind.

Durch einen Heimaturlauber habe ich Nachricht von Elschen bekommen, sie ist noch in Rosenheim bei München stationiert, arbeitet beim Militär im Büro in der Urlaubsbearbeitung, es geht ihr gut. Was bin ich froh!

Wir haben richtiges Aprilwetter, manchmal schneit es sogar noch; aber die ersten Schneeglöckchen blühen schon, und darüber freue ich mich, trotz allem. Der Frühling wird kommen, und das gibt einem ein wenig Kraft.

Der Wehrmachtsbericht meldet am 4. März: ‚Schwächere Angriffe der Bolschewisten im schlesischen Raum brachen am Nord- und Ostrand des Zobten im Abwehrfeuer zusammen.' Die Straßen sind wie ausgestorben, kein Mensch ist zu sehen, keiner traut sich raus. Hoffentlich hat alles bald ein Ende; Panzer und Soldaten bevölkern den Ort.

Eine Zeitungsmeldung: ‚Am 5. März rückten die Amerikaner in die nördlichen Stadtteile von Köln ein. Das Rasseln der Panzerketten erschütterte den Boden. US-Panzer lieferten sich ein längeres Gefecht mit deutschen Artilleriestellungen, 20 Soldaten starben. Deutsche Pioniere sprengten die große Hohenzollernbrücke, die einzige Bahnverbindung mit der anderen Seite des Rheins. Der Dom steht noch. Aus zahlreichen Verstecken eröffneten letzte Kämpfer das Feuer auf amerikanische Streitkräfte.'

In der oberen Wohnung haben wir jetzt drei Soldaten mit einer Funkstelle als Einquartierung. Sie sind nett, versorgen uns jeden Mittag mit Essen aus der Gulaschkanone und mit Brot. Dafür putze ich ihnen die Wohnung und spüle das Geschirr.

Heute war ich mit Mutti im Wald, um unser Versteck weiter herzurichten. Aber was sahen wir? Uns blutete das Herz! Am Saum des Waldes wurden über weite Strecken sämtliche Bäume gefällt, das heißt, sie wurden einfach angesägt oder gewaltsam umgeknickt. Es sah aus, als ob eine Schachtel Streichhölzer wahllos ausgeschüttet worden wäre.

Da war kein Durchkommen mehr zu unserem Versteck. Wir standen zunächst wie versteinert, glaubten unseren Augen nicht trauen zu können, wer hatte das gemacht? Unser schöner Wald! Und überall Schützengräben. Wozu soll das noch gut sein? Damit sind doch die Russen nicht aufzuhalten. Mit Wut im Bauch und voller Traurigkeit kamen wir nach Hause und können das Gesehene noch immer nicht so recht fassen.

Die deutschen Soldaten haben sich gesammelt und sind abgezogen, Richtung Neiße, heißt es. Nun soll um den Zobten herum ein großes militärisches Loch sein, wenn die Russen das herausbekommen, sind sie in ein paar Stunden hier, meint Vati. Wir sind jetzt in einem richtigen Kessel, rechts und links rücken die Russen immer näher. Heute haben wir endlich nach drei Wochen mit viel List Lebensmittelkarten bekommen, aber nur unter der Bedingung, dass wir uns evakuieren lassen. Sofort ist Mutti mit mir losgezogen, und wir haben eingekauft, was wir kriegen konnten.

Mit Ingo habe ich mich in der kleinen Wohnung im ersten Stock versteckt, damit die Räumungskolonne uns nicht findet; sie ist schon seit Tagen im Einsatz. Straßenweise soll zwangsevakuiert werden, heißt es, alle müssen raus.

Schon seit Tagen bin ich nicht mehr vor die Tür gekommen; ich darf mich nicht mal am Fenster blicken lassen; ständig muss man gewärtig sein, herausgeholt zu werden. Das zermürbt dermaßen, das kann ich gar nicht beschreiben, und das kann auch keiner glauben, der es nicht selbst erlebt hat. Ich bin froh, dass Bübele von diesen Anspannungen nichts mitbekommt, seine Unbekümmertheit erleichtert uns etwas das Leben.

Die Front der Amerikaner soll schon bei Kassel sein. Es kann sich doch nur noch um Tage handeln, bis das ganze Reich von Feinden besetzt ist. Und was dann? Ob wir dann den ersehnten Frieden bekommen? Jeder Einzelne sehnt sich danach, es ist unser aller Wunsch. Vor den Russen brauchen wir nicht mehr Angst zu haben als vor den Nazis, die machen es nicht anders, da geht Gewalt vor Recht.

Das Radio meldet, dass Berlin fast ganz in russischer Hand ist. Es heißt, dass der Volkssturm und einzelne Wehrmachtsteile sich gegen die deutsche Wehrmacht gestellt haben, sie wollten nicht mehr kämpfen, sie haben es als aussichtslos erkannt. Hitler soll in Berlin sein. In einem Aufruf hat er bekannt gegeben, dass Berlin niemals russisch wird. Tschörner, der Befehlshaber von Schlesien, hat verkündet: ‚Gegen den Russen wird weitergekämpft.' Jetzt sitzen wir am Radio und erwarten jede Stunde die Bekanntgabe des Waffenstillstands.

7. Mai. 1945, Montag: Der Krieg ist aus! Von der deutschen Seite wurde es noch nicht bestätigt, aber Radio BBC meldete es soeben. Morgen soll der Waffenstillstandsvertrag unterzeichnet werden. Um 2.41 Uhr unterzeichnete Generaloberst Alfred Jodl im Namen des deutschen Staatsoberhauptes Admiral Dönitz im alliierten Hauptquartier die deutsche Gesamtkapitulation. Die Einstellung der Kampfhandlungen wurde auf den 8. Mai festgelegt.

Wenn Jochen und Horst noch leben, sind sie jetzt in Gefangenschaft.

Am 6. Mai soll sich Breslau ergeben haben. Der Gauleiter von Schlesien, Karl Hanke, hat sich als einziger mit dem Fieseler Storch des General Niehoff aus Breslau herausfliegen lassen. Er benutzte dazu die Landebahn, die unter großen Opfern von der Zivilbevölkerung über die eingeebnete Kaiserstraße und gesprengte Luther-Kirche angelegt worden ist.

Und heute, am 8. Mai 1945 nachmittags, sind die Russen in Langenbielau eingezogen! Sie kamen von Reichenbach her und sollen in Niederbielau von der Bevölkerung mit Jubel begrüßt worden sein. Der Ort hat sich kampflos ergeben, aus allen Häusern wurden weiße Fahnen gehängt. Noch am Vormittag wurde im Ort gesprengt, wir hörten die Detonationen. Die deutschen Soldaten haben fluchtartig das Weite gesucht, es sollen auch SS-Leute dabei gewesen sein.

9. Mai 1945: Auf Anordnung Stalins wurde heute in Berlin erneut eine Kapitulation unterzeichnet, diesmal unterschrieb Wilhelm Keitel, Chef des Oberkommandos der Wehrmacht. Stalin hatte darauf bestanden, die Kapitulation in der von der Roten Armee besetzten deutschen Hauptstadt zu besiegeln.

Nun sind die Kampftruppen der Russen hier. In der ersten Nacht sollen sie sich wie die Räuber benommen haben, es fanden Überfälle und Einbrüche statt, es wurde geraubt, und Frauen wurden vergewaltigt. Wenn die Russen zu uns ins Haus kommen, werde ich bis auf den Boden, und wenn es nötig ist, auch auf das Dach hinausklettern. Auf jeden Fall darf ich mich in der nächsten Zeit nicht auf der Straße sehen lassen.

Und trotz allem, meine Tanzideen habe ich noch nicht aufgegeben, nur zurückgestellt. Es müssen ja einmal wieder normale Zeiten kommen. Ich habe Kontakt mit einigen Künstlern geknüpft, die hier im Ort untergekommen sind, einer Sängerin, einigen Artisten, einem Rundfunksprecher vom Radio Breslau und einem Musiker. Wenn sich die Verhältnisse einigermaßen gebessert haben, wollen wir uns zusammentun und vielleicht ein buntes Programm auf die Beine stellen.

Bisher hatten wir noch immer Glück, wir wurden noch nicht von den Russen belästigt. Die Bevölkerung ist aufgefordert worden, Rundfunkgeräte, Fahrräder, Schreibmaschinen und Nähmaschinen abzugeben. Für Vati ist das ein schwerer Schlag, wo holt er sich jetzt seine Informationen her? Für Deutsche besteht Ausgangssperre, zwischen 22 und 6 Uhr morgens darf sich keiner auf der Straße sehen lassen, es wird sofort geschossen.

Unser Haus ist von den Russen beschlagnahmt worden, wir mussten aus der großen Erdgeschosswohnung raus, dürfen aber in der kleinen Wohnung im ersten Stock bleiben. Das ist noch das kleinere Übel. Unten zog ein Oberst mit seinem Burschen ein, er macht einen ruhigen und vernünftigen Eindruck,

Am Sonntag, den 1. 7. und 8. 7., um 17 Uhr, bieten wir unserer Gefolgschaft in der Festhalle einige frohe Stunden.

Musik und Tanz aus aller Welt

unter Mitwirkung der Kapelle Klenner—Herrmann und Ula Ruhm

lautet das Programm, wozu wir herzlich einladen.

Langenbielau, den 26. Juni 1945.

Christian Dierig A.-G.

Karten zu RM 2,-, 1,- und 0,50 werden in den nächsten Tagen in den einzelnen Abteilungen verkauft.

1 Juli 1945

Musik und Tanz aus aller Welt

Tanzabend von ULA RUHM
unter Mitwirkung einer Kapelle

	1. Espanola	Pasodoble	G. Winkler
✗	2. Ballett-Walzer a. Halbspitze	Ula Ruhm	J. Strauß
	3. Anjuschka	Tango	W. Jäger
	4. Komm zu mir	Tanzserenade	Rixner
✗	5. Polka	Ula Ruhm	J. Strauß
	6. Schenkt man sich Rosen in Tirol	3 Akkordeon Klenner— Herrmann—Klenner	Zeller
	Der lustige Postillon		Pörschmann
✗	7. Russische Weise	Ula Ruhm	H. May
	8. Pußta-Märchen (Geigen-Solo)	Herrmann	Schulenburg
	9. a) Grillen im Gras	an 2 Flügeln Klenner—Herrmann	
	b) Kurzwellen		K. Buchholz
✗	10. Irrlicht	Ula Ruhm	W. Marx
	11. 12 Minuten Peter Kreuder	Schlagerfolge	Bearb. Rixner

Pause (10 Minuten)

	12. Ein Student geht vorbei	Charakterstück	I. G. Ibanez
✗	13. Illusion lgs. Walzer	Ula Ruhm	F. Grothe
	14. Tanzende Finger	2 Akkordeon Klenner—Klenner	Gerlachs
	Bravoura		K. Mahr
✗	15. Amerikanischer Step	Ula Ruhm	P. Vidale
	16. Die Post im Walde (Trompeten-Solo)	Jung	H. Schäffer
	17. Jalousie	Tango	J. Gade
✗	18. Serenade in Blue	Ula Ruhm	Plessow
	19. „Ferner liefen . ." (Akkordeon-Solo)	Herrmann	Drabeck
	20. Liebling, was wird nun aus uns beiden	Foxtrott	Doelle
✗	21. Akrobatische Tarantella	Ula Ruhm	Rixner
	22. So sind wir	Foxtrott	A. Vossen

Ende

Vati meint, mit dem könnten wir klarkommen. Für uns ist es nun ziemlich eng, zwei Zimmer und Küche, aber immer noch besser, als irgendwo anders hinzukommen, noch sind wir in unserem eigenen Haus.

Mit der Musiker-Familie Klenner habe ich mich zusammengetan, wir haben ein Programm entwickelt, das unter dem Titel ‚Musik und Tanz aus aller Welt' laufen soll. Ich werde mehrere Tänze bringen, Helmut und Tochter Liesel Klenner machen die Musik, am Flügel, auf dem Akkordeon, allein und gemeinsam, Erwin Herrmann bringt ein Solo auf dem Akkordeon und ein Geigensolo, Walter Junge ein Trompetensolo.

Mit dem russischen Oberst habe ich mich jetzt schon mehrmals unterhalten, er spricht gut Deutsch, und ich erzählte ihm von unserem Programm, was ihn sehr interessierte. Er meinte, vielleicht könne er uns auf irgendeine Weise helfen. Und der Oberst spielt mit Vati Schach! Es ist fast nicht zu glauben, aber die beiden Männer kamen ins Gespräch und stellten ihr gemeinsames Interesse für das Schachspiel fest, also war der Grundstein gelegt. Seitdem sitzen sie häufig zusammen, meistens unten in unserer Wohnung; es geschehen noch Wunder!

Vati ist bei seiner Firma zum Personalchef aufgestiegen. Unser Radio und Muttis Fahrrad haben wir zurückbekommen. Vati meint, dass wir das dem Oberst zu verdanken haben.

Mit Hilfe und Fürsprache unseres Obersts haben wir die Genehmigung des russischen Bürgermeisters für unseren Musikabend bekommen. Er wird im großen Saal der Gastwirtschaft ‚Zum Quoos' in Neubielau stattfinden.

Ich trainiere täglich mehrere Stunden und stelle mich ganz auf Solotänze um, denn wer weiß, ob Elschen noch mitmacht, wenn wir erst wieder zusammen sind. Nach einer tollen, schnellen Musik habe ich einen Tanz entworfen, den ich ‚Irrlicht' nenne. Dazu erarbeite ich mir gerade ein Kostüm: ein schwarzes Trikot mit einer schwarzen Strumpfhose, dazu eine schwarze, spitze Mütze und schwarze Handschuhen, nur mein Gesicht wird zu sehen sein, das ich weiß schminke. Das ganze Kostüm werde ich mit einer Leuchtfarbe in Schlangenlinien bemalen, die bei nur sehr sparsamer Bühnenbeleuchtung dominieren soll, deshalb die Bezeichnung ‚Irrlicht'. Manfred hat Beziehungen und kann mir die Leuchtfarbe besorgen.

Es kommen immer mehr Polen in den Ort, sie machen sich breit. Es gibt schon kein deutsches Geschäft mehr, egal welcher Art, alle wurden von Polen besetzt. Aber auch die Russen benehmen sich immer schlimmer, nehmen den

Deutschen auf der Straße, auch bei Tage, alles ab, was sie haben möchten, egal, ob Kleidung, Schmuck oder Geld. Und es gibt reihenweise Einbrüche in Wohnhäuser sowie Vergewaltigungen.

Gestern war Premiere unseres musikalischen Abends ‚Musik und Tanz aus aller Welt', wir hatten großen Erfolg. Die Leute standen an der Kasse Schlange, der Saal war ausverkauft. Es ist die erste Veranstaltung dieser Art seit langem und für die Bevölkerung eine willkommene Abwechslung. Mutti hat einige Photos von meinen Tänzen gemacht, sie sind gut geworden.

Ich habe mich erkundigt, ob und wann ich nach Schweden ausreisen kann. Ich gab an, Verbindung mit einer schwedischen Künstler-Agentur zu haben, die mich sofort als Tänzerin engagieren will. Mir wurde gesagt, dass ich in Schweidnitz die Papiere für die Ausreise bekommen könnte, und dann stünde nichts mehr im Wege. Aber das erscheint uns doch etwas zu einfach, zu glatt. Vati meint, dass ich noch abwarten soll.

Der große Krieg ist zwar vorbei, worüber wir alle sehr froh sind. Aber für uns hier, für die Bevölkerung, beginnt der kleine Krieg mit den Besatzungsmächten. Ein täglicher Kleinkrieg um den Besitz, um die Gesundheit und um die Freiheit. Die Russen und Polen engen uns immer mehr ein, geben Verordnung um Verordnung heraus, fast alles ist verboten. Seitdem wir die weißen Armbinden tragen müssen als Kennzeichnung, dass wir Deutsche sind, sind wir erst recht Menschen niederer Klasse.

Vielleicht ist das eine Art Ausgleich der Bevölkerung in Westdeutschland gegenüber, die durch täglichen Bombenhagel in großer Angst und Gefahr gewesen ist und meistens alles verloren hat. Dort wird durch die englische und amerikanische Besatzung vielleicht langsam wieder ein normales Leben einkehren, während wir hier jetzt täglich um unser Leben und unser Hab und Gut bangen müssen.

Gestern wollten mehrere Polen ins Haus, die Haustür war verschlossen, ich war allein und machte nicht auf. Sie versuchten, mit etwas Schwerem die Tür einzuschlagen, da habe ich geöffnet; zwei Polen haben sofort auf mich losgeprügelt. Ich wusste nicht, wie mir geschah, meine Nase blutete, ich kriegte keine Luft und habe geheult und mir die Arme vors Gesicht gehalten. Das Gefühl werde ich niemals vergessen, so machtlos vor vier Männern zu stehen und sich nicht wehren zu dürfen.

Sie zogen durch das ganze Haus, Türen, die verschlossen waren, öffneten sie mit einem Dietrich, ich schlich vorsichtig hinter ihnen her; auch oben die zwei kleinen Mansardenstübchen begingen sie und meinten: zwei Zimmer seien genug für uns fünf Personen, alles andere würden sie beschlagnahmen. Auf meinen Einwand, unsere Wohnung sei von einem russischen Oberst besetzt, reagierten sie nicht, auch nicht auf die Bescheinigung des Obersts, die er uns ausgestellt hatte, bevor er nach Russland in Urlaub fuhr. Einer der Polen knüllte sie zusammen und warf sie mir ins Gesicht.

Und schon am nächsten Tag kamen die Polen mit Soldaten wieder, sie beschlagnahmten drei von unseren vier Zimmern, schrieben alle Möbelstücke auf. Die gepackten Koffer und mein Akkordeon hatten wir in die Nachbarschaft geschafft. Jetzt suchten sie danach, einer stellte sich vor Mutti, hob die Faust und sagte: ‚Du Aas, wo sind die Koffer und das Akkordeon?' Mutti zuckte nur die Schultern.

Mit der Künstlertruppe stellten wir ein Programm zusammen; ich habe mit sechs Mädchen ein Ballett gegründet, und studiere nun zwei Tänze mit ihnen ein. Die Mädchen sind eifrig bei der Sache, die Kostüme nähen sie sich selber, dazu aus dem gleichen Stoff die Schuhe. Es ist schwer jetzt, Kostüme für ein Ballett zusammenzustellen, aber wir haben in der Schneidermeisterin Lotte eine gute Beraterin.

Der Rundfunksprecher Vicki von Radio Breslau hat mal als Artist gearbeitet und beherrscht einigermaßen eine Rollbalance, er kann auch singen. Ewald, der Artist, hat mit seinem kleinen Sohn schon eine Kautschuk- und Balancenummer einstudiert. Alice, die Sängerin, bringt Operettenmelodien, und meine Schulfreundin Erni, die Schauspielerin werden möchte, kann klassische Rollen rezitieren und Schlager singen.

Mit einem talentierten jungen Mann habe ich drei Tänze einstudiert, einen Tango, eine Samba und einen Stepp. Er stellt sich gar nicht so dumm an, und er sieht gut aus.

Sogar mit Bübele habe ich einen kleinen Tanz probiert, nach der Musik von ‚Ein Männlein steht im Walde …', er ist kostümiert wie ein kleiner Fliegenpilz. Er hat mir zwar erklärt, dass er nur tanzen würde, wenn keine Leute zusehen. Er ist sehr scheu, aber manchmal auch ganz schön forsch, wenn wir alleine sind. Wir müssen jetzt oft über seine Aussprüche lachen.

Manfred, der Kunstmaler werden möchte, wird uns die Kulissen herstellen. Von den Dierig-Werken haben wir die Genehmigung bekommen, in einer großen ehemaligen Werkzeughalle, in der es eine Art Bühne gibt, das Programm zu zeigen. Es wird unter der Ankündigung ‚Die Götzonas – Es leuchten die Sterne' laufen.

Durch den russischen Oberst im Haus haben wir tatsächlich Schutz vor einbrechenden russischen Soldaten. Er ist wieder zurück; er ist ein höflicher, freundlicher Mann, ist Jude, spricht Deutsch, man kann sich gut mit ihm verständigen. Und seinen Burschen hat er gut im Griff, der wird mir nichts antun.

Kurz ehe der Oberst bei uns einzog, hatte ich noch ein aufregendes Erlebnis: In der Nacht wurde ich durch ein Geräusch geweckt, das von außen kam. Unter meinem Zimmer liegt der Kartoffelkeller, der ein mit Eisenstäben versehenes Fenster hat. Und an diesen Eisenstäben wurde gesägt, ganz eindeutig. Ich habe nicht lange überlegt, schlich mich ans Fenster und sah eine gebückte Gestalt am Kellerfenster hantieren. Wären es mehrere Soldaten gewesen, hätte ich mich ruhig verhalten, so aber habe ich das kleine Fenster aufgerissen und habe ein paar russische Worte von mir gegeben. Der Soldat ist so erschrocken, dass er sofort davonlief.

Was meine russischen Worte angeht, muss ich erwähnen, dass Mutti vor kurzem mit einem russischen Lehrbuch ankam; woher sie das hatte, weiß ich nicht, aber wir beide haben uns darüber hergemacht und lernen seitdem eifrig. Man kann ja nie wissen …!

Oh, diese Enttäuschung! Eine Viertelstunde vor Beginn der Vorstellung, wir waren schon geschminkt und in Kostümen, kamen drei Polen und verboten uns das Unternehmen. Warum? Das durften wir nicht fragen. Es wurde uns nur gesagt, dass in den nächsten Tagen eine polnische Kommission kommen wird, die sich das Programm ansieht, vielleicht können wir die Vorstellung dann eine Woche später geben. Damit hatten wir zufrieden zu sein – basta!

Drei Tage später fand die Zensierung durch das polnische Propagandaamt statt. Wir zeigten die gesamte Vorstellung vor fünf Polen. Das Bühnenbild hatte der Maler geschaffen, einen großen, halben Mond und viele große und kleinere Sterne, alles aufgehängt an einem schwarzen Vorhang im Hintergrund der Bühne. Darüber in schwungvollem Bogen und in großen Buchstaben ‚Die Götzonas'.

„Götzonas" im Finale: „Es leuchten die Sterne" (1945)

Die Herren waren begeistert! Sie sagten es auch, waren sehr freundlich, und uns sind viele Steine vom Herzen gefallen. Aber eine Auflage bekamen wir: Jegliches deutsche Wort während des Programms sei verboten. Das Programm muss in polnischer Sprache gedruckt werden. Und die Künstler müssen einen Ausweis in polnisch vorweisen können. Im übrigen könne die Vorstellung so bleiben, wie sie ist. Nun, solch einen Ausweis haben wir uns selbst gebastelt, und Mutti gab eine schwungvolle Unterschrift als Pole dazu. Man muss sich zu helfen wissen!

Dann beratschlagten wir, was zu tun sei. Wir hatten außer den Liedern von Alice auch einen Sketch im Programm; keiner von uns konnte Polnisch. Dieser Sketch des Humoristen musste also entfallen, ebenfalls die Rezitation von Erni. Für Alice fanden wir eine Lösung: Alice konnte etwas englisch und wird hinter dem Fächer, den sie beim Auftritt in Händen hält, einen kleinen Zettel mit dem Liedtext verstecken. Vicki, der zwei Lieder bringt, kann ein wenig Italienisch und Englisch, und wird seinen Text entsprechend kombinieren.

Am Sonntag war Premiere unseres ‚Bunten Abend', er wurde ein voller Erfolg, die Leute standen wieder an der Kasse Schlange, der Saal war ausverkauft, wie schon bei unserem Musikabend. Wir bekamen viel Beifall. Man kann so dumm sein, wie man will, man muss sich nur zu helfen wissen. Mutti hat einige Photos von unseren Darbietungen gemacht. Wir gaben uns den Namen ‚Die Götzonas', in Anlehnung an den bekannten Spruch des Götz von Berlichingen, dessen weise Worte wir gegen die Polen nutzen wollen. Am nächsten Sonntag sollen wir das Programm wiederholen, eine Vorstellung nur für die polnische Bevölkerung.

Ich möchte etwas über meine Kostüme festhalten: genäht werden sie von der Schneidermeisterin Lotte, sie hatte mir auch mein Ballkleid zum Abschluss der Tanzstunde gefertigt. Den Stoff für die Kostüme hat Vati bei Dierig besorgt, ich mag am liebsten Lavabelstoffe, die sind leicht, sehen seidig aus, und es gibt wundervolle Farben. Die Entwürfe mache ich selbst oder auch mit Hilfe von Mutti und der Schneiderin.

Ich habe ein Engagement in unserem Kino. Der Pächter des Kinos sprach mich an, ob ich Lust hätte, vor der Kinovorstellung einen Tanz zu bringen. Auf meine erstaunte Frage, weshalb, meinte er trocken: ‚Damit mehr Leute kommen.' Die Vorstellungen werden im Moment nicht gut besucht, der Überfälle wegen.

Ich habe zugesagt, und nun kommen wieder mehr Besucher; nach dem ersten Auftritt habe ich sogar ein paar Blumen bekommen.

Unser buntes Programm sollen wir jetzt auch in Reichenbach, im ‚Hotel zur Sonne', bringen, es hat sich herumgesprochen, sogar der polnische Bürgermeister macht Reklame für uns. Und wir werden auch eine Gage bekommen, wie viel, ist nicht gesagt worden.

Unsere Situation hier spitzt sich mehr und mehr zu; immer öfter geraten sich Russen und Polen in die Haare, sie können einander nicht leiden, jeder will das Sagen im Ort haben. Die russischen Kampfgruppen sind weiter gezogen, statt ihrer kamen die Besatzer, aber die Polen sind nun die Herren im Ort, und sie lassen es uns spüren. Es wird immer klarer, dass wir Deutschen für

Polen optieren sollen, nur dann können wir hier bleiben, heißt es, ansonsten sollen wir ausgewiesen werden. Ich werde niemals eine Polin!

Würden wir nur eine Gelegenheit finden, vorher planvoll mit unserem Hausgerät nach Westdeutschland umzuziehen, wir täten es. Aber das ist nicht möglich, die Polen würden uns alles abnehmen, meint Vati. Diese ewige Ungewissheit ist furchtbar, keine Minute ist man sicher. Ich trage keine weiße Armbinde, obwohl es Vorschrift ist für jeden Deutschen, aber auf der Straße fällt man sofort auf, wenn man sie trägt, und den Polen erleichtert es die Überfälle. Sie beginnen jetzt damit, die Deutschen aus ihren Wohnungen zu vertreiben.

Ich verkaufe nun viele meiner Sachen, wie mein kleines Akkordeon, eine Armbanduhr, sie werden mir ja doch geklaut. Jetzt muss auch alles Kleinvieh gemeldet werden; unsere Kaninchen will Mutti bald schlachten, und die kleine Ziege hat Vati schon verkauft.

Gestern hat unsere Künstlertruppe bei mir eine große Sitzung abgehalten, wir wollen geschlossen nach Westdeutschland auswandern, nicht abwarten, bis man uns vertreibt. Jetzt suchen wir nach einer Möglichkeit, wie wir das bewerkstelligen können mit all unseren Sachen. Es wird nicht leicht sein.

Wir sind 15 Personen, aber nur zehn wollen mit. Alle Möglichkeiten für eine Flucht haben wir erwogen, natürlich möchte jeder so viel Gepäck mitnehmen, wie möglich. Zuerst müssen wir uns um eine Fahrgelegenheit kümmern, ab Reichenbach soll der Zug gehen, obwohl die Benutzung für Deutsche verboten ist. Wenn es uns gelingt, bis nach Görlitz zu gelangen, wo die Grenze von Polen zur russischen Zone verläuft, kann man weiter sehen. Um meine Tanzkostüme ist mir bange, sind sie doch die Grundlage für meine Arbeit im Westen.

In Westdeutschland, woher ein Verwandter von Bekannten kam, soll schon wieder alles einen geregelten Gang gehen, es gibt wieder Lebensmittel auf Karten, und das deutsche Geld hat seinen alten Wert, im Gegensatz zu hier, wo es schwierig ist, deutsches Geld einzutauschen, es gibt keines oder doch nur sehr schwer und mit großem Verlust beim Umtausch.

Zwei Koffer und ein Rucksack stehen gepackt bereit, ich kann jederzeit los. Inzwischen ist unsere Truppe geschrumpft, was den Weggang betrifft; jetzt ist außer mir nur Manfred, der Maler, übrig, die anderen wollen ihre Familien und Freunde nicht allein lassen. Ich kann sie verstehen und bin darüber nicht böse, denn je mehr Personen unterwegs sind, desto schwieriger ist das Durchkommen. Für uns Deutschen ist das Reisen verboten, die Polen wollen uns lieber rausschmeißen.

Mutti hat mir in alle Doppelnähte meiner Kleidung deutsches Papiergeld eingenäht. Das soll ich in Augsburg, mit Hilfe der Männer vom Dierig-Werk, bei einer Bank einzahlen, als Startkapital für den Tag, an dem wir von den Polen aus der Heimat verjagt werden. Ich hoffe, dass ich es ohne Körperkontrolle bis zur Bank in Augsburg schaffen werde.

Ich habe meinen unechten Silberschmuck gut geputzt und will ihn zum Eintauschen, oder Bestechen benutzen, er sieht wirklich echt aus. Außerdem habe ich zwei Flaschen Schnaps und Zigaretten als Bestechung im Gepäck. Ich denke, dass ein junges Mädchen mit diesen Gegenständen unterwegs einiges anfangen kann. Der Maler und ich sind nun fest entschlossen, in ein paar Tagen aufzubrechen. Es ist zwar ziemlich kalt geworden, und Schnee liegt auch, aber darauf wollen wir nun keine Rücksicht nehmen. An Elschen habe ich einen Brief geschrieben, sie wohnt außerhalb von München, ist bei einem Bauern in Frasdorf untergekommen. Sie soll wissen, dass ich auf dem Weg zu ihr bin.

Morgen früh am 9. Dezember soll es losgehen, ich nehme nur den Rucksack mit dem Nötigsten, die Koffer lasse ich hier. Wir hoffen und beten, dass wir unterwegs nicht kontrolliert werden, wir werden auch keine weiße Armbinde tragen. Wenn ich in Augsburg und München alles erledigt habe, komme ich zurück, ich will die Eltern und Bübele nicht allein lassen, wenn wir von den Polen vertrieben werden.

Mutti gab mir ein kleines Heft und einen Bleistift und riet mir, alles aufzuschreiben bei dieser Reise ins Ungewisse. Ich rufe mir selber ein Toi – Toi – Toi zu!

Bei aufgehender Sonne fuhr ich mit Manfred in einem Bauernwagen nach Reichenbach. Wir wickelten uns in die mitgenommenen Decken, das Thermometer hatte minus 21 Grad angezeigt, aber wir waren guter Dinge. Ich warf noch einen Blick zurück auf die verschneiten Berge, die von der Morgensonne in zartes Rosa gehüllt waren, über uns ein glasklarer Himmel.

Auf dem Bahnhof in Reichenbach erwischten wir einen Personenzug, der von Polen voll besetzt war, aber wir quetschen uns noch in eine Abteilecke. Ich trug ein Kopftuch, so, wie es die Polinnen tragen, und an Kleidung alles doppelt, von der Unterwäsche bis zum Mantel. Manfred hatte über seine Kleidung einen alten, blauen Monteuranzug gezogen, und eine schäbige Schirmmütze auf dem Kopf. Wir waren ein wirklich schönes Paar!

Wir kamen bis Liegnitz, fanden für die Nacht Unterkunft in einem Kloster. Mit 18 Personen schliefen wir in einem großen Raum auf nacktem Steinboden, Mäuse gaben sich ein Stelldichein. Es existierten zwar ein paar Pritschen, aber die waren von älteren Menschen besetzt. Auf dem kalten Boden liegend, nur eine Decke unter mir, schreibe ich diese Zeilen, weil ich vor Kälte und Zähneklappern nicht schlafen kann. Die Kerze, die ich mir von Zuhause mitnahm, muss lange reichen. Mit dem Maler habe ich Bruderschaft geschlossen, es wäre ja blöd, sich bei so einem Unternehmen zu siezen.

Am Morgen gab es heißen Kaffee und ein Stück Brot. Wieder bis zur Unkenntlichkeit vermummt, liefen wir zum Bahnhof, erfuhren, dass heute kein Zug fährt. Zu Fuß ging es weiter, wir zogen in Richtung Landstraße.

Hinter der Stadt nahm uns ein Russenauto gegen Zigaretten und Schnaps bis Haynau mit; dann wieder etwa sechs Kilometer gelaufen, wieder ein Russenauto bis Bunzlau, kurz vorher ausgestiegen, um der polnischen Kontrolle zu entgehen. Wir schlugen uns seitlich in die Büsche, kletterten über umgefallene Zäune, stiegen durch zerbombte Häuser und über Gräben bis zu einem Haus, in dem noch Deutsche wohnten. Wir haben lange klopfen müssen, bis uns jemand öffnete, aber dann durften wir uns in der Küche aufwärmen, und ich konnte unsere heutigen Erlebnisse aufschreiben. Nun darf ich mir auf einem alten Sofa in der Küche ein Nachtlager machen, der Maler muss auf dem Fußboden schlafen.

Am nächsten Morgen machten wir uns auf den Weg bis zur Landstraße Richtung Siegersdorf, mit wenig Glück, kein Auto nahm uns mit. Aber es war nicht so kalt, die Sonne schien, und es ließ sich gut laufen. Die weiße Landschaft, der Wald, durch den wir ab und zu kamen, über allem eine feierliche Ruhe; hätten uns nicht immer wieder zerschossene Panzer, Stahlhelme und Gasmasken rechts und links des Weges an die schreckliche Zeit erinnert, man hätte leicht annehmen können, einen friedlichen Spaziergang durch die

Winterlandschaft zu machen. Doch etwas störte dabei sehr, unsere schweren Rucksäcke, sie drückten ganz ordentlich auf unsere Buckel.

Als wir durch das nächste Dorf kamen, das völlig zerstört schien, entdeckten wir einen älteren Mann, der uns ansprach und wissen wollte, wohin wir ziehen. Gegen ein paar Zigaretten besorgte er uns einen alten Schlitten, und wir konnten unsere Rucksäcke darauf laden.

Gegen Mittag, wir waren etwa 15 Kilometer gelaufen, erreichten wir Siegersdorf. Hier fanden wir einen Fleischer, bei dem es etwas zu essen gab, und wo wir uns ein bisschen ausruhen durften. Inzwischen war es Nachmittag geworden, es fing an zu dunkeln. Da das nächste Dorf zwölf Kilometer entfernt lag, hatte es keinen Sinn, weiter zu marschieren. Unser Grundsatz ist, nichts überstürzen – erst die Lage peilen. Wir durften die Nacht in einem kleinen Raum der Fleischerei auf zwei Bänken schlafen, etwas hart zwar, aber das waren wir ja inzwischen gewöhnt, es war wenigstens einigermaßen warm. Die Fleischerfrau erzählte, was sie für schreckliche Sachen mit den Russen erlebt haben; sie machte uns Angst, dass auch heute Nacht wieder Einbrüche und Überfälle passieren könnten. Doch der heutige Tag war so anstrengend gewesen, dass ich vor Müdigkeit nichts mitbekommen werde, sollte etwas passieren. Ich hatte nur den Wunsch zu schlafen.

Die Nacht verging ruhig. Wir zogen morgens gegen neun Uhr los, als nächstes Ziel Görlitz, bei einem Schneesturm, dass man die Hand nicht vor Augen sah. Der Schnee war so wässrig, dass wir schon nach kurzer Zeit vollkommen durchnässt waren. Nach etwa fünf Kilometern schickte uns der Himmel ein Russenauto; zunächst gab es Schwierigkeiten, da das Auto mit sechs Polen und vier Russen besetzt war und die Polen uns nicht mitnehmen wollten. Doch die Russen setzten sich für uns ein, und die Polen gaben schließlich nach, wieder gegen Schnaps und Zigaretten. Wir merkten, dass die Russen sich diebisch freuten, den Polen ein Schnäppchen schlagen zu können.

Kurz vor der Brücke in Görlitz noch auf der polnischen Seite stiegen die Polen aus, und wir fuhren mit den Russen auf die russische Seite. Bis jetzt hatten wir Glück, wurden nicht ein einziges Mal kontrolliert. Wir besaßen zwar Ausweispapiere, aber die hätten uns nicht viel geholfen, da es für Deutsche verboten war, ‚auf Reisen' zu gehen. Noch mehr aber sorgten wir uns um unsere Sachen und um das versteckte Geld.

Sobald wir auf der russischen Seite waren, machten wir uns davon, der

Maler schlüpfte in einem Hauseingang aus seiner Verkleidung. Sehr nötig hätten wir eine Waschgelegenheit gebraucht, denn seit vier Tagen waren wir nicht aus unseren Kleidern gekommen.

Ich kann gar nicht sagen, wie leicht mir wurde, wir sind uns um den Hals gefallen, und ich habe geweint, auch vor Erschöpfung. Dann wanderten wir in die Stadt, um ein Quartier für die Nacht zu finden, den Schlitten ließen wir einfach stehen. Im ‚Deutschen Haus' bekamen wir Quartier und konnten uns endlich mal wieder gründlich waschen. Manfred hatte einen Vier-Tage-Bart.

Am nächsten Morgen fuhr ab Görlitz ein Personenzug Richtung Leipzig. Die Mitreisenden erzählten, dass auf dieser Strecke die Wagen häufig von den Russen geplündert und die Reisenden aus den Abteilen geworfen werden. Aber es ging alles glatt. Abends gegen 21 Uhr kamen wir in Leipzig an, keine weitere Verbindung, Aufenthalt im überfüllten Wartesaal, wo wir mit viel Glück zwei Stühle erwischten. Diese Zeilen schreibe ich auf meinen Knien, denn Tische gibt es nicht. Um mich herum ist ein ständiges Kommen und Gehen, Geschrei und Kindergebrüll; alles schmutzige und müde Gestalten, die Luft zum Schneiden dick. Der Maler sitzt neben mir auf seinem Rucksack am Boden, mit dem Kopf auf einem Stuhl, und schläft, was man in dieser Lage schlafen nennt. Ich werde es jetzt auch versuchen, denn die Nacht wird lang. Der Wartesaal ist zwar kalt, aber durch meine doppelte Kleidung bin ich ziemlich warm verpackt.

Wie sehne ich mich danach, wieder einmal in einem weichen Bett zu schlafen und eine richtige warme Mahlzeit zu bekommen; jetzt haben wir schon seit fünf Tagen kein warmes Essen mehr, leben nur von dem Brot, das wir mitnahmen. Ich bin froh, dass ich die Sachen im Rucksack und auch das Geld noch besitze und alles heil über die Grenze gebracht habe. Hier plündern die Russen nicht soviel wie zu Hause, aber man muss auf seine Sachen aufpassen, sie werden im Handumdrehen geklaut.

Deutschland wurde nach dem Willen der Siegermächte in Besatzungszonen aufgeteilt: die Amis haben Süddeutschland, die Engländer den Norden, die Franzosen den Südwesten, und die Russen besetzten ganz Ostdeutschland bis zur Oder hin. Und jede Zone hat eine Grenze, die nur mit gültigen, also genehmigten Papieren überschritten werden kann. Wird man ohne sie erwischt, lassen sie einen nicht einreisen, man wird zurückgeschickt oder für ein paar Tage eingesperrt.

Bahnsteigkontrolle zu dem Zug gegen sechs Uhr früh nach Sangershausen; unser Ziel war ein kleiner Ort in Thüringen, Neustadt, wo Manfreds Vater lebt, wieder verheiratet ist und eine große Familie hat. Zulassungskarten besaßen wir natürlich nicht und bekamen auch keine, denn die waren immer schon Tage vorher vergriffen. Aber wir hatten Glück und kamen ohne Kontrolle durch. Der Personenzug war schrecklich überfüllt, die Menschen standen überall, selbst im Bremserhäuschen und auf den Puffern hockten sie.

In Sangershausen angekommen, suchten wir das Rote Kreuz auf, bekamen etwas Brot, Margarine und Wurst sowie einen Teller warme Suppe. Danach gingen wir in den Ort, um eine Bleibe für die Nacht zu finden. Wir hatten Glück und kamen in einem Gasthaus unter. Sangershausen ist ein kleines Städtchen, das unter Bombenangriffen nicht sehr gelitten hat, nur am Bahnhof waren ein paar Häuser völlig kaputt. Hier konnte ich endlich die vielen Briefe, die ich auch von Bekannten von Zuhause mitgenommen hatte, in einer Post aufgeben. Ich fand einen Friseur, der mir die Haare wusch. Nun, nachdem ich den Verlauf des heutigen Tages zu Papier gebracht habe, werde ich mal wieder in einem Bett schlafen.

Mit viel Verspätung ging der Zug am nächsten Morgen nach Bleicherode, auch er wieder völlig überfüllt, Manfred schob mich mit Gewalt in ein Abteil, er verbrachte die Fahrt auf einem Puffer, und das bei 15 Grad Kälte, er tat mir leid. Weiter ging es zu Fuß über Bischoferode und Hausreden, etwa zwei Stunden brauchten wir, und kamen bei einbrechender Dunkelheit in Neustadt an. Auf der Straße begegneten wir Manfreds Vater. Die Freude war groß, schon deshalb, weil Manfred keine genaue Adresse wusste. Der Vater hatte Langenbielau schon vor dem Krieg verlassen, die Gründe kenne ich nicht, er baute sich in Thüringen mit einer Frau ein neues Leben auf. Von der Familie wurden wir nett aufgenommen, sie lebt in einer ärmlichen Wohnung, vier kleine Kinder begrüßten uns. Wir waren hundemüde und mir wurde ein altes, durchgesessenes Sofa für die Nacht angeboten, aber egal, ich werde wie ein Murmeltier schlafen.

Neustadt ist ein armes, kleines Dorf, auf einem Hügel gelegen. Nun ist es heute eine Woche her, dass wir ‚auf Reisen' gingen; was mag wohl inzwischen daheim passiert sein? Mutti und Vati werden in Sorge um mich sein, denn ich kann ihnen kein Lebenszeichen geben. Wir machten uns auf die Suche nach einem möblierten Zimmer, da wir Weihnachten hier verbringen wollen, vielleicht auch noch Silvester, viele Züge verkehren an diesen Tagen nicht. Wir hatten Glück und fanden in der Nachbarschaft bei einer alten Dame ein kleines Zimmer für mich. Manfred wird sich in der kleinen Wohnung seines Vaters einrichten müssen.

Ich muss mich während dieser Ruhetage etwas erholen, bevor wir weiter ziehen. Essen kann ich bei Manfreds Eltern, werde natürlich etwas dafür bezahlen. Heute konnte ich ein paar Äpfel ohne Marken kaufen.

Das möblierte Zimmerchen und die Ruhe genieße ich, es kostet 15 Mark; in der Küche der alten Dame durfte ich schon meine Leibwäsche in einer Schüssel waschen. Das Wetter ist verhältnismäßig warm für diese Jahreszeit. Heute habe ich zwei Briefe geschrieben an Adressen, die Mutti mir gab, an Jugendfreundinnen, die noch in Magdeburg wohnen.

Fahrt nach Nordhausen, um ein paar Kleinigkeiten für den Weihnachtsabend für die Kinder zu kaufen, aber viel Gescheites gab es nicht. Auch diese Stadt hat gewaltig unter Fliegerangriffen gelitten, die ganze Innenstadt ist ein Trümmerhaufen.

Wir besuchten am Nachmittag sogar ein Kino, sahen einen Film über Tschaikowsky und seine Musik. Ich liebe diese schwermütige Musik sehr.

Frau B., Manfreds Stiefmutter, gibt sich mit dem Essen große Mühe, wirklich eine Kunst bei den mageren Zuteilungen auf die Lebensmittelmarken. Bei der Familie fehlt es aber an Sauberkeit; die Kinder sind schmutzig wie die Ferkel, Waschen ist ihnen wohl ein Fremdwort. Der Jüngste ist zwei Jahre alt und stinkt von weitem, ich habe noch nicht gesehen, dass er gewaschen wurde. Am Bettzeug bleiben die Kinder bald kleben. Die beiden Kleinen, die in einem Bett zusammenliegen, haben nur Lumpen darin, keine Kissen. Angezogen werden sie den ganzen Tag über nicht, sie laufen in ihren Nachthemdchen herum und sind barfüßig. Ein Zustand, den ich, trotz aller Armut, bei einer deutschen Frau niemals für möglich gehalten hätte.

Manfred ist heute mit seinem Vater in die Kreisstadt Worbis gefahren, um dort die Aufenthaltsgenehmigung für uns zu bekommen, danach erst erhalten wir Lebensmittelkarten. Für mich bekam er sie nur ausgehändigt mit der Angabe, dass ich seine Verlobte sei. Ich hatte derweil herrliche Ruhe, machte einen Spaziergang in die schöne Umgebung. In meinem kleinen Zimmer habe ich es warm, die alte Dame gab mir etwas Kleinholz und ein paar Briketts. So sitze ich, schreibe, nähe, stopfe an meiner Garderobe, und meine Gedanken sind wieder daheim.

Das tägliche Leben mit seinen Sorgen nimmt jetzt alles in Anspruch, es bleibt keine Zeit und auch kein Gedanke für das Tanzen und für die Karriere. Die Gegenwart ist überlebenswichtig.

Manfred und ich haben uns entschlossen, noch über Neujahr hier zu bleiben, dann soll es ausgeruht weitergehen, Richtung München.

Nun steht der Weihnachtsabend bevor, und ich bin so weit weg von daheim, doch mit meinen Gedanken immer dort. Ich habe große Sehnsucht nach meinem Süßen. Mutti wird den Tannenbaum schmücken, was sonst immer meine Arbeit ist. Hoffentlich haben sie an den Feiertagen wenigstens Ruhe vor den Russen und Polen. Manfred hat mir einen kleinen Tannenbaum für den Tisch organisiert, vielleicht finde ich etwas, womit ich ihn schmücken kann.

24. Dezember 1945, Montag, Heiligabend in Neustadt in Thüringen:

Mir liegt der Tag schwer auf dem Gemüt; Mutti und Vati werden in Gedanken sicher bei mir sein, ohne zu wissen, wo ich mich aufhalte; es gibt keine Postverbindung. Den ganzen Tag über denke ich an zu Hause, jetzt am Abend sehe ich sie am Weihnachtsbaum sitzen.

Nach dem Abendessen bei Manfreds Eltern mit Bratwürstchen und Kartoffelsalat haben die Kinder ein paar Spielsachen bekommen, wir haben etwas Likör getrunken, und ich habe Bonbons gemacht. In der Pfanne wird etwas Butter zerlassen, darin viel Zucker aufgelöst und miteinander vermischt. Für die Kinder war es eine Schleckerei. Von Manfred habe ich ein Buch über Franz Liszt bekommen. Später habe ich mit ihm noch einen kurzen Spaziergang in der Weihnachtsnacht gemacht, es war alles so friedlich, so schön und ruhig, dass man an nichts Schlimmes denken mochte. Manfreds Eltern haben mir ein kleines Radio geliehen, so habe ich später in meinem Zimmerchen Musik gehört und gelesen. Ich fange wieder an, kleine Geschichten zu schreiben, und das ist das beste Zeichen dafür, dass ich seelisch wieder in die Reihe komme und meine Nerven sich langsam erholen. Jetzt ist es fast Mitternacht, und ich werde schlafen gehen.

Heute habe ich mit Manfred wieder einen langen Spaziergang im Schnee gemacht, eine blasse Sonne schien. Im Sommer muss es hier herrlich sein, der kleine Ort Neustadt liegt auf einem Hügel, in der Nähe ist Wald, und glasklare Bäche ziehen sich weit durch Felder und Wiesen. Die Häuser sind bunt angestrichen, das sieht sehr lustig aus.

Ich fuhr mit Manfred in der Kleinbahn nach Nordhausen, um mich zu erkundigen, wo ich meine Fachschaftspapiere erneuern kann, die ich brauche, wenn ich wieder arbeiten will. Ich wurde von einem Ort zum anderen geschickt, zum Opernhaus, dann Schauspielhaus und danach Kulturkammer, keiner war zuständig. Wenn mir also irgendwo ein Engagement winken sollte, habe ich zunächst keine Fachschaftspapiere vorzuweisen, nur mein Können.

Später entdeckten wir eine öffentliche Badeanstalt; voller Wonne habe ich in einer Badewanne im heißen Wasser gelegen, und das war auch dringend notwendig, denn wir sind jetzt schon vierzehn Tage unterwegs und das ohne Möglichkeit der Körperpflege. Gute Nacht.

Sylvester: Nun geht das alte Jahr zu Ende. Die ruhigen Tage hier machen mich schon nervös; wir haben beschlossen, unseren Aufenthalt am 5. Januar zu beenden. Unser Ziel heißt München. Manfred hat mir einen Heiratsantrag gemacht! Sobald er es zu etwas gebracht hat, sagte er, soll die Hochzeit sein. Nun, das wird sicher noch einige Jahre dauern, die Aussichten sind schlecht, und bis dahin bin ich eine alte Schachtel! Manfred ist zwar ein netter Kerl, ein guter Kamerad, aber für eine Heirat reichen meine Gefühle nicht. Als ich ihm das sagte, konnte er es nicht begreifen. So sind die Männer!

Seit gestern sind wir zwei Mitglied der KPD; wenn das Vati wüsste, er würde mich glatt übers Knie legen! Ich glaube, das ganze Dorf ist rot. Der Vorsitzende der Partei hat uns überrumpelt, er stand vor der Wohnungstür und hielt uns die Aufnahmebögen hin. Wir wussten uns nicht anders zu helfen und haben sie ausgefüllt. Er meinte, dass es uns vielleicht gewisse Vorteile bringen könne, in Neustadt vielleicht ein kleines Theater aufzuziehen. Diese Absicht habe ich zwar nicht, ließ es aber offen bis zu meiner Rückkehr, schützte erst einmal unsere Reise vor.

Übermorgen früh soll es losgehen; zunächst müssen wir versuchen, aus der russischen Zone rauszukommen, wir wollen mit der Kleinbahn über einige Dörfer die Grenze zur englischen Zone erreichen, es gibt keine durchgehenden Züge. Erst dort können wir weiter planen. Die nächsten Tage werde ich wohl nicht zum Schreiben kommen, aber ich hole dann nach.

Diese Zeilen schreibe ich schon in Duderstadt, in der englischen Zone, der Übergang hat geklappt. Gestern früh, es war noch dunkel, fuhren wir von der russischen Zone mit der Kleinbahn über Großbodungen bis Weißenborn, dann ging es zu Fuß weiter nach Jützenbach, über die Berge bis nach Breme, hier sahen wir den ersten russischen Kontrollposten. Ein Bewohner von Breme warnte uns, wir sollten heute nicht über die Grenze, der russische Kommandant habe schlechte Laune und schon mehrere Leute, die über die Grenze wollten, zurückgeschickt, einige sogar eingesperrt. Was sollten wir tun? Der Kommandant konnte am nächsten Tag wieder schlechte Laune haben. Wir machten uns Mut und gingen bis zum Schlagbaum, zeigten den Posten unsere Artistenausweise und den Auswanderungsschein in polnischer und russischer Sprache. Sie lasen sich alles in größter Ruhe durch und verschwanden damit im Haus. Dann kam einer der Posten zurück und beorderte uns ins Haus zum Kommandanten. Oh Schreck! Der hatte unsere Ausweise vor sich liegen. Ich versicherte ihm, dass wir nur ins nächste Dorf wollen, wir können dort Kostüme für eine Veranstaltung abholen, die im russischen Theater in Berlin stattfinden wird.

Der Kommandant war misstrauisch, sagte, dass wir lügen, dass wir doch bestimmt in die englische Zone wollen. Hoch und heilig versicherte ich mit unschuldigem Gesicht, dass wir die Wahrheit sagen, und hob dabei die Hand zum Schwur. Wäre alles nicht so bitter ernst gewesen, ich hätte gelacht. Der Kommandant sagte darauf kurz: ‚Geht!', reichte uns die Papiere, und wir liefen raus, so schnell wir konnten.

Inzwischen war es Nachmittag geworden, es dunkelte bereits. Eine dreiviertel Stunde liefen wir bis Eckingerode, dort entdeckten wir eine Gastwirtschaft und machten erst einmal Rast.

Dann ging es weiter, Nebel hing in den Bäumen, wir liefen durch hohen Schnee über eine große Wiesenfläche, auf der einzelne Büsche standen, es war richtig gespenstisch. In einiger Entfernung sahen wir auf einem Heuhaufen eine dunkle Gestalt, schnell warfen wir uns hin und schlichen ein Stück wieder zurück. Wir befanden uns auf einem weiten Feld, das etwas anstieg. Endlich erreichten wir einen langen Zaun, das musste die Grenze sein, etwa zweihundert Meter gingen wir in geduckter Haltung daran entlang. Dann eine Lücke im Zaun, erst wurde der Rucksack durchgeschoben, dann ich, dann Manfred. Nun standen wir endlich auf englischem Gebiet und sahen weit vor uns die Lichter von Duderstadt.

Die Engländer machten sich die Bewachung des Zonen-Grenzbereichs leichter als die Russen, sie stellten keine Posten auf, sondern fuhren mit ihren Militärautos herum und leuchteten mit Scheinwerfern die Umgebung ab. Ich habe noch nie so schnell auf dem Bauch gelegen!

Nach einem längeren Fußmarsch erreichten wir die ersten Häuser von Duderstadt und schlichen uns wie Diebe durch die Straßen, immer in Angst, dass uns noch jemand aufhalten könnte. So ein grüner Grenzübergang geht verdammt an die Nerven, ich habe gezittert wie Espenlaub.

In Duderstadt fragten wir uns zum Flüchtlingslager durch, bekamen etwas zu essen, wurden desinfiziert und erhielten einen englischen Registrierschein, unser neuer Ausweis in der englischen Zone, auf den wir Fahrkarten für die Weiterfahrt bekamen. Anschließend gingen wir zur Polizei, um Zuweisungspapiere für ein Hotel zu bekommen. Wir gaben uns unterwegs immer als Geschwister oder als Cousin und Cousine aus, sonst hätte es Schwierigkeiten gegeben bei der Übernachtung; selbst in diesen Zeiten war die Moral bei den Menschen nicht verloren gegangen. Getrennte Schlafzimmer konnte man uns natürlich nirgendwo bieten. Aber wir waren immer froh, für die Nacht ein Dach über dem Kopf zu haben.

Dieser Tag war ausgefüllt, etwa 25 Kilometer getrabt, ich habe mir den Fuß aufgelaufen, eine dicke Blase prangt an der Ferse. Da in der englischen Zone an Sonntagen die Züge nicht verkehren, müssen wir einen Tag Rast einlegen, aber das ist auch gut so, denn mein linker Fuß ist dick geschwollen, tut irre weh und passt nicht in den Schuh.

Am nächsten Morgen benutzten wir einen Bus bis Göttingen; unsere Rucksäcke stellten wir in der Gepäckaufbewahrung im Bahnhof ab und sahen uns die Stadt an, ich humpelnder Weise. In einem Geschäft bekamen wir etwas Papier, eine Seltenheit, denn es gibt kein Papier, obwohl wir überall danach Ausschau halten. Manfred braucht Papier für Entwürfe seiner Malerei, und ich, um alles aufzuschreiben, was ich auf dieser Fahrt erlebe. Das Heftchen, das Mutti mir mitgab, ist schon voll, überall, wo es möglich ist, mache ich meine Notizen.

Göttingen wurde wenig bombardiert, nur einzelne Häuser waren kaputt, es herrschte viel Verkehr auf den Straßen, und wir erfuhren, dass die Universität schon wieder geöffnet hat.

Am Nachmittag ging es mit der Bahn bis Hannover, aber kurz davor mussten alle aus dem Zug und zu Fuß bis zum Bahnhof laufen, da eine Bahnüberführung gesprengt worden war. Wir bekamen einen Zug zur Weiterfahrt nach Kassel, die Stadt war schon amerikanische Zone und es gab wieder Kontrolle der Ausweispapiere und Fahrgenehmigungen.

Kassel war völlig kaputt, es sah schrecklich aus. Da der Bahnhof auf einer Anhöhe lag, hatte ich einen weiten Blick über die zerbombte Stadt. Im Übernachtungsheim für Kriegsgeschädigte verbrachten wir die Nacht, bekamen sogar eine warme Suppe und für den nächsten Tag etwas Brot, Margarine und ein Stückchen Wurst. Jetzt bin ich schon vier Wochen von zu Hause fort.

Um vier Uhr morgens ging ein Personenzug von Kassel Richtung Frankfurt am Main, wie immer völlig überfüllt, erst nachmittags kamen wir an, hatten keinen Anschluss, die nächste Möglichkeit, weiter zu kommen, bestand erst am Abend.

So blieb uns Zeit, Frankfurt anzusehen; die Stadt sah schlimm aus, alles Trümmer, Trümmer und nochmals Trümmer! Aber dieser schreckliche Anblick bekam einen geradezu malerischen Anstrich durch einen herrlichen Raureif, auf den die Sonne fiel.

Bei einer Polizeistelle versuchte ich, die Adresse von Tante Katchen zu erfahren, die hier mit ihrer Familie gewohnt hatte. Ich hörte, dass das Haus zerbombt wurde und eine neue Adresse der Familie nicht bekannt ist.

In Frankfurt gab es keine Brücken mehr, wir setzten mit einem kleinen Motorboot über den Main; dabei sahen wir die Sonne glutrot untergehen, es war wunderschön und versöhnte etwas; drei Schwäne begleiteten das Boot.

Gegen sechs Uhr erwischten wir dann einen kalten Personenzug bis nach Aschaffenburg. Auch hier war alles kaputt, aber wirklich alles. In einer notdürftig aufgebauten Baracke verbrachten wir die Nacht, kein Stuhl, keine Bank war vorhanden, auf einem nassen Sandhaufen konnte ich etwas schlafen. Es war sehr kalt. Anstatt eines Ofens waren alte Blechfässer aufgestellt, in die ringsherum Löcher gebohrt waren, darin brannte Koks, die kleinen Flammen waren die einzige Beleuchtung. Von dem Kohlengas wurde mir bald schlecht, und ich bekam Kopfschmerzen.

Weiterfahrt am Morgen bis Würzburg, wieder überfüllte Abteile, die ganze Strecke habe ich nur auf einem Fuß stehen können, für den zweiten Fuß war kein Platz, und mir war noch immer schlecht.

In Würzburg bekamen wir vom Roten Kreuz Lebensmittelkarten für drei Tage, die Aufsicht im Bahnhof verteilte sie. Drei fast unversehrte Häuser haben wir gezählt, sonst alles kaputt, ein paar Bäume standen noch; wieder versöhnten uns die Sonne und herrlicher Raureif. Auch hier war der Wartesaal überfüllt, wir fanden keinen Platz. Auf einem Abstellgleis entdeckten wir einen Wagon, stiegen ein, es war warm, und wir haben etwas geschlafen. Nachts ging ein Zug nach Regensburg. Kurz vor Abgang stieg Manfred noch einmal aus, um eine Zeitung zu kaufen, war jedoch nicht rechtzeitig zurück, und der Zug fuhr ohne ihn ab. Der Schreck – denn sein Rucksack stand im Abteil, Manfred hatte nichts bei sich.

Heute am 12. Januar 1946 schreibe ich in einem Gasthaus in Gauting bei München.

Als ich den Anschluss von Regensburg nach München nutzte, lernte ich im Abteil einen netten, jungen Mann kennen, wir unterhielten uns angeregt, er war mir sympathisch. In München angekommen, lud er mich auf seine Marken zum Essen ein, das konnte ich nicht ablehnen!

Da in den nächsten Stunden kein Zug in München erwartet wurde, mit dem Manfred ankommen konnte, machte ich mich auf, um verschiedene Theater und Arbeitsmöglichkeiten aufzusuchen. Das Ergebnis war gleich null. Ich fand einen Friseur, ließ mir die Haare waschen und tönen, was sehr nötig war. Danach gefiel ich mir wieder besser.

Dann traf ich Walter, meine Reisebekanntschaft, am Bahnhof wieder, es galt, eine Unterkunft für die Nacht zu finden. Walter machte den Vorschlag, nach Gauting zu fahren.

Dort kamen wir in einem Gasthaus unter, es gab noch ein Doppelzimmer. Walter trug uns als Ehepaar ein, eine peinliche Situation für mich. Aber was sollte ich machen? Die Nacht im Bahnhof im Wartesaal verbringen? Nein! Ich war schon mit vielen Situationen fertig geworden und ging darauf ein; der junge Mann war anständig und nutzte die Situation nicht aus. Die halbe Nacht unterhielten wir uns, ich hörte seine Geschichte:

Walter ist 32 Jahre alt, im Sudetenland zu Hause, kann aber jetzt dahin nicht zurück, weil es von den Tschechen besetzt ist. Er war als Soldat in Norwegen und arbeitet zur Zeit als Skilehrer in Garmisch. Zweimal hat er seine Familie in der Tschechei besucht, seine Mutter, seine Frau und zwei kleine Jungen; dabei wurde er von den Tschechen geschnappt und eingesperrt, konnte aber fliehen. Nun wohnt er in Garmisch und wartet auf den Tag, an dem er wieder bei seiner Familie sein kann.

Morgens fuhr ich nach München zurück und hielt auf dem Hauptbahnhof Ausschau nach Manfred, fand aber keine Spur von ihm. Was sollte ich machen, ich hatte doch seinen Rucksack, und er hatte nichts, kein Waschzeug, keine Wäsche zum Wechseln. Ich gab ihn in die Gepäckaufbewahrung. Dann besuchte ich das Deutsche Theater, es war zerbombt, nur die Gaststätte in Betrieb. Dort erfuhr ich, dass Hiller in München ist, und bekam sogar seine Adresse. Durch seine frühere Tätigkeit am Deutschen Theater war er noch bekannt. Ich traf ihn sogar an, die Überraschung war groß. Zwei Mädchen vom Ballett, Jenny und Ellen, wohnten bei ihm. Hiller ist auf alle ‚seine Mädchen' böse, meinte, sie hätten einen Spleen bekommen, hielten sich für Solotänzerinnen, anstatt wieder zu einem Ballett zu werden. Er hatte noch keine Erlaubnis wieder zu arbeiten, war noch nicht entnazifiziert.

Frau Hiller, die in Schweden geblieben war, als wir damals nach Oslo ins Engagement fuhren, ist noch dort und hat am China-Theater in Stockholm wieder ein Ballett aufgezogen. Hiller machte mir das Angebot, nach Berlin zu gehen, Edith, unser damaliges Käpt'n-Girl, würde mich bestimmt in ihre Girl-Truppe aufnehmen, die sie leitet. Ich habe innerlich gelacht, habe aber nicht ‚nein' gesagt, ließ ihn über meine Pläne im Ungewissen. Ich sagte nur, dass ich in der russischen Zone gearbeitet habe und gut verdiene. Jetzt wollte ich erst einmal für eine Woche zum Wintersport nach Garmisch-Partenkirchen – ich sagte tatsächlich ‚zum Wintersport'! Ja, sagte er daraufhin, da könne man mal sehen, wer Geld hat. Ich habe ihm ganz trocken geantwortet: ‚Früher hatten Sie das Geld, und es ging Ihnen gut, heute habe ich das Geld und lasse es mir gut gehen.' (Wenn es auch nicht stimmt, aber ich wollte ihn ärgern.) Er hat nichts weiter gesagt, und das war mir Antwort genug.

Noch einige ähnliche Wahrheiten habe ich ihm an den Kopf geworfen, ich brauchte ja keine Rücksicht mehr zu nehmen, er war nicht mehr mein Chef. Dann zeigte ich meine Tanz-Fotos, und die Mädchen stellten sofort fest, dass ich einige Hiller-Kostüme kopiert hatte. Ich entgegnete schnippisch, die Kostüme seien ja nicht gesetzlich geschützt.

Später hielt ich auf dem Bahnhof noch einmal Ausschau nach Manfred, aber keine Spur von ihm. Ich traf wieder mit Walter zusammen, und gemeinsam fuhren wir nach Garmisch-Partenkirchen, wo ein Freund von ihm bei den Amis in der Küche arbeitet; der besorgte mir ein kleines Zimmer. Vom Fenster habe ich einen schönen Blick auf die Zugspitze. Die Umgebung ist zauberhaft, es liegt viel Schnee, ich genieße die Ruhe.

Zusammen mit Walter habe ich mir Garmisch angesehen, hier ist nichts kaputt, alles sieht so friedlich aus, als hätte es keinen Krieg gegeben. Auf der Olympia-Sprungschanze in Partenkirchen fand gerade ein Springen statt, es war beeindruckend für mich, so etwas hatte ich noch nicht gesehen. Walter schenkte mir eine Militärjacke aus Karnickelfell, darin sah ich richtig chic aus!

Im Rathaus von Partenkirchen habe ich für drei Tage Lebensmittelkarten bekommen, so konnte ich einiges einkaufen und ein Restaurant aufsuchen. Langsam erhole ich mich von den Strapazen der Reise, bald ist die Ruhe wieder vorbei, denn ich will ja nach Hause zurück. Wie und auf welchem Wege ist allerdings noch ein großes Fragezeichen. Es wird sich zeigen, welche Möglichkeiten es von der amerikanischen Zone aus gibt. Ich muss in die russische Zone wechseln und danach zu den Polen nach Schlesien; überall ist Kontrolle, man braucht Genehmigungen.

Heute wollten wir eigentlich mit der Seilbahn auf den Wang hoch schweben, aber die Gipfel der Alpen lagen in Wolken, so verschoben wir es auf einen besseren Tag. Wir spazierten zum Olympiastadion, doch es war für Deutsche noch gesperrt. So gingen wir nochmals zu den Sprungschanzen, wo wir Kaffee trinken und uns aufwärmen konnten. Ich bedauerte sehr, dass ich keine Skiausrüstung hatte, es war fast eine Strafe, bei diesem herrlichen Wetter den Skiläufern zusehen zu müssen. Skier konnte man sich zwar leihen, aber nicht Skischuhe.

Ich habe darüber nachgedacht, warum ich diese Reise ins Ungewisse unternommen habe. Wenn ich geahnt hätte, was ich durchmachen muss, ich glaube, ich hätte es mir überlegt. Andererseits sind die Gründe, die mich zu dem Wagnis veranlasst haben, für mich und meine Familie lebenswichtig: Es galt, in Westdeutschland nach der Vertreibung aus der Heimat einen Neuanfang zu finden, mit dem geretteten Geld die finanzielle Grundlage dafür zu schaffen. Für meine Eltern musste es doch schrecklich sein, in ihrem Alter noch einmal von vorn anzufangen zu müssen und nicht zu wissen, wie es weitergeht.

Ich fuhr nach München und nahm meinen Rucksack mit, das kleine Zimmer wurde anderweitig gebraucht. Im Restaurant des Deutschen Theaters traf ich mit Hilde Günther zusammen, einer Schulfreundin. Der Krieg hat uns auseinander gebracht, Hilde wurde mit ihrer Familie nach Süddeutschland verschlagen.

Am Nachmittag ging es weiter nach Augsburg, ich suchte die Filiale der Dierig-Werke auf, bei denen Vati hoffte, wieder Arbeit zu bekommen. Ein Direktor des Werkes machte mich mit Herrn Kommerzienrat Maser von der Deutschen Bank bekannt, es wurde ein Konto eingerichtet, worauf ich das Geld einzahlte – der Hauptgrund meiner schwierigen Reise von Langenbielau hierher. Herr Maser machte es auch möglich, dass ich in einem Nebenraum der Bank auf einem Sofa die Nacht verbringen konnte, denn auch in dieser Stadt gab es nur Trümmer.

Am nächsten Vormittag suchte ich das Augsburger Wirtschaftsamt auf wegen eines Antrages auf Kostümstoff. Dann lief ich durch die Stadt, sie sah grausam aus. Beim Mittagessen im Theaterkeller machte ich die Bekanntschaft eines Reichsbahnoberinspektors und bekam von ihm eine Genehmigung für einen Eilzug am Abend nach Nürnberg. Danach suchte ich die größte Künstlervermittlung von Augsburg auf, sprach mit dem Leiter, Herrn Sarowy, der mir empfahl, sobald wie möglich mit meinen Kostümen zurückzukommen, da er mich dringend für ein Programm brauchen kann. Ich ließ mich in seine Kartei eintragen, bekam eine Arbeitsbescheinigung und hoffte nun auf einen baldigen Bühnenstart in Westdeutschland.

Am nächsten Morgen bekam ich einen Zug nach Neuenmarkt, von dort ging es weiter nach Hof; jemand hatte mir gesagt, dass ich mich da im Flüchtlingslager melden solle, in dem man mir sicher einen Weg über die Grenze in die russische Zone weisen könne.

Im Lager wurden meine Personalien aufgenommen, ich bekam sogar etwas zu essen, und dann erfuhr ich, dass ich erst in 14 Tagen einen Transportzug in die russische Zone benutzen könnte. So lange müsste ich im Lager bleiben.

Ich kam mit einer Frau ins Gespräch, Helene Klager hieß sie, eine ehemalige Krankenschwester mit dem Eisernen Kreuz 1. Klasse am Revers, die auch ‚rüber' wollte. Sie machte mich mit drei jungen Männern im Lager bekannt, die ebenfalls nicht so lange warten wollten.

Gemeinsam machten wir uns auf den Weg: Helene, ich und die drei Männer, die wussten, wie wir zu gehen hatten: An der Autobahn entlang und dann durch einen Wald. Helene hatte ihr Eisernes Kreuz abgenommen. Als wir aus dem Wald traten, sahen wir nicht weit entfernt eine russische Sperre, drei Posten standen zusammen, rauchten und lachten. Nun wussten wir, dass wir an der Grenze zur russischen Zone waren. Wir drehten um, verschwanden wieder im Wald, rannten über eine große Lichtung und über eine Schonung. Es fing an zu regnen.

Dann sahen wir das Dorf Gutenfürst vor uns. Wir waren vollkommen erschöpft und durchnässt und froh, als wir einen Gasthof entdeckten. Wir gingen darauf zu und standen einigen Russen gegenüber, sie hatten in dem Gasthof ihr Quartier. Wir waren ihnen genau in die Arme gelaufen. Sie nahmen uns mit ins Haus und stellten viele Fragen nach unserem Woher und Wohin, wir sagten, dass wir uns im Wald verlaufen hätten. Dann teilten sie uns zur Arbeit ein, die Männer sollten den Hof kehren, wir Frauen standen, völlig durchnässt, zunächst im Freien herum, dann mussten wir in den Keller, Kartoffeln schälen.

Ich holte meine Tanzfotos hervor und zeigte sie den Russen, mit dem Hinweis, dass ich Artistin sei. Interessiert betrachteten sie erst die Fotos, dann mich; nach einiger Zeit ließen sie uns frei, ohne uns etwas wegzunehmen. Zusammen mit den Männern machten wir uns schnell davon und erwischten sogar einen Zug nach Plauen.

Dort fanden wir ein winziges Café, in dem wir einen richtigen Bohnenkaffee bekamen, die Tasse allerdings für drei Mark, aber das war uns egal, wir brauchten dringend eine Nervenstärkung. In diesem kleinen Café durften wir die Nacht verbringen, die Krankenschwester und ich auf kleinen Sofas, die drei Männer auf Stühlen.

Morgens erwischten wir einen eiskalten Personenzug, der bis nach Chemnitz fuhr. Dort trennten sich unsere Wege, die Krankenschwester wollte in die Tschechei zu ihrem Mann, und die drei jungen Männer trieb es in andere Richtungen.

Nun war ich auf mich selbst gestellt, musste die Augen offen halten. Ich fand einen Eilzug nach Leipzig, hatte von dort sogar Verbindung über Halle bis nach Sangershausen. Ich wollte noch einmal nach Neustadt, ehe ich wieder nach Schlesien fuhr. Dort konnte ich wieder das kleine Zimmer bei der alten Dame beziehen, fast kam es mir vor, als käme ich nach Hause.

Inzwischen war einige Post angekommen, ich hatte die Adresse hier als Absender angegeben. Und welche Freude, ein Brief von Jochen war dabei, endlich! Er war in Holland in amerikanische Gefangenschaft geraten, wurde jetzt entlassen und ging mit einem Kameraden in dessen Heimat in der Rhön, weil er nicht wusste, wo er die Familie finden konnte.

Was mich aber am meisten freute, war ein Brief von Kurt, ein Brief, wie ich noch niemals einen bekommen habe, mit der Anrede: ‚Du einzig Geliebte!'

Ich bin krank, muss im Bett bleiben, habe eine starke Erkältung und Fieber. Aber, potz Blitz, Manfred traf hier ein! Er kam aus München, wo er tatsächlich an der Kunstakademie angenommen worden ist. Er will nur kurz bleiben, um den Rest des Semesters in München nicht zu verpassen.

Langsam geht es mir besser, habe kein Fieber mehr, nur noch starken Husten. Manfred bringt mir das Essen seiner Mutter herüber und versorgt mich.

Ich hatte noch von Garmisch her amerikanische Zigaretten, dafür hat Manfred Mehl, Zucker und Speck bei den Bauern besorgt, es ist das Zahlungsmittel der Nachkriegszeit, für Ami-Zigaretten gibt es fast alles. In der Küche von Frau Zorn, meiner Vermieterin, habe ich einen kleinen Kuchen für Manfred gebacken, er will morgen wieder zurück nach München. Bis Magdeburg werde ich mitfahren, Marianne Dennhardt und ihre Familie aufsuchen, worum Mutti mich gebeten hatte, eine Jugendfreundin. Ein paar Tage werde ich bleiben, um mich umzusehen, denn Mutti verbrachte einige Jahre mit ihren Eltern in Magdeburg, später lernte sie Vati kennen, sie heirateten im Dom, Jochen wurde hier geboren und im Dom getauft, ehe sie nach Schlesien übersiedelten.

Früh um sechs Uhr fuhren wir noch im Dunkeln von Neustadt nach Halle, Manfred hatte gleich Anschluss, wie weit, war offen. Ich musste bis zum Abend warten, ehe ein Zug nach Magdeburg ging. Ich nutzte die Zeit und lief durch die Stadt, suchte einen Friseur auf, ging essen – ein paar Lebensmittelmarken hatte ich noch –, und dann gelang es mir, am Bahnhofsschalter mit Betteln, Schöntun und einer Ami-Zigarette eine Genehmigung für einen Eilzug nach Magdeburg zu ergattern. Gegen neun Uhr am Abend kam ich dort an. Ich hatte mit einem Telegramm Dennhardts meine Ankunft mitgeteilt, aber niemand war zu sehen. So musste ich mich zum Westernplan 26 durchfragen, sie wohnten noch in der alten Wohnung, aber ringsherum war alles kaputt. Marianne Dennhardt hatte in ihrer Jugend in Magdeburg an den Wanderungen mit Großmutter, der damals noch jungen Mutti und anderen jungen Mädchen mit ihren Mandolinen teilgenommen. Gisela, ihre Tochter, war im Oktober 1945 an Rachendiphtherie gestorben, ich konnte es gar nicht fassen. Deren Tochter Daggi war nun ein großes Mädchen, jetzt ist Marianne ihre Mutti, sagte sie mir, und die andere Mutti schläft auf dem Friedhof. Paul Dennhardt war Beamter bei der Post und hat nun wieder seinen Dienst bei der Bahnpost aufgenommen.

Ich schlafe auf der Couch, es ist kalt im Zimmer, es gibt nur ein Fenster, das zweite ist mit Brettern vernagelt. Es tobt ein furchtbares Regenwetter, und Magdeburg sieht schrecklich aus! Ach, es ist eigentlich gar keine Stadt mehr, nur Trümmer überall. Alles kaputt, die Innenstadt, der Alte Markt, der Breite Weg, da steht kein Haus mehr. Es ist wirklich ein Jammer. Aber eine Art Theater gibt es noch, Marianne hat mich eingeladen, wir sahen ‚Carmen', es war eine schöne Aufführung, aber die Bühne und Kostüme ziemlich primitiv, doch immerhin ein Anfang.

Nach vier Tagen Magdeburg konnte ich mit einem Bus über Nordhausen nach Neustadt zurückfahren. Hier fand ich Post von Walter vor, meiner Bekanntschaft aus Garmischer Tagen. Er schreibt mir einen netten Spruch: ‚Als Du in Augsburg fort bist von mir, nahmst Du ein Stück meines Herzens mit Dir. Nun warte ich in Garmisch mit Schmerz, auf Dich und das fehlende Stück Herz.'

Nun habe ich meinen Rucksack für die Rückfahrt nach Schlesien gepackt, ich nehme nur das Nötigste für unterwegs mit, alles andere lasse ich hier.

In der Frühe fuhr ich über Halle und Leipzig, und war abends gegen halb neun in Dresden-Neustadt. Da es keinen Anschlusszug gab, blieb ich die Nacht über im überfüllten Wartesaal, aber ich hatte einen Stuhl erwischt und konnte schreiben. Erst morgens ging es weiter bis Görlitz, dann um 16 Uhr bis Wehrkirch, kurz vor der Grenze nach Polen.

Ich hatte erfahren, dass hier Polen arbeiten, die am Morgen aus Schlesien kommen und am Abend mit einem Kurierzug wieder zurückfahren; ich wollte versuchen, von denen mitgenommen zu werden, da es keine offizielle Bahnverbindung über die Grenze nach dem polnischen Schlesien gab. Doch hier sagte man mir, dass diese Polen schon seit einigen Tagen nicht mehr kommen. Nun sitze ich in diesem Nest und weiß nicht weiter. In einem Gasthof im Ort kann ich in der Schankstube auf einem Sofa schlafen. Der Wirt erzählte mir, dass auf dem Bahnhof ein russischer Maschinentransportzug steht, ein Beutezug, der auf die Einfahrt nach Schlesien wartet, um weiter nach Russland zu fahren. Das Personal soll aus deutschen Eisenbahnern bestehen, es sind aber auch einige Russen zur Bewachung des Transportes dabei.

Ich lief zu diesem Zug und kam mit den deutschen Eisenbahnern ins Gespräch, sie waren bereit, mich mitzunehmen. Allerdings würde das voraussichtlich erst in zwei Tagen möglich sein, da die Oder Hochwasser führt und der Zug nicht über die Brücke kommt. Soll ich so lange warten?

Es bleibt mir nichts anderes übrig als abzuwarten, eine andere Möglichkeit, über die polnische Grenze zu kommen, gibt es nicht. Die Eisenbahner wollen mir Bescheid geben, wenn sich etwas tut. Ich kann nochmals auf dem kleinen Sofa in der Gaststube schlafen.

Am Abend kamen einige der Eisenbahner und holten mich zum Tanz ins Dorf. Da ich auf sie angewiesen bin, ging ich mit und drehte mich später in einer Gastwirtschaft unter einigen Dorfschönen. Bei dieser Gelegenheit habe ich die Eisenbahner etwas kennen gelernt, es sind ganz lustige Burschen.

In der Gaststube lernte ich den Bürgermeister von Wehrkirch kennen, der ein Bier trank. Dabei erzählte er mir, dass in nächster Zeit eine Million Flüchtlinge von Schlesien hier durchziehen sollen. Er gab mir den Rat, umzukehren, ich würde sowieso nicht nach Schlesien reinkommen. Nein, so schnell gebe ich nicht auf!

Jetzt bin ich schon drei Tage hier in Wehrkirch und lebe nur von Pellkartoffeln, die mir die Gastwirtin aus der Küche abgibt. Ich esse sie mit Salz und ein bisschen Brot. Mit der Fahrt des Transportzuges hat sich noch nichts getan, ich bin einige Male bei den Eisenbahnern gewesen, sie langweilen sich.

19. Februar, 21. Geburtstag von Horst, wo mag er stecken, wo in Gefangenschaft sein?

Heute Morgen bin ich zum Güterbahnhof gegangen, weil ich von den Eisenbahnern nichts mehr gehört habe. Oh Schreck – der Zug war weg! Nichts war zu sehen, sie sind also ohne mich abgefahren. Aber auf einem anderen

Abstellgleis entdeckte ich einen weiteren Güterzug und begann mit dem deutschen Brigadeführer, der am Zug hantierte, eine Unterhaltung, fragte nach dem Wohin und erzählte von meinen Plänen. Er hörte sich das an, meinte dann, dass er nichts dagegen habe, wenn ich mit ihnen fahre, aber die russische Begleitmannschaft dürfe von meiner Anwesenheit nichts merken, das gäbe Schwierigkeiten. Ich müsse die ganze Zeit im Wagon bleiben.

Das versprach ich und hätte noch mehr versprochen, nur um mitzukommen.

Damit es mir mit diesem Zug nicht ebenso erging wie mit dem anderen, lief ich in die Gastwirtschaft und holte meinen Rucksack.

Unterwegs suchte ich den Bürgermeister auf, den ich ja beim Bier in der Wirtschaft kennen gelernt hatte, und bat um einen Brotschein, da ich nichts mehr zu essen habe. Ich dachte, der Mann wird verrückt, er polterte los: ‚Das hätte er kommen sehen, was ich überhaupt noch hier will, er wird mich einsperren lassen, denn wenn ich nichts zu essen habe, werde ich stehlen, und wenn ich stehle, lässt er mich einsperren, am besten gleich.'

Neben seinem Schreibtisch stand ein junger Polizist; dem gab er die Anweisung, mich nach Weißwasser, der Kreisstadt, zu bringen und dort einzuliefern.

Da ging mir aber der Hut hoch, ich konnte mich nicht beherrschen: Ob er noch alle Tassen im Schrank habe, fragte ich ihn; aber mir war klar, dass ich vorsichtig sein musste, er hatte mich in der Hand.

Er nannte mich ein ‚schnippisches Ding' und wiederholte seine Forderung an den Polizisten. Der nahm mich mit in sein Amtszimmer, sagte, ich solle mich nicht wundern, der Bürgermeister habe einen schlechten Tag. Dann empfahl er mir, schnell zu verschwinden. Wenigstens ein vernünftiger Mensch.

Ich lief zu den Eisenbahnern zurück, kletterte in ihren Wagon, in dem es außer zweistöckigen Pritschen, einem langen Tisch und einem Kanonenofen nichts gab. Der Lokführer, ein bärtiger, älterer Mann, dirigierte mich auf seine Pritsche, da er Dienst habe; ich legte mich angezogen darauf.

Es waren zwölf deutsche Eisenbahner, zwei Westdeutsche, die anderen Sachsen. Sie wurden von den Russen verpflichtet, den Beutezug nach Russland zu bringen. Der Wagon der begleitenden Russen war ein Stück weiter vorn, dazwischen viele Wagons mit der Beute; wer weiß, was sie alles geklaut haben.

Im Bett von Johann, dem Lokführer, der Wachdienst hatte, habe ich erstaunlich gut geschlafen. Dann bekam ich einen heißen Kaffee und ein Stück Brot. Nun kenne ich schon alle Vornamen der Männer, sie nennen mich ‚Heinrich'.

Noch immer stehen wir hier, nichts hat sich getan. Die Lok wurde abgekoppelt und zur Reparatur nach Görlitz gebracht. Wie geht's weiter?

Ich muss den ganzen Tag über völlig angezogen auf der Pritsche liegen, muss mich versteckt halten, falls mal einer der Russen in unsere Nähe kommt. Da es im Wagon keine Toilette gibt, kann ich nur im Dunkeln mein Geschäft verrichten, am Tage ist es nicht möglich, da darf ich nicht raus. Ich habe schon entsetzliche Schmerzen ausgehalten. Johann sagte, er garantiert für nichts, wenn die Russen mich entdecken.

Die Eisenbahner verpflegen mich gut, ich kann mich nicht beklagen. Es gibt sogar warmes Essen, zubereitet auf dem Kanonenofen am anderen Ende des Wagons. Wenn das der Bürgermeister wüsste!

Schade, dass ich nicht gut zeichnen kann, sonst würde ich manche lustige Strichzeichnung herstellen, so vom dicken Rudi. Wenn der am Morgen im Bett über mir aufwacht, lässt er erst seine Beine baumeln, er war früher einmal Fleischer und hat dementsprechende Waden, und die stecken in bunten, langen Unterhosen. Es sieht sehr komisch aus!

Die Russen haben mich entdeckt! Johann, der Lokführer, richtete mir aus, dass ich zum Brigadeführer in dessen Wagon kommen solle, ich sei ‚schönes Mädchen für Kommandant', ich soll Essen kochen, Wäsche waschen und den Wagon aufräumen, dafür nehmen sie mich mit. Als kein Russe zu sehen war, bin ich zur Straße gelaufen und hatte Glück, ein Lkw nahm mich auf, der nach Görlitz fuhr. Dort habe ich ein Zimmer in einer Art Hotel bekommen, aber erst, nachdem ich meinen Entlausungsschein, den ich von der Polizei erhielt, vorgewiesen habe. Dann fand ich eine städtische Badeanstalt; welche Wohltat, ich war schmutzig wie selten. Ich hatte einen Bärenhunger und suchte nach einem Lokal, in der Hoffnung, etwas ohne Marken zu bekommen. Am Nebentisch saßen die Prominenten des Theaters, ich legte es darauf an, sie kennen zu lernen, und sie luden mich zu einer bescheidenen Mahlzeit ein. Im Hotel erwartete mich ein kaltes Zimmer, einfaches Fenster und nur zwei dünne Baumwolldecken. Deshalb kann ich nur kurz schreiben, was heute passiert ist.

Am nächsten Vormittag lief ich durch die Stadt, um warm zu werden, ich sah hintereinander drei Vorstellungen eines Films, nur der Wärme halber. Danach traf ich auf der Straße den Direktor des Theaters vom Vorabend, und der lud mich nochmals zum Essen. Was für ein Glück!

Noch eine Nacht im kalten Hotelzimmer, danach nahm mich ein Lkw nach Wehrkirch mit zu meinen Eisenbahnern; der Zug stand noch da, der Lokführer eröffnete mir jedoch, dass ich mir eine andere Fahrgelegenheit suchen muss, es täte ihm leid, aber seine Kameraden sind dagegen, weil sie die Reaktion der Russen fürchten, wenn ich nicht zu ihnen gehe. Außerdem passt es ihnen nicht, dass ich als Frau zwischen ihnen sei, sie fühlten sich von mir beobachtet. Johann holte meinen Rucksack aus dem Wagon und gab mir gegen ein paar Zigaretten noch ein Stück Brot.

Ich lief ins Dorf Wehrkirch zurück, war froh, dem Bürgermeister nicht zu begegnen, und durfte im Gasthof bei den netten Wirtsleuten noch eine Nacht bleiben. Zu später Stunde, ich wollte mich gerade zum Schlafen aufs Sofa legen, erschienen zwei Russen, ich bekam einen gewaltigen Schreck, denn ich dachte, jetzt holen sie mich für den Kommandanten.

Aber nein, sie wollten ein Bier trinken und setzten sich zu mir an den Tisch. Sie machten einen ganz passablen Eindruck, der eine von ihnen hatte blondes Haar und sprach etwas Deutsch, ich erfuhr, dass er eine deutsche Mutter hat, der Vater Russe ist, sein Name war Walter. Er erzählte, dass sie zu einem Maschinentransportzug gehören, der auf dem Güterbahnhof in Weißwasser steht und noch in der Nacht oder am nächsten Morgen über Schlesien nach Russland fahren wird. Eine neue Möglichkeit tat sich für mich auf. Ich fragte, ob ich mitfahren kann. Dann müsse ich aber jetzt mit ihnen gehen, da sie nicht wissen, wann der Zug abgeht.

Ich ging mit ihnen, unterwegs verließ mich mein Mut. Walter merkte es, fragte, ob ich lieber wieder ins Gasthaus zurückgehen wolle. Was sollte ich tun? Wir waren schon eine halbe Stunde in der Dunkelheit unterwegs, das Gasthaus würde bereits geschlossen haben, und ob die Wirtsleute mich noch einmal einließen? Walter bemerkte mein Zögern, sagte: ‚Du keine Angst haben, ich dir nix tun, meine Kameraden auch gut.'

Mit zitternden Knien ging ich weiter, worauf ließ ich mich da ein? Als wir am Zug ankamen, war alles dunkel und still. Walter half mir in den Wagon, der nur spärlich von einer Laterne außerhalb erhellt wurde. Die Doppelpritschen waren besetzt, ich sah vermummte Gestalten darauf liegen, die Schnarchgeräusche von sich gaben. Walter flüsterte mir zu, dass ich mich auf sein Bett legen solle, er habe Nachtwache. Ich kletterte in den ersten Stock, und Walter breitete eine Decke über mich, dann ging er. Mensch, war ich müde, alles war still, und ich schlief sofort ein.

In der Nacht merkte ich ein Krabbeln an meiner Pritsche, Walter schüttelte mich sacht und flüsterte, dass er mit seiner Wache fertig sei und nun auch schlafen möchte. Ich flüsterte zurück, dass er sich zu einem Kameraden legen solle, aber er meinte, die schlafen alle und werden böse, wenn er sie stört. Er stieg hoch in mein/sein Bett, da es aber zu schmal für zwei Personen war, rückte Walter nahe zu mir heran und legte seinen Arm um mich, um nicht herunterzupurzeln.

Oh, da habe ich mir aber wieder einmal die Daumen gedrückt, die Luft angehalten und gedacht: jetzt passiert ‚es'. Walter schlief sofort ein, nichts passierte. Ich muss dann auch eingenickt sein, denn ich erwachte durch die ersten Geräusche im Wagon. Was war ich froh, dass diese Nacht vorüber war!

Dann sagte mir Walter mit traurigem Gesicht, dass der Transportzug noch mindestens drei Tage hier festliegen würde, aber in Forst stehen zwei weitere Transporte, die ebenfalls auf dem Weg nach Russland waren, bei denen sollte ich mein Glück versuchen. Es tat ihm leid, das konnte ich ihm ansehen.

Walter brachte mich noch ein Stück in Richtung Bahnhof, er wurde weder frech noch zudringlich. Als ich dann allein auf der Landstraße in den kalten Morgen lief, konnte ich nur immer wieder den Kopf schütteln über meine Erlebnisse der letzten Nacht, die so glimpflich verlief. Ich musste sogar lachen; wenn ich das Geschehene jemanden erzählte, würde man es bestimmt nicht glauben. Aber was blieb mir anderes übrig, diese Russentransporte waren die einzige Möglichkeit, ohne Genehmigung und Papiere über die Grenze nach Schlesien hinein zu kommen. Von Seiten der Russen habe ich bisher wirklich nichts Schlechtes erfahren.

Nun hat es sich mal wieder bewahrheitet, dass ich ein Sonntagskind bin und einen Schutzengel habe. Ich habe ihm ‚danke' gesagt.

Ich musste das alles so ausführlich aufschreiben, später würde ich bestimmt die Hälfte davon vergessen.

Auf dem Bahnhof in Wehrkirch konnte ich tatsächlich einen Bummelzug erwischen, der mich über Weißweiler bis nach Forst brachte, aber immer noch russische Zone. Auf dem Bahnhof standen zwei sehr lange Transportzüge. Beim ersten Zug, an dem ich nachfragte, bekam ich vom deutschen Brigadeführer die Antwort: ‚Was in den Bremserhäuschen passiert, weiß ich nicht, lass es lieber.' Mit anderen Worten, wenn ich hineinklettere und Russen kommen, kann er nichts für mich tun, das ist mir klar.

Der Bahnsteig, an dem der Zug stand, leerte sich, die Sperre wurde geschlossen, ich musste ihn verlassen. Forst hat nur zwei Bahnsteige; ich ging mit zwei Frauen, mit denen ich ins Gespräch gekommen war, in den Wartesaal. Auch sie suchten nach einer Möglichkeit, mitgenommen zu werden.

Im Wartesaal trafen wir auf zwei Männer und eine Frau, die ebenfalls auf eine Fahrmöglichkeit nach Polen warteten. Die Frau wollte nach Reichenbach, also eine Weggefährtin für mich, mit ihr wollte ich mich zusammentun, denn in einer großen Gruppe weiterzukommen, ist viel schwieriger.

Zusammen mit der Reichenbacherin, sie heißt Karin, machte ich mich zum zweiten Transporter auf, die deutschen Eisenbahner lümmelten am Zug und langweilten sich anscheinend, sie hatten nichts zu tun. Wir beide entfalteten unseren ganzen Charme und hatten Erfolg, wir durften ihren Wagon besteigen, am späten Abend sollte es schon losgehen.

Sie gaben uns jedoch den Rat, den russischen Oberst, der den Transport begleitet, um Genehmigung zu fragen, damit sie keine Schwierigkeiten bekommen. Wir wagten uns zum russischen Wagon, zwei Offiziere sahen heraus. Ich holte fingerfertig Tanzfotos und meinen Artistenausweis hervor, hielt sie ihnen entgegen und bat mit meinem schönsten Lächeln darum, mitfahren zu dürfen, nur ganz kurz über die Grenze. Der Erfolg war wie erhofft: Es wurde genehmigt.

Dann hockten wir zwei Frauen bei den deutschen Eisenbahnern im Wagon, der sehr viel besser ausgestattet war als die bisherigen, es gab eine kleine Küche, eine Toilette und zwei Schlafräume, darin zweistöckige Pritschen.

In der Nacht ging es tatsächlich los, der Zug setzte sich schwerfällig in Bewegung. Von Forst bis zur Grenze sollten es nur etwa drei Kilometer sein. Kurz davor versteckten die Eisenbahner uns zwei Mädchen in den schmalen Zwischenräumen von zwei Pritschen, in denen lange Mäntel hingen, in die wickelten wir uns ein; sie hatten die Birnen in ihren Fassungen locker gedreht, es war fast dunkel im Wagon.

Erst kam die russische Kontrolle, die ging schnell, und bald danach die polnische, die war sehr genau. Ich hörte, dass mehrere Polen einstiegen und mit starken Taschenlampen den Innenraum ableuchteten. Ich machte mich in meinem Versteck ganz klein und hielt die Luft an. Sie fanden mich nicht, wieder mal Glück gehabt. Aber diese Minuten, ich fürchtete, dass mein Herzklopfen mich verraten könnte.

Als der Zug in Sorau war, mussten wir aussteigen, wir waren in Schlesien, hier verkehrten wieder Personenzüge. Mit Karin setzte ich die Fahrt fort, es ging über Sagan, Glogau mit großen Unterbrechungen bis Steinau, dort kamen wir im Morgengrauen an. Einige Stunden Aufenthalt, dann bestiegen wir einen Personenzug, der mit Polen überfüllt war. Ich saß wie auf heißen Kohlen, hatte Angst, dass man mich ansprechen würde, denn auch dieser Zug war für Deutsche verboten. Ich stellte mich schlafend und hielt mir meine Strickhandschuhe vor die Augen, Karin tat das gleiche. Bei jedem Halt schielte ich nach draußen, alle Ortsnamen waren in Polnisch angegeben, aber langsam kannte ich mich aus.

Endlich angekommen in Reichenbach, Karin verabschiedete sich, glücklich bald bei ihren Eltern zu sein. Ich machte mich zu Fuß auf nach Langenbielau, acht Kilometer, eine Zugverbindung gab es nicht; nun, das würde ich auch noch schaffen.

In Niederbielau klopfte ich bei meiner Cousine Christine und ihrer Mutter an; sie bekamen erst einmal die Maulsperre, als sie mich sahen, hielten mich wohl für ein Phantom. Ich ruhte mich aus, dann ging es weiter, gegen vier Uhr war ich endlich zu Hause.

Diese Freude! Mutti und Bübele ließen mich nicht mehr los, und ich heulte wie ein Schlosshund, auch vor Erschöpfung.

Dann erfuhr ich, dass Vati und Mutti vor ihrer Vertreibung nicht mehr mit meiner Rückkehr gerechnet hatten. Andere hielten mich bereits für tot, solche Gerüchte kommen in der heutigen Zeit schnell auf. Doch wer von den Daheimgebliebenen konnte ahnen, was es heißt, ohne Papiere und Grenzgenehmigungen durch ein kaputtes und besetztes Deutschland zu ziehen, in dem es wegen der Siegermächte so viele Zonengrenzen gibt, sie werden streng bewacht, ich habe es erlebt.

5. März 1946, wieder daheim in Langenbielau:
Jetzt muss ich mich erst einmal richtig ausruhen und mich auffuttern, denn

ich bin ziemlich dünn geworden, kein Wunder, bei dieser Hungerei. Was es hier zu essen gibt, kommt mir jetzt wie im Schlaraffenland vor.

Ich bin Muttis schönstes Geburtstagsgeschenk, hat sie gesagt, heute wird sie 52 Jahre alt.

Genau ein Vierteljahr war ich unterwegs, und ich hoffe, dass die Ursache der Strapazen, das Geld auf der Bank, dabei helfen wird, dass wir nach der Vertreibung in Westdeutschland wieder ein einigermaßen ordentliches Leben führen können.

Nun nach vierzehn Tagen geht es mir wieder gut, die Strapazen der Reise sind überstanden. Wir leben hier noch immer in der kleinen Wohnung in der ersten Etage und müssen uns bescheiden, aber besser, als irgendwo fremd untergebracht zu sein.

In unserer Wohnung im Erdgeschoss haust nach wie vor der Pole mit seiner Frau. Wir vermeiden es, ihm zu begegnen, denn er benimmt sich frech und aufreizend, zeigt, dass wir nichts mehr zu sagen haben in unserem eigenen Haus. Wir haben auch Angst, auf die Straße zu gehen, es sind kaum noch Deutsche zu sehen.

Bübele ist sehr gewachsen, schon ein großer Junge geworden. In einem Jahr kommt er in die Schule, aber in welcher Stadt wird das sein?

Vati geht es nicht gut, er leidet darunter, dass es nicht genug zu essen gibt, er ist immer ein starker Esser gewesen. Er geht auch nicht mehr zur Arbeit, das Dierig-Werk ist von den Polen besetzt worden, alle Deutschen wurden entlassen. Nun arbeiten Polen da. Mutti ist jetzt viel Zuhause, es gibt kein Turnen mehr, niemand hat Lust dazu bei dem Durcheinander der Verhältnisse.

Und, oh Wunder, ich habe einen Brief von Kurt erhalten; wie der nach hier durchgekommen ist, bleibt ein Rätsel, er war sieben Wochen unterwegs. Es ist ein wundervoller Brief von meinem Märchenprinzen, so nenne ich ihn im geheimen, weil alles, was mit ihm zusammenhängt, für mich irgendwie märchenhaft ist. Schon unser Kennenlernen im Zug von Berlin nach Hamburg vor zwei Jahren, dann das kurze, aber wunderschöne Wiedersehen in seiner Wohnung in Hamburg, als ich von Norwegen zurückkam. Seine Briefe und seine Art zu schreiben machen mich glücklich, auch die Gedichte, die er mir widmet, haben es mir angetan. Heute ist wieder eines dabei: ‚Was würde ich ohne Dich tun? Ich schenkte mein Gut den unglücklichen Anderen, und würde bettelarm am Stock dorthin wandern, wo gläubige Freunde lange schon ruh'n.'

Nun steht es fest: Heute haben wir von der polnischen Verwaltung den Bescheid bekommen, dass wir übermorgen evakuiert werden, wir sollen uns in der evangelischen Schule in Reichenbach, der Sammelstelle, melden.

Wir haben je zwei Koffer und einen Rucksack gepackt, auch unser Ingo bekommt einen kleinen. 20 Kilo pro Person sind erlaubt. Durch Vatis Behinderung, ihm fehlt der linke Arm, kann er nur einen Koffer tragen, doch ebenfalls einen Rucksack. Er wird auch seine Armprothese anlegen, darin haben wir deutsches Geld versteckt, denn der Arm selbst ist hohl, und wir hoffen, dass er nicht kontrolliert wird. Pro Person dürfen nur 500 Mark mitgenommen werden, das ist nicht viel.

Wir wollen bis Reichenbach unseren kleinen Handwagen nehmen, auf den wir das Gepäck laden können, dazu zwei Gummisäcke mit Federbetten. Hoffentlich lassen sie uns die wenigstens. Die Evakuierung geht straßenweise vor sich; Deutsche, die auf einem Gebiet Spezialisten sind, müssen hier bleiben.

Seit einiger Zeit schon hat Mutti Lebensmittel gesammelt: Brot, Butter, Schmalz, Öl und Konserven, Bonbons und Schokolade. Wir wissen ja nicht, ob es unterwegs Verpflegung geben wird. Viele Gegenstände haben wir vernichtet, mit Mutti habe ich alle Fotoalben im Ofen der Waschküche verbrannt. Zum Teil noch gefüllte Einmachgläser und Muttis gut gehütetes japanisches Kaffeeservice, das sie im Keller versteckt hatte, haben wir zerschlagen. Mit erstarrtem Gesicht hat Mutti dicke Steine darauf geworfen. Ihre Steiner-Geige, auf der sie als junge Frau in der Kirche gespielt hat, konnten wir noch gegen deutsches Geld verkaufen.

Nun möge uns das Glück beistehen und uns gut in eine neue Zukunft bringen. Unser Bübele freut sich schon sehr auf die ‚große Reise', der kleine Kerl ahnt ja nicht, was mit uns geschieht und was uns bevorsteht, die Unruhe und unsere Aufgeregtheit bekommt er zwar mit, aber er kann sie nicht deuten, und das ist gut so.

16. April 1946, der Tag der Vertreibung aus unserer Heimat:

Am Morgen um acht Uhr verließen wir unser Haus am Spielmannweg 3, der Handwagen war voll gepackt mit Koffern und Gummisäcken, in denen Betten steckten. Obenauf setzten wir Ingo, er war ganz vergnügt. Wir haben uns angezogen, was nur möglich ist, mehrere Hemden, Hosen, Pullover, Röcke und Mäntel. Diese Kleidungsstücke füllten schon mal keinen Koffer.

Den Befehl der Polen, dass wir beim Verlassen der Wohnung die Schlüssel von außen stecken lassen müssen, damit sie ein leichtes Hineinkommen haben, befolgten wir nicht.

Mit Mutti zog ich den Handwagen; wir waren erst ein Stück gegangen, als Mutti noch einmal zum Haus zurücklief, an der Blumenrabatte vor dem Haus, auf der die Osterglocken in voller Blüte standen, zwei gelbe Blüten abbrach und sie neben Ingo auf das Gepäck legte. Alles ohne Worte – das war schlimm, es hat mich geschüttelt.

Auf der Hauptstraße stand ein Bauernwagen mit einem alten Ochsen davor, auf der Bank saß der Bauer, er half, das Gepäck aufzuladen, und Ingo durfte zu ihm aufsteigen. Der Handwagen wurde angehängt. Es waren schon Nachbarn da, wir begrüßten uns nur mit einem Kopfnicken, nach Sprechen war keinem zumute.

Dann zogen wir los, die Hauptstraße entlang, an der evangelischen Kirche vorbei, am Marktplatz mit dem Eulebrunnen und dem Rathaus, durch die Niederstadt, links von uns die katholische Kirche. Dann zogen wir weiter über die Landstraße nach Reichenbach. Es ging nur langsam voran, der Ochse brauchte Zeit. Auf der Straße waren nur Polen zu sehen.

In Reichenbach gelangten wir zum Sammelpunkt, zur ehemaligen Schule, die in der Nähe des Ringes liegt. Viele Langenbielauer waren schon da; wir wurden von den Polen registriert und kontrolliert, hatten großes Glück, dass das Geld nicht nachgezählt wurde, wie es angekündigt worden war. Auch das Gepäck blieb unkontrolliert.

Für die Nacht wurden etwa 60 Personen in der Turnhalle der Schule untergebracht, geschlafen wurde auf dem Fußboden, ohne Strohsäcke oder Decken, es war erbärmlich.

Am nächsten Morgen wurde Malzkaffee verteilt und ein Stück Brot. Danach setzte sich eine Menschenschlange in Bewegung Richtung Bahnhof, vorneweg mehrere Polen.

Auf dem Bahnhof stand ein langer Zug mit Viehwagons, der Wagon Nummer 17 wurde uns zugeteilt, 28 Personen drängten sich darin. Dem kriegsversehrten Vati wurde erlaubt, den Sanitätswagen zu benutzen, Ingo durfte bei ihm auf einer Pritsche mit Strohsack liegen.

Der Tag verlief mit Kontrollen und Anordnungen. In der Nacht ging es los, wir lagen wie die Rüben nebeneinander auf dem Fußboden des

Wagons, an Schlaf war nicht zu denken. Als wir am Morgen in Königszelt ankamen, wurde es gerade hell; auf dem Bahnsteig konnten wir Wasser holen, Mutti kochte mittels Hartspiritus und einem Kochgeschirr eine Suppe.

Der Aufenthalt dauerte drei Stunden, dann ging die Fahrt weiter bis Maltsch, dort wieder Halt bis in die Nacht hinein. Unterwegs bekamen wir Angst, als die Wagoninsassen feststellten, dass wir in östlicher Richtung fuhren. Alles trauten wir den Polen zu, auch, dass sie uns irgendwohin nach dem Osten fahren. Es begann stark zu regnen, und es war schrecklich kalt. Die Kissen, die ich mir aus meinem Gummisack gezogen hatte, wurden nass, der Wagon war undicht. Nur gut, dass Ingo im Sanitätswagen bei Vati schlief, da stand ein kleiner Kanonenofen. Uns half der Schnaps, den wir mitgenommen hatten, von dem wir ab und zu etwas tranken. Am Morgen waren wir in Liegnitz, erhielten für sechs Personen ein Brot, dann ging die Fahrt weiter.

Von Kohlfurt, der nächsten Station unserer Reise, hatten wir schreckliche Dinge gehört, dort sollten in einem Lager Körperkontrollen und Entlausungen stattfinden. Wir wurden in das nahe Lager geführt. Männer und Frauen getrennt, Körperkontrolle, danach Entlausung. Ich wurde mit einem weißen Pulver, einem Desinfektionsmittel, abgespritzt, und auch mein langes Haar bekam eine gehörige Portion davon ab. Ich sah aus, als wäre ich in einen Mehlbottich gefallen. Proteste nützten nichts.

Als wir zu unserem Wagon zurückkamen, wurde er gerade kontrolliert, das ganze Gepäck musste raus. Warum? Die Polen hatten festgestellt, dass sich in unserem Wagon einige Parteileute befanden.

Gegen ein Uhr nachts ging es von Kohlfurt weiter, am Ostersonntag früh kamen wir auf dem Güterbahnhof in Magdeburg an. Hier konnten wir uns waschen, und es wurde heißer Kaffee verteilt. Es war verboten, sich vom Transportzug zu entfernen, niemand teilte uns etwas über das Ziel der Fahrt mit. Wir befanden uns noch immer in der russischen Zone. Im Morgengrauen ging es weiter. Als wir bei Alversdorf in die englische Zone einfuhren, waren alle sehr froh, dass wir nun die russische Zone hinter uns hatten.

Wieder ein Lager, wieder Kontrolle und Entlausung; anschließend gab es eine warme Suppe. Dann versammelten wir uns auf einem Platz, die Familien wurden separiert, in verschiedene Richtungen geschickt. Unsere kleine Familie musste mit einer weiteren Familie in einen Personenzug umsteigen, das

Gepäck kam in einen Gepäckwagen, es ging weiter in westlicher Richtung. Noch immer wussten wir nicht, wohin.

Wir fuhren die ganze Nacht, es war eigentlich die schlimmste aller bisherigen Nächte, denn im Zug war es kalt und sehr eng, und wir mussten viele Stunden auf einer Holzbank sitzen, auch Vati und Bübele.

Früh am nächsten Morgen kamen wir in Lippe-Detmold an, und wurden in ein Lager geführt. Wieder Entlausung und Registrierung, dann gab es endlich ein warmes Essen.

Nach Stunden fuhr ein Bus mit uns nach Hiddesen, einen kleinen Kurort, nicht weit von Detmold entfernt. Wir sahen eine wunderschöne Landschaft, friedlich und freundlich.

Vor einem großen Gasthof war Halt, die Wirtsleute wiesen uns zwei Zimmer im ersten Stock zu, in ihnen standen Betten, bezogen mit weißer Wäsche, ein Tisch, zwei Stühle und ein Waschtisch. Vor dem Fenster hingen helle Gardinen, durch sie sah ich hinaus in einen Garten, dahinter Wald. Vati sagte: ‚Besser hätten wir es sicher nicht treffen können.'

Und wie geht es weiter? Hier beginnt unser neues Leben. Es ist der 22. April 1946, Ostermontag.

2. Mai 1946, Hiddesen bei Detmold:

Erst jetzt komme ich wieder zum Schreiben, zuviel hat sich ereignet. Ich will der Reihe nach berichten, wie es uns in der Fremde, der neuen Heimat, inzwischen ergangen ist.

Die Wirtsleute sind nett, aber reserviert. Das Haus ist ein Hotel, das Sommergäste aufnimmt, daher die Gästezimmer im ersten und zweiten Stock. Es ist ein großes und robustes Haus, aus Natursteinen erbaut, und liegt direkt am Wald, das letzte Haus im Ort, ringsherum ein großer Garten. Im Erdgeschoss ist die Wirtschaft mit Bierausschank.

In den zwei nicht sehr großen Zimmern haben wir uns eingerichtet, so gut es geht. Vati und Mutti in dem einen, ich mit Ingo im anderen Zimmer. Da es nur einen Schrank gibt, haben wir unsere Koffer noch nicht auspacken können. Und wir machten schon ein paar schöne Spaziergänge und haben den Ort Hiddesen kennen gelernt. Auf der Gemeinde meldeten wir uns polizeilich an und bekamen Lebensmittelkarten zugeteilt. Vati hat unseren Bedarf für eine Wohnung angemeldet, man wird sich darum bemühen, wurde ihm gesagt.

Hier scheint es keinen Krieg gegeben zu haben, es fielen auch keine Bomben. Die englischen Besatzer haben sich anständig benommen, sie haben ohne viel Aufhebens ihre Dienststellen in Detmold eingerichtet; es gab keine Überfälle oder gar Vergewaltigungen, alles im Ort geht seinen geregelten Gang.

Für uns bedeutet es eine Erholung, ein normales Leben vorzufinden. Auf Lebensmittelkarten gibt es schon wieder einiges zu kaufen, wir brauchen nicht zu hungern. Den Mittagtisch bekommen wir unten in der Gaststube, meistens gibt es Eintopf.

Bübele geht neugierig auf Erkundungen aus; dieser Tage sind wir mit der Straßenbahn von Hiddesen nach Detmold gefahren und haben uns die Stadt angesehen. Es ist eine alte Stadt mit vielen Fachwerkhäusern und alten Gassen.

Vati hat beschlossen, bald nach Augsburg zu fahren, um dort beim derzeitigen Zweigwerk seiner alten Firma vorzusprechen und zu erfahren, ob es eine Chance gibt, da wieder Arbeit zu bekommen. Ich soll ihn bis Augsburg begleiten, dann werde ich weiter bis München fahren, um dort Arbeitsmöglichkeiten zu überprüfen und um Elschen zu treffen, die in Frasdorf bei Rosenheim bei einem Bauern untergekommen ist. Ich muss jetzt wissen, ob sie mit mir, wie geplant, im Duo auftreten wird.

Von der Wirtschaftskammer hat Vati die Fahrgenehmigung für uns bekommen, denn ohne Papiere gibt es keine Erlaubnis für die Einreise in die amerikanische Zone. Glücklicherweise konnte ich meine beiden schweren Koffer mit meinen Tanzkostümen, mein einziges und letztes Hab und Gut, als Reisegepäck aufgeben. Vor der Abfahrt auf dem Bahnhof in Detmold hat Bübele geweint, er wollte mitfahren, seine Mamili nicht alleine fahren lassen.

Mit einem Personenzug ging es von der englischen in die amerikanische Zone, in Kassel mussten wir uns Registrierkarten besorgen, die jeder braucht wenn er die Zone wechselt. Auf Marken haben wir auch etwas zu essen bekommen. Stunden später konnte ich mit einem Zug bis München durchfahren. Vati war in Augsburg ausgestiegen. Mit einer Kleinbahn fuhr ich weiter nach Frasdorf zu Elschen. Unsere Wiedersehensfreude war groß! Nun hocken wir zwei zusammen und beratschlagen, wie es weitergehen soll.

Elschen hat mir gestanden, dass sie schon eine ganze Weile nicht mehr trainiert hat, und die Verpflegung der Bauersfrau, bei der sie essen kann, hat bei ihr ziemlich angesetzt, das muss natürlich bald wieder runter.

Dann überraschte sie mich mit der Mitteilung, dass sie sich mit Henry Bergers verlobt hat. Er betreibt in Berlin eine große internationale Sportschule und beabsichtigt, eine Abteilung für Gymnastik und Tanz einzurichten, deren Leitung wir beide übernehmen sollen. Das klingt zwar nicht schlecht, aber ich habe Zweifel, ob es das Richtige für mich ist, denn ich will ja tanzen.

Dann fuhr ich mit Elschen nach Augsburg, wo wir mit Vati verabredet waren. Er holte uns vom Bahnhof ab. Ich erfuhr, dass es mit einer Anstellung bei seiner alten Firma nicht klappen wird. Er kann zwar eine befristete Aufenthaltsgenehmigung für die Stadt bekommen, aber Mutti und Ingo nicht. Er wird nun das Angebot der Stadt Detmold, als Angestellter in der Stadtverwaltung zu arbeiten, annehmen. Eine Wohnung in Detmold oder Hiddesen wurde den Eltern schon in Aussicht gestellt.

In Augsburg ging ich mit Elschen zur Künstler-Agentur Sarovy & Hansen und wurden mit Freuden begrüßt, man bot uns ein Engagement ab 1. Juni in einem Variete in München an.

Wären wir zwei eingearbeitet, könnten wir sofort mit auf eine Tournee in die Schweiz gehen. Kinder, in die Schweiz, wo es alles zu kaufen gibt – phantastisch! Aber wir sind noch nicht so weit und hoffen auf eine spätere Gelegenheit von ähnlicher Güte. In der Agentur erfuhren wir auch, dass es schon wieder Tourneen nach Portugal und nach Schweden gibt. Dafür werden wir uns bald intensiv interessieren.

Wir fuhren nach München zurück, gingen zu Elschens Cousine in die Echingerstraße, und blieben dort über Nacht. Ihre Adresse hatte ich für meine Post hinterlassen, und siehe da, es waren zwei Briefe eingegangen, einer von meinem Kurt.

Am Abend besuchten wir eine Vorstellung bei Carl Walter Popp, einem bekannten Conferencier, in der Schneckenburgerstraße, der eine Kleinkunstbühne aufgemacht hat, die erste in München. Es gab ein nettes Programm, nichts Aufregendes, aber interessant und gekonnt, was die Artisten angeht. Herr Popp bot uns an, bei ihm im Programm am 1. Juli aufzutreten, es fehlt ihm noch eine Tanznummer. Also, Angebote für Tanzauftritte gibt es inzwischen genug, wichtig ist jetzt, dass wir bald einige gelungene Tänze anzubieten haben.

Zurück in Frasdorf. Gestern war Muttertag, und ich war wieder einmal nicht bei meinem Süßen. Den Tag verlebte ich allein, es war wundervolles Wetter, und ich machte einen langen Spaziergang durch die Felder. Ich traf eine Katze mit drei Jungen, begegnete einer Gänsemutter mit ihren Küken und auf einer Weide stand eine Kuh mit ihrem Kälbchen, das gerade ihr Frühstück einnahm. Da hatte ich das Gefühl, dass ich zu ihnen gehöre, auch eine Mutter bin. Das hat mich irgendwie versöhnt, ich habe an Zuhause gedacht, an Mutti und meinen Kleinen, sie werden auch an mich gedacht haben, bestimmt. Es ist schön, zu wissen, dass ich nicht allein bin. Und an diesem herrlichen Sonnentag hatte ich das Verlangen zu schreiben, seit langer Zeit wieder einmal – ich habe eine kleine Geschichte geschrieben über Mütter.

Mit Elschen habe ich mich ausgesprochen, was unsere Zusammenarbeit angeht. Sie ist der Meinung, dass ihr Henry, wenn er Pfingsten kommt, sie mit nach Berlin nehmen wird. Und sie möchte mit ihm gehen. Nun werde ich endgültig meine Solo-Karriere beginnen.

Frasdorf ist ein ‚adliges Nest' mit Grafen und Gräfinnen und von und zu! Als Begleitmusiker für mein Training habe ich jetzt den Pianisten und Akkordeonspieler Graf von Schlieffenbach aus Frasdorf, einfach doll! Da müssen meine Tänze ja etwas werden! Diese Adligen sind ebenso arme Schlucker wie wir Nichtadligen, auch denen geht es schlecht, und sie müssen sehen, wie sie zurechtkommen. Der Graf hat mir erlaubt, auf seinem Akkordeon zu spielen, und das will ich gerne mal tun.

Ich bekam Kontakt mit Karl Schaub. Er ist der Feldwebel aus Reichenbach, wohin ich ins Luftwaffenausbildungslager zwangsverpflichtet wurde und in der Schreibstube Marschbefehle für die Soldaten ausschreiben musste; mit ihm habe ich damals viele Spaziergänge gemacht. Ich hatte noch die Adresse seiner Mutter in München, habe dahin geschrieben und bekam jetzt seine Antwort. Er arbeitet in einer großen Artistenvermittlung und kann mir vielleicht ein paar gute Tipps geben.

Gestern zum Sonntag habe ich mich mit ihm getroffen, wir fuhren hinaus und liefen etwa acht Kilometer bis Marquartstein; leider war das Wetter schlecht, wir wurden ziemlich nass. In einem Hotel hatte Karl Zimmer bestellt und ich habe mich erst einmal abgerubbelt. Danach kamen wir im Restaurant des Hotels zum Essen zusammen und sahen uns anschließend die schöne Gegend an, es regnete nicht mehr. Der kleine Ort liegt eingebettet in den Alpen und ist wunderschön. Während des Spazierganges überraschte Karl mich mit der Frage, ob ich ihn heiraten würde. Mein Erstaunen war groß und echt. Doch ich musste ihm weh tun, ich erzählte ihm ausführlich von meiner engen Freundschaft mit Kurt.

In München werde ich mich bei der Artistenloge eintragen lassen, das muss sein, will man wieder auf der Bühne stehen. Ich ringe mit mir, unter welchem Namen ich arbeiten soll. Da steht ja noch immer Uliana Rumin zur Debatte, so, wie ich mich zuletzt bei meinen Auftritten in Langenbielau genannt habe. Soll ich wieder unter meinem Mädchennamen Ursula Ruhm auftreten oder vielleicht Ursula Rumin? Jetzt wird Vati vielleicht nichts mehr dagegen haben.

Ich habe ein Telegramm von Kurt aus Hamburg erhalten, er will mich hier besuchen kommen. Und ein Brief kam inzwischen auch, er schreibt so lieb, und seine Verse rühren mich: ‚Sagtest Du, ich mag Dich nicht mehr, ich würde sterben, und Künstler, die meine Totenmaske darstellen würden, müssten ein Lächeln darauf legen, dass man noch im Todesgesicht die Seligkeit eines genossenen Glücks erkenne.'

Er hat so ausgefallene Anreden in seinen Briefen wie ‚meine Seele', ‚meine Wahrheit', ‚Du mein Engel'. In seinem Brief schickte er auch wieder einen lieben Spruch, ‚Du bist das seltene Blümelein, das leuchtet so heimlich von ferne, nah der funkelnde Edelstein, den hab ich von Herzen so gerne.' Dann schreibt er davon, dass er einen ‚großen Gedanken' habe und diesen ausbauen will für ein neues Drama, er möchte es mit mir zusammen ausarbeiten. Er macht mich neugierig.

Endlich ein Lebenszeichen von Mutti mit freudigen Mitteilungen: Jochen, der nach seiner Entlassung aus amerikanischer Gefangenschaft bei einem Kameraden wohnte, lebt jetzt in einem kleinen Ort bei Würzburg und hat sich bei der Polizei beworben. Auch Horst lebt, es kam eine Nachricht von ihm aus Bar-le-Duc in Frankreich.

Hanna und ihrem Mann geht es gut, sie wohnen noch in Bremen und wurden nicht ausgebombt. Von Tante Molly und Onkel Bernhard aus Berlin liegt Nachricht vor; auch ihnen geht es gut, sie leben noch in ihrer Wohnung.

Wie mag es meinem Süßen gehen, ich habe Sehnsucht nach ihm! Mutti schreibt, dass er viel von seiner ‚Zuckermameli' spricht, wie er mich oft im

Überschwang nennt. Ich glaube, er hat sich gut in Hiddesen eingelebt, soweit das unter den gegebenen Verhältnissen möglich ist, aber ein Kind ist darin wohl unkomplizierter als ein Erwachsener.

Ich habe auch über die Polen nachgedacht: Als sie bei uns einfielen und uns aus der Heimat vertrieben, waren sie für uns einfach nur ‚die Polen'. In Wirklichkeit waren sie selbst Vertriebene, vertrieben durch die Vereinbarungen der Kriegsmächte, von Ost nach West in unser Schlesien. Sicher, die Polen haben sich erst einmal im neuen Siedlungsgebiet, in Schlesien, als die ‚Herren' aufgeführt, aber eigentlich sind wir, die Deutschen und die Polen, auf dem gleichen Stand: vertrieben von höheren Mächten.

Am 1. Juli 1946 beginnt meine Solo-Karriere in München, ich habe bei Carl Walter Popp einen Vertrag für vier Wochen unterschrieben. Herr Popp hat sich nach meinen Fotos die Tänze ausgesucht. Nun ist der Anfang geschafft, sogar in München, ich bin zufrieden. Pro Tag bekomme ich 50,- Mark Gage, das ist ganz ordentlich. Es wurde aber auch langsam Zeit, denn mein Geld geht zu Ende, das Vati mir als Start geliehen hat. Herr Popp ist sehr nett und auch sympathisch, richtig väterlich.

Ein möbliertes Zimmer habe ich auch schon gefunden, hell und freundlich, mit einer Schlafcouch, nicht weit vom Popp-Cabaret entfernt. Ich werde einige Tage vorher auf der kleinen Bühne trainieren, um mich daran zu gewöhnen, außerdem muss ich mich auch mit der Dreimann-Kapelle einarbeiten. Ob es mit einem späteren Auftritt in einem amerikanischen Club klappen wird, weiß ich noch nicht. Das würde ich ganz gern machen, denn die Amis zahlen gut. Elschen hat da schon Erfahrungen gesammelt, und ich werde ihre Verbindungen nutzen.

Nun war ich noch für ein paar Tage in Hiddesen und muss sagen, dass ich froh bin, die Reise hinter mir zu haben. Die Züge verkehren immer noch unregelmäßig, sind überfüllt mit Menschenmassen, es gibt lange Wartezeiten beim Umsteigen und Zugkontrollen. Erst nach zwei Tagen traf ich hundemüde endlich in Detmold ein.

Ingolein hat geweint vor Freude und mich nicht mehr losgelassen. Leider regnete es fast ununterbrochen, und so habe ich die ganze Zeit mit ihm beim Spielen zugebracht; es hat uns beiden gut getan. Die Eltern haben in der Zwischenzeit in einem vornehmen Haus in Hiddesen zwei nette Zimmer mit einer kleinen Küche zugeteilt bekommen, so dass Mutti nun selbst kochen

Ingo mit Großmutter Dora   Ingo mit Mutter Ulla

kann. Vom Landratsamt in Detmold wurden ihnen Bezugscheine ausgestellt, auf die sie Bettwäsche und Handtücher kaufen können, wenn welche im Angebot sind. Vati, Mutti und ich erhielten je ein paar amerikanische Schuhe, wir Frauen ein Sommer- und ein Winterkleid, Vati ein Oberhemd und eine Hose. Ich bin noch polizeilich in Detmold gemeldet, deshalb bekam auch ich diese Zuteilung.

Mutti hat jetzt den Schein ‚Opfer des Faschismus' bekommen wegen ihrer Inhaftierung bei den Nazis und soll dadurch Vergünstigungen haben.

Ganz überraschend erhielt ich einen Brief von Roschi aus Schweden, der sehr lange unterwegs war, wer weiß, wie Roschi mich ausfindig gemacht hat. Er will mir bald ein Carepaket schicken. Er ist Vorsitzender der theosophischen Gesellschaft in Schweden, und vielleicht hängt es damit zusammen, dass er einen ganz eigenen Schreibstil hat, ungewohnt für mich. Als wir – Elschen und ich – in Göteborg nach unseren Bühnenauftritten die Mittsommernächte zusammen mit ihm im Göteborger Park verbrachten, hat er uns viel davon erzählt.

Die Theosophie beschäftigt sich mit ‚dem unmittelbaren Erschauen und Erkennen des Göttlichen, Absoluten als des ewigen Urgrundes alles Seins und Werdens'. So hat Roschi es uns zu erklären versucht. In Deutschland war diese Religionsrichtung von 1937 bis 1945 verboten, ich hatte vorher nie davon gehört. Sie soll früher einmal auch bei uns verbreitet gewesen sein, eine Bewegung, deren Vorbild 1875 in New York ins Leben gerufen wurde, eine Art universale Bruderschaft der Menschen.

Meine Karriere als Solotänzerin läuft gut, ich bin riesig stolz, dass ich es nun geschafft habe. Es ist zwar ein recht bescheidener Anfang, denn noch sind die Kriegsschäden nicht überwunden, das heißt, dass es noch keine großen Bühnen gibt, weil alles zerbombt wurde und der Wiederaufbau Zeit braucht. Vielleicht ist das aber gerade gut für mich, denn mit der Zeit werden die Ansprüche des Publikums größer werden, und so kann ich ebenfalls wachsen. Ich werde weiter hart an mir arbeiten.

Das Cabaret liegt in einer ziemlich zerbombten Straße von München, das Haus wurde einigermaßen wieder hergerichtet, die ehemals große Gaststube erhielt eine kleine Bühne und eignet sich so für bescheidene Aufführungen.

Die Künstler-Kollegen sind alle sehr nett; ich habe eine kleine Garderobe für mich allein.

Die Vorstellung beginnt um acht Uhr und ist meistens ausverkauft; am Schlussapplaus des Publikums erkenne ich, ob ich mit meinen Tänzen gefalle. Auf Wunsch von Herrn Popp bringe ich die Tarantella, den langsamen Walzer und meinen flotten Stepp, nach der amerikanischen Musik ‚In the mood'. Auf dem Programm werde ich als Uliana Rumin angekündigt, ‚Ein Tanztraum in Jugend und Schönheit'. Ich ließ mir auch ein eigenes Künstler-Programm drucken mit dem guten Foto des ‚Königlichen Hof-Photografen' in Stockholm, das damals beim Engagement des Hiller-Ballets von mir gemacht wurde. Der Prospekt ist zweifach gefaltet und zeigt auf den Innenseiten Tanzfotos von mir in weißem Frack beim Stepp, im duftigen, weißen, langen Kleid beim langsamen Walzer und im kurzen Kleid mit farbigem Oberteil und bunten Bändern am Rock bei der Tarantella.

Es hat sich eine weitere Möglichkeit ergeben, Geld zu verdienen: Vor einiger Zeit entdeckte ich meine Begabung für Scherenschnitte, und die habe ich in-

Walzer auf Halbspitze   Langsamer Walzer

zwischen vervollkommnet. Die Entwürfe dafür zeichne ich mir zum Teil aus einfachen Abbildungen der naiven Kunst. Bei einem Bummel durch die Stadt sah ich in der Maximilianstraße in einem Geschäft für Gemälde, Spiegel und Bilderrahmen kleine Ölbilder, die nicht gerade sehr kunstvoll aussahen. Ich sagte mir, vielleicht kann ich das Kundenangebot des Geschäftes mit meinen Scherenschnitten vergrößern, und legte ein paar davon vor. Sie wurden ‚in Kommission genommen', wie der Geschäftsführer sich ausdrückte, das heißt, ich bekomme Geld dafür, wenn sich ein Käufer findet. Und es haben sich schon Käufer gefunden, denn es gibt wirklich noch nicht viel Vernünftiges zu kaufen. Ich bekomme zehn Mark für eine Arbeit.

Als ich gestern Abend nach der Vorstellung in mein Zimmer kam, lag ein Mann auf meinem Bett. Zunächst war ich erschrocken, dann erkannte ich: es war Jochen! Er hatte dienstlich in München zu tun und wollte mich bei dieser Gelegenheit besuchen. Ich habe mich riesig gefreut, er auch, denn zum letzten Mal haben wir uns in Langenbielau gesehen, als er im August 1943

 Tarantella

 Amerikanischer Stepp

Kriegsurlaub bekam. Gestern war sein 26. Geburtstag. Natürlich hatten wir uns viel zu erzählen.

Elschens Charly ist ohne sie nach Berlin abgereist, sie sagte, dass er noch nicht so weit sei mit seinen Plänen zum Ausbau des Sportstudios in Berlin. Sie arbeitet nun als Tänzerin in einem Ami-Club, nur als Übergang, meinte sie.

Ich lernte durch sie zwei nette Jungen kennen, Bulgaren, die in München leben. Dimiter, der eine von beiden, hat es mir angetan, ein netter Kerl mit lieben, warmen Augen. Er verehrt mich! Jetzt sitzt er jeden Abend in der Vorstellung und hat mir auch schon Blumen geschickt. Nächste Woche bin ich zu seinem Geburtstag eingeladen.

Gestern war ‚Ruhetag' im Theater, ich hatte frei und fuhr mit Elschen und den beiden Bulgaren, Dimi und Georg, an den Tegernsee, das ist nicht weit von München. Wir verbrachten ein paar schöne Stunden, haben gerudert,

> Bayer. Konzertdirektion H. Lechner - License 1078 - Veranstaltung: Hans Leitner
>
> **Im Theater in der Reitmorstraße 7 (Schaubude)**
> Haltestelle: Max-II-Denkmal. Linie 4, 19 und 30
>
> GASTSPIEL
>
> **Spätvorstellungen**
> 23., 24. u. 25. Aug. 21 Uhr
>
> **SWING - SERENADE**
> **BERT GRUND**
> und sein Swingtett (Radio München)
>
> Solisten: **Fritz BROCKSIEPER**
> **Bruno BUSHART**
> **Norbert GILGENBERG**
> **Ottmar KNAB**
> **Walter WEISS**
>
> Carl Walter **POPP**
> Conference
> **Ulla TORP**, Chanson
> **Uliana RUMIN**, Tanz

gebadet und am Abend in einem Lokal Wein getrunken und getanzt. Es wurde sehr lustig. Dimi ist ein sehr netter Kerl, ich mag ihn.

Nun habe ich Gelegenheit, nach der Popp-Vorstellung an zwei Abenden in der Woche in einem amerikanischen Club zu tanzen, ich bringe zwei Tänze, den Stepp und einen Blues. Das bringt zusätzlich 40 Mark. Der erste Abend war für mich gewöhnungsbedürftig, denn in so einem Ami-Club geht es anders zu als bei einer deutschen Kleinkunstbühne.

Wir Artisten treten in der Mitte des saalartigen Raumes auf, der Boden hat Parkett, es gibt keine Bühne, die Amis sitzen ringsherum an kleinen Tischen; im Hintergrund ist die Kapelle mit vier Musikern. An die Begeisterung der Zuschauer, wenn ihnen etwas gefallen hat, muss man sich erst gewöhnen, die klatschen nicht in die Hände, sondern es gibt ein langes Pfeifkonzert, ähnlich wie damals bei den Studenten in Schweden.

Der Club ist in einer Villa in München-Bogenhausen untergebracht, die von den Amerikanern beschlagnahmt wurde und an den Wochenenden als Unterhaltungsstätte für Soldaten und Offiziere dient. Diese Villa ist eine von wenigen, die im Bombenhagel einigermaßen heil geblieben sind. Es gibt nicht mehr viele davon, die ganze Stadt ist ziemlich kaputt. Im Laufe des Abends wird ein Programm gezeigt mit verschiedenen Künstlern: einer Schlagersängerin, einem Zauberer, vor allem aber Tänzerinnen, die mehr oder weniger bekleidet ihre Künste vorführen. Nicht ganz mein Geschmack. Nach der Show bekommen wir Künstler Sandwiches, wir können davon so viel essen, wie wir wollen.

Ich habe eine Ballettschule aufgesucht und bekomme von der Ballettmeisterin, Frau Erna Marsig, Unterricht. Ich möchte, dass sie meine Tänze kontrolliert und korrigiert. Sie wird mit mir auch zwei neue Tänze einstudieren, dafür soll ich aber einen Pianisten mitbringen, den ich selbst bezahlen muss. Das kostet eine Menge, aber ich will es einfach, es gibt mir mehr Sicherheit. Es sind stets zwei Stunden, die mich 30 Mark kosten, aber ich denke, dass ich bald genug verdienen werde, da muss ich diese Investition leisten.

Vorgestern habe ich für den Monat September einen Vertrag mit der Münchner ‚Schaubude' abgeschlossen, ein gutes, ja, sehr gutes Engagement; bekannte Künstler treten dort auf, die Gage wird 3000 Mark im Monat betragen. Vielleicht spielt dabei eine Rolle, dass sich der Manager des Hauses für mich interessiert, er zeigte es offen. Das Theater hat einen guten Namen, es bringt das Programm als erste Nachtvorstellung von 21 bis 23 Uhr, etwas ganz Neues für München. Im Programm ist Peter Igelhoff mit einer der besten Kapellen, die es zur Zeit in Deutschland gibt, sie heißt Rosenfelder.

Für den 23. bis 25. August habe ich einen Vertrag der Agentur für ein Gastspiel mit der Kapelle Bert Grund unterschrieben, Carl Walter Popp soll die Conference machen, die Schlagersängerin Ulla Torp tritt auf, und ich werde meinen Stepp bringen und einen Slowfox, nach der Melodie von ‚Rhapsodie in Blue'.

Außerdem soll ich in diesem Programm in einem Sketch mitspielen, aber ob ich das bringe? Man sagte mir: ‚ja'! Ich werde vorher aber noch etwas Sprechunterricht nehmen. Für den Abend bekomme ich 200 Mark Gage! Ich freue mich schon auf die Arbeit mit den prominenten Leuten.

Gestern gab mir ein Arzt eine Calciumspritze gegen mein Hautjucken; dabei bin ich umgekippt. In zwei Tagen soll ich wiederkommen, dann will er mein Herz genau untersuchen. Er meinte, ich solle mal Urlaub machen – was für ein frommer Wunsch!

Aber übers Wochenende werde ich mit Dimi nach Tegernsee fahren und mich ein wenig ausruhen.

Mutti ist nach München gekommen und brachte Bübele mit, er ließ meine Hand nicht mehr los. Vati war bis Gmünden mitgefahren und stieg dort aus, um Jochen in Hammelburg zu besuchen. Auf Muttis Rückfahrt wollen die Eltern sich da wieder treffen. Die Tage verbrachten wir gemeinsam, ich habe ihnen München und die Umgebung gezeigt.

Natürlich kam Mutti mit Bübele auch in die Vorstellung, und sie hatte große Mühe, Ingo still zu halten, er wollte immerzu auf die Bühne. Meine Tänze haben ihr gut gefallen, sie hat mich gelobt; also brauche ich wohl keine Minderwertigkeitskomplexe zu haben. Im Theater blieb es den Kollegen natürlich nicht verborgen, dass Ingo mein Kind ist, aber das ist mir auch egal, es geht niemanden etwas an.

Für den Besuch hat mir Karl Schaub eine Matratze und ein paar Decken geliehen; ich habe mit Ingo auf dem Boden geschlafen, Mutti auf der Couch, das ging ganz gut. Mittags haben wir immer unterwegs gegessen, denn wir waren ja ständig auf den Beinen. Ich hatte Lebensmittelmarken auf dem Schwarzen Markt gekauft, und wir brauchten nicht zu hungern. Für Mutti konnten wir eine Kochkiste kaufen, die sie dringend braucht, wir ließen sie gleich verpacken und gaben sie bei der Bahn auf. Gottlob hatten wir gutes Wetter, und es wurden ein paar schöne Tage, der Abschied fiel uns schwer.

Ich habe einen neuen Verehrer: Hans Leitner, den Chefmanager der ‚Schaubude‘, in der ich bald auftreten werde. Ich bin schon ein paar Mal von ihm in die Künstlerstuben eingeladen worden, da gibt es gutes Essen, und ich habe einige prominente Künstler kennen gelernt, Heidemarie Hatheyer, Ursula Herking, Bum Krüger und Axel von Ambesser. Wie wäre es mit mir beim Film? Ich würde nicht ‚nein‘ sagen!

Hans Leitner hat mir einen schönen Pelzmantel besorgt, woher, hat er nicht verraten, er steht mir sehr gut. Natürlich will ich ihn bezahlen, aber er hat mir den Preis noch nicht genannt. Gestern fragte er mich, ob ich mich mit ihm verloben würde. Das kam mir wie ein Witz vor, denn wir kennen uns ja kaum, er weiß nichts von mir, und ich nichts von ihm. Ich mag ihn zwar ganz gerne, und er könnte beruflich viel für mich tun, aber deshalb gleich verloben? Nein! Er will noch in diesem Jahr nach Argentinien auswandern, dort hat er Verwandte, und er bekommt auch die Papiere dafür, er möchte mich mitnehmen. Ich soll raus aus *dem* Deutschland. Aber ich komme schon raus aus dem Deutschland, dafür brauche ich nicht Hans Leitner!

Was bin ich eigentlich für ein Mensch? Oft kenne ich mich selbst nicht. Jeder Mann will mich gleich heiraten, warum nur? Ich hoffe, dass einmal ein Mann kommt, der mich für immer fesselt, nicht nur für den Anfang. Ich möchte am liebsten irgendwohin fahren, wo ich ganz allein bin, dort würde ich auf einen hohen Berg steigen und ganz, ganz laut schreien; ich muss mir endlich einmal Luft machen. Soll ich lachen oder weinen? Ich weiß es nicht.

Jetzt bin ich mit Hans Leitner verlobt! Ich wurde von Hans mit gedruckten Verlobungsanzeigen überrascht. Ein verrückter Kerl, ich nehme es nicht ernst, und es erfährt auch niemand. Ich werde erst einmal gar nichts unternehmen, lasse alles laufen, vielleicht löst sich dieser Knoten wieder von selbst. Auf meinen Einwand, dass ich zur Verlobung nicht ‚ja' gesagt habe, meinte er nur kurz: ‚aber ich will es so'.

Auch Dimi überraschte mich am Wochenende, das ich mit ihm am Tegernsee verbrachte, mit der Frage, ob wir heiraten wollen. Sind die Männer alle heiratswütig?

Kurt ist nach München gekommen, auch er möchte, dass wir noch vor Weihnachten heiraten, doch unter der Bedingung, dass ich nicht mehr tanze, er will mich nicht mit anderen teilen. Was ist das für ein Ansinnen! Ich habe Kurt sehr gern, aber nicht mit Bedingungen. Er hat so viel vor, woran ich teilhaben soll, ‚da ist fürs Tanzen kein Platz', meinte er. Ich habe aber auch Pläne, sagte ich, und die will ich erst einmal umsetzen. Er soll auf mich warten. Nach zwei Tagen ist er wieder abgefahren, einsilbig, anscheinend gekränkt. Ich werde auch noch einmal über alles nachdenken – jedoch, ist das eine Basis für eine Ehe?

Kurt ist ein lieber Mensch, ich habe ihn wirklich gern, doch er hat so viele Pläne und ist mir damit schon auf die Nerven gefallen. Über seine Zukunftsphantasien vergisst er die Gegenwart. Vielleicht ist er ein Mensch, der immer nur plant und plant und niemals an ein Ziel gelangt. Ich muss mit meinen Gefühlen für ihn ins Reine kommen.

Ich bin nach Frasdorf gefahren, wo ich noch polizeilich gemeldet bin, um meine Lebensmittelmarken abzuholen und beim Bauern abzusahnen. Ich bekam Äpfel, Pflaumen, vier Eier und ein Viertelpfund Butter. Das tut gut!

Die Eltern haben Post von Horst bekommen; er ist in Frankreich in Gefangenschaft, dicht an der belgischen Grenze, und wurde dort zu Aufbauarbeiten eingesetzt. Seine Freude ist groß, da er nun weiß, dass wir leben und wo wir sind. Er schreibt: ‚Hunger tut weh, aber sonst bin ich gesund.'

München, 4. September, ‚Erstmalig für München! ‚Rhythmus der Nacht', eine Musicalschau von Hans Leitner", heißt die Ankündigung für unser Programm, das in der ‚Schaubude' läuft. Peter Igelhof sitzt am Flügel und singt seine witzigen Lieder; Claire Schlichting ist eine Ulknudel, sie tritt als dumme Magd auf und erzählt kleine, lustige Geschichten; Ursula Herking, die bekannte Schauspielerin, berichtet Interessantes aus ihren Bühnen- und Filmrollen. Nach dem vierten Abend gab es eine Panne: Carl Walter Popp, der die Conference hat, erkrankte, Hans Leitner sprang für ihn ein und hat sich schrecklich blamiert.

Am zweiten Abend meldete sich nach der Vorstellung Manfred, der Maler, in meiner Garderobe. Die Freude war beiderseits. Er lebt in München, besucht weiter die Malakademie, und ist auf dem Wege, ein richtiger Maler zu werden. Er hörte von unserem Programm, von meiner Mitwirkung und wollte mich auf der Bühne sehen.

Dimi war in allen Vorstellungen, und ich bekam einen herrlichen Blumenkorb von ihm, etwas ganz Besonderes. Seinen 24. Geburtstag haben wir im Deutschen Theater gefeiert. In der Theater-Bar kamen wir mit einigen Freunden zusammen, es gab ein wundervolles Essen mit Eis und Gebäck, und es wurde sehr lustig, erst gegen Mitternacht lag ich im Bett.

Das Programm ist geplatzt, und ab übermorgen wird es eingestellt! Die beiden zuständigen Herren des Theaters haben sich gestern die Vorstellung angesehen, es hat ihnen gar nicht gefallen, und sie geben das Theater zu weiteren Aufführungen nicht her, heißt es. Die Schaubude hat als literarisches Theater noch immer einen Namen. In diesem Stil, wie Leitner das Programm zusammengestellt hat, schadet es dem Theater, war ihr Urteil.

Ich muss den Herren Recht geben, wenn man von den prominenten Mitwirkenden absieht, ist die Darbietung der Nummern schlecht zusammengestellt: zwei Musiknummern hintereinander, dann komme ich mit meiner Tarantella, in der ich Battements und Spagat zeige; direkt nach mir zeigt ein Mann als Zigeunerin einen Tanz mit Spagat und Battements; zum Programmschluss tritt das Bar-Trio auf und bringt eine Viertelstunde Musik, viel zu lange.

Wie es aussieht, stehen wir ab 15. auf der Straße. Ob man uns die Konventionalstrafe zahlen wird, ist fraglich. Uns trifft keine Schuld, das Programm hätte vorher von den zuständigen Leuten abgenommen werden müssen. Hans Leitner ist am Boden zerstört, er begreift die Welt nicht mehr! Er wird uns Künstler auszahlen müssen, aber er hat kein Geld, woher nehmen?

Er äußerte Selbstmordabsichten, es seien seine letzten Stunden, sagte er zu mir. Er habe keine Lust mehr zu leben, es kümmere sich sowieso niemand um ihn. Dann schrieb er in meinem Beisein einen Brief, eine Art Testament, den ich in den nächsten Tagen dem Rechtsanwalt Neider übergeben soll; bei dem er wohnt. Darin steht, Neider solle alles regeln und mir 18.000,- Mark aus dem Nachlass übergeben. Leitner bat mich, ihn jetzt nicht allein zu lassen, da er sonst nicht wisse, was er tut.

Ich habe auf ihn eingeredet, versucht ihm klarzumachen, dass er sich so nicht von der Welt verabschieden darf, man wird ihn für einen Feigling halten. Dann brachte ich ihn zu seiner Wohnung, vor der Tür fing er an zu weinen, legte seinen Kopf an meine Schulter und flehte immer wieder, ihn nicht allein zu lassen. Er habe niemanden, der sich um ihn kümmere, habe gehofft, so jemanden in mir gefunden zu haben, aber er habe sich wohl wieder einmal getäuscht. Am besten wäre es wohl, wenn er mit seinem Leben Schluss macht. Dabei zog er eine kleine Spitze aus der Jackentasche und sagte, das würde sein ‚Erlöser' sein.

Ich habe ihm die Spritze abgenommen, ging mit ihm ins Haus und bin die Nacht über bei ihm geblieben. Ich musste es tun, denn sollte er wirklich eine Dummheit begehen, würde ich mir ewig Vorwürfe machen. Er tat mir wirklich leid.

Am Morgen dann bat er mich, ihm die Leute vom ‚Hals' zu halten, die nun auf ihn einstürmen würden, er könne mit niemandem sprechen. Ich ging in sein Büro, und bald kamen fast alle Künstler des Programms, die wissen wollten, wie es weitergeht. Darauf wusste ich auch keine Antwort. Dem Rechtsanwalt Neider gab ich den Brief mit den Anweisungen.

Da ich nun im September kein Engagement habe, werde ich für eine Woche nach Detmold fahren, etwas Geld besitze ich noch, es reicht gerade für die Fahrkarte. Auf dem Schwarzen Markt habe ich nach und nach einiges gekauft, so für Mutti etwas Bohnenkaffee und für Bübele ein paar Bonbons und etwas zum Spielen.

Ich bekam von Hans Leitner einen Eilbrief mit der dringenden Bitte, ihn in Berchtesgaden aufzusuchen, wo er bei einem Freund untergekommen ist. Er müsse mich unbedingt sprechen, er brauche mich.

Ich fuhr hin und Leitner schloss mich in die Arme. ‚Ich komme aber nur als Samariterin', habe ich ihm gesagt. Wir fuhren zum Königssee und machten eine wundervolle Bootsfahrt über den See. Das tiefe dunkelgrüne Wasser, der Wald und die hohen Berge ringsum, die bis an den See reichen, darüber ein wolkenloser blauer Himmel, beeindruckte mich. Nach jeder Biegung der Uferlinie gab es eine neue Schönheit. Von weitem sah ich St. Bartholomä, das Motiv so vieler Maler. Es mit eigenen Augen wahrzunehmen, hat mich sehr beglückt, denn ich hatte schon viel von der Schönheit des Sees gehört, in München wird oft davon gesprochen. Währenddessen führten wir ein langes Gespräch über seine Probleme. Eine Überraschung gab es: Leitner möchte den Pelzmantel zurück, er könne ihn für sechs- bis siebentausend Mark verkaufen. Da ich den Mantel noch nicht bezahlt und ihn auch nicht als Verlobungsgeschenk akzeptiert hatte, sagte ich zu. Getragen hatte ich ihn jetzt im Sommer sowieso noch nicht. Schon einen Tag danach kam ein Freund, und holte den Pelzmantel ab. Als Schlusspunkt unserer Beziehung fügte ich dem Mantel die zerrissene Verlobungsanzeige bei. Von der laut Vertrag vereinbarten Gage von dreitausend Mark habe ich gerade mal zweihundert Mark erhalten.

Was soll ich tun, zweimal sind nun schon meine Tage weggeblieben. Als sie das erste Mal im August ausblieben, dachte ich, dass es von den Calciumspritzen käme, die mir der Arzt gab. Aber jetzt, beim zweiten Mal, halte ich das nicht für wahrscheinlich. Wenn ich in Detmold bin, werde ich eine Frauenärztin aufsuchen. Dimi habe ich es schon gesagt, und was antwortete er: ‚Da heiraten wir bald.' Was ist mit meinen Zukunftsplänen?

Seit dem 29. September bin ich in Detmold. Die Busfahrt war umständlich und sehr beschwerlich, und dauerte sehr lange. Ich komme gerade zur richtigen Zeit, es gibt viel Obst, und eine große Schüssel mit Pflaumen stand schon für mich bereit.

Heute suchte ich die Frauenärztin auf, ich wollte Gewissheit haben. Die bekam ich, die Ärztin sagte: ‚Es ist alles in Ordnung!'. Also bin ich schwanger. Scheiße!

Als ich es Mutti sagte, bekam sie einen gewaltigen Schrecken, sie war zunächst fassungslos, dass mir das nun zum zweiten Mal passierte und es wieder geschehen könnte, dass ich mit dem Kind sitzen gelassen werde. Ich habe sie getröstet, so gut ich konnte, habe ihr von Dimi erzählt und dass wir noch im Oktober heiraten werden, dass alles in Ordnung kommt. Ich bin zwar selbst nicht so sehr davon überzeugt, aber das habe ich mir nicht anmerken lassen. Mutti sagte nur: ‚Lass es Vati noch nicht wissen.'

Bübele ist kräftig gewachsen, im Oktober wird er fünf Jahre alt. Er hat mir einen ‚Brief' geschrieben, den er mir stolz präsentierte; viele Kringel und ein paar Buchstaben. Ich war mit ihm im Zirkus, der gerade hier gastiert, und er war so begeistert von den Tieren, dass ich ihn kaum von dort wegbekam.

Ich muss an Dimi denken, der eine starke Erkältung hatte, ehe ich abfuhr. Vielleicht ist er froh, dass ich jetzt mal für eine Woche weg bin. Ich glaube nämlich nicht, dass er mir treu ist, so weh mir das auch tut, es einzugestehen. Ich kann gut beobachten und belüge mich nicht selbst. Er hat einen großen Freundeskreis, dazu gehören auch ein paar Frauen, die er oft sieht, und dazu gehört auch Anuschka, eine Schauspielerin aus Ungarn.

Wie soll es weitergehen, da ich nun weiß, dass ich von Dimi ein Baby bekomme? Ich möchte mich gern darauf freuen, aber da ich Mutti alles in rosigen Farben geschildert habe, kann ich mit ihr nicht über meine Sorgen und Befürchtungen reden. Gerade in Mutti habe ich die beste, verständnisvollste Freundin; sie hat schon einmal alles mit mir durchgemacht, doch dieses Mal muss ich es allein schaffen. Sie umsorgt mich ohne viele Worte.

Es sind noch schöne, warme Herbsttage, und wir machen mit Ingo lange Spaziergänge durch den Hiddeser Wald. Dabei sammeln wir Bucheckern, wofür man bei einer Sammelstelle in Detmold Öl oder Margarine bekommt, und wir lesen Holz und Tannenzapfen im Wald auf zum Heizen. Wir waren im Theater in Detmold und sahen den ‚Wildschütz' und die ‚Csardasfürstin'.

Obermenzing. Seit meiner Rückkehr bin ich jeden Tag auf der Suche nach einem neuen möblierten Zimmer, das andere wurde mir gekündigt. Ich habe so viele Laufereien wegen der Registrierkarte vom Arbeitsamt, einer Arbeitsbescheinigung und der Lebensmittelkarten, und dazu noch die Zimmerlauferei. Wenn der Maler mir dabei nicht helfen würde, ich wüsste nicht wohin.

Das Zimmer, in dem ich jetzt noch einmal schlafen darf, gehört den zwei Töchtern der Wirtin, sie schlafen zusammen in einem Bett, und ich in dem anderen. Die Wirtin ist ja sehr nett, aber ihr Mann ist ein Widerling, ein richtiger Paragraphenhengst, Beamter bei der Bahn. Er sagte mir, dass ich nicht länger bei ihnen bleiben kann, er hat Angst, dass er gegen irgendwelche Vorschriften verstößt und dass ihn das die Staatsstellung kosten könnte.

Nun schlafe ich die nächste Nacht nebenan bei einer netten alten Dame. Herrgott, wenn nur bald etwas klappen würde, es ist zermürbend, immer aus dem Koffer zu leben und um alles betteln zu müssen.

Dass ich in Hiddesen nichts von Dimiter hörte, hatte mich schon gewundert, und nun erfuhr ich den Grund dafür: Er hat erfahren, dass ich einmal mit seinem Freund Gregor zum Tanzen war, als er Dienst im Gericht hatte. Es gab einen Riesenkrach, Vorwürfe, schlimme Worte und Verdächtigungen. Warum habe ich das getan, ihm nichts davon gesagt? Ich habe nichts Böses dabei empfunden, einmal mit seinem Freund auszugehen, das ist doch harmlos. Er sagte, dass er nicht weiß, ob er mir jemals wieder vertrauen könne; ich dürfe es ihm nicht übel nehmen, wenn er jetzt erst einmal Zeit brauche, das zu verarbeiten. Dann haben wir uns wieder mit einem Kuss versöhnt, aber ob es noch einmal so wird wie vorher?

Als ich heute auf dem Schwarzen Markt am Deutschen Theater auf der Isarseite etwas kaufen wollte, bin ich in eine Razzia geraten. Dieser Markt, wo alles für viel Geld angeboten wird, wurde von den Amis und den deutschen Behörden verboten. Für meinen Süßen hatte ich eine Tafel Schokolade gekauft und für Mutti 100 Gramm Bohnenkaffee. Gerade als ich den Kauf getätigt hatte, kam die Razzia, es gelang mir aber, noch rechtzeitig davonzulaufen, sonst wäre ich die Sachen wieder los gewesen.

Ein Brief von Kurt, er hat lange gebraucht, bis er die richtigen Worte fand. Mein Brief muss ihn wohl erst einmal sprachlos gemacht haben. Er kann es nicht fassen, dass ich das Tanzen einer Hochzeit mit ihm vorziehe. Er will jetzt eine Existenz aufbauen und nicht erst in drei oder vier Jahren. Dabei kennt er ja den eigentlichen Grund meiner Trennung nicht, nämlich meine Schwangerschaft. Und den soll er auch nicht erfahren, ich will ihm nicht noch mehr wehe tun.

Gestern war ich hier beim Frauenarzt. Nach einer eingehenden Untersuchung sagte er, dass alles in bester Ordnung ist. Was soll nun werden? Soll ich Dimi heiraten? Gewiss, er ist ein lieber, großer Junge, den man gern haben muss. Aber heiraten? Dimi sprach von einem Arzt, den er gut kennt und der mir eventuell ‚helfen' würde. Ich weiß, dass es eine große Sünde ist, so etwas zu tun, aber wäre es in meinem Fall nicht die bessere Lösung?

Ich könnte manchmal stundenlang heulen, doch was hätte das für einen Zweck?

Ich bin nur froh, dass Mutti nicht alles mitbekommt, obwohl ich sie gerade jetzt sehr nötig brauchte. Ich bin allein und muss alles herunterschlucken – aber ich bin selbst an allem schuld, ich weiß es, ich könnte mich verfluchen! Gut, dass ich mein Tagebuch habe, da kann ich alles loswerden.

Dimiter kam gleich nach dem Krieg aus Bulgarien nach München und studiert hier an der Universität. Das Studium verdient er sich als Dolmetscher und Übersetzer am amerikanischen Militärgericht in München, seine Einkünfte sind gering. Aber darum geht es auch nicht, ich kann arbeiten, wenn das Kind da ist, werde ich eine Arbeit in einem Büro annehmen. Dimi ist wie Gummi, er lässt alles laufen, ist freundlich und zärtlich, aber unzuverlässig. Er sagte mir, dass er die Heiratspapiere in Sofia beantragt hat. Nun, ich werde Dimi heiraten, das Kind verlangt, dass es einen Vater hat, und ich brauche nicht mehr als ‚Fräulein' herumzulaufen.

Was ist das überhaupt für eine blöde Einrichtung, dass ein Mädchen so lange ‚Fräulein' tituliert wird, bis sie verheiratet ist und einen Ehering am Finger trägt. Wird sie erst damit zur ‚Frau'? Da kann sie ein, oder mehrere Kinder kriegen, sie bleibt in der Öffentlichkeit ein ‚Fräulein'. Aber sie wird doch durch eine Geburt zur Frau und nicht erst durch einen Ring.

Deshalb der Wutausbruch von Vati 1941, als er von meiner Schwangerschaft mit Ingo erfuhr und zornig sagte: ‚Mein Fräulein Tochter kriegt ein uneheliches Kind!'

Es ist mir natürlich bewusst, was ich meinen Eltern mit einer nochmaligen Schwangerschaft antue, ohne verheiratet zu sein. Mutti, meiner Freundin, sowieso, und Vati mit seinen strengen moralischen Ansichten. Bin ich denn ein schlechter Mensch?

Vorige Woche war ich noch einmal bei Frau Marsig, der Ballettmeisterin. Sie sagte mir, dass sie mit dem Unterricht aufhören müsse, weil sie schwanger sei, im vierten Monat. Ich konnte mir nur schwer ein Kichern verkneifen, denn von meinem gleichen Zustand hat sie keine Ahnung. Von ihr habe ich erfahren, dass Schwangere vom vierten Monat an Berechtigungskarten für Zusatzlebensmittel erhalten, und zwar 400 Gramm Butter, 2000 Gramm Nährmittel, Fleisch und Brot und pro Tag einen halben Liter Vollmilch. Diese werde ich jetzt beantragen.

Der Maler hat ein möbliertes Zimmer in München-Obermenzing für mich gefunden, in seinem Nachbarhaus; ich kann sofort einziehen. Es ist ein schöner Vorort von München mit vielen Einfamilienhäusern, nicht so zerbombt wie andere Stadtteile.

Ich habe mich dem Maler anvertraut, er ist mir zum wirklichen Freund geworden, und ich brauche jemanden, mit dem ich offen reden kann, über alles, über meine Hoffnungen und Befürchtungen gleichermaßen. Manfred hat Dimi einmal kennen gelernt, sein Urteil war nicht gerade ermutigend, als er sagte: ‚Er mag ja ganz nett sein, aber für einen zuverlässigen Partner halte ich ihn nicht.'

Durch Manfred habe ich eine Heimarbeit für ein Bildergeschäft bekommen, kleine Bildchen ausmalen, für das Stück wird eine Mark gezahlt. Es wurden auch wieder einige Scherenschnitte von mir verkauft, wieder ein paar Mark.

Ich habe fast kein Geld mehr, will mir aber auch keines borgen. Der November wird wieder besser, im Dezember möchte ich zusammen mit Dimi nach Detmold fahren, und über Weihnachten dort bleiben. Hoffentlich dann als Frau Toschkoff.

In meinem neuen Zimmer habe ich mich inzwischen gut eingelebt und komme mit der Wirtin gut aus. Morgens bekomme ich Kaffee und am Abend eine Suppe oder ein Gericht mit Kartoffeln. Natürlich muss ich dafür die Lebensmittelmarken abgeben, und bezahle auch fürs Essen. Das Zimmer kostet mich 30 Mark im Monat, dazu kommt Licht; Heizung habe ich nicht, aber abends sitze ich bei den Leuten in der warmen Küche.

Es ist schon ziemlich kalt geworden, und ich laufe noch im Sommermantel herum, ich friere ziemlich viel. Mit etwas Wehmut denke ich an den Pelzmantel von Leitner, den könnte ich jetzt gut gebrauchen. Ich habe einen Antrag auf einen Bezugschein für warme Unterwäsche gestellt, die fehlt mir sehr. Wintermäntel sind manchmal in Schaufenstern ausgestellt, aber nur zum Ansehen, nicht zum Kaufen.

Über Detmold erreichte mich ein Brief von Harry Gondi. Er hat noch keine Arbeitserlaubnis erhalten, ist noch nicht entnazifiziert worden, hofft aber, dass es recht bald geschieht, denn er hat Pläne für eine Revue in Nürnberg, möchte mich dafür engagieren. Er weiß nichts von meiner Schwangerschaft.

Ich habe jetzt, im November, noch ein Engagement in München bei Simonetti, den Vertrag hatte ich schon im Juli abgeschlossen; ich werde den Tango und den amerikanischen Stepp bringen, Tänze, die mir noch leicht fallen. Mit der Tarantella, dem Spagat und den vielen Sprüngen wäre es anders, die lasse ich besser, denn das werdende Leben in meinem Bauch wird das sicher nicht gern haben. Aber das Engagement muss ich unbedingt noch hinter mich bringen, weil ich kein Geld mehr habe. Dann muss ich wohl erst einmal aufhören zu tanzen, denn eine schwangere Tänzerin will niemand auf der Bühne sehen!

Heute bekam ich einen Brief von Mutti, der mich sehr aufgeregt hat, ich will ihn ins Tagebuch aufnehmen: ‚Was mich die vergangene Zeit gekostet hat, kannst Du nicht ermessen, wird Dir vielleicht auch egal sein.' (Das hat mich besonders getroffen!) ‚Ich will Dir nicht wünschen, dass es Dir einmal so ergeht und Du vor Verzweiflung fast keinen Ausweg mehr siehst.' (Dabei bin ich da schon angelangt und halte es auch nicht mehr lange aus!) ‚Du weißt, ich sagte Dir, nochmals so einen Schlag kann ich nicht mehr ertragen. Uns ist doch wahrlich genug aufgebürdet worden, und nun sitze ich Deinetwegen in einer seelischen Verfassung, die sich nicht beschreiben lässt. Möge es ein gutes Schicksal wollen, dass mir diese Bürde nicht noch einmal aufgeladen wird, ich fühle mich dazu momentan auch nicht stark genug.'

Wie gerne hätte ich Mutti das erspart, es tut mir sehr leid, dass ich sie in so große seelische Konflikte bringe. Sie hat mir geraten, Vati einen ‚aufklärenden Brief' zu schreiben, aber zu einer Lüge zu greifen, meine Herzprobleme vorzuschieben, zu behaupten, dass der Arzt mir für einige Zeit das Tanzen verboten hat und ich nicht reisen soll. Mutti schreibt weiter, dass Ingo jeden Tag vor dem Radio steht, und den lieben Gott bittet, seine Mameli bald wiederkommen zu lassen.

Tag für Tag laufe ich zu Dimi, um endlich einen positiven Bescheid von ihm zu hören, aber noch immer keine Post aus Bulgarien, also keine Hochzeit in Sicht. Diese Warterei ist zermürbend. Ich bin so deprimiert, immer öfter denke ich daran, mit allem Schluss zu machen, aber ich weiß nicht, wie. Man soll sehr heiß baden, habe ich mal gehört, dann würde der Embryo abgehen. Ich könnte auch aus dem Fenster springen, oder ich lasse mich auf dem Bahnsteig in Obermenzing vor den einfahrenden Zug fallen. In München kenne ich keinen hohen Turm, von dem ich herunterspringen könnte, ich würde es tun.

Ein Tag nach dem anderen vergeht. Eines weiß ich, und das habe ich mir allen Ernstes geschworen, dass ich mir keinen Mann mehr ansehe und intim mit ihm werde, bis die Hochzeit stattgefunden hat. Alle wollen doch nur das gleiche, aber wird es Ernst, dann machen sie den Rückzieher, stehen nicht mehr zu ihren Versprechungen. Wie viele Männer wollten mich noch vor ein paar Monaten heiraten? Und nun, wo es darauf ankommt, ist keiner da. In mir ist alles abgestorben, auch für Dimi empfinde ich nichts mehr. Sollte es doch noch zur Heirat kommen, wird es nur eine Ehe auf dem Papier und nur für das Kind, damit es nicht ohne Vater aufwächst. Ich würde jetzt jeden Mann heiraten, nur um als verheiratete Frau vor meine Eltern treten zu können.

An Vati habe ich den ‚aufklärenden' Brief geschrieben, ich hoffe jedenfalls, dass er ihn so aufnimmt. Aber welche Lüge – eine Notlüge, Mutti zuliebe. Bald muss ich sowieso die Wahrheit sagen. Der Weg nach Hause ist mir nun abgeschnitten, ich weiß nicht, wie ich mit den Eltern klar kommen kann, ich weiß nicht mehr, was ich tun soll. Der liebe Gott mag mich fest an seine Hand nehmen.

Dimi wäre zwar für mich der nächste Mensch, mit dem ich über meine Probleme reden könnte, aber er ist ein Mann, noch dazu kein Deutscher, er beurteilt vieles anders, und ich habe auch kein Vertrauen mehr zu ihm.

Ich bin froh, dass der November bald um ist, die Bühnenauftritte fallen mir schon schwer, dabei darf ich mir nichts anmerken lassen. Und was wird mit unserem Besuch zu Weihnachten in Detmold? Der Maler hat mir wieder Bilder zum Kolorieren verschafft, das bedeutet 30 Mark; und ein Teil meiner Scherenschnitte wurde auch verkauft; das Geld – meine Reise nach Detmold.

Das Hiller-Ballett hat sich wieder zusammengefunden. Es arbeitet in diesem Monat hier in München in der Jubilee-Hall, ich habe mir die Vorstellung angesehen. Es sind zwölf Mädchen, acht davon aus meiner Zeit. Sie brachten drei Tänze, solche, die wir schon 1944 getanzt haben. Die Leitung hat Edith, unser ehemaliges Käpt'n-Girl. Hiller hat noch keine Arbeitserlaubnis bekommen, das Ballett zu führen. Nach Programmschluss habe ich mich gleich davongemacht, ich wollte keines der Mädchen sehen.

Ich fühle mich so allein; Dimi, mit dem ich einige Zeit fröhlich und unbeschwert zusammen sein durfte, ist kein Partner fürs Leben. Leider habe ich das zu spät erkannt, und ich hätte nicht den Fehler machen dürfen, mit ihm ins Bett zu gehen. Dass nach Stunden des Wohlfühlens, der Leichtigkeit in mir neues Leben entstehen würde, habe ich nicht bedacht. Hat nicht jeder Mensch ein Recht auf ein wenig Wärme und Zärtlichkeit? Ich war doch nur auf der Suche nach etwas Harmonie, nach ein wenig Glück.

Was habe ich denn bisher schon von meinem Leben gehabt? Nur Kampf, Planung und Hoffnung. Sicher, ich habe eine schöne Jugend erlebt mit treu sorgenden Eltern. Doch ich habe mit meinen Wünschen nicht immer eine gute Wahl getroffen, die richtige Entscheidung gefällt, diese Erkenntnis kommt leider etwas spät. Aber ich bin jung, möchte endlich leben, nicht in einem Büro sitzen und auf einen Mann warten, der mich irgendwann heiratet.

Und jetzt, mit zwei unehelichen Kindern von zwei verschiedenen Vätern, besteht wohl überhaupt keine Aussicht mehr auf ein schönes Leben. Es wird nun von mir allein abhängen, was ich daraus mache.

Wie es im neuen Jahr weitergehen wird, weiß ich nicht. Und wo ich das Kind zur Welt bringen werde, ist ebenfalls noch unklar. Gern möchte ich ins Detmolder Krankenhaus gehen, die Nähe der Eltern würde mir gut tun. Aber ob ich bis dahin verheiratet sein werde? Die Vorstellung, dass Vati, der inzwischen im Öffentlichen Dienst der Stadt tätig ist, seine unverheiratete Tochter dort zur Entbindung anmeldet, ist auch für mich fast unerträglich. In den letzten Tagen bin ich immer so müde, so schlapp, meistens um die Mittagszeit.

Jeder Schritt, jede Bewegung ist mir zuviel und verursacht mir Mühe. Ich schlafe am Nachmittag, und abends, zur Vorstellung, geht es dann wieder.

Die Eltern haben von Horst wieder eine Karte aus französischer Gefangenschaft bekommen, er wiegt mit 1,75 Meter Größe nur noch 115 Pfund, der arme Kerl, er kann ja bloß noch Haut und Knochen sein.

Inzwischen war ich auf dem Standesamt und habe meine Papiere für die Hochzeit zusammen. Dabei zog ich Erkundigungen ein, welche Papiere Dimi als Ausländer braucht. Der Beamte sagte mir, wie es vielleicht möglich wäre, auch ohne Papiere aus Bulgarien hier zu heiraten, er hat mir alles aufgeschrieben.

Dieses Blatt Papier zeigte ich Dimi mit den Worten, dass wir nun das Aufgebot bestellen und in vierzehn Tagen heiraten können. Ich habe ihn vor vollendete Tatsachen gestellt und ihm keine Zeit gelassen für irgendwelche Ausflüchte. Er hat mich nur wortlos angesehen.

Ich habe ihm klargemacht, dass ich in meinem Zustand nicht allein nach Detmold fahren werde. Ich finde, es ist seine Angelegenheit, mit meinem Vater zu sprechen.

Dimi ist auf alles eingegangen, was mich sehr verwundert hat. Ich möchte so gern Weihnachten zu Hause sein und kann doch nicht eher fahren, als bis ich ‚Ordnung' gemacht habe. Nun werden wir am Montag auf das Standesamt gehen und die Papiere beantragen. Mutti hat mir wieder einen Geldschein geschickt, die Gute; ich kann ihn so sehr gebrauchen. Mir geht es in letzter Zeit nicht gut, Nervenschmerzen überall – mal unter den Fußsohlen, mal in den Beinen und in den Armen; dazu die andauernden Kopfschmerzen, ich habe das Gefühl, als hätte ich ein 25-Kilo-Gewicht auf dem Schädel.

Ich freue mich schon so sehr auf die Tage daheim; Mutti schreibt, dass Bübele andauernd von mir spricht und so sehr auf mein Kommen wartet. Nächste Woche gibt es neue Lebensmittelmarken, die ich mit nach Hause nehmen werde, dazu noch Essbares vom Schwarzen Markt, denn daran scheint es daheim am meisten zu fehlen, vor allem dem Vati, der ein starker Esser ist. Wo die Eltern wohnen, existiert kein Schwarzer Markt, auf dem man etwas dazukaufen kann, und selbst auf die Marken gibt es nicht immer die vollen Zuteilungen. Ich habe zwei Pfund Butterschmalz, ein halbes Pfund reines Schweineschmalz, ein halbes Pfund gute Butter, zehn Pfund Mehl und zwei Pfund Mohn organisiert. Weihnachten werden wir jedenfalls nicht hungern müssen!

Ich habe Dimi gefragt, wie wir als Eheleute leben werden. Wie soll sich unser Leben gestalten, wenn das Kind da ist? Darauf wusste er keine Antwort. Ich gab sie ihm: ‚Ich werde meine Eltern bitten, dass meine Entbindung im Krankenhaus in Detmold stattfinden darf. Da du jetzt im Staatsexamen steckst, das du erst einmal hinter dich bringen musst, werde ich die erste Zeit in Detmold bleiben, wo sich vielleicht ein möbliertes Zimmer für mich und das Baby finden wird. Ich hoffe, dass meine Eltern damit einverstanden sein werden.'

Mein 23. Geburtstag, es ist abends, ich bin allein. Vor mir auf dem Tisch steht eine Kerze, die ein flackerndes Licht spendet. Es ist still im Haus, nur ein paar Töne Radiomusik dringen aus dem Erdgeschoss zu mir herauf. Durch mein Fenster höre ich ab und zu das Rattern vorüberfahrender Personen- und Güterzüge. Ein kleiner elektrischer Heizofen wärmt mir die Beine. Gerade am heutigen Tag brauchte ich einen Menschen, mit dem ich reden könnte. Stattdessen sitze ich allein in meinem kalten Stübchen; Mutti wird an mich denken, und ich gäbe viel darum, wenn sie jetzt bei mir wäre. Eigentlich müsste ja Dimi diesen Platz ausfüllen.

Am Nachmittag hatte ich den Maler zu einem bescheidenen kleinen Kuchen eingeladen. Er brachte mir ein selbst gemaltes Bild mit, eine Alpenlandschaft in Öl. Dimi habe ich am Vormittag aufgesucht, an meinen Geburtstag hat er nicht gedacht. Er lag, wie immer um diese Zeit, noch im Bett, bekam die Augen kaum auf, ich bin gleich wieder gegangen, das hat mir sehr weh getan.

Ich lasse in Gedanken die letzten Monate nach der Vertreibung vorüberziehen, was habe ich erreicht? Ist das der Erfolg, den ich erarbeiten und erkämpfen wollte? Was davon ist gewonnen? Noch gar nichts, absolut nichts! Ich stehe noch genau da, wo ich vor einem Jahr stand, sogar noch weiter zurück, denn jetzt kann ich keine Pläne mehr machen, muss die Hoffnung aufgeben, jemals zu erlangen, was ich angestrebt habe. Vor einem Jahr träumte ich von einer großen Karriere als Solotänzerin, wollte berühmt sein und gefeiert werden. Und nun? Nur Illusionen.

Der Grund meines Kummers, der vielen Tränen und der schlaflosen Nächte wächst in meinem Leib heran. Darauf muss ich mich jetzt konzentrieren, egal, ob verheiratet oder nicht.

Vielleicht wäre ich auch niemals eine große Tänzerin geworden, wäre immer nur Mittelklasse geblieben, hätte in Illusionen weitergelebt.

Ob ich nach der Geburt wieder tanzen werde, lässt sich noch nicht beantworten, obwohl ich noch einige Engagements für nächstes Jahr abgeschlossen hatte.

Zunächst muss ich mich um das Baby kümmern. Von Mutti kann und will ich nicht erwarten, dass sie nun auch mein zweites Kind aufzieht, nachdem sie mir schon das Bübele ohne viele Umstände abgenommen hat. Wenn das kleine Wesen auf der Welt ist, werde ich es auch lieb haben, denke ich. Wie es mit Dimi wird, weiß ich nicht; wenn wir als Mann und Frau zusammenleben wollen, muss sich unser Verhältnis ändern.

Mehrere Male war ich nahe dran, eine Dummheit zu begehen, einfach Schluss zu machen, und das habe ich auch Mutti geschrieben. In ihrem Antwortbrief hieß es: ‚Was sollte ich wohl später Deinen Kindern sagen? Euer Vater war ein Lump und Eure Mutter ein Feigling.' Sie schrieb, dass ich daran immer denken solle und daran, wie sehr Ingo an mir hängt, dass er täglich viele Male nach mir fragt und so sehr auf mein Kommen wartet.

Ihre Worte haben mich wieder etwas aufgerichtet, ich habe die Zähne zusammengebissen. In Zukunft muss ich an meine Kinder denken, sonst nichts. Welch ein Betrug kann doch das Leben sein!

Jochen und Irmgard haben geheiratet und sich in Hammelburg bei Würzburg ein hübsches, kleines Nest eingerichtet, es ist eine Dienstwohnung der Polizei, bei der er eine Anstellung gefunden hat. Möbel hat er anfertigen lassen, Geschirr und Haushaltsgegenstände brachte Irmgard mit in die Ehe.

Nach der Zeremonie gab es viel zu essen, und ich wurde mal wieder richtig satt. Auch zu trinken gab es, aber da habe ich mich zurückgehalten. Jochen hat von meinem Zustand wohl nichts bemerkt. Irmgard ist ein nettes, einfaches Mädchen, 20 Jahre alt und 1,72 Meter groß; sie passt gut zu Jochen. Er hat sie in Hammelburg kennen gelernt, wo sie in einer Biergroßhandlung arbeitet. Ich habe mich gut mit ihr verstanden.

Ich musste an seine Rüpeljahre denken, an die Zeit, da Vati befürchtete, dass niemals etwas Ordentliches aus ihm wird. Nun ist er ein ganzer Mann, hat einen soliden Beruf und wird geachtet von seinen Kollegen; er ist ein schöner Bursche, ich kann verstehen, wenn er den Frauen gefällt.

Mit seiner Gefangenschaft hat er Glück gehabt, er erzählte darüber Folgendes: ‚Nach kurzer englischer und kanadischer Gefangenschaft in Ostfriesland wurde ich im September 1945 entlassen und ging mit einem Kameraden nach Sondheim in der Rhön, da eine Rückkehr nach Schlesien nicht möglich war. Dort ernährte ich mich zunächst als Waldarbeiter beim Holzfällen und als Bauernknecht bei mehreren Landwirten. Wer bereit war zu arbeiten, hatte Essen und eine warme Unterkunft und konnte sich glücklich schätzen.'

Von Mutti ein dringender Brief vom 13. Dezember, der nur ein paar mühsam gekritzelte Zeilen enthielt: ‚Mir geht es sehr schlecht, ich habe eine Lungenentzündung, kannst Du kommen? Ich brauche Dich.' Oh, arme Mutti. Sofort werde ich mich nach einer billigen Reisemöglichkeit umsehen.

Nun muss ich erst einmal ohne Dimi fahren, er will nachkommen. Von Sofia hat er noch immer keine Nachricht wegen seiner Papiere, also wird es nichts mit einer Heirat noch vor Weihnachten. Aber er hat versprochen, die Feiertage mit mir in Detmold zu verbringen, um sich meinen Eltern vorzustellen und um meine Hand anzuhalten. Er kann so kurzfristig nicht weg von seiner Arbeit bei Gericht. Vielleicht wird doch noch alles gut, und ich kann Vati und Mutti unter die Augen treten.

Mit einem Zug fuhr ich nach Detmold, es wurde eine schreckliche Reise. Das begann schon damit, dass Dimi keine Zeit hatte, er fragte nicht einmal danach, wie ich mit meinem Gepäck zur Bahn kommen werde.

Der Maler hat mir geholfen, den großen Koffer gaben wir einen Tag vorher auf, weil es sehr kalt war und viel Schnee lag, transportierten wir ihn mit dem Schlitten.

Danach ging ich noch einmal zu Dimi, der gab mir einen Brief für meine Eltern, eine Entschuldigung, dass er nicht gleich mitkommen könne, da er vom CIC, also von den Amerikanern, mit einer Geheimsache betraut worden sei und jetzt unter keinen Umständen weg dürfe. Was sollte ich machen, gute Miene zum bösen Spiel, aber ich habe ihm die Ausrede nicht geglaubt. Wir verabschiedeten uns mit einem Kuss, und er versicherte, so bald wie möglich nachkommen zu wollen. Ich sagte ihm, er könne Gift drauf nehmen, dass ich Anfang Januar wieder in München bin, falls er sich Weihnachten nicht in Detmold blicken lässt, ich kann es meinen Eltern nicht zumuten, mich unter solchen Umständen aufzunehmen.

Gegen Mitternacht sollte der Zug vom Hauptbahnhof abgehen, aber bereits um neun Uhr eingesetzt werden, deshalb brachte mich der Maler schon zu dieser Zeit auf den Bahnsteig.

Dort standen wir bei zwölf Grad Kälte zwei Stunden herum, bis er endlich einfuhr. Es gab ein schreckliches Gedränge, ich gelangte nur deshalb hinein, weil der Maler mich durch ein offenes Fenster schob.

Nach etwa fünf Stunden Fahrt bekam ich einen schmalen Platz auf einer Bank, erschöpft bin ich darauf zusammengesunken. Die Nacht verbrachte ich im Wartesaal von Altenbeken auf einem Holzstuhl. Morgens gegen sechs

Uhr brachte mich ein Personenzug nach Detmold, die Straßenbahn fuhr mich nach Hiddesen. Todmüde fiel ich ins Bett.

Mutti geht es schlecht, sie ist sehr schwach, täglich kommt der Arzt und sieht nach ihr.

Am Nachmittag gab ich Vati den Brief von Dimi. Es dauerte lange, bis er ihn gelesen hatte, zunächst sagte er nichts. Ich wunderte mich, dass er nicht gleich lostobte, vielleicht hatte ihn auch die Mitteilung zu sehr getroffen. Dann äußerte er nur kurz, er glaube nicht daran, dass der junge Mann kommt, ich solle direkt meine Sachen packen und wieder verschwinden.

Weihnachten und die Feiertage sind nun vorbei, es waren eigentlich schöne und ruhige Stunden, die wir zusammen verbrachten, von Dimi wurde nicht gesprochen. Mutti geht es etwas besser. Bübele war rührend lieb und hat sich über die kleinen Geschenke gefreut. Ich brachte ihm einen alten Telefonapparat mit, den er sich gewünscht hatte, um immer ‚mit mir telefonieren' zu können. Wir hatten einen kleinen Tannenbaum geschmückt, und zu essen gab es genug. Nur mit dem Mohn, mit dem Mutti Mohnklöße bereiten wollte, die ich so gern mag, hat es nicht geklappt. Als sie den Mohn mahlen wollte, den ich auf dem Schwarzen Markt gekauft hatte, stellte sie fest, dass es kein Mohn war, sondern Raps; ich wurde betrogen. Mutti hat schon für das Ungeborene gesorgt, das in mir lebt, sie gab mir ein paar Windeln und ein Strampelhöschen, wo sie das aufgetrieben hatte, verriet sie nicht. Heute mäkelte Ingo herum, hustete und wollte ins Bett. Das war verdächtig; ich habe ihm Fieber gemessen, er hatte einen heißen Kopf; vorhin war der Arzt da, es sind die Masern!

Von Dimi kein Lebenszeichen! Ich habe ihm einen kurzen Brief geschrieben, ihm mitgeteilt, wenn er nicht bis zum 6. Januar hier ist, werde ich am 7. Januar in München sein und möchte von ihm am Bahnhof abgeholt werden. Er soll mir ein Zimmer besorgen. Wir können auf die Hilfe seitens meiner Eltern nicht mehr rechnen.

Das ist für mich fast ein Todesurteil; wenn ich von hier wegfahre, gibt es kein Zurück, dann fahre ich ins Ungewisse, ich weiß nicht, wie es weitergehen soll, auf Dimis Hilfe kann ich nicht zählen. Ich wünschte, das Kind würde tot zur Welt kommen. So zu denken, ist eine Sünde, aber wäre es nicht die beste Lösung? In meinem Kopf hat jetzt nichts anderes Platz als die Sorgen um unsere Zukunft. Ich weiß nicht, was um mich herum passiert, es ist mir auch egal, wichtig sind nur wir. Wie schwer mir ums Herz ist, kann ich keinem sagen, ich habe Angst.

Detmold, das Jahr 1947 hat begonnen, und noch immer nichts von Dimi. In meiner Verzweiflung habe ich heute einen Brief an Manfred, den Maler in München, geschrieben mit der Frage, ob er mich heiraten würde. Es ist jetzt genau ein Jahr her, dass er mir in Thüringen einen Antrag gemacht hatte. Ich schrieb ihm, wie es aussieht, wird Dimi mich sitzen lassen, und um dem Kind einen Vater zu geben und mir den Titel ‚Frau', wäre ich jetzt mit einer Heirat einverstanden. Mein Vater will mich nicht länger hier dulden, ich komme nach München zurück.

Endlich ein Brief von Dimi! Er schreibt, dass er über Weihnachten krank im Bett lag, seine Arbeit liegen geblieben ist, er werde so bald wie möglich kommen.

Vati ist etwas besänftigt, sagte sogar: ‚Es müssen ja nicht alle Slawen Lumpen sein.'

Ingo ist wieder gesund, darüber bin ich sehr froh. Er hat sogar seine roten Bäckchen wieder.

Aber Mutti geht es nicht gut, seit ein paar Tagen hat sie erneut hohes Fieber. Der Arzt stellte eine Nierenbeckenentzündung fest. Heute morgen habe ich unter ihrem Kopfkissen, als ich es aufschüttelte, ein Röhrchen mit Luminal gefunden, einem sehr starken Schlafmittel, wohl aus ihrem Medizinbeutel. Sie kam mir gestern schon etwas komisch vor, reagierte nicht richtig und sprach lallend. Ich gebe mir die Schuld, es ist auch für sie alles zu viel.

Ein Telegramm von Dimi! Es zeigt jedoch nicht seine Ankunft an, sondern teilt mit, er habe von seinem Bruder aus Paris schlechte Nachrichten und müsse dorthin reisen. Brief folgt.

So ein Schuft! Jetzt ist mir klar, dass er nicht mehr kommen wird und mich hier sitzen lässt.

Es ist bitter kalt, 20 Grad minus, und es liegt viel Schnee. Mutti geht es besser. Sie hat Vati gesagt, wenn er mich rausschmeißt, geht sie auch, sie lässt mich in dem Zustand nicht allein. Ich habe keinen Pfennig mehr und bin ganz auf die Hilfe der Eltern angewiesen. Vati lässt mich das auch spüren, hat verlangt, dass ich ‚Kostgeld' bezahle; würde Mutti mir nicht so sehr zur Seite stehen, wäre es unerträglich.

Eine Antwort vom Maler: Er fühle sich nicht in der Lage, schon ein Ehemann zu werden, kein Beruf, kein Verdienst, er sei ja nur eine arme Malerseele. Außerdem sehe er nicht ein, dass ein anderer Mann das Vergnügen hatte und er dafür gerade stehen soll. Ich solle ihm nicht böse sein, müsse ihm doch Recht geben. Ja, ich gebe ihm Recht.

Vati hat an Dimi einen Brief geschrieben, ich durfte ihn nicht lesen, aber zum Briefkasten bringen. Den Inhalt kann ich jedoch erraten. Wegen der großen Kälte ist eine Reise nach München jetzt nicht ratsam, das sieht sogar Vati ein.

Ich habe die Frauenärztin aufgesucht und erfahren, dass ich etwa Ende März mit der Geburt rechnen kann, es ist alles in Ordnung. Sie sagte mir noch ein paar komische Worte: ‚Sie sollten sich beim Geschlechtsverkehr schützen, Sie haben ein gebärfreudiges Becken.' Welche Möglichkeit gibt es für eine Frau, sich beim Geschlechtsverkehr zu schützen? Ich werde mich beraten lassen. Inzwischen weiß ich, dass es für den Mann Kondome gibt, und was gibt es für die Frau? Immer ist sie die Leidtragende, wenn ein Kind gezeugt wird, das nicht erwünscht ist.

Ich habe mich im Krankenhaus zur Entbindung angemeldet.

Mutti sagte mir, sie habe die Zeit ihrer Krankheit zum Nachdenken genutzt. Da eine Heirat mit Dimi wohl nicht mehr zu erwarten sei und somit keine geordneten Verhältnisse, will sie versuchen, im März zunächst ein möbliertes Zimmer für mich in Hiddesen oder Detmold zu finden, damit ich mich auf die Entbindung im Krankenhaus vorbereiten kann und die erste Zeit ein Zuhause habe. Für ihre tröstenden Worte habe ich mich weinend bei ihr bedankt. Was würde ich wohl ohne sie machen?

Als ich ein Backfisch war, hatte Mutti mir einmal erklärt, wie ein befruchtetes Ei in der Gebärmutter heranwächst, wie es sich zum Embryo entwickelt und zum kleinen Menschen wird. Aber auf welche Weise ein Ei befruchtet wird, hat sie mir nicht gesagt, und das war ein großer Fehler. Inzwischen weiß ich es.

Etwas Babywäsche habe ich inzwischen zusammen, sechs Jäckchen, sechs Hemdchen, acht Windeln, genäht aus einem alten Bettlaken. Drei Wickeltücher, ein Strampelhöschen und ein paar Windeln bekam ich geschenkt. Ich habe auch noch Anrecht auf eine Zuteilung vom Amt, weiß aber nicht, was das sein wird. Den Kinderwagen, den Mutti organisiert hat, habe ich gründlich ausgewaschen, er hat sogar eine kleine Matratze und ein Kopfkissen.

Mutti gab mir den Rat, an Kinderheime und Pflegestellen zu schreiben, die elternlose Kleinkinder aufnehmen. Welches sind die Bedingungen für eine Aufnahme, was kostet es? Das wäre eine Möglichkeit, damit ich wieder arbeiten kann, egal, welche Arbeit.

Ingo geht jetzt schon allein zum Schlittenfahren, er kommt stets aufgeregt und mit knallroten Bäckchen heim. Er ist glücklich, sieht gut aus und leidet keine Not.

Aus Schweden ist ein Carepaket von Roschi angekommen, es wurde mir von München nachgeschickt. Aber wie groß war unsere Enttäuschung: Kaffee, Schokolade, Tee, Trockenmilch und Zigaretten wurden geklaut, lediglich ein halbes Pfund Zucker, ein Stück Seife, eine Zahnbürste und ein Paket Streichhölzer waren noch darin. Sogar die eigenen Landsleute machen vor Diebstahl nicht halt.

Ich habe den Eindruck, dass Mutti langsam wieder aus dem tiefen Loch findet, in das sie durch unsere Vertreibung gestürzt ist. Sie interessierte sich bereits dafür, ob es in Detmold einen Frauen-Turnverein gibt. Das ist doch schon mal ein Anfang!

Hier in Detmold ist vom gewesenen Krieg nichts zu spüren, wir stellen das immer wieder überrascht fest. Die Menschen haben nichts von ihrem Eigentum verloren, aber sie jammern trotzdem. Inzwischen wurden ja viele Flüchtlinge und Vertriebene aus dem Osten des Landes hier angesiedelt, doch sie gelten den Einheimischen als ‚Eindringlinge', werden abgewertet und schief angesehen. Es wird ihnen schwer gemacht, sich hier zu Hause zu fühlen.

Vor zwei Tagen war ich wieder bei der Frauenärztin, sie gab mir noch etwa vierzehn Tage, wenn sich vorher etwas regt, soll ich ins Krankenhaus fahren. Ich hoffe, dass ich bald alles überstanden habe.

Mit einem möblierten Zimmer hat es zum 1. März geklappt, in der Nähe der Eltern, in einem Zweifamilienhaus. Die Bewohnerin im Erdgeschoss, eine ältere Frau, Witwe, vermietet mir ihr großes Wohnzimmer mit einem kleinen Erker; fünfzig Mark kostet es im Monat.

Vati hat sich wohl damit abgefunden, dass ich auch in Zukunft nicht in einem Büro arbeiten werde. Ich freue mich jedenfalls schon wieder auf meine

Arbeit – jawohl, ich werde wieder tanzen! Recht bald werde ich wieder mit dem Training anfangen, es kamen schon einige Angebote von Künstleragenturen. Jetzt habe ich mich mit den Tatsachen abgefunden und höre auf zu jammern! Von Dimi kein Lebenszeichen!

Als ich am 3. April nochmals bei der Frauenärztin war, wies sie mich für den nächsten Tag ins Krankenhaus ein. Ich wurde untersucht, auch der Chefarzt war anwesend. Da die natürlichen Wehen ausblieben, wurden sie künstlich mit Spritzen und Tabletten herbeigeführt. Danach setzten in größerem Abstand dreimal die Wehen ein, blieben aber wieder aus. Die Ärzte warteten noch den nächsten Tag ab, und als sich nichts weiter tat, schickten sie mich wieder nach Hause. Sollten die Wehen erneut einsetzen, müsste ich sofort kommen. Setzen sie nicht wieder ein, soll ich in drei Tagen auf jeden Fall kommen, dann wird das Kind entweder mit der Zange oder der Glocke geholt, denn es ist schon über die Zeit. Das hörte sich grausam an!

Am 14. fuhr ich ins Krankenhaus, die Geburt wurde eingeleitet: In der Nacht von Montag zu Dienstag, um zwei Uhr, kam das Kind zur Welt; es wurde mit einer Saugglocke aus mir herausgezogen. Ein Kind, das sich bis zuletzt weigerte, auf die Welt zu kommen, weil es wohl spürte, dass es nicht willkommen ist! Die Geburt war sehr schmerzvoll, ging aber ohne Zwischenfälle vonstatten. Sie legten mir das Neugeborene auf den nackten Bauch.

Es ist gesund, ein Junge von sieben Pfund, 53 cm groß, hat schwarzes Haar und lange Fingernägel.

Mutti und Ingo besuchten mich am nächsten Tag, der Junge gab keine Ruhe, er wollte das Baby sehen. Mutti hatte ihm erzählt, dass ich ihm ein Brüderchen geschenkt habe. Ungläubig sah er das Neugeborene an, blickte von mir zu Mutti und wieder zurück, dann kam die Frage: ‚Das Baby ist für mich, ganz bestimmt?' Er durfte es auf den Arm nehmen und glücklich sagte er: ‚Du bist mein Brüderchen, du gehörst mir.'

Im Krankenhaus waren alle nett zu mir, das Essen war gut und reichlich. Ich habe genug Milch, kann stillen. Gleich beim ersten Mal hat der Junge 20 Gramm getrunken, was nur selten vorkommen soll.

Als ich nach acht Tagen entlassen wurde, hatte das Baby sein Geburtsgewicht schon überschritten. Die meisten Babys haben dann nicht einmal ihr Geburtsgewicht erreicht, sagten die Schwestern.

Am vierten Tag in der Klinik stand Manfred an meinem Bett. Ich staunte sehr. Auf der Fahrt zu seiner Mutter, die er besuchen will, hat er in Detmold die Reise unterbrochen. Und dann fragte er, ob ich dem Krankenhaus schon den Namen des Vaters genannt hätte, er würde den seinen dafür geben. Ich habe ihn verblüfft angesehen, konnte seine Worte erst nicht fassen. ‚Wir können sofort heiraten', sagte er, ‚ich habe alle notwendigen Papiere bei mir.'

Warum dieser Sinneswandel? ‚Manfred, das ist nicht notwendig, aber das werde ich dir niemals vergessen, danke.' Ich war ehrlich ergriffen, hätte ihn am liebsten umarmt, aber das hätte er falsch deuten können. Ich möchte nicht aus Erbarmen geheiratet werden.

Jetzt sitze ich mit meinem Kind in dem möblierten Zimmer in Hiddesen, bin zweifache Mutter ohne Ehemann und frage mich: Wie geht das Leben weiter?

Vati fordert nach wie vor, dass ich sobald als möglich mit dem Kind nach München verschwinde, doch Mutti hat ihm nochmals mit Nachdruck gesagt: ‚Das Mädel bleibt solange hier, wie es nötig ist. Wenn du unsere Tochter aus dem Hause jagst, gehe ich mit, ich lasse sie jetzt nicht allein.' Das hat ihm vielleicht zu denken gegeben, denn nun verhält er sich ruhig.

Von Dimiter noch immer kein Lebenszeichen.

Die Tage vergehen mit Baden, Wickeln, Stillen, Schlafen und Spazieren gehen. Bübele ist immer dabei und ‚hilft'. Ich stehe dem Neugeborenen mit Distanz gegenüber, aber sie wird kürzer. Ich kann es nicht erklären, aber noch habe ich es nicht ganz ‚angenommen'. Dabei ist der kleine Kerl so lieb, zufrieden, schreit nicht viel.

Jetzt geht es um die Namensgebung, der Junge soll getauft werden. Ich hänge noch immer an den Vornamen Peter und Michael, wie schon bei Ingo, doch Vati ist dagegen.

Mutti führte mit mir ein ‚ernstes Gespräch', sie ist sehr besorgt und machte mir klar, dass sie ein zweites Enkelkind nicht aufziehen kann, das geht über ihre Kraft. Und auch meinem Vater kann ich es nicht zumuten. Sie will mir helfen, eine Pflegestelle zu finden, damit ich wieder arbeiten kann, egal, ob in einem Büro oder auf der Bühne. Wir wollen uns umhören, wie es mit einer Bürostelle aussieht. Meine Figur hat durch die Schwangerschaft nicht gelitten, ich mache Gymnastik, damit der Bauch wieder fest wird, und würde gern wieder mit Tanztraining anfangen, aber wo?

Die Eltern bekamen den Bescheid, ihnen werde ab 1. Juni eine eigene Wohnung mit drei Zimmern zugeteilt, auch in Hiddesen, Hülsenweg 7, ganz in der Nähe.

Wir haben das Haus schon mal von außen angesehen, ein alter Steinbau mit einem Garten, große Fenster, zwei Etagen. Wir erfuhren, dass das Haus einer allein stehenden Dame gehört, die es zusammen mit ihrer Schwester bewohnte, die jetzt gestorben ist. Meine Eltern sollen die Räume im Hochparterre beziehen, dazu eine Kammer unter dem Dach.

Für sie kommt endlich alles wieder in normale Bahnen. Vati hat jetzt seine Festanstellung bei der Stadtverwaltung in Detmold bekommen und arbeitet in der Wiedergutmachungs-Abteilung. So kann er dafür sorgen, dass ihm die notwendigen Möbel zugeteilt werden, denn die Eltern besitzen ja bis heute weder Bett noch Stuhl.

Mutti ist im Turnverein in Detmold aktiv geworden, sie hat erfahren, dass zwar auf dem Papier eine Frauen-Turnabteilung besteht, aber es fehlt an der Leitung.

‚Das wird sich ändern', sagte sie entschlossen. Den Anfang hat sie gleich gemacht, indem sie sich mit ein paar Männern des Männer-Turnverein getroffen hat und ihnen ihre Pläne offen legte. Zunächst sollen diese ihre Ehefrauen, Töchter und andere Verwandte mobilisieren. Im Vereinskasten, in dem Verlautbarungen über den Turnbetrieb ausgestellt werden, hängt nun ihr Aufruf an turnwillige Detmolder Frauen, sich zu versammeln und den Frauensport aufzubauen. Am nächsten Freitag ist die erste Zusammenkunft im Vereinslokal des Turnvereins. Ich habe versprochen, mitzugehen, mal sehen, wie es sich anlässt.

Heute ist Putzel, so nenne ich ihn inzwischen, vier Wochen alt. Er hat sich gut entwickelt, lacht schon, fängt an zu ‚erzählen'. Gestern habe ich ihm das erste Mal ein Strampelhöschen angezogen, goldig sah er darin aus. Ich war auch mit ihm zur Fürsorge, er wurde untersucht und gewogen, und hat schon fast zwei Pfund zugenommen.

Meine Zimmerwirtin, Frau Hake, eine nette ältere Frau, zeigt Verständnis für meine Situation. Hin und wieder hütet sie das Baby, wenn ich irgendwelche Termine in der Stadt habe. Ich bin ihr sehr dankbar dafür.

Die Eltern sind in die neue Wohnung eingezogen und sehr froh, jetzt wieder einen einigermaßen normalen Tagesablauf zu haben. Die Wohnung ist sehr schön, zumal von der Küche aus eine Treppe in den Garten mit einer großen

Rasenfläche führt, die benutzt werden darf. Vor allem Ingo ist darüber sehr glücklich.

Hier im Lipperland ist die Möbelindustrie beheimatet, und durch Vatis Stellung haben die Eltern erste eigene Möbel bekommen: einen Esstisch und sechs Stühle, ein Buffet und ein Ehebett, eine Kücheneinrichtung und dazu noch ein Kinderbett für Ingo.

Heute, am 10. Juni, ist das Kind getauft worden, wir haben uns auf den Namen Detlef geeinigt. Es war eine kurze Zeremonie in der evangelischen Kirche zu Detmold, nur Mutti, Ingo und ich waren anwesend.

Vati verhält sich dem Kind gegenüber sehr zurückhaltend; er ist auch noch nicht einmal in meinem Zimmer gewesen. Aber er ging mit mir nach Detmold aufs Jugendamt, um rechtliche Schritte gegen Dimi einzuleiten und für den Unterhalt zu sorgen.

Vor einer Woche habe ich damit begonnen, Detlef abzustillen, meine Milch reicht nicht mehr aus, und mir wurde andauernd schwindlig. Ich bekomme eine fabelhafte Trockenmilch, die der Muttermilch sehr ähnlich sein soll, und die nimmt das Kind auch gut an. Wenn ich anfangs von Distanz zum Kind geschrieben habe, hat sich das inzwischen geändert, ich habe es sehr lieb, so ein kleines, hilfsbedürftiges Wesen muss man einfach gern haben.

Vor zwei Tage bekamen wir den Bescheid des Jugendamtes über eine Pflegestelle für Detlef, eine Frau Wolny in Berlebeck nimmt noch ein Kind an. Mutti und ich werden an einem der nächsten Tage mit der Straßenbahn hinfahren. Berlebeck ist ebenfalls ein Luftkurort und gehört zur Region Detmold.

In Hiddesen gibt es das Lokal ‚Silberbar', das an den Wochenenden ein beliebter Treffpunkt der Einheimischen bei Bier oder Wein ist. Eine Dreimann-Kapelle spielt Tanzmusik.

Der Wirt, Herr Baumer, mit dem ich bei einem Lokalbesuch ins Gespräch kam, fragte mich, ob ich nicht an den Wochenend-Abenden zwei Tänze vorführen würde. Er bot mir 40,- Mark für den Abend, und in Anbetracht meiner Armut habe ich zugesagt. Dabei habe ich zur Bedingung gemacht, dass ich in der Woche auf dem Parkett der Tanzfläche trainieren darf. Ist das ein neuer Anfang?

Mit Ingo und Detlef unternehme ich täglich lange Spaziergänge in den nahen Wald, der direkt vor dem Haus der Eltern anfängt; Putzel im Kinderwagen.

Der Wald hier ist schön, sehr naturbelassen, das heißt, von der Gemeinde wird nicht viel daran getan. Ein ebener Weg führt bis zu einem Bach und dann über eine einfache Holzbrücke. Das Wasser des Baches hat es Ingo angetan; wenn die Sonne durch die Baumkronen fällt, glänzt es geheimnisvoll dunkelgrün. Ich habe ein Märchen über Nixen und einen Wassergeist gesponnen, und es Ingo als Bettgeschichte erzählt. Er fand es sehr spannend.

Manchmal fahre ich mit den beiden bis ins nahe Naturschutzgebiet, bis an den Donoper Teich, in dem es jede Menge Kaulquappen gibt, von denen Ingo begeistert ist, er möchte sie einfangen und ist nur schwer davon abzubringen. So gehen die Tage dahin.

Von Dimiter nichts.

Das Gespräch mit Frau Wolny in Berlebeck hat ergeben, dass sie uns die Pflegestelle anbietet. Im Juli haben wir Detlef zu ihr gebracht; sie hat schon einen kleinen Jungen und ein Mädchen in Pflege. Die Wohnung machte einen sauberen Eindruck, Frau Wolny ist 43 Jahre alt und Witwe, sie nimmt 30,- Mark für die Pflege. Wir wollen es versuchen. Ingo haben wir davon nichts gesagt und als wir nach Hause kamen, benahm er sich ganz schlimm. Wir versuchten ihm zu erklären, weshalb es sein muss, aber unsere Versicherung, dass es nur vorübergehend sei, hat er nicht akzeptiert, er hat getobt und jämmerlich geweint.

Dass ich in der ‚Silberbar' trainieren kann, ist wichtig, in Anbetracht der Engagements, die ich bald wieder aufnehmen möchte. Die zwei Tänze, die ich am Wochenende bringe, den amerikanischen Stepp und den Tango, kommen beim Publikum gut an. Damit hat Herr Baumer anscheinend ins Schwarze getroffen, wie er mir sagte, hat sich die Besucherzahl inzwischen verdoppelt.

Bei Frau Graminski in Detmold, die neben ihrer Gymnastikschule auch eine Ballettschule leitet, nehme ich jetzt Unterricht. Für eine monatliche Pauschalsumme kann ich zum täglichen Training kommen, und sie wird mir auch einige neue Steppschritte zeigen.

Mutti hat in der Detmolder Turnhalle die erste Turnstunde mit den Frauen abgehalten, ich habe mitgemacht. Es waren sieben Frauen, und sie waren mit Begeisterung dabei. Das hat Mutti sehr gefallen. Sie hat erst einmal mit leichter Gymnastik angefangen, um zu sehen, wie beweglich die Frauen sind.

Später will sie Leichtathletik dazu nehmen. ‚Vielleicht gelingt es mir, sie eines Tages sogar bis zum Sportabzeichen zu bringen', meinte sie hoffnungsvoll.

Auf jeden Fall ist diese Unternehmung gut für Mutti und gibt ihr wieder Aufschwung. Wer weiß, vielleicht kommt sie eines Tages an ihre turnerischen Erfolge von Langenbielau heran.

Vom 1. bis 15. September habe ich ein Engagement als Solotänzerin in Würzburg angenommen, es ist eine Jubiläums-Tournee, die durch Franken führen soll, vermittelt durch das Atlantic-Varieté in Würzburg, mit einem Fixum von 450,- Mark, Unterkunft wird gestellt, aber ich muss sie bezahlen. Jeden Freitag ist Betriebsruhetag, so steht es im Vertrag.

Ich habe beschlossen, Mitte August erst einmal nach München zu fahren und meine Koffer mit den Kostümen aus Frasdorf abzuholen. Danach will ich mit Dimiter abrechnen, ich hoffe, ihn in München anzutreffen.

Post von Horst aus französischer Gefangenschaft. Er schreibt am 21. Juli, dass er in ein Bergwerk gesteckt wurde und unter Tage arbeiten muss. Das Werk liegt in Belgien in der Nähe der Grenze zu Deutschland, nur etwa einhundert Meter entfernt. An eine Entlassung glaubt er vorläufig nicht, da die ehemaligen SS-Soldaten noch nicht an der Reihe sind. ‚Ich werde mich selber entlassen' schreibt er am Schluss.

Die Krankenhausrechnung für die Geburt habe ich nun bezahlen können, sie hat mich doch sehr bedrückt. Ich habe gestaunt über den Betrag: alles in allem, einschließlich der Wehenkur, sind nur 95 Mark verlangt worden. Ich muss sehen, dass ich in eine Krankenkasse aufgenommen werde, so etwas gibt es inzwischen.

Ingolein geht jetzt in eine Spielschule, die hier in Hiddesen aufgemacht hat, und die Leiterin hat mir erzählt, dass er sich gut behauptet und gern mitspielt. Dieser Tage aber kam er mit einem kleinen Loch in der Stirn nach Hause, er hatte sich mit einem Jungen geschlagen, aber das gehört wohl dazu.

Von Roschi ist wieder ein Fresspaket angekommen, herrlich! Wir freuen uns alle sehr darüber. Außer Schokolade, Kaffee, Zigaretten, Seife und Süßstoff ist dieses Mal auch schönes Briefpapier dabei, worüber ich mich besonders freue, denn hier gibt es so etwas noch nicht wieder.

Gestern wurde ich auf das Jugendamt in Detmold beordert, es gab noch einige Fragen zu Dimi, die ich jedoch nicht alle beantworten konnte. So kenne ich noch nicht einmal die Adresse von Dimis Eltern in Sofia.

Mit Mutti bin ich nach Berlebeck gefahren, um Putz zu sehen, und zu hören, wie er sich eingefügt hat. Sehr gut sieht es nicht aus, so ist unser Eindruck; als wir kamen, ‚fremdelte' er zunächst, und erst, als ich ihn aufnahm und mit ihm spielte, wurde er zutraulicher. Das hat mir weh getan, und ich mache mir Vorwürfe, habe ein schlechtes Gewissen. Aber was soll ich tun?

Meine Reise zunächst nach München war wenig erfreulich, weil erfolglos, was Dimi angeht. Er ist ausgezogen, angeblich bei einem Freund untergekommen. In der Kürze der Zeit, die mir blieb, konnte ich die Adresse nicht erfahren.

Horst ist die Flucht aus französischer Gefangenschaft gelungen, es war sein siebenter Fluchtversuch aus dem Gefangenenlager bei Straßburg. Mit einem geklauten Fahrrad, einem Kohlenzug und zu Fuß war er acht Tage unterwegs Richtung Detmold. Überglücklich hat Mutti ihn in die Arme geschlossen. Jetzt ist die Familie wieder vollständig.

Nun bin ich wieder im Beruf und muss völlig umdenken, muss mich darauf konzentrieren. Bergtheim ist ein kleines Nest mit 3000 Einwohnern; Herr Mackelday, der Manager der Tournee, holte mich vom Bahnhof ab und brachte mich zu meinem Quartier, ein einfaches Zimmer bei einem Bauern. Aber das Essen ist gut und reichlich und ich bekomme es vor allem ohne Essenmarken. Vom 1. bis 15. September geht von hier aus die Tournee durch Franken, vom 16. bis 30. ist Jubiläums-Vorstellung in Würzburg im ‚Haus Sonne' mit großem Programm unter dem Titel ‚Schlag auf Schlag' mit dreißig Mitwirkenden. Tagesgage 70 Mark. Es lässt sich also ganz gut an.

Dass es für den Anfang zunächst mit einem Tournee-Vertrag geklappt hat, der mich durch mehrere kleine Städte in Franken führen wird, ist ganz gut. So habe ich Zeit und Gelegenheit, mich vor ‚kleinem' Publikum auf dem Lande einzuarbeiten und wieder sicher zu werden.

Die Zeit der Unterbrechung macht sich bemerkbar, aber ich denke, wenn ich diese vier Wochen hinter mir habe, werde ich wieder fit sein für größere Häuser und anspruchsvolleres Publikum.

Auf Anraten der Kollegen Anna Karina und Viktor Lenz habe ich mit einer Artisten-Agentur einen Vertrag abgeschlossen, mit Herrn und Frau Mannhardt aus Heidelberg; sie nehmen für die Vermittlung von Engagements sechs Prozent Provision. Herr Mannhardt, der mich in der Vorstellung gesehen hat, äußerte sich sehr positiv über meine Darbietungen. Anna Karina hat es mir verraten, er hat auch gesagt, dass ich gut und exakt arbeite, schöne Kostüme habe und sehr gut aussehe. Das nimmt mir doch etwas meine Minderwertigkeitsgefühle, die immer wieder aufkommen. Ich habe dann auch mit ihm darüber gesprochen, und er versicherte mir, dass ich keine Komplexe zu haben brauche; wenn das ein Manager sagt, kann ich es wohl glauben. In der Tageszeitung stand ein Bericht über unser Programm, und über meine Darbietung heißt es: ‚Sehr schön verstand es Uliana Rumin mit einer akrobatischen Tarantella und einem flotten dreiteiligen Stepp viel Applaus zu ernten.'

Gestern, am Sonntag, war ich mit meiner Bäuerin in der Kirche. Die ganze Gegend hier ist katholisch, und die Bäuerin forderte mich schon mehrmals auf, mit ihr zu gehen. Dieser Kirchgang hat sogar schon Früchte getragen! Zum Frühstück gab es Kuchen, mittags wurde ich zu gebackenem Hühnchen mit Blumenkohl eingeladen, und zum Nachmittagskaffee gab es Blaubeerkuchen, wozu ich den Bohnenkaffee spendierte. So kann es ruhig weitergehen.

Für die erste Hälfte Oktober habe ich einen Vertrag nach Heidelberg für ‚Die Laterne' abgeschlossen, Tagesgage 70 Mark. Da ich für die zweite Oktoberhälfte noch kein Engagement habe, werde ich nach Detmold fahren, denn Mutti schickte mir schlechte Nachrichten. Putzel geht es nicht gut, er muss einen neuen Pflegeplatz bekommen.

Mutti schreibt, dass er Blattern am Köpfchen hatte, wohl von der Hitze; dann bekam er einen Furunkel hinter dem rechten Ohr und danach eine akute Darmstörung, also Brechdurchfall.

Frau Wolny wusste sich nicht anders zu helfen, holte den Arzt, der wies ihn nach Detmold ins Marienheim ein. Mutti hat ihn besucht, er wird immer weniger, schreibt sie, hat schon ganz dünne Ärmchen und wiegt weniger als bei seiner Geburt. Mutti spendete für ihn 150 ccm Blut. Der Arzt erkundigte sich bei ihr, ob wir aus dem Osten kämen, der Junge hat Blutgruppe B. Na, die Erklärung ist ja wohl einfach bei dem Vater aus Bulgarien. Oh, mein armes Kind!

Vor zwei Tagen musste ich zum Zahnarzt nach Würzburg, ich hatte Schmerzen. Der Arzt zog mir zwei Backenzähne, die waren schon vereitert;

dabei bin ich umgekippt. Und ein Backenzahn auf der anderen Seite muss auch noch raus. Ja, ja, ich werde langsam eine alte Frau und brauche sicher bald ein Gebiss.

Das ‚Haus Sonne' in Würzburg ist ein einigermaßen gut erhaltenes Theater mit großer Bühne, eine echte Alternative zu den Tournee-Häusern der vergangenen zwei Wochen in der Provinz. Montag und Dienstag sind spielfrei, und ich fuhr mit Herrn Mannhardt nach Heidelberg, traf dort seine Frau und lernte die Stadt kennen. Hier ist der Hauptsitz der amerikanischen Streitkräfte samt ihren Familien, und die Stadt macht einen internationalen Eindruck. Ich habe noch niemals so viele Schwarze in amerikanischer Uniform gesehen wie hier.

Frau Mannhardt führte mich zu einem Fotografen, der Fotos von mir machte und danach ein neues Künstler-Klischee herstellen wird. Und sie sorgte dafür, dass ich die Schwerarbeiter-Zulagekarte bekomme, auf die es Lebensmittel-Sonderzulagen gibt. Ich habe sie gleich an Mutti weitergeschickt, sie wird sie gut brauchen können, jetzt, da Horst zurück ist und durch seine Flucht weder einen Entlassungsschein noch Personalausweis hat, und deswegen auch keine Lebensmittelkarten erhält.

Gleich nach der letzten Vorstellung fuhr ich nach Detmold. Mit Mutti war ich im Krankenhaus; sie hatte vor zwei Tagen nochmals 120 ccm Blut gespendet. Ich durfte Putzel nur durch die Scheibe sehen, habe mein Kind kaum wieder erkannt, konnte die Tränen nicht zurückhalten. Seine Ärmchen waren so dünn wie meine Daumen!

Der Arzt sagte uns, das Kind sei jetzt über den Berg, aber ohne die Blutspenden von Mutti wäre Detlef nicht zu retten gewesen. Es war von ärztlicher Seite nicht festzustellen, wie es zu seinem schlechten Gesundheitszustand gekommen ist. Er muss noch einige Zeit im Krankenhaus bleiben, bis sich sein Zustand gefestigt hat. Auf meine Frage an Mutti, ob ihr das Blutspenden nicht sehr schwer gefallen sei, meinte sie: ‚Im Gegenteil, ich fühlte mich hinterher richtig frisch.'

Zur Pflegerin Frau Wolny geben wir Putz nicht zurück; wir sind uns einig, da muss etwas vorgefallen sein, was sein schlechtes Befinden ausgelöst hat.

Über das Jugendamt in Detmold bekam Mutti die Adresse der Firma Oetker, Bielefeld, die in Oesterholz für ihre Angestellten eine betriebliche Pflegestelle eingerichtet hat. Wenn Putz aus dem Krankenhaus kommt, können wir ihn dorthin bringen, sie werden ihn aufnehmen.

21. Oktober 1947, Ingos sechster Geburtstag, Geschenke gab es nicht, nur eine Tafel Schokolade konnte ich für ihn auftreiben, von Mutti kamen ein paar Kekse.

Wir durften Detlef aus dem Krankenhaus abholen, er hat etwas zugenommen und sieht schon besser aus. Um zuhause keine Komplikationen mit Ingo heraufzubeschwören, brachten wir Putz direkt vom Krankenhaus nach Oesterholz ins Heim, die Aufnahmeformalitäten mussten erledigt werden. Der ‚Sternenhof' in Oesterholz ist eine schöne Anlage im Grünen, nicht weit von Detmold entfernt, eine alte Villa in einem großen Park, herrlich gelegen. Wir erfuhren, dass 33 Kinder von Werksangehörigen bis zum Alter von zwei Jahren hier aufgenommen werden; Preis: 30 Mark im Monat. Wäsche muss gestellt werden.

Die Kinder sind unter ärztlicher Kontrolle, dreimal in der Woche ist der Arzt im Haus. Tagsüber – wenn das Wetter es gestattet – stehen die Kinder in der guten Landluft in ihren Bettchen oder Laufställen auf der Terrasse des Hauses oder auf der großen Wiese des Parks, werden da auch gefüttert. Dass die Kinder keinen Hunger leiden, davon kann man ausgehen, denn die Firma Oetker ist bekannt für die Produktion ihrer Kindernahrung, Puddings und Mehlspeisen. Es fällt mir trotzdem sehr schwer, das Kind hier zu lassen, ich habe geweint.

Bis zum 15. November arbeite ich im Cabaret ‚Bunter Koffer' in Augsburg, mit einer Tagesgage von 35 Mark. Damit komme ich gut hin. Es ist ein gutes Haus, nette Kollegen, angenehmes Publikum.

Die Mannhardts haben mich für die nächste Zeit fest eingeplant, der Terminplan für die Engagements in westdeutschen Groß- und Kleinstädten sieht so aus: 16.–30. November Heidelberg, 1.–15. Dezember Karlsruhe; 16.–31.12. habe ich mir frei gehalten, um Weihnachten Zuhause zu sein.

Am 1. Januar 1948 geht es weiter nach Coburg, 16. Januar Hannover, 1. Februar Karlsruhe, im März Nürnberg und Fürth, April Düsseldorf und Köln. Danach folgen die Städte Frankfurt am Main, Kostanz am Bodensee, Solingen, wieder Karlsruhe und eine Tournee mit Rudi Rauher durch westdeutsche Mittelstädte.

Rückblick: Während der vergangenen zwei Jahre gab es bei den Engagements Erfolge und Misserfolge, himmelhoch jauchzend, zu Tode betrübt – meine Minderwertigkeitsängste kommen immer wieder durch.

Ingo (1944)

Am 21. Juni 1948 kam die Währungsreform, Reichsmark-Guthaben wurden 10 zu 1 umgerechnet. Pro Person gab es 40 Deutsche Mark, das alte Geld hatte ab sofort jeden Wert verloren. Die Lebensmittelmarken wurden mit sofortiger Wirkung abgeschafft. Jetzt gibt es wieder alles zu kaufen, aber niemand hat das Geld dafür.

Ich habe mich entschlossen, die zwei nächsten Jahre noch zu tanzen; jedoch nicht, weil es mich danach verlangt und ich Freude daran habe, ich tanze nur

 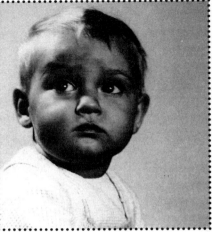

Ingo, Detlef   Detlef (1948)

noch, weil ich Geld zum Leben brauche. Mein Dasein ist jetzt zum Überlebenskampf geworden, ich lebe von der Hand in den Mund, oft reicht das Geld nicht einmal fürs Essen, häufig gehe ich hungrig ins Bett.
Ich habe Schulden über Schulden, mehr noch als vor der Währungsreform, ich kann nur hin und wieder ein bisschen tilgen, es fehlt an allem. Diese Schulden sind Pflichtschulden wie Miete, die Pflegekosten für Detlef und tägliche Notwendigkeiten, ich kann mir keinen Luxus leisten. Schließlich kommt man mit oft nur zehn oder zwanzig Mark Gage am Tag nicht weit. Ich habe mich zum Jongleur in Geldangelegenheiten entwickelt, jetzt noch mehr als vorher.

Der Hunger der Bevölkerung nach Kultur und guter Unterhaltung ist größer geworden. Ich stelle mir die Frage: Kann ich da mithalten? Ehrlich, wie ich stets zu mir gewesen bin, sage ich NEIN. Mein Können reicht auf Dauer nicht aus für eine Karriere als Solotänzerin, es genügte vielleicht in den Jahren nach dem Krieg, als alles kaputt und die Bevölkerung dankbar war für die kleinste Unterhaltung. Jetzt öffnen immer mehr Unterhaltungsstätten, die Nachfrage der Bevölkerung ist groß, jeder will vergessen, was war, den Krieg und das Grauen, das er mit sich brachte. Also, was tun? Ich muss etwas an meinem Leben ändern. Neben dem Tanzen hat mich immer das Schreiben gefesselt, das Mitteilen, Aufschreiben und Festhalten, was im Leben passiert, also Journalismus.

Der Versuch, eine Laufbahn als Schauspielerin zu beginnen, ist gescheitert. Die ermunternden Worte des Filmschauspielers Heinz Rühmann gaukelten mir solch eine Karriere vor. Ich suchte ihn in München in seinem Haus auf, er machte mir Hoffnungen. Auf sein Anraten nahm ich Schauspielunterricht bei dem von ihm empfohlenen Lehrer Herrn Dell. Ich studierte eine Rolle in einem von Curt Goetz' Lustspielen, dann eine Rolle in einer anderen Komödie. Es machte mir viel Spaß, aber es ging leider nicht lange, die Zeit fehlte, ich musste Geld verdienen. Dann wurde ich zu Probeaufnahmen nach Geiselgasteig bestellt für Rühmanns nächsten Film ‚Du machst mich glücklich', eine kleine Rolle sollte es sein, doch das ging schief.

Elschen hat mir aus Berlin geschrieben und den Vorschlag gemacht, nach dort zu kommen. Nun überlege ich: Warum nicht? Warum es nicht in Berlin versuchen, wo alle Möglichkeiten offen stehen? Auch wenn Berlin eine geteilte Stadt ist, besetzt von den Siegern des verlorenen Krieges, von den Amerikanern, Engländern, Franzosen und Russen. Es wird sicher genügend Möglichkeiten geben, einen Beruf aufzubauen.

Juli 1949: Es gibt noch einige Vorkommnisse, die ich festhalten will, so meine Heirat am 3. April 1948 in Karlsruhe. Bei meinem ersten Engagement im ‚Corso' in Karlsruhe im Dezember 1947 lernte ich einen netten, jungen Mann kennen, Karl K., der mich interessierte – und ich ihn –, wir waren uns sofort sympathisch und verbrachten die meiste Zeit gemeinsam. Ein zweites Engagement in Karlsruhe im Februar 1948 vertiefte unsere Sympathien, und als Karli mich fragte, ob ich seine Frau werden will, habe ich JA gesagt, nicht aus riesengroßer Liebe, sondern weil ich endlich ‚Frau' genannt werden wollte.

Aber ich habe ihm gesagt, ‚dann sollst du erst einmal wissen, wen du heiraten willst', und ich nahm kein Blatt vor den Mund, habe nichts ausgelassen und von den Kindern erzählt. Auch, dass ich noch ein paar Jahre tanzen will.

Er revanchierte sich ebenfalls mit ehrlichen Worten: dass er verheiratet war, erst im Januar geschieden wurde und einen Sohn von dreieinhalb Jahren hat.

Seine Frau mit Sohn und seine Eltern leben im Saargebiet. Er ist 27 Jahre alt, hat das Abitur und möchte einen behördlichen Beruf ergreifen, da er aber in der Partei war, wurde er noch nicht zugelassen. Inzwischen ist er aber ‚entlastet' worden und fand eine vorübergehende Arbeit bei einem Unternehmen für modernen Fußbodenbelag.

Mit einem Kompliment fing er mich ein: ‚Du kommst nicht – du erscheinst. du läufst nicht – du schreitest. du bist nicht jemand – du bist wer. Es kann sonst wo sein, wenn du erscheinst, wenden sich alle Blick auf dich, und du kannst tragen, was du willst, du erregst Aufsehen.'

Am 3. April wurden wir in Karlsruhe standesamtlich getraut im Beisein von Karlis Schwester Lotte, die unsere Trauzeugin war, sowie seinem Freund Ottokar, Inhaber des ‚Cafe am Zoo'. Nun bin ich Frau Klos.

Was geschah noch während dieser Zeit 1948/49 bis zum Wechsel nach Berlin?

Detlef war in Oesterholz gut untergebracht, er entwickelte sich zufrieden stellend, bekam die ersten Zähnchen, saß schon, machte die ersten Krabbelversuche, war lieb und lachte viel.

So oft ich in Hiddesen sein konnte, holte ich ihn zu mir, und darüber freute sich auch Ingo immer sehr. Er war Ostern 1948 in die Schule gekommen, für ihn ein großer Tag. Er hatte jeden Tag eine Stunde Unterricht und sagte, dass es wie in der Spielschule sei, sie müssten nur immerzu malen.

Zu Hause steht er mit Vorliebe vor dem Radio und bewegt sich nach der Musik, singt sogar, wenn er den Text mitbekommt. Ich habe ihm einige Male von meinem großen Vorbild, der ungarischen Filmschauspielerin und Tänzerin Marika Rökk, erzählt, die in vielen Revuefilmen mitwirkt. Seitdem hört er ihren Schlagern besonders aufmerksam zu.

Mutti wurde eines Tages in meiner Vertretung zur Schule bestellt. Was war passiert?

Die kleinen Schulanfänger wurden von ihrer Klassenlehrerin in der Musikstunde aufgefordert, ein Liedchen vorzutragen. Als Ingo an die Reihe kam, war er gar nicht schüchtern, und sang nach einem Marika-Rökk-Film das Lied mit eigenem Text: ‚In der Nacht ist der Mensch nicht gern alleine, meine Mammi, die hat schöne Beine ...' Die Lehrerin unterbrach ihn zornig, während die Kinder in schallendes Gelächter ausbrachen.

Am 9. Februar ist Onkel Erich in Bremen gestorben, der Mann von Tante

Hanna. Es war abzusehen, wir wussten, dass er Bauchkrebs hat, die Ärzte hatten ihm nicht mehr viel Zeit gegeben. Die arme Tante Hanna, was wird sie nun machen? Mutti hat sie eingeladen, für einige Zeit nach Hiddesen zu kommen, damit sie in ihrem Schmerz nicht allein ist.

Vati musste fast zur gleichen Zeit ins Detmolder Krankenhaus; er ist bei Glätte gestürzt und hat das linke Bein gebrochen, nun liegt er in Gips.

Horst ist am 17. Februar 1948 nach München zum Polizeilehrgang einberufen worden, und somit ist für ihn sicher, dass er bei der Polizei angenommen wurde, was er sich gewünscht hatte.

Ende April, kurz nach meiner Heirat, ich kam gerade in Hiddesen an, legte Mutti sich mit 40 °C Grad Fieber und Bronchialkatarrh ins Bett. Ich habe mich ebenfalls erkältet und schleiche nur so herum. Dabei muss ich die Ostervorbereitungen treffen, kochen, backen, Mutti als Kranke versorgen; ich habe einen Osterkuchen gebacken, und auch das Osterhäschen für Ingo war reichlich. Es ist mir nicht leicht gefallen.

Von Roschi kam zu dieser Zeit wieder ein Fresspaket aus Schweden mit herrlichen Sachen. Aber außer Kaffee, Schokolade und Zigaretten waren dieses Mal auch Kleidungsstücke dabei: zwei Röcke, zwei Blusen, ein Kleid, ein Paar Schuhe, zwar alles gebraucht, aber gut erhalten. Er hat wohl in seiner Familie und bei Freunden für uns gesammelt. Das Paket kostete 50 Kronen Portogebühr, viel Geld für ihn.

Da ich über die Pfingsttage frei hatte, fuhr ich zu Karli nach Karlsruhe, er holte mich vom Bahnhof ab. Er hat zwar nur ein möbliertes Zimmer, aber ich konnte bei ihm schlafen. Wir verbrachten ein paar schöne Tage und fuhren zu Karlis Eltern ins Saargebiet, am nächsten Tag zurück nach Karlsruhe, ich danach wieder nach Hiddesen.

Karli hat inzwischen seine Arbeit aufgegeben und möchte ganz zu seinen Eltern, die ein kleines Häuschen haben, um dort zu leben und im Werk, in dem sein Vater arbeitet, ebenfalls unterzukommen. Als was? Als einfacher Bergarbeiter. Er betont, dass er es im Krieg doch bis zum Regierungsinspektor gebracht habe.

Ein gemeinsames Leben ist also vorläufig nicht zu erwarten, und es ist klar, dass ich weiter meinen eigenen Weg gehen und mich selbst ernähren muss, denn dazu ist Karli mit dem geringen Lohn eines Bergarbeiters nicht in der Lage. Wenn ich mit ihm zusammenleben würde, müsste ich mir im Haus seiner Eltern ein Zimmer mit der Großmutter teilen, und mir ist bewusst, dass ich unter die Lupe genommen werde, jeder Handgriff, jeder Schritt wird überwacht. Dann bin ich von der Gnade und Barmherzigkeit der Familie abhängig. Nein, niemals! Dann lieber allein irgendwo in einem kleinen Zimmer. Es hat noch niemals gut getan, für längere Zeit bei den Schwiegereltern zu leben, da gab mir auch Mutti Recht. Ich habe ihm gesagt, ich komme zu ihm und lebe mit ihm, wenn er soviel verdient, dass wir mit meinen Kindern existieren können.

Karli kam für zwei Wochen nach Hiddesen, und wir feierten seinen 28. Geburtstag. Wir haben uns viel gestritten – Lappalien, gewiss, aber sie trugen dazu bei, dass wir uns immer mehr voneinander entfernten. Er kehrte den Ehemann heraus, der das Sagen hat, und kam nicht darauf, dass das nicht angebracht war, dass er damit wenig bei mir erreicht.

Muttis Sport hat sich auch weiterentwickelt. Im Sommer nutzte sie mit den Turnfrauen den kleinen Sportplatz in Hiddesen, um Weitspringen, Laufen und Kugelstoßen zu üben. Der Sportplatz gehört zur Turnhalle, die der Schule angeschlossen ist.

Sie nahm beglückt die Berichterstattung der 14. Olympischen Sommerspiele 1948 in London zur Kenntnis, die sie am Radio verfolgte, dabei dachte sie auch an ihren Besuch 1936 bei der Olympiade in Berlin.

Mein Bruder Jochen ist Papa geworden, am 6. November hat sich die kleine Ute eingestellt. Ich bin zur Taufe eingeladen.

Im März 1949 konnte ich bei Harry Gondi im Apollo-Theater in Nürnberg spielen. Unter dem Titel ‚Nackte Tatsachen – Aktuelle Unterhaltungs-Revue von Rolf Merz' lief mit ziemlichem Aufwand und vielen Mitwirkenden ein großes Programm ab. Ich brachte, außer zwei meiner Tänze, einen lustigen spanischen Tanz mit Rolf Merz, in dem er den Frauenpart hatte und ich die Männerrolle. Dann gab es einen Sketch, in dem ich mitwirkte. Dabei lernte ich die Verlobte von Harry Gondi kennen, Gretl Pötscher, ein nettes, hübsches Mädchen, mit dem ich mich sofort gut verstanden habe.

Vati ist es gelungen, Ingos Vater Bernd ausfindig zu machen. Er lebt in Thüringen, der russischen Zone, ist verheiratet, Fabrikant, hat ein Kind. Er hat sich bereit erklärt, Alimente für Ingo zu zahlen, aber das soll möglichst unauffällig über seinen Rechtsanwalt geschehen. Wir vermuten, dass seine

Frau nichts von Ingo weiß. Da er in Ostgeld zahlt, das uns hier nichts nutzt, hat er veranlasst, dass es an die Adresse von Dennhardts nach Magdeburg geht. Bei einer Reise in die Ostzone werde ich das Geld in Magdeburg abholen und dort einkaufen, vielleicht etwas Geschirr oder ein Radio.

In den vergangenen Monaten wurde ich mehrmals zum Jugendamt in Detmold bestellt, Dimi macht Schwierigkeiten, bestreitet die Vaterschaft. Im Juni wurde er in München vernommen, ich in Detmold. Es ist alles noch einmal protokolliert worden. Ich habe verlangt, dass eine Blutprobe für einen Vaterschaftstest gemacht wird. Ich wurde zum Gericht bestellt, wo dem kleinen Kerl Blut abgenommen wurde. Danach musste ich zum Amtsgericht und einen Eid auf meine Aussagen leisten. Das alles war schrecklich für mich. Im Mai 1949 bekam ich vom Gericht den Bescheid, dass das Urteil gefällt sei und Dimi zahlen muss. Er muss sogar nachzahlen, insgesamt sind es jetzt 750 Deutsche Mark, hat das Gericht errechnet. Da werde ich wohl lange warten können, denn woher soll Dimi so viel Geld nehmen? Aber ich könnte wenigstens meine Schulden in Oesterholz für Detlefs Pflege begleichen.

Zu früh gefreut! Schon im Juni erbrachte Dimiter den Beweis, dass er noch Student ist und vom Studentenbund Unterstützung empfängt. Er ist nicht einmal in der Lage, 50 Mark monatlich zu zahlen, wie ihm auferlegt wurde, höchstens zehn bis zwanzig Mark kann er angeblich aufbringen. Jetzt ist so viel Zeit vergangen, dass Detlef bald selbst zu seinem Vater gehen kann, um Unterhalt zu fordern.

Inzwischen haben mir die Eltern klargemacht, dass es so nicht weitergehen kann und ich das Kind zur Adoption freigeben soll. Vati hat beim Jugendamt bereits entsprechende Schritte unternommen, denn schon im August 1949 kam der Bescheid, dass sich Adoptiveltern gefunden hätten.

Ich schnappte nach Luft! Nicht denkbar für mich, mein Kind fremden Leuten zu überlassen.

Sicher, jetzt ist es auch bei fremden Leuten, aber ich kann es sehen und holen, wann immer ich will, es ist mein Kind. Putzel ist so süß, läuft schon an der Hand, kann Mama sagen und ‚ham-ham', was ‚essen' bedeutet. Ob es für das Kind besser wäre, es käme in geordnete Verhältnisse? Aber was würde es später dazu sagen, dass seine Mutter es weggegeben hat?

Von Oesterholz habe ich den Bescheid bekommen, dass Detlef mit Erreichen seines zweiten Lebensjahres nicht mehr dableiben kann. Was nun? Wieder eine neue Pflegestelle, fremde Menschen; ich überlege, wie ich es möglich mache, dass ich ihn mitnehmen kann in meine Engagements? Inzwischen bekomme ich Unterstützung vom Arbeitsamt.

Mit Schwester Anni, die im Pflegeheim zuständig ist für die Termine, habe ich noch einmal gesprochen, und sie gab mir den Rat, einen Antrag auf Fürsorgeunterstützung zu stellen. Detlef darf nun bis zum Jahresende im Heim bleiben.

Als ich im September mal wieder vierzehn Tage Leerlauf in meinen Engagements hatte, war ich in Hiddesen und habe Putz geholt, sehr zu Ingos Freude. Er war wieder etwas scheu, hatte vor allem Angst, doch von Tag zu Tag wurde es besser. Er ist auch noch nicht ganz sauber, aber ich bekam ihn während dieser Zeit soweit, dass er ins Töpfchen machte, wenn ich ihn draufsetzte. Er spricht auch schon einiges, natürlich auf seine Weise. Wenn ihm etwas nicht gefällt, hat er einen dicken Kopf und stampft mit den Füßen zum Protest. Ich habe ihm während dieser Tage ein kleines Höschen gestrickt, er trägt auch einige Sachen von Ingo auf. Die Zeit war mir viel zu kurz, als ich ihn wieder nach Oesterholz zurückbringen musste.

Es geht wieder aufwärts in unserem Lande, wir sind eine Bundesrepublik Deutschland geworden. Am 12. September wurde Professor Theodor Heuss Bundespräsident, und am 15. September Dr. Konrad Adenauer Bundeskanzler. Wir werden also wieder selbständig, das heißt aber nicht, dass die Besatzungsmächte unser Land verlassen, die bleiben weiter hier in ihren Dienststellen und Kasernen. Das alles mag ja wichtig sein, aber für mich nicht so sehr, denn ich interessiere mich nicht für Politik. In meinem kleinen Leben sind andere Dinge wichtig, da geht es mir in erster Linie um meine Kinder und meine Pläne für Berlin.

Ich habe mich in einer Filmkartei registrieren lassen, schickte meinen Lebenslauf und mehrere Fotos von mir. Diese Fotos machte der Fotograf Wolff in Hiddesen in seinem Atelier, sie sind sehr gut geworden, er ist ein Turnbruder von Mutti.

Am 5. August 1949 wurde in Karlsruhe unsere Scheidung ausgesprochen. Jawohl, ich habe mich kurz entschlossen von Karli getrennt, es war dumm von mir, ihn überhaupt zu heiraten. Es gab keine Basis für ein Zusammenleben.

Diese Papier-Ehe hat mir mehr Probleme gebracht, als ich bisher schon hatte. Da ich im Augenblick keinen Verdienst habe, wurde mir ein Armen-Anwalt zugeteilt, ich brauchte nur eine geringe Gebühr zu bezahlen.

Durch unsere dauernde Trennung – er in Karlsruhe, ich fast jeden Monat in einer anderen Stadt Westdeutschlands – standen wir nur in brieflichem Kontakt, und der war insgesamt sehr mager, oft vergingen Wochen, bis ich auf meinen letzten Brief eine Antwort bekam, ohne Angabe von Gründen für das lange Schweigen. Und wenn ich dann in kurzen Abständen zwischen meinen Engagements zu ihm fuhr, gab es keine Harmonie, wir stritten uns fast nur. Er machte mir Vorwürfe wegen des Geldes, das ich verdiene, meinte, ich müsse ihm davon abgeben, da er keinen Verdienst hat; die meiste Zeit ist er arbeitslos, weil er andauernd die Stellen wechselt. Dabei vergaß er, dass ich eine Menge Verpflichtungen hatte, für die ich allein aufkommen musste, da bleibt oft nicht mal das Nötigste für mich.

Dann kam es soweit, dass er mich beobachten ließ, mir Vorschriften machte, wo ich ein Engagement annehmen soll. Das habe ich mir nicht gefallen lassen, das ging zu weit, denn er hatte ja absolut keinen Überblick über die Abläufe und Möglichkeiten der Engagements. Er machte mir hässliche Szenen. Als ich ihm die Scheidung vorschlug, rastete er fast aus. Das käme gar nicht in Frage, er würde doch nicht als zweimal Geschiedener durch die Landschaft laufen.

Ich habe mich mit Mutti darüber beraten, und auch sie fand sein Verhalten nicht in Ordnung. Sie meinte, wenn sich unser Verhältnis nicht ändert, wäre eine Scheidung das Beste.

Die Zeit, die ich jetzt in Hiddesen/Detmold verbringe, nutze ich dazu, hier noch etwas Geld zu verdienen. Es gibt ein Unterhaltungslokal der Engländer in Detmold, es nennt sich ‚Mayfair', da bin ich vorstellig geworden und habe meine Tänze angeboten. Für die Wochenenden wurde ich engagiert, ich tanze die Mazurka und den amerikanischen Stepp. Die Engländer sind sehr zurückhaltende Menschen, auch die Soldaten, die hier mit ihren Familien stationiert sind. Es ist ein angenehmeres Arbeiten als in den amerikanischen Clubs in München.

Vom Manager der ‚Mayfair' bekam ich die Erlaubnis, an einem Abend meine Eltern mitzubringen, ich hatte ihm erklärt, dass sie mich noch niemals haben tanzen sehen. Das trifft freilich nur für Vati zu; nun konnte er mich endlich einmal auf der Bühne sehen, was mir wichtig war. Und wie er mir anschließend mit viel Zurückhaltung zu verstehen gab, war er ‚angenehm überrascht'.

In dem Lokal lernte ich einen netten Offizier kennen, Bob Tisher, der in der englischen Verwaltung arbeitet und offenbar solo ist. Wir haben uns einige Male getroffen und sind uns ganz sympathisch, er ist sehr zurückhaltend, was mir gefällt. Ich habe ihm von meinen Berlin-Plänen erzählt und gab ihm die Adresse von Elschen. Wenn ich dort bin, will er mich besuchen.

Am 7. Oktober 1949 haben die Russen die sowjetisch besetzte Zone offiziell zur Deutschen Demokratischen Republik ernannt – DDR –; aber für uns hier im Westen bleibt es immer noch die russische Zone. Den Berlinern geht es jetzt wieder besser, seitdem die Sowjets im Mai 1949 die Blockade aufgehoben haben, die seit Juni 1948 bestand. Sie hatten über Nacht die Schienen-, Straßen- und Wasserwege zwischen Westdeutschland und Westberlin gesperrt, Gas und Strom abgeschaltet, soweit es aus Betrieben der sowjetischen Besatzungszone kam.

Daraufhin errichteten die drei Westmächte eine Luftbrücke, die die Westberliner Bevölkerung mit dem Notwendigsten versorgte. Alle drei Minuten flogen britische, amerikanische und französische Flugzeuge von Westdeutschland nach Westberlin, landeten in Tempelhof, Tegel oder Gatow und brachten Lebensmittel und andere notwendigen Güter. Die Berliner tauften diese Flugzeuge, die ihr Überleben sicherten, ‚Rosinenbomber'.

Ich freue mich auf Berlin und auf die Möglichkeiten, die sich dort für mich eröffnen werden.

Weihnachten steht vor der Tür. Gestern war ich mit Mutti in Pivitsheide, einem kleinen Ort bei Detmold, bei einer Frau Frenzel, deren Adresse ich vom Jugendamt bekam, sie ist Kinderpflegerin. Die Frau machte einen guten Eindruck auf uns, etwa 45 Jahre alt, sie hat einige Kinder durch das Jugendamt in Pflege bekommen. Jetzt hole ich Putz erst einmal über die Feiertage hierher, denn nun muss er endgültig aus Oesterholz weg, er ist schon zu groß, vor allem für die Babyverpflegung, die die Kinder dort bekommen. Vielleicht kann ich ihn für einige Zeit zu Frau Frenzel geben.

Anfang Januar werde ich nach Berlin gehen, um mir dort eine neue Existenz aufzubauen. Angebote für Engagements von meinen Künstler-Agenturen habe ich nicht mehr angenommen.

Als ich Mutti meinen Entschluss mitteilte, sah sie mich überrascht an, glaubte meinen Worten nicht. Ich habe ihr meine Pläne, meine Vorstellungen vom Aufbau einer neuen Karriere erklärt. Sie blickte skeptisch, aber gab zu, dass es so wie bisher nicht weitergehen kann.

Vom Jugendamt haben wir wegen einer Adoption noch nichts wieder gehört. Meine Zusage habe ich noch nicht gegeben. Jetzt möchte ich erst einmal in aller Ruhe mit meinen Kindern bei meinen Eltern Weihnachten feiern.

Nun habe ich Detlef von Oesterholz endgültig abgeholt. Und Ingo hält sein kleines Brüderchen, so oft er kann, an der Hand und läuft mit ihm durch die Wohnung. Detlef ist schon sehr verständig, wir haben unsere Freude an ihm. Auch Tante Hanna ist gekommen, damit sie das erste Weihnachtsfest ohne Onkel Erich nicht allein verbringen muss.

Am Weihnachtsabend, wir hatten einen kleinen Baum geschmückt, kam Ingo mit Detlef an der Hand ins Gabenzimmer, sie blieben vor dem Lichterbaum stehen und Detlef sagte mit großen erstaunten Augen ‚ei', mir kamen die Tränen. Es war ein so schönes Bild, meine zwei Kinder unter dem leuchtenden Tannenbaum, die Kerzen spiegelten sich in ihren Augen, ich musste mich schluchzend abwenden, denn ich wusste, so würde es niemals wieder sein.

Für die Kinder hatte ich Geschenke kaufen können, Detlef bekam einen Strickanzug, ein Bilderbuch und ein paar kleine Holztiere. Ingo hatte sich eine Eisenbahn zum Aufziehen gewünscht und einen Malkasten.

Eine Zahlung von Dimiter ist bis zum heutigen Tag nicht eingegangen; im Gegenteil, er unternimmt alles nur Mögliche, um sich davor zu drücken, teilte das Jugendamt mit. Jetzt ist er – allerdings ohne Erfolg – sogar gepfändet worden, und soll nun den Offenbarungseid leisten.

Gestern haben wir Detlef zu Frau Frenzel nach Pivitsheide gebracht, zur Privatpflegestelle. Ich kann nicht beschreiben, wie schwer mir der Abschied gefallen ist, unsagbar schwer!

Am Abend hatte ich ein langes, ernstes Gespräch mit Mutti und Vati. Sie haben mir vor Augen gehalten, wie es wäre, wenn sich gute Adoptiveltern für Detlef fänden. Dann hätte er ein behütetes Zuhause, ein geregeltes Leben, und Eltern, die ihn lieben; Detlef könnte in einer heilen Welt aufwachsen. Würde ich den Weg der Adoption nicht gehen, käme das Kind wieder und wieder in neue Pflegestellen und Heime, immer wieder zu fremden Menschen.

Sie haben ruhig und vernünftig mit mir gesprochen, auch Vati ohne Vorwürfe, richtig gütig war er. Ich habe eingesehen, dass sie recht haben und dass es für Detlef wirklich besser sein würde, wenn ich mich von ihm trenne. Mutti sagte: ‚Wenn du dein Kind liebst und sein Bestes willst, dann musst du dieses Opfer bringen, du hilfst ihm, ein gutes Leben zu finden.'

Tränenüberströmt saß ich vor meinen Eltern und fragte: ‚Habe ich denn wirklich genug um ihn gekämpft?' Mutti: ‚Ja, mein Kind, du hast genug gekämpft. Wenn du dein Kind liebst, gibst du es frei.'

Ich habe die ganze Nacht nicht geschlafen, nur immerzu nachgedacht und überlegt, wie ich es richtig mache. Ich kann den Eltern nicht widersprechen, natürlich haben sie Recht.

‚Die Wunschhand: Eine Hand, groß und stark, ich wünsche mir so sehr, mich ganz in diese Hand zu schmiegen, dass sie mich schützen und halten möge. Nur kurze Zeit darin ausruhen dürfen und den vielen zurückgehaltenen Tränen freien Lauf lassen. Einmal alles vergessen, nicht denken müssen, nur die Wärme und den Schutz dieser Hand fühlen, das wäre schön.'

Am nächsten Morgen bin ich frühzeitig in den Wald gegangen und habe mir die Seele aus dem Leib geschrien, ich habe geschrien und geschrien. Dann bin ich nach Detmold zum Amtsgericht gefahren und habe meine Einverständniserklärung zur Adoption unterschrieben. Morgen früh fahre ich nach Berlin. –

5. Januar 1950: ‚Berlin, du Stadt meiner Träume!' Mit diesen euphorischen Worten begrüßte ich meine Freundin Elschen, als sie mir in Berlin-Wilmersdorf ihre Wohnungstür öffnete. Sie erwartete mich schon, hatte angeboten, die erste Zeit bei ihr zu wohnen, da sie ein großes Zimmer in einer privaten Pension hat, eine Couch sollte mein Bett für die Nacht sein.

Elschen arbeitete als Bardame in der ‚Ali-Bar', Meinekestraße, eine andere Möglichkeit, Geld zu verdienen, hatte sich bisher in Berlin noch nicht für sie gefunden. Sie sieht diese Tätigkeit allerdings nur als vorübergehend an, sie möchte Mannequin werden. Und was ist mit ihrem Charly?

Es war eine neue Welt für mich, in der ich mich erst einmal zurechtfinden musste; es galt zu prüfen, welche Tätigkeit für mich in Frage kommt. Ich wollte mich in Richtung Journalismus bewegen, vielleicht Film-Journalismus, das käme in zweifacher Hinsicht meinen Wünschen entgegen.

Ich machte mich kundig: Es gab zwei Filmgesellschaften, die BEROLINA in Berlin-Tempelhof mit Direktor Schulz, dahin wanderte ich zunächst, um bei Filmaufnahmen zuzusehen; ich gab mich als Journalistin aus. Der Film hatte den Arbeitstitel ‚Musik und Liebe' und war mit bekannten Schauspielern besetzt wie Olga Tschechowa, Paul Hörbiger und Georg Thomalla, dabei auch Sonja Ziemann, eine junge Nachwuchsschauspielerin, sehr hübsch, die schon in mehreren Filmen mitgewirkt hat.

Bei diesem Besuch in Tempelhof lernte ich den Regisseur Hans Deppe kennen. Es wurde ein aufregender Tag, und ich wurde eingeladen, jederzeit wieder zu kommen. Alles in allem also ein guter, viel versprechender Anfang in Berlin.

Die CCC-Filmproduktion in Berlin-Spandau, wo Direktor Artur Brauner nach dem Krieg in einer alten Giftgasfabrik Filmstudios aufgebaut hatte, wollte ich mir ebenfalls ansehen. Es war gewiss günstig für mich, bei einer neuen, noch nicht kompletten Firma wie der neuen CCC-Film vorstellig zu werden. Artur Brauner war ein höflicher, ja charmanter Mann, der für die Weiblichkeit wohl eine Schwäche hatte, denn er ging auf meine Flirtversuche ein.

Über die Filmkartei in Göttingen hatte ich die Adresse des Regisseurs und Drehbuchautors Bobby E. Lüthge bekommen. Auch den suchte ich auf und stellte mich als Journalistin vor, mit der Bitte um ein Interview. Dabei brachte ich meine Kenntnisse durch die Filmkartei über seinen neuen Film ins Spiel und wirkte dadurch wohl glaubhaft. Wenn es um die Presse ging, waren alle gleich eitel, egal ob Filmmann oder Privatmensch. Ich hatte mir das Haar hoch frisiert und meine Brille aufgesetzt, damit ich nicht so jung aussah und er nicht auf den Gedanken kam, dass ich andere Interessen hatte.

Ich wurde mit Kaffee und Cocktail bewirtet, und wir führten ein anregendes Gespräch. Er erzählte von seinen Plänen und Absichten und gab mir einiges Material über die neue Produktion. Dann wollte er wissen, ob ich Interesse hätte, einmal ins Filmatelier zu kommen. Na klar, hatte ich natürlich!

Er gab mir die Telefonnummer des zuständigen Pressechefs Wolfgang Fischer, mit dem ich einen Besuch auf dem Filmgelände in Berlin-Tempelhof absprechen sollte.

Alles klappte prima; ich war pünktlich in Tempelhof, Wolfgang Fischer führte mich auf dem Filmgelände herum und ich lernte die Regisseure Rabenalt und Schafheitlin kennen.

Ich habe schnell erkannt, worauf es ankommt, will man in den Filmateliers beachtet werden. Ein selbstbewusstes und fröhliches Auftreten war angezeigt, vornehme Zurückhaltung wäre fehl am Platze, die konnten sich nur Stars erlauben.

Ein paar Tage später klappere ich alle Tageszeitungen ab, den ‚Tagesspiegel', die ‚Morgenpost' und den ‚Abend'; es will mich keiner haben, derzeit werden keine Volontäre ausgebildet. Ich lasse meine Adresse und einige meiner Kurzgeschichten da.

Ein neuer Anlauf bei den Feuilleton-Redaktionen der Zeitungen; mein Angebot: 'Ich kann kurze Berichte über neue Filmproduktionen liefern', dafür besteht Interesse.

Ich fahre nach Spandau raus, lasse mich bei Artur Brauner melden, werde auch vorgelassen. Hier die umgekehrte Masche: ‚Ich kann Berichte aus den Filmateliers bei der Tagespresse unterbringen'. Dafür wird ebenfalls Interesse gezeigt.

Mir ist klar geworden, dass ich die Möglichkeiten der Atelier-Berichterstattung ausbauen kann. Eine Chance für mich; dass ich mich dabei wie eine Hochstaplerin benehme, weiß ich, aber das ist noch nicht kriminell, ich darf dabei nur nicht aufs falsche Pferd setzen und auf die Schnauze fallen. Ich muss geschickt bluffen und lügen. Ich hoffe, es wird mir gelingen.

Von nun an gehe ich forsch und ohne zu zögern in den Film-Ateliers ein und aus, langsam kennt man mich, und niemand hält mich auf. Fabelhaft! Die kleinen Berichte über die Filme, die in der Planung und im Entstehen sind, zusammen mit kurzen Episoden über mitwirkende Schauspieler, werde ich meistens bei den Tageszeitungen los.

Eine Einladung von Wolfgang Fischer und Bobby E. Lüthge verlief nicht so gut – die Brüder wollten mich offenbar flachlegen; aber nicht mit mir! Ich hatte mich chic zurecht gemacht, wollte Eindruck schinden, ohne Brille, mit langem Haar. Fischer war sprachlos und sah mich immer wieder an, meinte, dass ich mich so verwandeln könne, überrasche ihn.

Der Abend fing gut an mit Essen und Trinken, mit Musik und ein bisschen Tanzen. Fischer versuchte, mich über meinen Werdegang auszufragen, aber ich habe ihm geeignete Lügen erzählt. Es wurde spät und später, die beiden forderten mich immer wieder zum Trinken auf. Sie hatten wohl gehofft, dass ich nach den ersten Gläsern Cognac mit Cola umfallen würde. Als ich merkte, wie der Abend von ihnen gedacht war, habe ich die zwei auf ein nächstes Mal vertröstet und mich schnell verabschiedet.

In der Pension kann ich ein frei werdendes Zimmer bekommen und werde am Ersten einziehen. Es wird auch Zeit dafür, denn dadurch, dass Elschen nachts in der Bar arbeitet und am Tage schläft, wird es für mich schwierig, meinen Tagesablauf einzuhalten.

Durch Elschen lernte ich einen Geschäftsmann kennen, der öfter in ihrer Bar verkehrt und jetzt in West-Berlin ein Textilgeschäft eröffnen will, eine Mode-Boutique, sogar am Kurfürstendamm. Er möchte sie als Geschäftsführerin engagieren, und ich soll mit ihr eine Modenschau seiner Modelle zusammenstellen. Gar nicht so schlecht, mal abwarten, was sich daraus entwickeln lässt.

Von Bob Tisher aus Detmold kamen ein paar Zeilen. Er ist in Berlin und würde sich freuen, mich zu sehen. Ich freute mich auch und sagte zu, er will mich abholen.

Ich wohne im britischen Sektor von Berlin, hier merkt man nicht, dass es eine geteilte Stadt ist. Innerhalb des amerikanischen, englischen und französischen Sektors finden in der U-Bahn selten Kontrollen statt, die S-Bahn verkehrt nur im Osten der Stadt. Fährt man aber in den russischen Sektor, wird man in der S- oder U-Bahn, oder auf dem Bahnsteig, oft von russischen Militärposten oder auch von der deutschen Volkspolizei kontrolliert. Bisher ist mir das noch nicht passiert, obwohl ich jede Woche Tante Molly zu ihrer Freundin in den Osten der Stadt begleite. Tante Molly nimmt für sie immer Lebensmittel mit, die man im Osten nicht bekommt. Das ist zwar verboten, aber was ist hier nicht verboten.

Tante Molly ist eine alte Freundin von Mutti aus Magdeburger Tagen, in Berlin verheiratet mit Onkel Bernhard, der bei einer Bank angestellt ist. Sie ist sehr lieb und mütterlich, ich mag sie gern. Mutti hat mir gesagt, wenn ich mal in Schwierigkeiten bin, bei Tante Molly kann ich mir immer Hilfe holen.

Das Treffen mit Bob Tisher verlief sehr angenehm. Er führte mich in die ‚Queen', in das beste Restaurant im Grunewald, ich habe phantastisch gegessen, und einen guten Wein getrunken. Aber dann kamen eine Reihe merkwürdiger Fragen: ob ich Freunde oder Bekannte im Osten der Stadt oder in der Zone habe, ob ich ab und zu mal ‚rüber' fahre.

Dann nannte er mir den Grund seiner Fragen: er ist beim britischen Geheimdienst und möchte mich als Mitarbeiterin gewinnen. Ich fürchte, ich habe ihn ziemlich dumm angesehen, denn mit dieser Entwicklung unserer Bekanntschaft habe ich wahrlich nicht gerechnet. Worin soll meine Mitarbeit bestehen? Das hat er mir jedoch noch nicht verraten, sagte nur, ich solle darüber nachdenken und ihm später Bescheid geben, ob ich dafür bereit bin. In einer Woche wird er wieder in Berlin sein, dann will er sich meine Antwort holen.

Dass Berlin als geteilte Stadt mit vier Alliierten Besatzungssektoren ein interessantes Pflaster für Spionage und Agenten ist, kann ich mir denken.

Am 4. Februar fand der erste Film-Presseball nach dem Kriege in den Messe-Hallen am Funkturm statt. Ich wurde dazu eingeladen und bin richtig stolz, dass ich es schon soweit gebracht habe. Es stellte sich nur die Frage, was ziehe ich an? Elschen konnte mir unter die Arme greifen, denn als Barfrau hatte sie natürlich die entsprechende Garderobe, wenn auch nicht alles nach meinem Geschmack war. Sie lieh mir einen langen, schwarzen Taftrock, und ich nahm ein weißes Oberteil von einem meiner Tanzkostüme. Die Damen der Gesellschaft tragen jetzt bei größeren Anlässen vorwiegend dreiviertellange Röcke, die sind in Mode, aber ich finde einen langen Rock viel eleganter; bei den Herren kamen nur Smoking oder Frack in Frage. Mit dem Kleid der Frau Direktor Brauner – die Brauners sollen Millionäre sein – konnte das meine natürlich nicht konkurrieren. Aber der Ball war eine Wucht, obgleich ein großer Rummel, ‚Bockbierfest' wurde er im Nachhinein von der Presse genannt, denn es wurden mehr Eintrittskarten verkauft, als es Plätze gab, und entsprechend war das Gedränge und Geschiebe. Ich saß mit am Tisch der Prominenten, es war wirklich aufregend für mich, diesen Künstlern so nahe zu kommen. Alles, was beim Film einen Namen hat, war anwesend: Dorothea Wiek, Angelika Hauff, Winnie Markus, Ethel Reschke. Dennoch, ich habe mir einen solchen Prominentenball doch etwas anders vorgestellt, nicht diese Enge, etwas mehr Kultur. Es war schon vier Uhr morgens, als es zum Aufbruch kam. Ich wurde per Auto nach Hause gebracht, mein charmanter Begleiter war der Regisseur Helmut Käutner, dessen Filme ich gesehen habe.

Von den ‚Filmblättern', einem Fachblatt der Deutschen Filmwirtschaft, habe ich eine Mitarbeiterverpflichtung bekommen. Den Herausgeber, Robert Scheuer, lernte ich bei einem Presseempfang kennen, ein sehr sympathischer

Mensch. Als ich ihm von meiner Arbeit erzählte, meinte er, dass er jemanden wie mich in seiner Redaktion noch gebrauchen könne, ob ich bereit wäre, bei Geschäftsleuten für Inserate in seiner Zeitung zu werben, oder kurze Kritiken über Filme zu schreiben, die in kleineren Kinos der Vororte laufen. Ich zeigte mich interessiert. Nun erhalte ich ein monatliches kleines Fixum, und das ist auch dringend notwendig, denn meine kurzen Berichte aus den Berliner Filmstudios, die inzwischen ziemlich regelmäßig in einer Tageszeitung erscheinen, bringen nicht allzu viel.

Vom Berliner Filmclub hatte ich eine Einladung bekommen zur Ehrung einiger bekannter Künstler, die zur Zeit von sich reden machen, wie Käthe Dorsch, Jacob Tiedke, Willi Schäffers. Die ganze Elite war da, ich war beeindruckt! Außer den schon genannten Größen waren noch Will Meisel, Günther Schwenn und der Komponist Robert Stolz anwesend. Ihm zu Ehren soll zum Monatsende der erste Film-Tee in diesem Jahr stattfinden; ich muss natürlich dabei sein, da gibt es wieder etwas zu berichten. Ich hatte die Ehre, mit dem Regisseur Hans Deppe an einem Tisch zu sitzen, ein netter, älterer Herr, der von Journalisten gar nichts hält.

Bei solchen Zusammenkünften trifft man immer die gleichen Leute von Film und Presse, auch einflussreiche Menschen. Arthur Brauner von CCC-Film habe ich bei solch einer Gelegenheit auch wieder getroffen, und wir hatten ein gutes Gespräch; vielleicht kann sich daraus etwas entwickeln. Immer wieder ergeben sich neue Kontakte, die ich natürlich nutze, so lernte ich einen amerikanischen Produzenten kennen.

Ich habe festgestellt, dass mir diese Arbeit Spaß macht. Langsam geht es aufwärts, meine ich. Aber hätte ich nicht diesen zähen Willen, würde ich sicher schon aufgegeben haben. Ich bin ziemlich viel allein, trotz der vielen Menschen, unter denen ich mich tummele. Elschen ist mir keine gute Freundin, oder doch nur so lange, wie es für sie vorteilhaft ist. Ich glaube, sie ist eifersüchtig auf meine kleinen Erfolge. Dabei profitiert sie von den Paketen, die ich noch immer von Roschi aus Schweden bekomme. Meistens koche ich von meinen Zutaten das Mittagessen in der Küche von Frau Jachmann. Elschen steht erst mittags auf und setzt sich an den fertig gedeckten Tisch. Wenn ich um diese Zeit unterwegs sein muss, mault sie und ist mir böse. Sie nimmt meine Fürsorge inzwischen als selbstverständlich, und das ärgert mich.

Mit Wolfgang Fischer, dem Pressechef, muss ich sehr vorsichtig umgehen, denn er ist ein Casanova, ein widerlicher Kerl. Ich muss mich immer überwinden, nett zu ihm zu sein, ich brauche ihn noch. Ich vermeide es auch, mit ihm allein zu sein, ich glaube, er ist mit seinen 53 Jahren der Überzeugung, ihm könne keine Frau widerstehen. Welch ein Irrtum!

Ich hatte eine Zusammenkunft und ein langes Gespräch mit Herrn Schönberg, dem Vertreter der Illustrierten ‚Der Stern' und der Frauenzeitschrift ‚Constanze' in Berlin. Meine Reportage über die neue CCC-Filmfirma in Spandau-Haselhorst mit dem Titel ‚Von der Giftfabrik zum Filmgelände' interessiert ihn für den ‚Stern', er möchte aber einige Fotos dazu haben. Die werde ich mir in der Presseabteilung der CCC-Film geben lassen.

Für die ‚Constanze' möchte er ein Gespräch mit Sonja Ziemann, die ein aufsteigender Star ist. Das passt gut, denn sie hat am 1. März Geburtstag, und ich bin eingeladen worden.

Dann ist er noch interessiert an einem Bericht mit Bilderserie über das französische Ballett de Monte Carlo, das in Kürze in Berlin gastiert. Ich recherchierte: 60 Ballettmitglieder aus 14 Nationen, Franzosen, Engländer, Amerikaner, Russen, Polen Tschechen, Holländer und Japaner, keine Deutschen. Nun bin ich freie Mitarbeiterin des ‚Stern' und der ‚Constanze'; langsam wird es!

Heute, am 21. Februar 1950, heiratet mein kleiner Bruder, vor zwei Tagen hatte er seinen 25. Geburtstag. Er hat in Detmold ein nettes Mädchen kennen gelernt, sie lieben und verstehen einander gut und meinen, dass es für eine Ehe reicht. Rut war schon einmal verheiratet und hat eine kleine Tochter Monika. Zunächst werden sie bei Ruts Eltern in Detmold wohnen, bis sie sich eine eigene kleine Wohnung leisten können. Ich schickte durch Fleurop einen Strauß roter Nelken; schön, dass so etwas möglich ist.

Vor drei Tagen war ich mit Tante Molly in Potsdam, das gehört schon zur Ostzone. Die Menschen im sowjetisch besetzten Gebiet können einem wirklich leid tun; ein Glück, dass ich nicht da leben muss. Ich gewann den Eindruck, die Leute hätten vor etwas Angst, sie laufen mit hochgezogenen Schultern herum, gucken nicht rechts und nicht links. Auf den Straßen sieht man viele russische Soldaten und Militärfahrzeuge. Es ist viel kaputt in Potsdam, nur das berühmte Schloss Sanssouci vom Alten Fritz soll noch stehen, aber bis dahin sind wir leider nicht gekommen. Meinen Ausweis hat niemand verlangt, Glück gehabt, denn ich hatte etwas für Ostmark eingekauft, was für mich als Westdeutsche verboten ist. Die Ostmark steht im Verhältnis zum Westgeld im Augenblick bei 7 zu 1, was den Umtausch für uns günstig macht.

Die Zusammenarbeit mit den Filmblättern und Robert Scheuer lässt sich gut an. Er erinnert mich an Horst, ist wie ein großer Junge, etwas unbeholfen. Ich bekam ein Telegramm von ihm mit der Bitte, ihn anzurufen; er möchte einen Bericht über die Aufbauarbeiten bei CCC-Film, Artur Brauner, und Pläne für neue Produktionen. Kann er gern haben.

Nun bekomme ich einen Journalistenausweis, der mich als Mitarbeiterin für sein Fachorgan legitimiert. Später möchte er einen Bericht über mich und meine Arbeit in seiner Zeitung bringen, quasi, um mich seinen Lesern vorzustellen. Daraus soll hervorgehen, dass CCC-Film einen Spielfilm in Vorbereitung hat mit dem Titel ‚Johannes und die 13 Königinnen', worin ich eine Schwedin spielen soll. Schön wär's! Klingt das nicht alles sehr viel versprechend?

Gestern sah ich im Kino den Film ‚Eine Nacht im Séparée' mit Olga Tschechowa, Sonja Ziemann, Paul Hörbiger und Georg Thomalla, bei dessen Studioaufnahmen in Tempelhof ich zugeguckt habe. Ganz lustig, aber viel Klamauk.

In den letzten Tagen erschienen zwei kleine Berichte von mir mit Foto in der Zeitung ‚Der Abend': Die Eröffnung des Feinkostladens MÜLLER in Tempelhof und die Einweihung des ersten Waschsalons von Berlin am Fehrbelliner Platz. Pro Reportage bekomme ich 20 Mark.

Ich hatte recherchiert und erfahren, dass für den Feinkostladen eine Stahlkonstruktion errichtet wurde, die es gestattet, mit ein paar Handgriffen die verglaste Außenfront zusammen zu schieben, so dass der Laden in der ganzen Breite zur Straße hin offen ist. Eine neue Präsentation für solch ein Geschäft.

Der Waschsalon ist etwas ganz Neues: Da kann jeder Berliner hingehen und seine schmutzige Wäsche in eine der sechs Waschtrommeln stecken, Waschpulver in ein Seitenfach füllen, ein Waschprogramm eingeben, einen Knopf drücken, und schon wird seine Wäsche – je nach Programm – in ein oder zwei Stunden gewaschen. Phantastisch, davon werde ich auch bald Gebrauch machen. Es sollen in nächster Zeit mehrere dieser Salons in Berlin aufgemacht werden.

Vor ein paar Tagen fuhr ich zur Redaktion des Ost-Rundfunks nach Berlin-Adlershof, um mich an Ort und Stelle nach Arbeitsmöglichkeiten umzusehen. Das sah nicht sehr gut aus, aber ich wollte es halt versuchen. Dabei machte ich die Bekanntschaft eines interessanten Mannes, Schriftsteller und Filmautor bei der DEFA, der ostzonalen Filmgesellschaft, die unter sowjetischer Regie arbeitet und schon ein paar gute Filme in Babelsberg hergestellt hat wie ‚Die Mörder sind unter uns' mit Hildegard Knef und Wolfgang Borchert, sowie ‚Draußen vor der Tür'; Filme, die allgemein große Beachtung fanden. Wir hatten ein gutes Gespräch, ich erfuhr eine Menge über die Arbeitsmöglichkeiten bei der DEFA. Er hat mich nach Babelsberg eingeladen, will mir das Filmgelände zeigen. Ein sehr charmanter Kerl, ich freue mich!

Bob Tisher habe ich getroffen, er wollte meine Antwort hören. Vor einer Entscheidung wollte ich jedoch erst wissen, was er von mir erwartet, was soll ich tun? Antwort: Ob ich bereit sei, zwischen West- und Ost-Berlin den Kurier abzugeben. Dazu das Angebot, mir eine kleine Wohnung zu suchen, deren Mietkosten übernommen werden, die meinen Auftraggebern aber auf Wunsch ab und zu für Zusammenkünfte zur Verfügung stehen muss.

‚Das ist alles?' habe ich erstaunt gefragt. ‚Das ist alles', hat Bob lächelnd geantwortet. Dann habe ich etwas unterschrieben, und Bob machte mich darauf aufmerksam, dass ich zu niemandem darüber reden darf. Er gab mir einige Verhaltensmaßregeln. Danach folgte ein Abend mit leichter Unterhaltung, gutem Essen wieder in der ‚Queen', und anschließend ein wenig Tanzen. Ich war erstaunt, als er mich dazu aufforderte, das hatte ich bei seiner bisherigen Zurückhaltung nicht erwartet.

Mit dem Mode-Laden von Elschens Geschäftsmann am Kurfürstendamm wird es konkret, am 1. Mai soll Eröffnung sein. Das wird der einstigen Prachtstraße von Berlin bestimmt gut tun, denn vom alten Glanz des Boulevards ist durch die Bomben nicht viel übrig geblieben.

Hier wie in anderen Straßen auch sind nur wenige der großen Häuser stehen geblieben. Es gibt viele Ruinen, und bei den Häusern, die überlebt haben, sind die Fenster meistens mit Holzbrettern und Pappe vernagelt; das sieht nicht schön aus, genau so wenig, wie die Holzzäune, die die Trümmer umgeben.

In der Mitte des Kudamms fährt schon wieder die Straßenbahn von einem Ende zum anderen, bis nach Halensee hinaus.

Wir haben viel zu tun, denn die Geschäfts-Premiere soll natürlich mit einer Modenschau vor geladenen Gästen stattfinden, und die soll ich auf die Beine stellen. Elschen lässt sich in ihrer Bar erst einmal für einige Zeit beurlauben, bis sie weiß, ob der Modeladen geht.

Von der Mannequinschule der Frau Schwarzlose am Kurfürstendamm werde ich mir die Mannequins holen; Elschen aber wird mein Star-Mannequin, in diese Richtung möchte sie ja, und sie sieht gut aus, ist gut gewachsen und kann sich bewegen. Das werden wir schon hinkriegen.

Mit der Wohnungssuche habe ich gleich begonnen; ich ging zu einem Makler, dessen Inserat ich in der Zeitung fand, und da ich von Bob einen Berechtigungsschein für eine Wohnung in der freien Marktwirtschaft bekommen werde, habe ich auch schon eine in Aussicht.

Ich sah sie an, und sie gefiel mir auf Anhieb, da ich auf den Mietpreis nicht achten muss – der ist ziemlich happig! – sagte ich zu. Es ist eine sogenannte ‚Luxuswohnung', aber der Luxus daran ist wohl der Mietpreis von 120 Mark. Die Wohnung liegt im ersten Stock, hat eine kleine Diele, ein großes Wohnzimmer mit Schlafnische und Balkon, Küche und gekacheltes Bad mit eingebauter Wanne und sogar ein Bidet! Ich kann sie am 1. Mai beziehen, im Moment werden noch Renovierungsarbeiten durchgeführt, der Vormieter hat wohl ziemlichen Dreck hinterlassen. Wie ich vom Hausverwalter erfuhr, hat er wegen Mietschulden einige Möbel zurücklassen müssen, das passt gut, denn ich habe noch keine, und so werde ich diese übernehmen: eine Couch, einen kleinen Glastisch und zwei Chippendale-Sessel, ein Schränkchen und ein modernes Buffet mit Schreibtischteil zum Herunterklappen. Ein Traum rückt näher – die erste eigene Wohnung!

Peter hat mir das Filmgelände in Babelsberg gezeigt. Ich bin mit der S-Bahn gefahren, er erwartete mich vor dem Bahnhof. Das Gelände ist beeindruckend, riesig groß, mit vielen Aufnahmehallen, Bürogebäuden, Kopierwerk und Archiven. Das alles liegt verteilt in einem großen Park. Er hat sich viel Zeit genommen, mir alles zu erklären. Ich muss sagen, er ist ein charmanter Bursche, und gescheit ist er auch.

Als wir dann in der Kantine saßen und ich mich etwas erholen konnte, machte er mir einen Vorschlag: Er hat eine Filmidee nach einer wahren Begebenheit zum Exposé ausgearbeitet und möchte das der DEFA-Dramaturgie anbieten. Da er aber bei der DEFA im Jahresvertrag steht, bekommt er diesen Stoff nicht extra bezahlt. Sein Vorschlag: Wir bearbeiten das Thema gemeinsam weiter und bieten es unter meinem Namen an. Wird es zur Realisierung angenommen, also einem Drehbuchauftrag, machen wir halbe-halbe. Natürlich war ich mit dem Vorschlag einverstanden.

Mein Herz hüpft vor Wonne! Diese Chance! Endlich eine größere Summe verdienen, um einige sehr notwendige Anschaffungen zu machen. Ich brauche unbedingt etwas Sommergarderobe, ich habe nur ein einziges Kleid, keine Sommerschuhe, und Unterwäsche ist dringend notwendig.

Die in Nürnberg zu Gefängnis verurteilten Nazigrößen sitzen seit 1946 in der Festung Berlin-Spandau, um ihre vieljährigen Strafen abzusitzen, Rudolf Hess, Rippentrop und Albert Speer gehören dazu. Wenn sie mal wieder freikommen, sind sie alte Männer, falls sie die Zeit überstehen. NS-Größen wie Hitler, Goebbels und Himmler haben sich vor ihrer Festnahme umgebracht, erschossen und vergiftet. Hermann Göring wurde in Nürnberg zum Tode verurteilt, schluckte vor der Hinrichtung eine Giftkapsel.

Das Modegeschäft von Herrn Bornemann am Kurfürstendamm ist aus Ruinen entstanden, jetzt werden die letzten Innenarbeiten durchgeführt. Ich war mit Elschen dort, es wird ein schönes Geschäft, groß und übersichtlich, mit vielen großen Spiegeln und weißen Regalen, der Fußboden ist mit hellem Flor ausgelegt.

Die Mannequins, die ich für die Eröffnungsmodenschau am 1. Mai benötige, habe ich bei Maria Schwarzlose im Mannequinstudio am Kurfürstendamm gefunden, es sind fünf junge, gut gewachsene Mädchen, mit denen ich seit zwei Wochen die Gänge probiere, vorneweg Elschen. Jetzt sollen die Modelle geliefert werden, Kleider, Röcke, Blusen, Mäntel und Abendkleider, und ich hoffe, dass auch für mich etwas dabei sein wird, neben dem Honorar natürlich, das ich mit 100 Mark ausgehandelt habe.

Elschen ist mit dem Komponisten und Musiker Michael Jary befreundet, der schon für viele Spielfilme die Musik geschrieben hat. Sie ist sehr stolz darauf, ihn zu kennen, und hat mir verraten, dass er seine Zusage gegeben hat, zur Eröffnung zu kommen. Das wäre natürlich für Herrn Bornemann eine gute Reklame, denn Michael Jary ist ein Zugpferd, das lässt sich die Presse nicht entgehen.

Mit Peter habe ich inzwischen ein erweitertes Exposé geschrieben und der DEFA eingereicht, es hat den Arbeitstitel ‚Captain Jameson in Italien', handelt von einem amerikanischen Besatzer in Italien nach dem Krieg. Ob das allerdings das richtige Thema für die DEFA ist, bleibt abzuwarten. Aber Peter ist optimistisch. Der Stoff wurde angenommen, und für morgen bin ich zur DEFA bestellt, um den Vertrag für das Treatment zu unterschreiben, alles läuft auf meinen Namen. Die Entscheidung fiel sogar ziemlich schnell, meint Peter, sonst dauert die Entwicklung solcher Dinge stets sechs bis acht Wochen. Ich bin gespannt, welches Honorar angeboten wird.

Und nun DEFA-Verwaltung, Jägerstraße 51 in Ost-Berlin. Ich bin mit der U-Bahn bis Friedrichstraße gefahren, von da ging ich zu Fuß, es war nicht weit. Ich wurde von Herrn Dr. Harnack, dem Chef-Dramaturgen der DEFA, freundlich empfangen, der Vertrag für ein Treatment lag schon bereit. Etwa 80 Seiten in vier Wochen müssen wir abliefern. Honorar?

Einmalige Vergütung: 3000 Ostmark plus Prämie von 1500 Ostmark, insgesamt 4500 Ostmark, die erste Hälfte zahlbar bei Vertragsabschluss, die zweite Hälfte bei Ablieferung. Die Zahlung erfolgt über Peters Bankkonto in Ost-Berlin. Das sind bei Umtausch 7 zu 1 zirka 420 DM, für jeden also 210 DM. Da ich als Westdeutsche nur eine beschränkte Summe auf ein Ost-Konto bekäme, habe ich nach Absprache mit Peter seine Konto-Nummer angegeben, das geht in Ordnung, wurde von der DEFA akzeptiert. So, und nun kann es losgehen. Hurra, ich bin sehr glücklich über diese Entwicklung, vielleicht geht es jetzt aufwärts. Ist das der Neuanfang für mich, auf den ich gehofft habe?

Die Premiere in der Mode-Boutique hat geklappt, sehr zur Freude des Chefs und natürlich auch zu meiner, denn es war das erste Mal, dass ich so etwas übernommen habe. Die Kleider, Kostüme und Mäntel, die Elschen und die Mädchen vorführten, waren sehr schön und kamen bei den geladenen Gästen gut an, es orderten viele Damen, zur Zufriedenheit von Herrn Bornemann, wie er mir nach der Veranstaltung sagte. Danach durfte ich mir ein Kleid aussuchen, und ich wählte nicht gerade das billigste. Und Michael Jary war anwesend, der Komponist und Schlagerfuzzi; Elschen strahlte, sie ist sehr verliebt in ihn, obwohl er ein hässlicher Kerl ist für meinen Geschmack. Er hat für einige Spielfilme die Schlager geschrieben, darunter einen, den er angeblich Elschen gewidmet hat, wie sie sagt, er heißt: ‚Das machen nur die Beine der Dolores …'

Am Abend nach der Schau machte Herr Bornemann mich mit einem Mann bekannt, der ein Schuhgeschäft hat und von der Veranstaltung so begeistert ist, dass er so etwas mit seinen Schuhen, die er aus Italien bezieht, machen möchte. Er hat Beziehungen zum amerikanischen Fernsehen, und die Amerikaner planen eine erste Fernseh-Live-Übertragung im Garten des Schöneberger Rathauses mit Modevorführungen, bei denen auch die Modelle von Herrn Bornemann wieder dabei sein sollen. Für mich eine neue Aufgabe.

Meine Wohnung ist schön, und ich fühle mich super! Tante Molly ist mit mir in Ost-Berlin gewesen und hat mich gut beraten, wir kauften einen hellgrünen Stoff, es ist ein Handdruck und passt in der Farbe gut zum Zimmer. Davon nähte ich bei Tante Molly auf der Nähmaschine Gardinen für mein Wohnzimmer.

Vorgestern kam unangemeldet Bob zu mir in die Wohnung. Er kennt sie noch nicht und sah sich genau um. Sie gefiel ihm, und er beglückwünschte mich. Dann erteilte er mir einige Verhaltensmaßregeln, was die Wohnung angeht. Ein- oder zweimal in der Woche will er sie mit einem Gast benutzen, dann muss ich alle persönlichen Dinge im Wohnzimmer wegräumen, damit nicht erkennbar ist, dass eine Frau darin wohnt. Ich soll auch ein Telefon beantragen, damit ich immer erreichbar bin. Die Kaution dafür in Höhe von 300 Mark werden bezahlt; ich soll ein Gehalt von 200 Mark im Monat bekommen, dazu die Miete für die Wohnung und die Telefonnebenkosten.

Peter kommt jeden zweiten Tag zu mir in die Wohnung, und wir arbeiten am Treatment, es geht gut vorwärts, den Termin von vier Wochen werden wir einhalten können. Ich habe mir eine Schreibmaschine geliehen, um das Treatment zu schreiben, das in fünffacher Ausfertigung abgegeben werden muss. Ich kann viel von Peter lernen. Er machte mir Hoffnung, dass es vielleicht nach einiger Zeit gelingen könnte, bei der DEFA einen Jahresvertrag für mich zu bekommen. Das wäre natürlich herrlich und ein guter Weg in die Zukunft: als Drehbuchautorin bei der DEFA!

Ein Brief von Mutti, der mich sehr traurig stimmte. Sie schreibt, dass die

Adoption von Detlef stattgefunden hat, wann, von wem und wohin wurde nicht mitgeteilt. Es heißt, dass bei einer Inkognito-Adoption kein Recht auf Informationen über die weitere Entwickelung des Kindes besteht. Wir dürfen auch nicht auf eigene Faust Nachforschungen anstellen, das verbietet das Adoptionsgesetz sogar ausdrücklich. Wie grausam!

Jetzt sind schöne Sommertage. Die Zusammenarbeit mit Peter klappt ganz gut, wenn er auch ein unzuverlässiger Bursche ist, er kennt keine Pünktlichkeit, kommt immer zu spät zu unseren Verabredungen. Das Treatment haben wir fertig, 105 Seiten sind es geworden,

Peter hat es schon bei der DEFA abgegeben. Von dem Honorar hat er mir 70 DM gegeben, aber 140 DM stehen noch aus, das heißt, er hat mir gestanden, dass er das Geld gebraucht habe. So ein Hallodri! Ich komme dadurch in einen Engpass, weil er mir nicht sagen kann, wann er es mir geben wird. Was mir an ihm absolut nicht gefällt, ist seine Auffassung, dass zu einer guten Zusammenarbeit auch eine gute Übereinstimmung im Bett gehört. Den Zahn habe ich ihm gezogen!

Elschen hat mir etwas erzählt, was mich sehr erstaunte: Sie hat von Presse- und Filmleuten gehört, dass ich ‚kalt' sei, dass ich es wohl ‚mit Frauen habe'. Ich habe herzlich gelacht, und Elschen stimmte zu, denn wie lange kennen wir uns? Sechs Jahre sind es inzwischen, seit wir gemeinsam im Hiller-Ballett die Beine schwangen.

Diese Nachrede könnte daher kommen, dass ich immer sehr zurückhaltend bin, ich weiß, dass ich herb wirke, und die Brille mit dem breiten dunklen Rand sowie meine vorwiegend sportliche Kleidung unterstreichen vielleicht diesen Eindruck. Die Meinung der meisten Männer über die Frauen hat mich abgeschreckt, daher zeige ich mich selten einem Mann gegenüber offen. Ich nehme sie nicht ernst, flirte mit ihnen, aber mehr kommt für mich nicht in Frage. Dabei sehne ich mich oft nach einem Menschen, den ich lieben und mit dem ich über alles reden kann, der mich versteht, bei dem ich ein wenig Schutz finde.

Ich bin zur Managerin für Elschen geworden; mit viel Geschick ist es mir gelungen, sie an weitere Modehäuser als Mannequin zu vermittelt; nun hofft sie, dass sie vielleicht ihre Tätigkeit als Barfrau bald aufgeben kann.

‚Eine Modenschau im Garten des Schöneberger Rathauses, gedreht vom amerikanischen Fernsehen als erste Live-Übertragung für deutsches Publikum.' Diese Meldung ging durch alle Tageszeitungen. Ich war dabei und es war sehr spannend, denn noch niemand in Berlin hat Erfahrung mit dem Medium Fernsehen, die Amerikaner haben es uns gebracht, sie sind die Veranstalter.

Im Garten des Rathauses, dem Sitz des Regierenden Bürgermeisters von Berlin, Ernst Reuter, war ein langer Laufsteg aufgestellt, auf dem die Modenschau ablief. Es war nur geladenes Publikum zugelassen, es stand rechts und links des Stegs, dazwischen liefen die Kameraleute mit ihren großen Geräten herum. Neben der Mode von Herrn Bornemann hatte auch das Modehaus HORN Modelle gestellt, und das Schuhhaus am Olivaer Platz die italienischen Schuhe, sehr schön und chic, Modelle, die es in Deutschland noch nicht zu kaufen gibt, und die sehr teuer sind. Acht Mannequins zeigten in lässigem Gang, was Mode ist. Elschen machte ihre Sache gut, der Nachmittag hat ihr als Mannequin Erfolg gebracht. Eine kleine Kapelle spielte flotte Schlager. Um die Zuschauer besonders auf die italienischen Schuhen aufmerksam zu machen, führten die Models jeweils einen kleinen Hund an kurzer Leine mit sich, und die Hunde trugen ebenfalls kleine Sonderanfertigungen: ‚Hundeschuhe'. Es gab viel Applaus.

Bob hat inzwischen ein paar Mal meine Wohnung benutzt, und ich ging derweil spazieren, Kaffee trinken oder ins Kino. Meine Kurier-Tätigkeit nach Ost-Berlin musste ich auch schon ausüben. Für die Wohnung habe ich noch einige Sachen kaufen können, ein paar Grünpflanzen für das Fensterbrett und eine Wohnzimmerlampe machen das Zimmer jetzt komplett. Außerdem entdeckte ich etwas: Ich fand einen Safe, der in die Zimmerwand eingelassen ist.

Gestern traf ich mit Peter in der DEFA zusammen, das Treatment wurde von der Dramaturgie abgenommen, nun geht es ums Drehbuch zu ‚Captain James in Italien', das wir offiziell zusammen schreiben. Dr. Bortfeld und Dr. Oswald hatten den Vertrag schon vorliegen, und wir setzten unsere Namen darunter. Es bringt für jeden: 9000 Ostmark, umgerechnet bei dem augenblicklichen Kurs von 5 zu 1 1500 DM für jeden. Hurra, ich bin endlich mal aus dem Schneider! Bis 31. August soll das Drehbuch fertig sein.

Es gibt wieder eine kleine Ruhm mehr: Horst, der junge Ehemann, hat Monika, das kleine Töchterchen seiner Frau Rut, adoptiert. Von der schlimmen Gefangenschaft bei den Franzosen hat er sich noch immer nicht richtig erholt, aber er scheint zufrieden zu sein mit dem Dienst bei der Polizei.

Jochen und Irmgard wollen im Sommer für ein paar Tage nach Detmold reisen, das kleine Fräulein Ute ist schon eineinhalb Jahre alt, und die Großeltern haben sie noch nicht gesehen.

Mutti muss sich operieren lassen, sie hat einen Meniskusriss im rechten Kniegelenk, einen stark vergrößerten, schmerzhaften Ballen und ein in der Fußsohle eingewachsenes Hühnerauge. Die Arme, was muss sie für Schmerzen haben, mit drei Wochen Krankenhausaufenthalt sei zu rechnen, hat man ihr gesagt. Vati geht es gut, er hat sich nach dem Beinbruch und von allen Strapazen erholt, kein Wunder, bei seinem Appetit, den Qualitäten und Quantitäten, die er verdrückt. Sein Bauch hat bald wieder den Umfang wie in Langenbielau. Bübele ist unser aller Sonnenschein, Vatis Liebling! Darüber bin ich sehr glücklich. In der Schule ist er guter Durchschnitt, hat nette Freunde und geht gern ins Schwimmbad, er soll bald schwimmen lernen. Und mein Putzel??

Das Geld für die Drehbucharbeit wird in drei Raten ausgezahlt: die dritte Rate nach schriftlich erklärter Abnahme seitens der DEFA.

Von der letzten Rate, also nach Beendigung der Drehbucharbeiten Ende August, möchte ich Mutti und Ingo für zwei Wochen an die Ostsee einladen. Das wäre herrlich! Wie lange habe ich geplant und gehofft, Mutti so eine Reise bieten zu können. Nun rückt die Erfüllung dieses Wunsches näher. Allerdings hängt es auch von der politischen Weltlage ab.

Ich habe bisher noch nichts davon geschrieben, denn ich kann und will nicht daran denken, dass es bei uns wieder Krieg geben könnte mit all seinen Schrecken. Gerade hat man sich ein bisschen aufgerappelt, und nun könnte es schon wieder losgehen?

Es begann in Korea schon 1945, das Land wurde von den Amerikanern und den Russen besetzt, die einen richteten eine USA-Zone ein, die anderen eine ‚Demokratische Volksrepublik'. Und jetzt, am 25. Juni 1950, begann mit dem Einmarsch nordkoreanischer Truppen in Süd-Korea der Krieg.

Kann das Auswirkungen auf Europa haben? Alle sprechen von dieser Möglichkeit, und allen ist klar: Wenn die Amerikaner, Engländer und Franzosen Berlin verließen, würden sofort die Russen alles in Besitz nehmen. Es wird zwar gesagt, dass die Alliierten Berlin nicht ohne Kampf aufgeben würden, denn die Stadt ist für sie ein wichtiger strategischer Stützpunkt, aber ob das zutrifft?

Ja, so redet die Berliner Bevölkerung, und alle Gespräche drehen sich im

Augenblick nur darum: Kommt ein Krieg, oder kommen wir daran vorbei? Viele sind der Meinung, ein Krieg müsse kommen, anders werde es keinen Frieden geben in Deutschland.

Ich habe auch mit Bob Tisher darüber gesprochen, und er hat mir versichert, mich im Ernstfall rechtzeitig zu informieren und mir Gelegenheit zu geben, von Berlin wegzukommen.

Der Ärger mit Peter um das Honorar für das Drehbuch nimmt Formen an, die unerwartet schlimm sind. Laut Drehbuchvertrag, der uns als gleichberechtigte Partner ausweist, erhält jeder 9000 Ostmark. Nun will er von meiner Summe 60 % haben, und zwar in bar. War das sein Plan von Anfang an? Als er mir das sagte, blieb mir wirklich die Luft weg. Ich glaube, er hat mich nur benutzt, ich dumme Liese! Dadurch, dass mein Honorar auf sein Konto einer Ost-Berliner Bank geht, kann ich gar nichts machen, ich komme da nicht heran.

Peter entpuppt sich in einer Weise, die mir gar nicht gefällt. Jetzt, da er erreicht hat, was er wohl beabsichtigte, bin ich für ihn nur noch Mittel zum Zweck. Er hat mir Reden an den Kopf geworfen, die mich sehr kränkten, wie ‚ich würde ihn ausnehmen', ‚ich soll ihm dankbar sein, dass er mich zur DEFA gebracht hat.' Das stimmt zwar, aber nicht mit diesen Bedingungen.

Natürlich habe ich viel von ihm gelernt, ich kannte die Regeln des Drehbuchschreibens nicht, aber berechtigt ihn das zu einem Betrug? Inzwischen hat er mir auch erzählt, dass er verheiratet ist, aber in Scheidung liegt. Und eine Freundin hat er auch.

Seinem Angebot, in seiner Inszenierung der ‚Frau Luna' am Metropol-Theater mitzuwirken, stehe ich sehr skeptisch gegenüber, man darf ihm nicht alles glauben, er ist ein Blender.

Bei Elschens Geburtstag lernte ich ihre neue Wohnung kennen. Ja, sie hat es nun auch geschafft, eine eigene Wohnung am Olivaer Platz zu besitzen. Ich besorge ihr zwar immer noch Engagements als Mannequin in Modenschauen, aber ansonsten ist unser Verhältnis lockerer geworden.

Ich habe einen neuen Stoff für die DEFA entwickelt – aber allein, Peter weiß nichts davon. Jetzt, da ich den Kontakt habe, will ich ihn auch nutzen. Dr. Oswald, einem der maßgeblichen Herren der Dramaturgie, der bei den Vertragsverhandlungen immer dabei ist, habe ich davon erzählt, er zeigte sich interessiert, und ermutigte mich, ihm das Exposé zu bringen.

‚Unter den Dächern von Berlin' ist eine Story, die das Leben der Bevölkerung sowohl im Osten wie im Westen aufzeigt. Ich bin auf diese Idee gekommen, weil ich mich wiederholt darüber geärgert habe, dass viele Leute meinen, im Westen sei alles gut und im Osten alles schlecht. Dass das falsch ist, kann ich inzwischen beurteilen. Es gibt hier wie dort gute und schlechte Einrichtungen, ob im täglichen Leben einer Familie, auf der Arbeitsstelle oder in sozialen Bereichen. Ich rechne mir aus, dass dieses Thema bei der DEFA ankommen könnte.

Mutti widmet sich vermehrt wieder dem Sport und ihrem Turnverein, darüber bin ich sehr froh; es ist ihr gelungen, einige maßgebliche Leute der Stadtverwaltung in Detmold für den Bau einer Rollschuhbahn zu gewinnen. Wenn das etwas werden sollte, käme es einer Sensation gleich, denn so eine Anlage gibt es weit und breit nicht, da das allgemeine Interesse am Rollkunstlauf nicht groß ist.

Peter kommt weiter täglich zur Drehbucharbeit in meine Wohnung, wir arbeiten von früh um neun bis abends gegen sechs Uhr, oft wird es auch später, und es ist schon vorgekommen, dass er hier geschlafen hat, aber nicht mit mir. Unser Verhältnis ist etwas angespannt wegen des Geldes, das er mir schuldet.

Das, was wir zunächst mit der Hand skizzieren, tippe ich anschließend in die Maschine, die ich noch immer geliehen habe, zu einer eigenen reicht es noch nicht. Ich stelle das Manuskriptpapier und die Kohleblätter, diese zusätzliche Schreibarbeit ist anstrengend, oft habe ich Schmerzen in den Gelenken. Dass Peter wie ein Schlot raucht, ist zusätzlich sehr unangenehm.

Durch Zufall entdecke ich ein Inserat in der ‚Berliner Morgenpost', in dem von einem Rollschuh-Verein die Rede ist. Dafür werde ich mich bald interessieren, vielleicht eine Gelegenheit für mich, mal wieder auf meine Rollschuhe zu steigen. Es ist ja schon lange her, dass ich gelaufen bin. Ob vom Können der ehemaligen schlesischen Jugendmeisterin im Rollkunstlauf noch etwas vorhanden ist?

Die Pläne zu einer Rollschuhbahn in Detmold auf Muttis Initiative hin, haben sich weiter entwickelt, die Entscheidung ist gefallen, sie soll gebaut werden. Die Herren der Stadtverwaltung hegen große Pläne: Die nächsten Deutschen Meisterschaften im Rollkunstlauf sollen in Detmold stattfinden, und Ria Baran und Paul Falk, die deutschen Meister, werden natürlich dabei sein.

Von Tante Molly und Onkel Bernhard werde ich häufiger zum Essen eingeladen, Tante Molly ist eine hervorragende Köchin, und sie hat durch wiederholtes Fragen herausgefunden, dass ich selten eine richtige Mahlzeit bekomme. Bei ihr fühle ich mich schon wie zuhause.

Und wir wollen auch unser gemeinsames Frühstück einmal in der Woche wieder aufnehmen, wie wir es uns zur Regel werden ließen. Bepackt mit frischen Brötchen, Wurst und Käse steht sie schnaufend vor meiner Tür. Sie kommt zu Fuß, hat etwa fünfzehn Minuten von ihrer Wohnung zu laufen. Und dann nehmen wir uns stets Zeit und tauschen uns aus bis gegen Mittag. Tante Molly ist meine ‚Frühstückstante'.

Aus Zeitmangel besuche ich jetzt die Filmateliers weniger, und die Reportagen für die Zeitungen habe ich auch eingeschränkt. Aber wir haben jetzt Sommer, da ist sowieso nicht viel los.

Einmal war ich in einer Vorstellung im Schlosspark-Theater in Steglitz, wo unter der Regie von Boleslav Barlog das Theater-Stück ‚Draußen vor der Tür' mit Peter Moosbacher in der Hauptrolle gegeben wurde. Das kleine Schlosspark-Theater ist eines der wenigen Häuser, die vom Krieg halbwegs verschont geblieben sind.

Im August sah ich eine Vorstellung im Titania-Palast in Berlin-Steglitz in der Schlossstraße: Gastspiel von Josephine Baker, der amerikanischen farbigen Tänzerin. Es war großartig, dieser Charme und die wundervollen Kostüme, die Begeisterung war groß, vor allem, wenn der Star von der Bühne herab versuchte, ein paar Worte Deutsch zu sprechen. Es gab vier ausverkaufte Vorstellungen.

Meine Besuche und Kontaktaufnahmen mit Berlinern im Osten der Stadt laufen nicht so, wie Bob es möchte, dazu trägt jetzt natürlich auch meine knappe Zeit durch die Drehbucharbeiten bei. Ich habe ihm von meinem Plan erzählt, im September nach Magdeburg in die Ostzone zu fahren, und er hat sofort zugestimmt. Nun werde ich diese Reise nach Abgabe des Drehbuches in die Wege leiten, noch vor meiner Wunschreise mit Mutti und Ingo an die Ostsee.

Das Drehbuch ist fertig, gestern haben wir die letzten Seiten geschafft; aber ich bin auch geschafft. Ich bin es nicht gewöhnt, fünf Wochen hintereinander täglich von morgens bis abends zu arbeiten, immer im Zimmer zu sitzen, keine frische Luft, abgesehen von kleinen Unterbrechungen natürlich; häufig habe ich mein Herz gespürt, ich muss unbedingt mal zum Arzt.

Nun meine Reise in die Ostzone; am 14. September fuhr ich von Berlin ab, hatte eine Fahrkarte für 15 Ostmark bis Magdeburg gelöst. Der Zug war sehr voll, aber in allen Wagen gab es Musik aus Lautsprechern. Der Zugverkehr hat sich auch in der Ost-Zone inzwischen etwas gebessert.

Gegen Mittag kam ich in Magdeburg an, Tante Marianne war erstaunt, als ich plötzlich vor ihrer Wohnungstür am Westernplan 26 stand, denn ich hatte mich nicht angemeldet. Ich wollte fünf Tage bleiben, mir die Stadt ansehen, beziehungsweise das, was nach den Bombenangriffen noch davon übrig ist. Im Dom von Magdeburg haben meine Eltern geheiratet, und Jochen wurde im Dom getauft. Auch meine Großeltern lebten in Magdeburg; Großmutter hat darüber in ihrem Tagebuch geschrieben.

Natürlich bin ich nicht mit leeren Händen gekommen, versteht sich! Die kleine Daggi bekam ein Paar leichte Schuhe, einen Ball und eine kleine Tüte Bonbons. Für Tante Marianne hatte ich in Berlin Lebensmittel eingekauft, Erbsen, Bohnen, weißes Mehl und zwei Bücklinge.

Dazu gab ich ihr 300 Ostmark für meine Unterkunft und Verpflegung. Sie hat vor Freude geweint, als sie die Schätze auspackte.

Daggi ist groß geworden, jetzt sechs Jahre alt und sieht ihrer Mutter Gisela sehr ähnlich. Ich erinnere mich, dass die beiden in den schlimmen Jahren, als die Bomben auch auf Magdeburg fielen, einige Zeit bei uns im Haus in Langenbielau unterkamen. Daggi fing damals gerade an zu laufen und spielte mit Ingo. Ihre Mutter Gisela ist 1945 an einer schweren Lungenentzündung gestorben, und Daggi wächst bei ihren Großeltern auf. Sie ist ein aufgewecktes Mädchen. Noch am Nachmittag begleitete ich sie in ihren Ballettunterricht, und anschließend ging ich mit in die Vorstellung von Theo Mackebens ‚Madame Dubarry', in der Daggi das ‚Mohrchen' spielt und tanzt. Ich stellte fest, dass sie begabt ist, einen ausgesprochenen ‚Spitzenfuß' als Ballett-Tänzerin hat, und versprach ihr, Spitzen-Tanzschuhe für sie in West-Berlin aufzutreiben.

Mit Marianne ging ich fast jeden Abend ins Theater und war erstaunt über die Qualität der Vorstellungen und wie gut sie besucht waren. Wir sahen ‚Nathan der Weise', ‚Iphigenie auf Tauris' und ‚Die Häuser des Herrn Sartorius'. Ich sah mir zwei russische Filme an, einen sogar als Buntfilm; landschaftlich sehr schön, Inhalt Tendenz. Das einzige Varieté in Magdeburg ist noch geschlossen, es wird dran gebaut, und es soll in Kürze mit einer großen Revue eröffnet werden.

Im übrigen ist alles, was in den zum Teil mit Holzbrettern versehenen Schaufenstern ausliegt, einfachste Ware, es gibt so gut wie nichts zu kaufen, etwas Porzellan und netten Silberschmuck, das ist aber auch alles. Die Menschen sind schlecht gekleidet, so wie wir vor der Währungsreform 1948. Lebensmittel gibt es nur auf Marken, aber in den freien HO-Geschäften – der Handelsorganisation – kann man zu hohen Preisen einiges kaufen.

Für Vati war ich des Geldes wegen hier; er hatte den Vater von Ingo in Thüringen ausfindig gemacht und ihn dazu verpflichtete, Alimente zu zahlen, auch für die zurückliegenden Jahre. Und dieses Geld ging hier auf ein Konto, da es nicht in den Westen geschickt werden darf. Da ist jetzt natürlich einiges zusammengekommen. Ich schrieb schon darüber.

Es gab keine Möglichkeit, Kontakte zu ostdeutschen Bewohnern zu knüpfen; wie hat Bob sich das nur vorgestellt? Dazu müsste ich länger bleiben, Zusammenkünfte arrangieren, auf kleine Feste gehen, aber so?

Zurück in Berlin. Die DEFA bestellte mich zu einem Gespräch; als ich Dr. Harnacks Zimmer betrat, war Peter schon da. Es folgte eine dreistündige Unterredung mit allen zuständigen Herren, dabei auch ein russischer Offizier. Die Russen sind es, die bestimmen, welcher Stoff wann und von wem verfilmt wird.

Dieser Russe gab sich jovial und sagte, dass er unser Drehbuch habe übersetzen lassen, und als er abends anfing, darin zu lesen, konnte er nicht mehr aufhören. Es hat ihm gut gefallen, auch wie wir es geschrieben haben, nur die politische Seite wurde zu wenig berücksichtigt. Wir sollen einige Szenen um- und neu schreiben; mit dem Ergebnis, dass die Filmaufnahmen in diesem Jahr nicht mehr stattfinden können.

Das heißt für mich, dass ich vor Weihnachten nicht mit der dritten Rate fürs Drehbuch rechnen kann, im Vertrag steht: 3. Rate ist zu zahlen, wenn der Film ins Atelier geht. Wieder ein Verlust, mit dem ich nicht gerechnet habe. In meiner Tasche sind nur noch 150 DM, davon muss ich noch in diesem Jahr den Zahnarzt abzahlen, der Rest geht ans Pflegeheim, bei dem ich noch Schulden habe; mir bleiben gerade noch 15 DM zum Leben – für wie lange, weiß ich nicht.

Vor ein paar Tagen erhielt ich von der Stadtverwaltung Detmold eine Einladung zur Einweihung der Detmolder Rollschuhbahn und zum Schaulaufen des Europameisters Lothar Müller und des Europameisterschaftspaars. Das hat mich natürlich sehr interessiert, ich zeigte Bob das Schreiben. Da es eine offizielle Einladung war, ermöglichte er mir einen Flug Berlin-Hannover. Ich war entzückt, der erste Flug meines Lebens!

Ich wurde zum Flugplatz der Alliierten nach Berlin-Gatow bestellt. Es begann mit Hindernissen, um 14 Uhr sollte die Maschine starten, doch der Flugplatz war erst einmal gesperrt. Gegen 16.30 Uhr stieg die kleine Maschine auf, darin vielleicht zwanzig Reisende, alles Männer. Da die Wolken sehr hoch waren, musste auch das Flugzeug hoch, also über die Wolken, das heißt über 2000 Meter. Das ist die Grenze für Herzkranke, und das merkte ich, die Maschine hatte keinen Luftregler, ich war einer Ohnmacht nahe, mir wurde sehr heiß, mein Puls raste, schlimmer, als hätte ich dreimal die Tarantella hintereinander getanzt. Kurz vor der Landung habe ich mich übergeben müssen. Diesen ersten Flug werde ich nicht vergessen.

In der FREIEN PRESSE vom 6. Oktober las ich später eine Veröffentlichung über die Einweihung der Detmolder Rollschuhbahn: ‚3000 Menschen hatten sich auf der Bahn am Büchenberg eingefunden und erlebten einen der schönsten Abende dieses Sommers.

Der Dank der Stadt an Frau Dora Ruhm, der wir die Rollschuhbahn zu verdanken haben, in Form eines herrlichen Blumengebindes, war der krönende Abschluss des Abends, zusammen mit der Anwesenheit von Uliana Rumin aus Berlin, die als ehedem schlesische Jugendmeisterin den Rollschuhsport in Detmold mit aus der Taufe gehoben hat.' Das klingt doch gut, oder?

Wieder eine Aufforderung der DEFA zu einem Gespräch. Mir wurde die Mitarbeit an einem Filmvorhaben angeboten, das nach einer Idee des Nationalpreisträgers und Regisseurs Slatan Dudow verwirklicht werden soll. Ich möge nach einer kurzen Vorlage das Exposé dazu schreiben; anschließend zusammen mit Dudow das Drehbuch zum Film ‚Frauenschicksale'. Beginn sofort. Dudow hatte seine Idee auf drei Schreibmaschinenseiten festgehalten: Frauenschicksale in Ost- und in West-Berlin. Die Story hat große Ähnlichkeit mit meinem eingereichten Exposé ‚Unter den Dächern von Berlin', ist jedoch nur auf Frauen abgestimmt. Ein Zufall? Egal, erst einmal der Vertrag, und die Arbeit konnte beginnen. Natürlich sagte ich zu. Als ich Dr. Oswald

Ulla, Flughafen Berlin Tempelhof (1951)

später auf meinen Exposé-Vorschlag ansprach, gab er zögernd zu, dass da gewisse Parallelen bestünden, deshalb wolle er meinen Vorschlag noch etwas zurückstellen.

Nun bin ich endlich beim Arzt gewesen, die Herzprobleme machten sich in letzter Zeit immer häufiger bemerkbar. Und was hat der Onkel Doktor nach langem Forschen, EKG, Blutbild, Urinuntersuchung und was weiß ich noch, festgestellt? Muskuläre und überaus nervöse Herzschwäche. Er verschrieb mir verschiedene Tropfen und Tabletten, gab Anweisungen, was ich zu tun habe und was nicht. Ich soll noch acht Injektionen bekommen. Was das alles wieder kostet, ich kriege eine Gänsehaut: Die erste Untersuchung 20 DM, das EGK mit Blutbild und Urin: 45 DM, jede Spritze kostet mich 5 DM. Ich bin inzwischen zwar krankenversichert, muss aber erst einmal alles bezahlen. Beim Zahnarzt bin ich auch in Behandlung, der linke Oberkiefer tut mir weh, ich glaube, er ist vereitert.

Den Hauptgrund meiner ‚überaus nervösen Herzbeschwerden' sehe ich in meinem unsteten Leben und in der andauernden Sorge um meine Einkünfte, dieser Ungewissheit, wie ich über die Runden komme. Da soll man noch Ruhe zum Arbeiten haben.

Trotzdem hat mir die Zeit in Berlin bisher viele Möglichkeiten und Wege eröffnet. Die Reportagen und Berichte für die Zeitungen, die Kontakte zu den Filmgesellschaften und nun die Drehbuchaufträge, dadurch bin ich erst richtig zum Schreiben gekommen. Aber immer unter dem Druck, wie geht es weiter? Seit drei Monaten habe ich mir kein Stück kaufen können, alles Geld ging für andere Verpflichtungen drauf und für die Schulden, die ich noch habe.

21. Oktober 1950, heute wird Ingo neun Jahre alt, wo ist die Zeit geblieben? Er ist nun schon ein großer Junge. Ich schickte ihm ein dickes Paket.

Mutti überraschte mich mit einer Frage: Ob ich damit einverstanden bin, dass die Eltern Ingo adoptieren. Es ist nur eine Formsache, hat man auf dem Jugendamt gesagt, es ist ein neues Gesetz herausgekommen, dass es den Großeltern ermöglicht, den eigenen Enkel zu adoptieren. Dafür gibt es Kindergeld. Ich kann diesen Sinneswandel bei Vati noch nicht fassen. Ingo muss nichts davon wissen, meint Mutti.

Außerdem hat sie auf dem Jugendamt erfahren, dass Dimiter schon im Mai nach Argentinien ausgewandert sein soll. Da werden wir wohl nichts mehr von ihm hören und auch kein Geld sehen. Aber sie hat noch mehr erfahren: Die Ehefrau des Leiters vom Jugendamt in Detmold, die dem Sportverein beigetreten ist und bei ihr turnt, hat ihr über die Adoption von Detlef Auskunft geben können. Detlef ist von einem Ehepaar aus dem Ruhrgebiet, etwa 40 Jahre alt, adoptiert worden. Es seien gut situierte Leute, der Mann höherer Beamter. Nach vorheriger Anmeldung erschienen sie im eigenen Auto in Detmold, um Detlef abzuholen. Sie wollten keinerlei Kleidung mitnehmen, wollten ihn selbst einkleiden, sie hatten auch Spielzeug mitgebracht. Detlef soll auch gar nicht scheu gewesen sein. Nach Aussagen der neuen Eltern hat Detlef sich inzwischen gut bei ihnen eingelebt. Adé, mein kleiner Putz, ich habe dich sehr lieb. Bleibe gesund, werde groß und stark, der liebe Gott möge dich beschützen. Ich vergrabe mich in der Arbeit, gehe keinen Schritt vor die Tür, will keinen Menschen sehen.

Das Thema von Dudow lenkt mich ab. Es geht bei den Frauenschicksalen um jüngere und ältere Frauen in beiden Teilen Berlins in den Jahren 1946 bis etwa 1948. Das Exposé steht, ich habe es abgegeben, es wurde angenommen und ein Vertrag mit mir für das Drehbuch geschlossen, bis Ende März 1951 soll es fertig sein. Der Vertrag hat mich erfreut: 10.000 -Ostmark, erst dachte ich an einen Schreibfehler, es war aber keiner. Nun fahre ich jeden Tag mit der U-Bahn zur Arbeit mit Dudow in die Jägerstraße, im ‚Kulturhaus' steht uns ein Raum zur Verfügung; gearbeitet wird von 9 bis 17 Uhr.

Jetzt bin ich endlich, endlich einmal wieder diesen Druck des Geldverdienens für ein paar Monate los und kann etwas aufatmen. Die erste Rate soll ich noch vor Weihnachten bekommen, und auch das beruhigt mich sehr, denn die Feiertage möchte ich natürlich Zuhause verbringen, und dann komme ich nicht mit leeren Händen. Es sind, umgetauscht, 400 DM-West, davon gehen allerdings noch 10 % Steuern ab.

Von der DEFA erhielt ich eine Einladung zur Premiere des Märchenfilmes ‚Das kalte Herz' mit Paul Esser, ein Farbfilm nach dem gleichnamigen Märchen von Wilhelm Hauff, Regie Paul Verhoeven; er hat mir ausgezeichnet gefallen.

Vor einigen Tagen war ich auch kurz auf der internationalen Industrieausstellung, die in den Hallen am Funkturm gezeigt wird, eine dolle Schau, mit Firmen aus Amerika, England und Frankreich.

Ich habe etwas Ausgefallenes gekauft, muss über mich selbst lachen: einen

Goldhamster! Wie ich auf diese Idee gekommen bin, weiß ich selbst nicht. Als ich vor einem Tiergeschäft stand und die kleinen Tiere in einem Käfig sah, war ich so entzückt, dass ich, ohne zu überlegen, mir einen aussuchte. Er ist hellbraun mit weißem Bauch und einem kurzen Schwänzchen, er soll sehr zahm werden und genügsam sein. Noch weiß ich nicht, wo ich ihn unterbringe und was er frisst. Dieser Kauf war sicherlich etwas unüberlegt, vielleicht nehme ich Weihnachten das Tier für Ingo mit, ich habe es ‚Polly' getauft.

Die Arbeit mit Dudow am Drehbuch geht gut voran. Ich hatte angenommen, dass der Stoff zu ‚Frauenschicksale' unpolitisch sei, aber weit gefehlt! Er ist ganz auf die Politik des Ostens abgestimmt, auf die Arbeitsmöglichkeiten für Frauen in dieser Zeit, auf die Wünsche und Rechte der jungen Mädchen, und es geht um die Gleichberechtigung. Dafür bin ich allerdings auch. Ansonsten halte ich mich ziemlich zurück mit meinen privaten Äußerungen.

Uns wurde ein ‚politischer Berater' zugeordnet, und das zeigt wohl, wie politisch man diesen Film sehen möchte. Es ist Gerhard B., ein junger Redakteur der Berliner Zeitung, Filmerfahrungen hat er aber nicht, soviel habe ich schon heraus bekommen.

Meine beiden Mitarbeiter sind Kommunisten, sie versuchen, mich vom Kommunismus zu überzeugen, dabei ist ihnen jedes Mittel recht. Dudow, obwohl er verheiratet ist und nebenbei noch eine Freundin hat, versuchte recht bald, mich ins Bett zu bekommen. Er ist im Wesen ein netter Kerl, aber überhaupt nicht mein Typ.

Und dann versuchte es auch Gerhard, er ist erst 22 Jahre, aber umso hartnäckiger.

Bei Dudow nehme ich an, dass seine Popularität als Nationalpreisträger es verlangt, dass jede Frau sich geehrt fühlt, seinem Werben nachzugeben. Gerhard hat politische Motive, will wohl seine Überzeugung auf mich wirken lassen. Vielleicht möchte er aus mir eine gute Kommunistin machen? Gegen ihre Zudringlichkeiten habe ich mein Veto gesetzt, dass ich grundsätzlich während einer Zusammenarbeit keine persönlichen Beziehungen wünsche, und das haben sie dann auch akzeptiert. Da lässt sich der Unterschied zwischen etwas älteren und jüngeren Männern im Verhalten einer jungen Frau gegenüber feststellen: Während sich der Ältere bei einer Abfuhr wohl sagt, ‚dann eben nicht, dann ist es eine andere', will der Jüngere unbedingt mit dem Kopf durch die Wand und gibt nicht so schnell auf. Aber nicht bei mir, mein Lieber, ich bin ja nicht mehr 20.

Mir geht es im Augenblick nicht so gut, aber ich lasse es meine Mitarbeiter nicht merken, sonst kommen sie noch auf falsche Gedanken. Der Arzt sagte, ich arbeite zuviel, aber ich weiß selbst, dass es nicht so ist, wie es sein sollte. Ich habe jetzt schon 20 Spritzen bekommen, die Hüfte tut mir davon weh und ist auch geschwollen.

Die Zusammenarbeit mit Peter habe ich noch nicht wieder aufgenommen, wann auch? Er lässt einfach nichts von sich hören. Es passt mir gar nicht, dass ich jetzt an zwei Drehbüchern sitze. Außerdem möchte er wohl durch sein Verhalten deutlich machen, dass ich von ihm abhängig bin, aber das trifft nun nicht mehr zu. Er weiß natürlich von dem neuen Drehbuchauftrag mit Dudow, und das mag ihn ärgern, soll es auch. Ich gab ihm zu verstehen, dass er die Änderungen an unserem Drehbuch allein durchführen möge, da er bei mir mit dem ausstehenden Honorar in Schuld stehe. Da hat er widersprochen, und ich machte ihn darauf aufmerksam, dass er wohl unsere schriftliche Vereinbarung vergessen hat. Jetzt lasse ich ihn erst einmal hängen, mal sehen, wie er sich weiter verhält.

2. Dezember 1950, mein 27. Geburtstag – arbeitender Weise im ‚Kulturhaus' in Ost-Berlin verbracht.

Ich habe ein Angebot des westdeutschen Regisseurs Georg Wildhagen bekommen, den ich in den Bavaria-Ateliers kennen lernte und dem ich daraufhin mein Manuskript für einen Ballettfilm geschickt hatte. Davon scheint er angetan zu sein, er macht mir Hoffnungen, dass eine Zusammenarbeit wahrscheinlich ist. Ich freue mich, denn dann käme ich endlich mal mit einer westlichen Produktionsfirma in Kontakt. Das Manuskript hat das Leben einer Ballett-Truppe zum Thema, nicht nur auf der Bühne, sondern auch im täglichen Einerlei. Ich schrieb diese Story in Erinnerung an meine Erfahrungen beim Hiller-Ballett.

In letzter Zeit habe ich ein paar gute amerikanische Filme gesehen, die im ‚Marmorhaus' am Kudamm liefen. ‚Wem die Stunde schlägt' in Farbe mit Ingrid Bergmann und Gary Cooper, ‚Vulcano' mit Anna Magnani, Italien, und ‚Bitterer Reis' mit Sylvana Mangano. Diese Filme inspirieren mich sehr, denn auch ich bin für den realistischen Film.

Ich will einmal zusammenfassen, was mir von den Männern – enttäuschten und abgelehnten – so vorgehalten wird: Ich sei ein kaltes, herzloses Weib, egoistisch, verschlossen, misstrauisch, hinterlistig, untreu, überheblich, arrogant und raffiniert. Die Aufzählung ließe sich noch fortsetzen.

Weiter wird behauptet, während die Frauen im allgemeinen zu viel sprechen, ist es bei mir zu wenig. Ich finde, so ist es besser, und ich halte es auch weiter so. Überheblich, arrogant? Nein, das bin ich nicht, jeder, der mich näher kennt, wird es bestreiten. Ich habe eine eigene Meinung und ein klares Urteil, und dass ich nicht dumm bin, gibt jeder zu, denn wird man für dumm gehalten, ist man schon geliefert.

Einer meiner Verehrer hat es einmal so definiert: Du hast den Körper einer schönen Frau und den Kopf eines Mannes. So, genug von meinen Untugenden, im übrigen habe ich ein sehnsuchtsvolles Herz, scheue mich aber, es zu zeigen.

Alle munkeln mal wieder von Krieg und Rationierung! Es ist in letzter Zeit alles teurer geworden, egal, ob Nahrungsmittel oder Bekleidung; doch die Löhne wurden nicht erhöht. So, und nun freue ich mich erst einmal auf schöne, ruhige Weihnachtstage in Hiddesen bei meinen Lieben. Wenn ich zurück bin, werde ich weiter berichten.

Apropos berichten, noch ein paar Worte dazu: Mein Tagebuch ist ein geduldiger Zuhörer, leider kein Ratgeber. Dass ich alles bei ihm abladen kann, ist oft sehr wichtig für mich. Das Schreiben hat mir mein ganzes Leben lang geholfen, auch bei der Bewältigung vieler Probleme. Das Tagebuch ist mein Gesprächspartner geworden, hat manches klarer werden lassen.

In den vielen Jahren, seit wir uns kennen – Mutti gab mir das erste Tagebuch im Januar 1944, als sie mich auf die Reise zum Hiller-Ballett schickte –, sind wir zusammengewachsen, und es ist mir zum Bedürfnis geworden, mich meiner Freundin mitzuteilen.

Eine gute Freundin und Vertraute sollte einen Namen haben, so nenne ich dich ab heute FLORA. Dieser Name ist mir gerade in den Sinn gekommen, er umfasst für mich Schönes: Blumen, Landschaft, spiegelnde Wasserfläche, schneebedeckte Alpen, blauer Himmel mit Schönwetterwolken. Flora, wir bleiben Freundinnen, ich sage dir alles, ich brauche dich auch weiterhin.

7. Januar 1951, Sonntag, Berlin:
Hallo Flora, da bin ich wieder. Vor drei Tagen kam ich aus Detmold zurück, es waren schöne Weihnachtstage, allerdings mit dem Wermutstropfen, dass

Putzel fehlte und ich an das Fest vor einem Jahr denken musste: meine beiden kleinen Kinder mit strahlenden Augen unter dem Lichterbaum. Dieses Bild werde ich wohl immer vor meinen Augen haben.

Ingo ist groß geworden und sehr verständig mit seinen neun Jahren. Wir haben ihm gesagt, dass Putzel bei Verwandten aufwächst, damit er nicht wieder in ein Pflegeheim muss, weil wir keinen Platz haben und ich so viel unterwegs bin. Simpel, ich weiß.

Muttis Schwester Hanna war aus Bremen gekommen, wir haben viel zu erzählen gehabt. Bei herrlichem Winterwetter machten wir lange Spaziergänge im verschneiten Wald. Da es schon wieder mal keine Kohlen gab, stellten wir einen kleinen Gasofen in das Stübchen unterm Dach, in dem ich schlief, denn es war sehr kalt.

Meinen Hausfreund Polly hatte ich in einem kleinen Pappkarton mitgenommen, und er hat die Reise gut überstanden. Ingo freute sich sehr über den kleinen Kameraden.

Noch vor Weihnachten habe ich den Leiter des Jugendamtes aufgesucht und nachgefragt, ob Bescheid vorliegt, wie es Detlef geht. Ich erfuhr nur soviel, dass er sich gut eingelebt hat, keine weiteren Auskünfte.

Vorgestern fuhr ich allein mit der S-Bahn nach Weißensee, das liegt im Osten der Stadt, zu den Freunden von Tante Molly; dieser Termin war abgesprochen, aber Tante Molly ging es nicht gut. Sie gab mir eine Tasche mit Lebensmitteln, die ich abgeben sollte.

In der S-Bahn geriet ich, schon im Osten, in eine Kontrolle, zwei Volkspolizisten gingen durch die Wagen und verlangten den Personalausweis. Ich habe einen westdeutschen Ausweis und mir konnte eigentlich nichts passieren. Sie entdeckten aber die große Tasche an meiner Seite und wollten wissen, was da drin ist. Wahrheitsgemäß sagte ich, dass es Lebensmittel sind für alte Freunde in Weißensee. Ich musste die Tasche öffnen und sie durchwühlten sie.

Der Zug war inzwischen auf dem Bahnhof Friedrichstraße angekommen, sie forderten mich auf, mit ihnen aussteigen; dann führten sie mich in einen Wachraum, nahmen meinen Ausweis und die Tasche und verschwanden durch eine Tür. Ich setzte mich auf eine Holzbank und wartete.

Es dauerte eine ganze Weile, dann kamen sie zurück, stellten die nun leere Tasche vor mich auf den Boden, gaben mir den Ausweis zurück und sagten, dass ich gehen kann.

Da es sich nun nicht mehr lohnte, nach Weißensee zu fahren, kehrte ich zurück und erzählte Tante Molly das Vorgefallene. Sie war empört wegen der beschlagnahmten Lebensmittel, die sie aufgespart hatte.

Bob ist unzufrieden mit mir, weshalb, weiß ich nicht. Sie wollen mein Gehalt kürzen. Als Kurier fahre ich etwa einmal in der Woche nach Ost-Berlin, zu angegebenen Adressen, bringe einen verschlossenen Brief oder hole einen ab. Was ich jeweils transportiere, weiß ich nicht, und stelle keine Fragen. Es interessiert mich auch nicht. Was erwartet er noch von mir?

Als ich ihm von der Kontrolle in der S-Bahn erzählte, wurde er direkt munter, wollte Einzelheiten wissen, wo die Kontrolle stattfand, wer die Polizisten waren. Nun, die haben sich mir nicht vorgestellt, ich musste ihn enttäuschen.

Wieder mal ein Sonntag, im Augenblick der einzige freie Tag in der Woche, den lasse ich mir auch nicht nehmen, wimmele jeden ab. In ärztlicher Behandlung bin ich immer noch; jetzt schon seit fast drei Monaten, ich fühle mich zwar etwas besser, aber tageweise geht es mir dann wieder nicht gut. Wenigstens habe ich jetzt für einige Zeit keine finanziellen Sorgen; das erleichtert und beruhigt enorm!

Nun sind wir mit dem Rohdrehbuch fertig geworden. Es wurde auch wirklich Zeit, denn die letzten Tage haben wir von früh um zehn bis abends zehn Uhr gearbeitet. Heute, an meinem ersten freien Tag, spüre ich die Reaktion. Ich habe das dumme Gefühl, dass die DEFA mich vielleicht um das Honorar für das Drehbuch bringen will; Dudow ließ schon einige Male durchblicken, dass das Rohdrehbuch als endgültiges Drehbuch akzeptiert werden könnte. Es ist mir gelungen, einige Sequenzen darin politisch zu entschärfen, schließlich geht es um Frauen. Nur widerwillig ist Dudow darauf eingegangen.

Meine Zusammenarbeit mit ihm entwickelte sich in letzter Zeit unter anderem auch dahin, dass er versuchte, mich wieder in politische Gespräche zu ziehen. Themen, die nichts mit unserem Drehbuch zu tun haben. Als mir das lästig wurde und ich ihm erklärte, dass ich mich nicht für Politik interessiere, sagte er erstaunt: ‚Nein? Dann wird es aber Zeit, denn wenn Sie sich nicht für Politik interessieren, wird sich die Politik eines Tages für Sie interessieren.' Was meinte er damit?

Ich habe im Moment eine Angst in mir, Angst vor Unbestimmtem, ich kann es nicht in Worte fassen. Es ist auch eine Unruhe in der Stadt in politischer

Hinsicht zu spüren. Was wird, wenn es in Berlin losgeht? Ob es mir dann gelingen wird, den richtigen Zeitpunkt zu erfahren? Im Augenblick gibt man Berlin noch etwa sechs Monate, so zu bleiben, wie es ist.

Eigentlich lebt man doch nur von heute auf morgen, es ist besser, nicht an die Zukunft zu denken. Außer in meiner Kindheit, ist mein Leben immer unruhig gewesen, vielleicht sehne mich deshalb nach Ruhe und Sicherheit. Aber wer kann einem heute so etwas geben? Niemand.

Wie schön könnte es sein, im Frühjahr in einem kleinen Auto durch die Landschaft zu fahren, ohne Ziel, mit ein bisschen Geld in der Tasche. Vielleicht den Rhein entlang, bis zum Neckar nach Heidelberg, die Bergstraße hoch durch den Schwarzwald an den Bodensee. Ganz in Ruhe und ohne Angst.

Mir ist, als hielte ich eine Eieruhr in den Händen, der Sand rinnt und rinnt. Jetzt versagt mal wieder meine Theorie vom Schwimmer, der geradeaus blicken soll und nicht unter sich. Es ist alles so schwer, verdammt schwer, und zu allem bin ich allein, mit niemandem kann ich über meine Zweifel reden. Mir geht es gar nicht gut mit dem Herzen.

In Bayern, in Tirol und in der Schweiz hat es schreckliche Lawinenunglücke gegeben. Die Schneemassen haben alles begraben, was im Wege stand, Häuser, ganze Dörfer und viele Menschen.

März 1951, Peter hat sich wieder gemeldet, und wir haben gemeinsam einige Änderungen am Drehbuch vom ‚Captain' vorgenommen, mehr Politik hineingebracht. Ich hoffe, das wird genügen. Mein Honorar bei ihm steht immer noch aus, ob ich es je sehen werde?

Das Rohdrehbuch von Dudow und mir ist abgenommen worden, und ich warte jetzt auf den Vertrag für das endgültige Drehbuch, bin gespannt, wie es weitergeht. Dudow meinte, es bestehe kein Zweifel darüber, dass ich auch am Drehbuch mitarbeiten werde, doch ich glaube es erst, wenn ich den neuen Vertrag in Händen halte. Aber die zweite Rate für das Rohdrehbuch ist eingegangen, 1800 Ostmark, das sind etwa 320 DM.

15. April 1951: Der vierte Geburtstag von Putzel, wie mag es ihm gehen? Ich bin eine Zweck-Freundschaft eingegangen. Immer wieder mal traf ich Konrad Bornemann, den Mann mit der Mode-Boutique am Kudamm, dem ich die Eröffnung seines Ladens mit einer Modenschau verschönte. Wir sind uns nicht unsympathisch, nur an eine Freundschaft habe ich nie gedacht, im-

*DEUTSCHE FILM-
AKTIENGESELLSCHAFT*

Drehbuch-Vertrag

Zwischen der

DEFA — Deutsche Film-A.G., Babelsberg-Filmstadt,
Hauptverwaltung: Berlin W 8, Jägerstraße 51,
— im folgenden kurz „DEFA" genannt —   e i n e r s e i t s
und
~~Herrn~~ Frau Ursula R u m i n
Berlin-Wilmersdorf, Hohenzollerndamm 36

als   ~~a) Drehbuchverfasser *)~~
                b) Drehbuchmitarbeiter *)
— im folgenden kurz „Verfasser" genannt —   a n d e r e r s e i t s

wird nach Maßgabe der umseitigen und für das vorstehende Vertragsverhältnis ausdrücklich vereinbarten Normativbestimmungen folgender Vertrag geschlossen:

1.

Der Verfasser verpflichtet sich zur Ausarbeitung eines
~~Rohdrehbuches *)~~
kurbelfertigen Drehbuches *)

nach   ~~a) eigenem Entwurf *)~~

b) fremdem Entwurf von *) Slatan Dudow

~~c) eines bereits erschienenen Werkes *)~~

~~Titel:~~

~~xxx~~

~~Erscheinungsjahr:~~

mit dem voraussichtlichen Titel (Arbeitstitel) "Frauenschicksale"

Das Drehbuch ist in fünffacher Ausfertigung spätestens am steht noch nicht fest abzuliefern.

2.

Die DEFA zahlt dem Verfasser als Gegenwert für die Drehbucharbeit einschließlich der Arbeiten für Umgestaltung, Aenderung und Nachbesserung und für alle vom

*) Nichtzutreffendes streichen.
Fassung X/49. Nr. A 2. Paeco-Outhdruck, Berlin

merhin ist er fast zwanzig Jahre älter als ich, wenn auch eine gute Erscheinung. Als wir einmal nach einer Veranstaltung bei einem Glas Wein zusammensaßen, gestand er mir, dass ich ihm sehr gefalle, er würde gern mit einer schönen Frau zum Essen, ins Theater oder ins Konzert gehen. Nun, diesen Wunsch habe ich ihm erfüllt, denn auch ich zeige mich gern mit einem attraktiven Mann. Er ist ein bekannter Geschäftsmann, ich bin ungebunden und in einer fast ständigen finanziellen Notlage. Vielleicht ist es nicht schlecht, ihn als ‚Rettungsanker' zu haben.

Als er mir dann noch das Angebot machte, in sein Geschäft einzusteigen, sein Wagen stehe mir immer zur Verfügung, wurde ich schwach. Wir sprachen miteinander wie erwachsene Menschen, ich fragte ihn, was er von mir erwartet, und erklärte, was ich von ihm wollte. Meinen Beruf kennt er inzwischen, weiß, dass ich zeitweise viel beschäftigt bin, wie jetzt wieder mit den Drehbüchern, aber das nimmt er in Kauf. Auch von meinen Kindern habe ich erzählt. Von ihm erfuhr ich, dass vor vier Jahren seine Frau an Kindbettfieber gestorben ist, seitdem ist er Junggeselle.

Nun hat er mir schon ein paar kleine Geschenke gemacht, und am Wochenende lud er mich in sein ‚Wasserhaus' ein – wie er es scherzhaft nennt – nach Kladow, das sind ein paar Häuser an der Havel am Rande von Berlin. Schön gelegen, direkt am Wasser, mit einem Steg und einem Segelboot. Mal sehen, wie es weitergeht. Elschen hat es übrigens nicht lange als Geschäftsführerin bei ihm ausgehalten.

Ich habe eine neue Idee umgesetzt, einen Stoff über die heutige Jugend in der Ostzone als Skizze geschrieben, ich denke, das ist etwas für die DEFA. Wenn das Exposé fertig ist, werde ich es Dr. Oswald in die Hand drücken.

Nach neuestem Beschluss der DEFA soll unser Film ‚Captain Jameson in Italien' nicht gedreht werden, da die Schwierigkeiten wegen der Außenaufnahmen, die in Italien stattfinden müssten, zu groß sind. Ich wurde mit Peter zum Gespräch gebeten, und das war der Inhalt der Mitteilung. Peter schlug vor, die Außenaufnahmen in Ungarn zu machen, aber das wurde nicht akzeptiert. Die Entscheidung, nicht zu drehen, sei gefallen, basta. Das bedeutet für mich: kein drittes Honorar bei Dreh des Filmes.

Doch mit dem Dudow-Film, den ‚Frauenschicksalen', geht es weiter. Unsere Vorschläge, Änderungen des Drehbuches betreffend, wurden angenommen und müssen nun ausgearbeitet werden. Damit das kurzfristig passiert, hat uns die DEFA für zwei Wochen im Gästehaus in Saarow-Pieskow, außerhalb von Berlin, untergebracht. Gar nicht schlecht, ich habe ein nettes, kleines Zimmer mit Blick in den Park, der das Haus umgibt, werde gut verpflegt und habe einen freien Kopf für die anstehende Arbeit, es ist der Endlauf. Anfang September sollen die Dreharbeiten beginnen. Die DEFA feiert ihr fünfjähriges Bestehen, und das wird in der Berliner Staatsoper mit einer Festwoche begangen, ich wurde dazu eingeladen.

Mutti fragte in einem ihrer Briefe, ob ich alle Heiratsabsichten aufgegeben habe, weil sie gar nichts mehr von mir darüber hört. Ich antwortete ihr: Heiraten kann ich jeden Tag, aber was nützt mir ein Mann, den ich vielleicht ernähren muss? Das habe ich einmal hinter mir, und das reicht. Von Konrad weiß sie nichts, es bestehen auch keine Heiratsabsichten.

Solange es mir so gut geht wie jetzt, bin ich ganz zufrieden. Wer weiß, wie lange es so bleibt, aber es ist ja noch immer weiter gegangen. Ich habe mich zum Führerschein angemeldet, da mir das Auto von Konrad zur Verfügung steht, sollte ich wenigstens fahren können.

In Berlin laufen die Internationalen Filmfestspiele mit vielen ausländischen Filmen. Zusammen mit Konrad Bornemann habe ich den amerikanischen Film ‚Die Vier im Jeep' gesehen, dessen Handlung im Wien der heutigen Zeit spielt, wo die politischen Verhältnisse ähnlich sind wie in Berlin, also auch vierfache Besatzung durch Alliierte Streitkräfte. Horst Buchholz spielt eine Hauptrolle. Es war viel Prominenz zu sehen, viele Stars aus Amerika, und das Marmorhaus, in dem der Film gezeigt wurde, war ausverkauft. Konrad zeigte sich als angenehmer Begleiter.

Ich komme gerade aus Detmold zurück, liebe Flora, und möchte dir berichten, wie die Zeit Zuhause verlief. Die Freude war wieder groß, vor allem bei Ingolein, das Wetter durchweg schön, und so oft wie möglich besuchte ich mit Mutti die Rollschuhbahn in Detmold.

Ende Juni hatte ich rechtzeitig in Berlin den Interzonenpass beantragt, und die Aufenthaltsgenehmigung für Berlin habe ich nun bis Ende dieses Jahres bekommen.

Mutti spannte mich gleich ein für die Vorbereitungen zum Turnerfest, das im August stattfinden wird. Sie hat inzwischen mit großem Erfolg die Frauenriege ausgebaut, es sind viele jüngere Frauen und Mädchen dazugekommen, die Freude an Gymnastik und Leichtathletik haben. Mutti studierte mit ihnen turnerische Vorführungen nach Musik ein, mit Bällen und Reifen, das sieht sehr schön aus. Ich habe acht Mädchen einen Tanz nach einer modernen Musik beigebracht, eine Art Girl-Tanz, was eine ziemliche Quälerei war, kein Hiller-Ballett!

Danach habe ich begonnen, eine Idee umzusetzen: In Detmold lebt das alte Fürstengeschlecht von und zu Lippe, und der heutige Sitz der Fürstenfamilie ist das gut erhaltene Schloss in Detmold. Ich erhielt die Genehmigung, in den Urkunden der Fürstenfamilie zu blättern, und fand Erstaunliches: Es gab eine Fürstin Josephine, die von Kaiser Napoleon in Audienz empfangen wurde. Das stelle ich mir als Mittelpunkt eines Films rund um die Fürstenfamilie im 17./18. Jahrhundert vor. Ich werde weiter darüber berichten, mal sehen, wie weit ich in der Ahnenforschung des Lippischen Geschlechts komme.

Ingo ist ein großer Bengel geworden. In der Schule ist er Durchschnitt, gut im Sport. Er darf in den großen Ferien mit seiner Schulklasse an die Ostsee fahren, wir legen das Geld zusammen.

Bei meinem Aufenthalt in Detmold besuchte ich den Leiter des Jugendamtes und erfuhr, dass Detlef sich gut entwickelt und eingelebt hat, aber er hat einen verdammt dicken Kopf, so wie seine neue Mutter. Ich bat darum, mir, falls es möglich wäre, gelegentlich mal ein Foto von ihm zu besorgen. Das konnte man mir aber nicht versprechen. Für mich ist er noch immer mein Junge und wird es auch bleiben.

Am 6. August haben in Ost-Berlin die Weltjugend-Festspiele begonnen, ein Aufmarsch der Jugend aus aller Welt soll das sein, ein dolles Spektakel, das aber nur im Osten der Stadt stattfindet. Ich werde es mir morgen ansehen, schon deshalb, weil Slatan Dudow davon für unseren Film ‚Frauenschicksale' einige Szenen drehen wird, das teilte er mir am Telefon mit. Er hat mich auch ins Atelier nach Babelsberg eingeladen, wenn die Studioarbeiten beginnen. Fein, mache ich, bin schon sehr neugierig darauf!

In den West-Berliner Filmateliers ist im Augenblick viel los. Ich bin jetzt, da die Drehbucharbeiten abgeschlossen sind, wieder mehr in den Ateliers und schreibe Berichte über neue Produktionen. Ich war in Spandau bei CCC-Film, da werden zwei Filme gedreht, davon mache ich Berichte für die ‚Film-Zeitung' in Hamburg; die brachte auch meinen letzten Bericht von der Cinephon-Film.

Meine Idee mit dem Film ‚Vergessene Jugend' habe ich weiter ausgearbeitet, ein guter Stoff für die DEFA, obwohl ich liebend gern mal einen Drehbuchvertrag von einer West-Filmfirma bekäme, des Geldes wegen. Dieser Umtausch von Ost- in West-Geld ergibt nicht viel. Ein Vertrag mit einer westlichen Firma würde mehr einbringen.

Die Filmproduktionen in Westdeutschland stehen offensichtlich schlecht da, was immer ich dorthin schicke, alles kommt zurück mit dem Vermerk: Zur Zeit nicht möglich. Und wenn die Filmfirmen kein Geld haben, können die Film-Autoren – zu denen ich jetzt auch gehöre – nichts verdienen. Den ganzen Tag arbeitete ich heute an der Schreibmaschine am Jugend-Manuskript, dann ging mir das Papier aus. Ich finde, dass es gut wird.

Am Abend habe ich in meinen alten Tagebüchern geblättert, in der Nummer drei berichte ich über die schlimmsten Monate in Langenbielau, als der Krieg zu Ende war. Es lag doch verdammt viel Hoffnung in dieser Zeit, auch solche auf einen baldigen neuen Krieg, weil wir das damals als einzige Möglichkeit sahen, die Russen und Polen wieder los zu werden. Seither sind fünf Jahre vergangen, und jetzt hoffen wir, dass uns ein Krieg erspart bleibt. In der Zwischenzeit hat sich doch jeder wieder eine Existenz geschaffen, hat Pläne für die Zukunft. Aber gibt es in solch einer Zeit eine Zukunft?

Die Freundschaft mit Konrad ist angenehm, das will ich ehrlich gestehen, liebe Flora, er ist überhaupt ein angenehmer Mensch, immer freundlich, ausgeglichen, aber nicht langweilig. Langsam habe ich Vertrauen zu ihm gefasst und wir führen gute Gespräche.

Die Wochenenden, die ich meistens mit ihm in seinem Wasserhaus verbringe, sind erholsam für mich, sie tun meinem Herzen gut. Gemeinsam fahren wir am Sonnabend gegen Mittag in seinem Auto hinaus nach Kladow, ich bereite eine einfache Mahlzeit, und danach wird ausgeruht, auf der Terrasse und im Garten stehen Tisch, Stühle und Liegestühle. Ich döse oder lese; hier komme ich endlich wieder einmal dazu, ein anständiges Buch zu lesen, in Konrads Bibliothek stehen auch Schiller und Goethe.

In seinem Modegeschäft tut sich eine Menge, er hat schöne Modelle und gute Kundinnen mit Geld. Jetzt, da ich wieder etwas mehr Zeit habe, kümmere ich mich gern auch um seine Belange. Wir hatten zwei Modenschauen und zwei Auftritte im amerikanischen Fernsehen. Im Titania-Palast fand unter dem Motto ‚Berliner Chic ist Mode' eine Fernsehshow mit Publikum statt. Schade, dass man solche Fernsehbilder nicht mal sehen kann. In Amerika ist es schon möglich, da gibt es Geräte, auf denen man sich diese Bilder anschauen kann.

Die zweite Show war in einem vornehmen Restaurant im Grunewald vor geladenen Gästen.

Mein Jugend-Exposé ist fertig, ich habe es gestern im Büro bei Dr. Oswald abgegeben und bin gespannt, wann ich von ihm hören werde. Es wäre sehr wichtig, dass es angenommen wird, um für die nächsten Wochen wieder abgesichert zu sein – wenn sie zahlen.

Ich kümmere mich jetzt um die Biographie der russischen Tänzerin Anna Pawlowa, die den Höhepunkt des klassischen Tanzes verkörperte. Das müsste für die DEFA ein interessanter Stoff sein.

Bei meinem letzten Besuch in Tempelhof habe ich Kontakt bekommen mit der Echo-Film-Gesellschaft und Dr. Walch, dem Produktionsleiter. Nach einem längeren Gespräch verriet er mir, dass seine kleine Nichte ein echtes Naturtalent ist und im Moment in dem Film ‚Königin einer Nacht' eine kleine Rolle hat, sie tanzt auf Spitze, singt und ist hervorragend in Akrobatik. Er hat mir vorgeschlagen, unverbindlich und ohne Honorar einen Stoff für das Mädchen zu entwickeln. Mal sehen, was mir dazu einfällt.

Slatan Dudow hat mich angerufen, um mich noch einmal zu ‚kleinen Korrekturen', wie er sich ausdrückte, am Drehbuch ‚Frauenschicksale', zu bitten, obwohl die Dreharbeiten im Studio Babelsberg bereits begonnen haben.

Ich fuhr mit der S-Bahn nach Babelsberg, suchte die Halle 5 und fand Dudow bei der Filmarbeit. Wir haben kurz besprochen, worum es geht bei den ‚kleinen Korrekturen', und ich konnte anschließend im Studio bei den Dreharbeiten zuschauen.

Ich muss sagen, es war ein gutes Gefühl zu sehen, wie Szenen, die ich selbst entworfen habe, von den Schauspielern wiedergegeben wurden. Die junge Schauspielerin Sonja Sutter hatte ihren Einsatz in einer Küchenszene, wo sie mit ihrem kleinen Bruder in Streit gerät, als er sieht, dass sie aus dem Küchenschrank Geld aus einer Blechbüchse nimmt, Haushaltgeld der Mutter, er macht ihr deshalb heftige Vorwürfe. Eine Idee von mir. Ich bin eine Film-Autorin – habe ich es geschafft?

Heute habe ich eine Überraschung der besonderen Art erlebt: Es klingelte an meiner Wohnungstür, davor stand der junge Gerhard, der Mitautor des Drehbuches. Seine Erklärung: Er wolle nur mal sehen, wie es mir geht. Ich ließ ihn ein, aber ein Gespräch wollte nicht aufkommen; er ging unruhig im Zimmer hin und her, fragte Belanglosigkeiten, dann kam er auf den Punkt: Ob ich mich mit ihm verloben würde, er möchte mich heiraten.

Meine Überraschung war echt. Ich fragte ihn, ob er mich denn liebe, er antwortete: Oh ja, natürlich, schon lange, ob ich bei unserer Zusammenarbeit denn nicht bemerkt habe, dass er mich sehr verehrt?

Als meine Begeisterung für seine Worte ausblieb, durchstreifte er weiter nervös das Zimmer, zog Schubladen auf, sah hinein, blickte aus dem Fenster und dann in meinen Schreibschrank.

Ich überlegte, was das werden sollte. Da stürzte er auf mich zu, zog mich an sich. Das reichte mir, ich stieß ihn weg, stand auf, riss die Wohnungstür auf und zeigte ihm, wo es rausgeht.

Als er weg war, musste ich erst einmal herzlich lachen, aber ein bisschen schmeichelte es mir schon, einen 23-jährigen zu solchen Liebesschwüren veranlasst zu haben.

Von der DEFA ein Telefonanruf: Dr. Bortfeld bittet um meinen Besuch. Das musste etwas Gutes bedeuten! Der Dramaturg der DEFA empfing mich sehr freundlich und eröffnete das Gespräch mit der Frage, ob ich schon einmal daran gedacht hätte, in den Osten der Stadt zu ziehen. Meine Antwort darauf: Nein, habe ich nicht, wohin auch, dort habe ich keine Wohnung.

Er meinte, ich solle einmal darüber nachdenken, die DEFA könnte mir bei der Wohnungsbeschaffung behilflich sein. Dann wäre ich in der Nähe der DEFA, und ich könnte meinen Sohn zu mir nehmen. Es wäre auch denkbar, dass die DEFA mir einen Jahresvertrag mit festem Gehalt gibt.

Seine zweite Frage: Warum ich nicht in der Partei bin. Auch darüber sollte ich nachdenken, es wäre gewiss für mich von Nutzen. Er telefonierte, und gleich darauf erschien Dr. Oswald, der mir bekannte Dramaturg, mit meinem Exposé in der Hand. Ich hörte, dass mein Jugendstoff gefällt, sich etwas ‚daraus machen lässt'. Es wären allerdings Recherchen notwendig, für die man mir Gelegenheit geben würde, Recherchen über den modernen Strafvollzug in der DDR. Ob ich bereit sei, einige Jugendwerkhöfe in der Sowjetzone aufzusuchen.

Ich sagte, dass das für mich kein Problem ist, wenn es von der DEFA vorbereitet, ‚von oben' genehmigt und finanziert würde. Es war ein interessantes Thema und bedeutete guten Verdienst.

Ich hatte noch einige Fragen: Wer wird mit mir zusammenarbeiten? Antwort: Zunächst machen Sie diese Recherchen allein, arbeiten ein erweitertes Exposé aus, mit Schwerpunkt ‚moderner Strafvollzug in der DDR', dann wird man weitersehen.

Jetzt lasse ich mir erst einmal das Gespräch durch den Kopf gehen. Welche Raffinesse hat man da angewendet: ein Drehbuch angeboten, eine Festanstellung, eine Wohnung falls ich in die Partei eintrete. Ich erkenne: Man möchte mich ‚drüben' haben. Ist es das wert?

Ich beschließe, auf den Vorschlag, die Recherchen betreffend, erst einmal einzugehen, ein Umzug muss von längerer Hand vorbereitet werden, ich lehne ihn nicht ab. Ich denke, ich kann sie eine Weile hinhalten.

Nach einer Woche ein erneuter Anruf der DEFA, ein neues Gespräch. Dr. Bortfeld und Dr. Oswald sind anwesend. Mir wird ein Exposé-Vertrag vorgelegt für ‚Moderner Strafvollzug', so der Arbeitstitel. Nach meiner Recherchereise soll ich bis 15.12. ein erweitertes Exposé einreichen. Die Reisekosten und Unterbringung in den Jugendwerkhöfen gehen zu Lasten der DEFA.

Schon am nächsten Tag fuhr ein Dr. Gentz, vom Justizministerium in Dresden, mit mir in einem DEFA-Auto nach Leipzig, um die Genehmigungen zum Besuch einiger Jugendwerkhöfe einzuholen. Vorgesehen war Crimmitschau, Bräunsdorf bei Chemnitz und Festung Königstein. Die Genehmigungen für Aufenthalt und Besichtigung der Lager wurden erteilt. Das Honorar für die Recherchen allerdings ist nicht überwältigend; beim letzten Umtausch stand der Kurs 1 zu 4,6 und es ist schon ein Unterschied, ob ich 2500 Ostmark oder nach Umtausch etwa 400 DM, abzüglich der Steuern, habe.

Ehe ich diese Reise unternahm, wollte ich mich jedoch absichern. Ich fand es wichtig, mich von kompetenter Stelle beraten zu lassen. Konnte dieses Unternehmen gefährlich für mich werden?

In West-Berlin gibt es eine Organisation, die ‚Kampfgruppe gegen Unmenschlichkeit', Leiter ist Rainer Hildebrandt. Eine weitere Organisation ist der Untersuchungsausschuss freiheitlicher Juristen, Vorsitzender Dr. Walter Linse, mit Sitz in Berlin-Nikolassee. Sie gibt direkt und indirekt vom kommunistischen Unrecht betroffenen Mitteldeutschen und ihren Angehörigen die Möglichkeit einer freien Rechtshilfe.

Ich fuhr nach Berlin-Nikolassee und wurde, als ich mein Anliegen vorbrachte, von Dr. Linse empfangen. Nachdem ich ihm geschildert hatte, was

DEUTSCHE FILM-
AKTIENGESELLSCHAFT

Exposé-Vertrag

Zwischen der

DEFA — Deutsche Film-A.G., Babelsberg-Filmstadt,
Hauptverwaltung: Berlin W 8, Jägerstraße 51

— im folgenden kurz „DEFA" genannt —   einerseits

und

~~Herrn~~ Frau Ursula Rumin ,
Berlin-Wilmersdorf, Hohenzollerndamm 36.

— im folgenden kurz „Verfasser" genannt —   andererseits

wird nach Maßgabe der umseitigen und für das vorliegende Vertragsverhältnis ausdrücklich vereinbarten Normativbestimmungen folgender Vertrag geschlossen:

1.

Der Verfasser verpflichtet sich zur Ausarbeitung eines

Handlungsaufrisses *)
~~ausführlichen Treatments *)~~

nach   a) einem Stoff / einer Idee

ausschließlich eigener Erfindung *)
~~DEFA-eigener Erfindung *)~~
~~fremder Erfindung (Verfasser:~~) *),

b) dem bereits erschienenen Werk *)

Titel:
von

erschienen bei

c)

mit dem voraussichtlichen Titel (Arbeitstitel): "Moderner Strafvollzug"

Das Exposé (Handlungsaufriß ~~/Treatment~~) ist in fünf facher Ausfertigung spätestens am 15.12.51 abzuliefern.

*) Nichtzutreffendes streichen.

Fassung IX/49, Nr. A1, Pacco-Guthdruck, Berlin

ich vorhabe, und er sich nach Einzelheiten erkundigte, riet er mir von diesem Unternehmen nicht ab, meinte aber, dass ich mich nicht auf politische Gespräche einlassen solle. Nun, daran wollte ich mich auch halten.

So sieht der Terminplan aus: Vom 9. bis 12. November Crimmitschau, ein Mädchenlager, vom 13. bis 23. Bräunsdorf, Jungen und Mädchen, und vom 24. bis 27. Königstein, nur Jungen. Am 28. November Rückreise nach Berlin.

Ich hatte eigentlich die Absicht, mich mit den Jugendlichen einsperren zu lassen, ohne mich zu erkennen zu geben, aber mein Alter lässt das nicht zu. Ich gelte nun als Studentin, die zum Hospitieren da ist, und Einsicht in die

Akten nehmen darf; ich bekomme freie Hand, und kann Gespräche mit den Jugendlichen führen. Am 9. früh ging es los, ein Auto der DEFA holte mich ab.

Ich möchte den Jugendwerkhof von Königstein näher beschreiben: Es ist die ehemalige Festung Königstein, die oberhalb der gleichnamigen Stadt liegt, im Elbetal der Sächsischen Schweiz im Bezirk Dresden. Es ist ein Jugendwerkhof der Staatlichen Jugendhilfe, kein Gefängnis, sondern eine Einrichtung, in der Jugendliche ‚auf den richtigen Weg gebracht werden sollen', wie es heißt.

Hier sind etwa dreißig Jugendliche im Alter zwischen zwölf und 20 Jahren untergebracht, keine Kriminellen oder Verbrecher, sondern Schwererziehbare, solche, die in der Schule oder am Arbeitsplatz auffällig wurden, weil sie nicht so mitzogen, wie es die Partei und das Regime verlangen. Hier sollen sie es lernen. Ihre Strafe liegt zwischen sechs Monaten und drei Jahren. Es besteht ein fester Tagesplan: Frühsport, Duschen, Frühstück, und alles geschieht im gleichen Schritt, es geht zu wie auf einem Kasernenhof, nur kurze Befehle und Kommandos, wer nicht spurt, kommt in Isolation oder Arrest. Das gefiel mir gar nicht.

Die Jungen sind in mehreren großen Schlafsälen untergebracht, werden tagsüber im Parteiinteresse geschult und müssen für den Jugendhof arbeiten, der sich selbst versorgt. Kartoffeln, Gemüse und was sonst noch möglich ist, wird für den eigenen Bedarf im Festungsgarten angebaut. Gegessen wird in einem großen Gemeinschaftsraum. Ich habe viele Gespräche mit den Jugendlichen geführt, machte mir Notizen, sah ihnen bei der Arbeit und beim Sport zu. Eine kleine ehemalige Zelle war mein Schlafraum. Gehungert habe ich nicht, aber entsetzlich gefroren, denn die Räume waren nicht beheizbar, und ich bekam eine Erkältung. Innerhalb der Festung, die nach außen abgeschlossen ist, konnte ich mich frei bewegen.

Bewacht und geschult werden die Jugendlichen von eigens dafür ausgebildeten Betreuern. Ich befreundete mich mit der einzigen weiblichen Betreuerin, Sonja Oswald, und führte lange Gespräche mit ihr. Sie ist schon ein Jahr hier, ein Mensch auf verantwortungsvollem Posten, gerade als Frau, doch glücklich und zufrieden ist sie nicht, hat sie mir gestanden. Der Vater ist ein bekannter Schauspieler, lebt in der Schweiz, und sie wäre gern in seine Fußstapfen getreten, aber ihre Mutter hat das verhindert. Sie wurde Lehrerin, ehe sie als Heimleiterin in Jugendwerkhöfen zum Einsatz kam. Sie hat einen schweren Dienst und kommt aus der Festung kaum heraus.

Nun, nachdem ich von der Studienreise zurück bin, beschäftige ich mich erst einmal mit der Auswertung meiner Recherchen, erst dann werde ich zum Schreiben kommen. Es war eine anstrengende und unbequeme, aber auch interessante Reise. Ich bekam dabei Einblick in eine Einrichtung der ostzonalen Behörden, die sonst keinem Außenstehenden zugänglich ist.

Die Zeit bis zur Ablieferung des neuen Exposé ist knapp bemessen, ich muss mich ranhalten.

Mit diesem Stoff habe ich eine schwere, eine sehr schwere Arbeit übernommen, und ich hoffe, dass sie mir gelingt. Ich musste feststellen, dass jeder Jugendwerkhof ein anderes Erziehungssystem hat, und ich als Laie soll nun entscheiden, welches das Richtige ist, denn im Film kann ich nur ein System schildern. Deshalb gab es ein paar Gespräche über dieses Thema mit den ‚Oberen' der DEFA, worum ich gebeten hatte.

Mir wurde auch die Möglichkeit geboten, wenn es notwendig erscheinen sollte, noch den Jugendwerkhof in Strausberg aufzusuchen, wo nur Mädchen untergebracht sind. Von der DEFA ist jetzt als Titel für diesen Film ‚Straße ins Leben' vorgeschlagen worden, ich finde ihn gut.

Bei meiner Rückkehr fand ich einen langen Brief von Mutti vor: Jochen wurde zum zweiten Mal Vater, am 8. November ist ein Sohn angekommen. Mutti ist nach Hammelburg gefahren, um der Wöchnerin beizustehen. Aber was sie noch schreibt, hat mir sehr weh getan: Jochen hat offenbar eine sehr schlechte Ehe, er steht völlig unter Irmgards Pantoffel, jedes Glas Bier, jede Zigarette wird ihm tagelang vorgehalten, und er darf nur mit ihrer Genehmigung rauchen. Irmgard hat außerdem den Putzteufel, weit jenseits des Normalen, und sie ist lieblos zu der kleinen Ute. Jochen wendet seine ganze Liebe nun auf das kleine Mädchen. Das Kind hängt sehr an ihm. Er hat Mutti sein Herz ausgeschüttet und erzählt, dass dieser Zustand nun schon fast fünf Jahre besteht. Sie schreibt, dass sie den Eindruck hat, dass Jochen daran seelisch zugrunde geht. Oh, was tut mir der arme Kerl leid, das hat er nicht verdient.

Auf Muttis Bitten wurde das Baby auf den Namen Detlef getauft, sie wollte mir wohl damit eine Freude erweisen, aber das Gegenteil ist der Fall, hätte sie das nur nicht getan!

2. Dezember 1951, mein 28. Geburtstag; ich bin nun schon bald eine alte Schachtel.

Heute Nachmittag habe ich Tante Molly und Onkel Bernhard zum Kaffee eingeladen, und am Abend geht Konrad mit mir ins Theater am Kurfürstendamm, wir sehen von Goldoni ‚Diener zweier Herren', fein, ich freue mich.

Das erweiterte Exposé zu ‚Straße ins Leben' reichte ich bereits ein, es war auch in meinem Interesse, da ich die Heimreise vor Augen habe, und es kam schon das Honorar dafür. Im Januar werden Gespräche stattfinden, der Film soll bald realisiert werden, und mir wurde frei gestellt, welchen Regisseur ich wünsche. Ich habe mich für Wolfgang Schleif entschieden, der schon einmal einen Jugendstoff verfilmte und Erfahrung hat im Umgang mit Jugendlichen.

Er soll dann auch am Drehbuch mitarbeiten. Liebe Flora, ist das nicht ein schönes Weihnachtsgeschenk für mich? Jetzt steht das Weihnachtsfest bevor und es wird Zeit heimzufahren, ich freue mich schon auf ein paar ruhige Tage.

Gretl ist in Berlin, mit Ehemann und Töchterchen Barbara. Pflugi, wie er mit Spitznamen genannt wird, inszeniert im Theater am Nollendorfplatz das Stück ‚Lady in the dark' von Kurt Weil. Außerdem managt er Jan Kiepura in Deutschland, der in Kürze mit seiner Frau, der Sängerin Martha Eggert, nach Berlin kommt zu Filmaufnahmen nach der Operette ‚Land des Lächelns', der Streifen soll in Tempelhof bei Berolina-Film entstehen. Allerdings ist Jan Kiepura mit dem vorliegenden Drehbuch nicht einverstanden, da angeblich der Operettenstoff nicht genug für einen Spielfilm hergibt. Nun wird beraten.

Wir trafen uns im ‚Resi', einem kleinen Lokal am Nollendorfplatz, und Gretl erzählte mir das alles. Sie ermunterte mich, ein Manuskript zu schreiben mit einer kleinen Anlehnung an ‚Land des Lächelns'; nun, ich will es versuchen, aber viel verspreche ich mir nicht davon.

Inzwischen habe ich einige Kontakte aufgewärmt. Den Filmschauspieler Georg Thomalla, den ich von Dreharbeiten in Tempelhof kenne und der jetzt in Spandau bei CCC-Film, Artur Brauner, den Film ‚Der keusche Lebemann' dreht, traf ich in der Kantine des Filmgeländes. Ich möchte über ihn einen Bericht für die Filmzeitung schreiben, und erfuhr, dass er einen Jahresvertrag bei einer Filmfirma in Göttingen bekommen hat. Der Produzent ist auf der Suche nach einem guten Filmstoff, und Georg Thomalla ermunterte mich, eine von meinen Ideen hinzuschicken. Das habe ich inzwischen auch getan, beziehungsweise gab ihm das Exposé zu ‚Die Augen des Unheils', einen Stoff,

Berlin, Presseball (1952)

den ich jetzt entwickelt habe, er will ihn persönlich an den Produktionsleiter weiterreichen. Wieder eine Hoffnung!

Vor drei Tagen habe ich mit Konrad den Presseball am Funkturm besucht, dafür war er der richtige Begleiter. Ich hatte mich ‚schön' gemacht: Von der Schneiderin ließ ich mir aus meinem roten Tango-Tanzkostüm ein Ballkleid nähen, das hatte sechs Meter Lavabelstoff in sich, und daraus wurde ein phantastisches Abendkleid – der weite Rock wurde auf Gaze gearbeitet, was jetzt große Mode ist, das schulterfreie Oberteil in schmale Falten gelegt. Über den Schultern trug ich lässig eine hauchdünne rote Stola, dazu ein silbernes Abendtäschchen und silberne Sandaletten; Perlen um den Hals, am Arm und im Haar rundeten die Prachtausgabe einer schönen Frau ab. Die Friseuse hatte mir das lange Haar zu einem Sonnenknoten aufgesteckt, ich trage es noch immer blondiert wie im Hiller-Ballett. Nur die Brille auf meiner Nase störte mich.

Liebe Flora-Freundin, ich musste das einmal so ausführlich schildern, denn ich gehe ja nicht jeden Monat zu so einem großartigen Ball. Ich fühlte mich wunderbar, und auch Konrad fand mich großartig. Er trug einen schwarzen Smoking, und du musst zugeben, dass ich mich in guter Gesellschaft befand. Natürlich haben wir viel getanzt.

Immer häufiger höre ich jetzt in den RIAS-Meldungen und lese auch in Zeitungen, dass West-Berliner verschwinden. Sie werden auf der Straße oder in der S-Bahn festgehalten und mitgenommen, wohin, kann man nur vermuten, denn noch keiner von den Festgenommenen ist bis jetzt zurückgekommen.

Ich denke, dass diese Berichte vielleicht etwas übertrieben sind. Mich haben die Russen ja auch wieder laufen lassen, und bei meinen täglichen Besuchen im ‚Kulturhaus' zur Drehbucharbeit mit Slatan Dudow ist mir auch nichts aufgefallen.

Es kam Bescheid von der DEFA, dass mein Exposé ‚Straße ins Leben' angenommen worden ist, jedoch mit Einschränkung. Ich habe eine neue, für dieses Thema zuständige Dramaturgin bekommen, Hilde Seemann, und der gefällt das Exposé nicht, so wie es ist.

Ich war zu einem langen Gespräch bei ihr, und sie eröffnete mir, wie das Exposé nach ihrer Vorstellung aussehen sollte. Dazu bin ich jedoch nicht bereit, da meiner Meinung nach durch meine Recherchen an Ort und Stelle das Thema nicht anders dargeboten werden kann. Es gab eine ziemlich heftige

Diskussion, ich verabschiedete mich mit der Bitte um Bedenkzeit. Inzwischen habe ich erfahren, dass Frau Seemann ursprünglich als Mitarbeiterin an Slatan Dudows ‚Frauenschicksalen' vorgesehen war, von ihm aber abgelehnt wurde. Weshalb, weiß ich nicht. Da kann man sich einiges zusammenreimen.

Nach unserer Auseinandersetzung habe ich einen Brief geschrieben und eine Änderung abgelehnt. Dr. Bortfeld, der Chefdramaturg, schaltete sich ein, es fand ein Gespräch statt, in dem ich mich bereit erklärte, kleine Änderungen vorzunehmen. Ich bekam für diese Arbeit noch einen Skizzen-Vertrag über 500 Ostmark, das ist nicht viel, aber das Honorar für das Exposé ist inzwischen auch eingegangen.

Die ‚Frauenschicksale' sind fast abgedreht; ich war noch einmal bei Außenaufnahmen, die in einem großen Maschinenwerk stattfanden. Es war sehr beeindruckend. Die Uraufführung des Filmes ist für Juli geplant, natürlich wurde ich dazu eingeladen.

Von Cinephon-Film, Göttingen, bekam ich den Bescheid, dass man an meinem Stoff ‚Die Augen des Unheils' interessiert ist, das Exposé sei gut geschrieben und bereits zur Genehmigung nach Bonn geschickt worden. Es wurde angefragt, ob ich zusammen mit Helmut Käutner das Drehbuch schreiben würde, er soll voraussichtlich auch Regie führen.

Das wäre ein großes Glück für mich, endlich einmal eine westdeutsche Filmproduktion, und dann Helmut Käutner, der zur Zeit im Mittelpunkt des deutschen Filmgeschehens steht. Weiter wurde mitgeteilt, da es einen italienischen Co-Partner gibt, würden die Filmaufnahmen zum Teil in Italien stattfinden, wobei die Hälfte des Honorars in italienischer Währung gezahlt wird. Ob ich bereit sei, für einige Zeit mit nach Italien zu gehen.

Na klar, keine Frage, ließ ich die Leutchen wissen, und ich denke, dass mir – wenn alles klappt – eine sehr schöne Zeit bevorstehen könnte.

Inzwischen lernte ich durch Gretl und ihren Mann Pflugi den polnischen Tenor Jan Kiepura kennen. Die Filmaufnahmen zu ‚Land des Lächelns' haben inzwischen begonnen – ein neues Exposé von mir wurde also nicht gebraucht.

Ich habe mit Kiepura ein langes Interview zu dem Film aufgenommen und bot es der Filmzeitung an. Es kam umgehend zurück mit dem Vermerk, dass die Zeitung grundsätzlich nichts über das Ehepaar Eggerth/Kiepura veröffentlicht, da sie sich bei der Tournee in Westdeutschland im vergangenen Jahr mit ihrem Gesang nur in englischer Sprache sehr unbeliebt gemacht haben.

Ansonsten befinde ich mich im Moment in einer guten Verfassung und habe viele Einfälle für meine Arbeiten. Wenn ich auch wieder einmal auf einen Geldregen warte, so spornt mich der Gedanke daran an, auch die Anerkennung ist für mich wichtig, ich brauche sie von Zeit zu Zeit, sonst falle ich ab und beginne an mir selbst zu zweifeln.

Die Filmzeitung veröffentlichte von mir zwei Seiten samt Fotos über den Film ‚Königin der Nacht', den Film mit dem kleinen talentierten Mädchen, und über den Berolina-Film ‚Grün ist die Heide' mit Sonja Ziemann. Sie ist gut im Geschäft und hat schon für einen weiteren Film, ‚Schwarzwaldmädel', die Hauptrolle bekommen. Über den Produktionsleiter, Herrn Lehmann, habe ich versucht, die Pressearbeit für diesen Film zu übernehmen. Leider bekam ich einen abschlägigen Bescheid mit der Begründung, dass der Etat dafür nicht ausreicht.

Ich habe angefangen, mein Russisch, dessen Studium ich zusammen mit Mutti noch in Langenbielau begonnen hatte, zu vervollständigen. Es gibt genügend Bücher dafür. Jetzt bin ich soweit, dass ich die kyrillischen Buchstaben lesen kann, nun muss ich mich mit den Vokabeln und der Grammatik beschäftigen.

15. April 1952: Fünfter Geburtstag von meinem Putzel – wie mag es ihm gehen?

Von der Redaktion ‚Film' in Hamburg bekam ich ein Telegramm, dass ich Material über den Film ‚Schwarze Augen' schicken möchte, der jetzt in den Studios der CCC-Film in Spandau angelaufen ist. Prominente Schauspieler sind in der Besetzung: Rosita Serrano, Cornell Borchers, Will Quadflieg, Angelika Hauff und Peter Moosbacher. Ich hielt mich mal wieder einen ganzen Tag in den Aufnahmehallen auf, sammelte Informationen und machte Fotos.

Jan Kiepura rief überraschend an, er ist von den Außenaufnahmen zu ‚Land des Lächelns' aus Bangkok zurückgekommen und fragte, ob ich Zeit habe, für ihn ein paar Geschäftsbriefe zu schreiben.

Gestern Nachmittag kam er zu mir in die Wohnung, und wir arbeiteten einige Stunden seine Post durch. Er wollte wissen, ob ich das auch weiter für ihn tun würde, denn er spricht zwar einigermaßen Deutsch, aber schreiben kann er es nicht. Er hat die Absicht, in Berlin seinen ständigen Wohnsitz zu nehmen. Ich habe ihm zugesagt. Er bezahlte auch gleich die von mir geforderten 20 DM, die mir gerade recht kamen.

Nach der Büroarbeit lud ich ihn zu Kaffee und Kuchen ein. Er ist ziemlich eingebildet, aber das kann er sich vielleicht bei seiner Berühmtheit auch leisten. Doch ich verstehe nicht, dass ein Mensch, der schon so viel in der Welt herumgekommen ist, sich so gehen lässt. Mit Kaffee spülte er sich den Mund aus, stocherte in den Zähnen herum und kleckerte wie ein kleines Kind. Ob er wohl denkt, dass er sich das bei mir erlauben kann, der große Jan Kiepura?

Von der DEFA habe ich ein neues Angebot bekommen, und zwar, die deutschen Texte für die Synchronisation ausländischer Spielfilme zu schreiben. Um mich darin einzuarbeiten, soll ich vorerst mit kurzen Dokumentarfilmen beginnen und später zu Spielfilmen übergehen. Außerdem kann ich als Synchronsprecherin mitarbeiten, muss mich aber vorher einer Sprechprüfung unterziehen. Meine Arbeit als Autorin in der Spielfilmproduktion soll aber weitergehen. Ich überlege, ob das ein faires Angebot ist, oder versucht man, mich noch mehr an die DEFA und damit an den Osten zu binden?

Die Russen spielen mal wieder verrückt: Die Alliierten Streitkräfte in West-Berlin haben mit der Bundesrepublik Deutschland einen ‚Bonner Generalvertrag' abgeschlossen über einen Truppen-, Finanz - und Überleitungsvertrag. Was das bedeutet, weiß ich nicht, aber die Russen haben daraufhin die Telefonverbindungen von West- nach Ostberlin und den Übergang von West-Berlin in die Ostzone unterbrochen. Das heißt, dass ich augenblicklich nicht mit Ost-Berlin telefonieren kann. Ob das umgekehrt auch so ist, wird sich herausstellen.

Vorkommnisse solcher Art verunsichern die Berliner Bevölkerung. In welch einer Zeit leben wir eigentlich? Die Welt ist durcheinander, wir Menschen in Deutschland sind Eingesperrte im eigenen Land, durch das eine Grenze verläuft, wir werden bewacht, von anderen wird gesagt und befohlen, was wir dürfen und was nicht. Da kann man als Normalbürger doch froh sein und von Glück sprechen, wenn man das übersteht. Aber was ist Glück? Wir, das heißt meine Familie, hatten Glück am 12. April 1946, als wir unsere Heimat verlassen mussten, wir durften am Leben bleiben, andere nicht.

Und das kleine Glück? Nun, dafür ist jeder selbst zuständig, denn das Gefühl wird im Kopf produziert, wenn man sich fragt: Bin ich glücklich?

Diese Frage habe ich mir auch gestellt, und ich kann sie nicht beantworten, dazu habe ich zuviel falsch gemacht in meinem Leben. Sicher, es gab schöne Momente und auch Zeiten, da es mir schien, dass ich glücklich sei, aber der überwiegende Teil meines Lebens war Kampf, ist Kampf ums Überleben.

Aus einer inneren Eingebung heraus habe ich heute einen kurzen Brief ‚an meine Lieben' geschrieben und in meinem Wandsafe deponiert. Es wurde mir plötzlich bewusst, dass ich mich hier in Berlin auf einem unsicheren, ja gefährlichen Grund bewege, denn ich verkehre sowohl mit Engländern als auch mit Russen in schon fast naiver Unbekümmertheit.

Dieser Brief an meine Lieben soll eine kleine Erklärung dafür sein, wie ich mich verhalte, falls mir mal ‚etwas passiert'. Ich bin ohne Absicht in einen Strudel geraten und weiß nicht, wie ich da wieder herauskomme. Schaffe ich es, oder gehe ich unter? Ich weiß nicht, was ich tun muss, um diesem Sog zu entkommen. Ich hoffe, meine liebe Mutter wird mir verzeihen, wie sie mir immer wieder verziehen hat; ich glaube, das kann nur eine Mutter.

Sommerzeit, es ist nicht viel los in der Stadt. Es gibt einige Leute in meinem Bekanntenkreis, die wundern sich, wie ich mit dem Geld auskomme und wovon ich lebe. Oft ist es mir ja selbst schleierhaft, ich komme durchaus schon mal mit 10 DM in der Woche zurecht.

Es ist eigenartig, manchmal habe ich gar nichts und weiß nicht, wie ich den nächsten Monat überstehen werde, und dann habe ich wieder viel Geld. Von allen Seiten fließt es, Außenstände gehen ein, Honorare von Veröffentlichungen in der Film-Zeitung, oder eine Zahlung vom RIAS für eine Fernsehsendung.

Als ich gestern im Kino war, ‚Grün ist die Heide' – ein blöder Film –, wurde in der Wochenschau ein Bericht über die deutschen Meisterschaften im Rollkunstlauf gezeigt, die in Detmold – auf unserer Bahn! – am vergangenen Sonntag abgehalten wurden. Ria Barahn und Paul Falk sind gelaufen, wurden wieder Sieger. Mutti arbeitete als Richterin und war einzige Frau im Prüfungsausschuss.

Vorgestern ist Dr. Walter Linse aus West-Berlin entführt worden, der Mann, mit dem ich in Berlin-Nikolassee das Gespräch über meinen Besuch in der Ost-Zone hatte. Ich bin erschüttert! Alle Zeitungen berichten darüber; Folgendes ist passiert: Dr. Linse verließ am Morgen seine Wohnung in der Gerichtsstraße in Berlin-Lichterfelde, um zu seiner Arbeitsstelle zu fahren. Vor seiner Gartenpforte wurde er niedergeschlagen, durch einen Pistolenschuss ins Bein widerstandsunfähig gemacht und in ein bereitstehendes Auto gezerrt, das sehr schnell über die nicht weit entfernte Stadtgrenze in die Sowjetzone verschwand. Die Verschleppung wurde, wie die nachfolgenden Ermittlungen ergaben, vom sowjetzonalen Staatssicherheitsdienst organisiert und durchgeführt.

Eine andere Tageszeitung veröffentlichte aus diesem Anlass einen Bericht, dass in diesem Jahr 1952 bereits 54 Entführungen bzw. Entführungsversuche stattgefunden haben. Dazu kommen weitere 228 Fälle, bei denen eine Verschleppungsgefahr sehr wahrscheinlich, jedoch nicht bewiesen ist. Zehn bis 15 Anzeigen gehen täglich beim zuständigen Dezernat des Polizeipräsidiums ein. Anzeigen, die auf geplante Verschleppungen hinweisen oder der Aufklärung dienen sollen. So etwas erfährt man nur aus der Zeitung, und ich hatte bis dahin keine Ahnung von solchen Vorfällen. Es ist schrecklich!

14. Juli 1952, Filmpremiere ‚Frauenschicksale' im Odeon-Kino in Ost-Berlin. Ich erhielt eine Einladung. Für mich bedeutete es auch eine Premiere, denn es war schließlich mein erster Film, an dem ich mitgearbeitet hatte und der nun im Kino gezeigt wurde. Ich muss gestehen, dass ich aufgeregt war, als ich im großen Zuschauerraum zwischen den vielen Menschen saß, am liebsten wäre ich aufgestanden und hätte allen gesagt, dass ich diesen Film mitgeschrieben habe. Aber ich bin doch lieber still sitzen geblieben. Slatan Dudow hat den Nationalpreis für die Regie bekommen.

Morgen fahre ich nach Detmold, ich freue mich schon sehr. Da ich von der DEFA einen Anstellungsvertrag für Filmschaffende erhalten habe, bekam ich darauf eine Ostgeldbestätigung, womit ich nun in Ost-Berliner Geschäften einkaufen darf und jetzt auch meine Fahrkarte nach Detmold im Osten kaufen konnte. So bezahlte ich für die Hin- und Rückfahrt nur etwa – in Westgeld umgerechnet – 20 DM, das ist schon fast geschenkt, im Gegensatz zu sonst 100 DM. Mit den Eltern habe ich vereinbart, dass Ingo seine großen Ferien bei mir in Berlin verbringen darf. Seine Freude darüber ist riesig. Wenn ich zurückkomme, bringe ich ihn mit.

5. August 1952, jetzt sind wir wieder in Berlin und haben viel vor, Tante

Molly will uns oft begleiten und Orte zeigen, die auch ich noch nicht kenne. Dazu gehören das Jagdschloss im Grunewald, natürlich der Funkturm, die Pfaueninsel in der Havel und auch das Olympia-Stadion, das Mutti 1936 anlässlich der Olympiade kennen gelernt hatte.

Zu Hause war es wieder schön. Wir haben lange Spaziergänge und Wanderungen im Teutoburger Wald gemacht. Ingo ist jetzt in einem Alter, in dem er gut läuft, und er hat Mutti und mich auf fast allen Gängen begleitet. Wir wanderten hinauf zum Hermanns-Denkmal, geweiht dem Cheruskerfürsten Arminius, das 1875 erbaut wurde als Erinnerung an die Schlacht im Teutoburgerwald. Wir fuhren mit der Straßenbahn nach Höxter zu den Externsteinen, das sind fünf Sandsteinfelsen, etwa 40 Meter hoch und von denen einer schon in vorchristlicher Zeit zu einem Heiligtum ausgebaut wurde, das wahrscheinlich der Sonnenkultur gewidmet war. Dazu gibt es reliefartige und ausdrucksstarke Darstellungen der Kreuzabnahme Christi. Eine beeindruckende Erfahrung.

Und natürlich besichtigten wir das Detmolder Schloss derer zu Lippe, wobei ich weiteres Material sammelte, da ich immer noch beabsichtige, den Film über die Fürstenfamilie und die Fürstin Pauline zu schreiben. Ich hatte ein Gespräch mit einem Redakteur der Lippischen Landeszeitung, der über meine Absichten einen Artikel brachte mit der Überschrift:

‚In Detmold soll ein Film gedreht werden. Das Schloss als Kulisse – Die Bevölkerung als Komparsen.' Ich hoffe, es wird etwas draus.

In einem abendlichen Gespräch stellte Mutti mir die Frage, ob ich nicht manchmal traurig bin, das Tanzen aufgegeben zu haben. Ich habe ihr ehrlich gesagt: An und für sich denke ich nicht mehr an diese Zeit zurück, oder doch sehr selten, die Gegenwart und der Überlebenskampf in Berlin lassen es nicht zu. Wenn aber doch, wenn ich zum Beispiel im Radio die Musik von Glenn Miller höre, ‚In the mood' oder ‚Smoke gets in your eyes', dann zuckt es in mir. Ich liebe diese Musik noch immer und schmelze dahin, wenn ich sie höre.

Die Ferien mit Ingo in Berlin vergingen viel zu schnell, sie waren schön für uns, so, wie ich es mir gewünscht hatte. Ich bin glücklich, dass ich ihm das bieten konnte. Gern hätte ich auch Mutti dabei gehabt, der ich schon lange eine schöne Reise versprochen habe. Aber vielleicht lässt sich das bald verwirklichen, wenn ich erst eine erfolgreiche Drehbuch-Autorin bin und viel Geld verdiene.

Als ich Ingo nach Detmold zurückgebracht hatte und mit dem Interzonenzug von Hannover aus nach Berlin zurückfuhr, wurde ich in Marienborn, an der Grenze zur russischen Zone, aus dem Zug geholt. Das war mir bisher noch nicht passiert. Ich wurde von zwei Russen in eine Baracke geführt, sie nahmen mir meinen Personalausweis ab – den Passierschein hatten sie schon –, und an einem Schalter mit einem kleinen Fensterchen, hinter dem ein Russe saß, musste ich warten. Er blätterte lange in einem großen, dicken Buch, spuckte dabei immer wieder auf seinen rechten Zeigefinger, verglich einige Zeilen, und dann hatte er wohl gefunden, was er suchte. Ich hatte Angst, überlegte, ob ich etwas falsch gemacht hatte. Ich wusste von anderen westlichen Reisenden, dass der Kontrollpunkt Marienborn ein Ort ist, an dem viele aus nichtigen Gründen wieder zurückgeschickt werden, oder sie mussten aussteigen und der Zug fuhr ohne sie weiter. Hier hatte fast jeder Westdeutsche bei der Fahrt durch die russische Zone nach West-Berlin ein ungutes Gefühl. Nach einiger Zeit bekam ich meine Papiere zurück und durfte den Zug wieder besteigen. Ich hatte weiche Knie.

Heute habe ich Post von der DEFA erhalten, einen Vertrag als Textautorin für den sowjetischen Dokumentarfilm ‚Karelo-Finnische SSR', unterschrieben von Dr. Wilkening und Herrn Schwab. Dazu die deutsche Übersetzung des russischen Textes und die Anweisung, am 12. September in Johannisthal zu sein, wo mir im Studio 3 der Film zur Verfügung steht. Bruttohonorar 600 Ostmark. Es geht darum, den deutschen Text synchrongerecht anzupassen.

Ich hatte mal wieder einen Termin bei Dr. Meyer, da gehe ich jetzt in größeren Abständen hin. Er war ganz zufrieden mit meinem Herzen, fragte, ob ich nicht mehr so viel Stress habe. Er hat mich noch zu einem Fach-Kollegen in die Nürnberger Straße geschickt, der mir Kobalt-Bestrahlungen für die Schilddrüse geben soll, offenbar ist die auch nicht in Ordnung. Dank Konrad habe ich wenigstens an den Wochenenden angenehme Ruhestunden in Kladow am See und ausgeglichene Gespräche. Die Freundschaft mit ihm ist tiefer geworden, es könnte mehr werden.

Meine Verbindung mit Bob und den Engländern habe ich gelöst, ich will nicht mehr als Bote zwischen West- und Ost-Berlin für sie arbeiten. Meine Wohnungsmiete kann ich inzwischen selbst bezahlen. Bob zeigte Verständnis für meinen Wunsch, und wir trennten uns in gutem Einvernehmen. Ich bin froh, diese Entscheidung getroffen zu haben, dieses Kapitel ist nun für mich erledigt.

Gestern hatte ich meine letzte Auto-Fahrstunde bei Herrn Hempel in der Konstanzer Straße. Ich muss gestehen, es hat mir Spaß gemacht, und ich hatte keine großen Probleme. Ich freue mich darauf, endlich Führerscheinbesitzerin zu sein.

Ein Anruf der DEFA! Eine Sekretärin sagte mir, dass sie eine gute Nachricht für mich habe.

‚Welche?' Da wich sie aus und fragte, ob ich am nächsten Tag, zwei Uhr, zu einem Gespräch zur DEFA kommen könnte. Na klar, habe ich freudig zurücktrompetet, immer, wann Sie wollen!

Am Abend bin ich bei Tante Molly und Onkel Bernhard zum Essen, wie immer einmal in der Woche. Erfreut habe ich von dem DEFA-Anruf und meiner Hoffnung erzählt, dass es der neue Drehbuchauftrag für den Jugendfilm „Straße ins Leben" sein könnte. Euphorisch habe ich Tante Molly umarmt, ist das nicht wundervoll? Endlich geht es weiter. Oder vielleicht ist es gar der Jahresvertrag? Wir haben stets viel zu erzählen, und das Essen bei Tante Molly ist immer so gut, dass ich mich bis oben hin voll stopfe, das reicht dann wieder für drei Tage. Sie freut sich immer, wenn es mir schmeckt. Ich habe ihnen auch von dem DEFA-Angebot für eine Wohnung erzählt, aber ich bin unentschlossen, wie ich mich dazu verhalten soll, denn ich möchte nicht in den Osten ziehen. Ich fühle mich wohl in West-Berlin. Doch wie erhalte ich mir die Zusammenarbeit mit der Filmfirma? Wenn ich im Osten der Stadt durch die Straßen gehe, habe ich stets den gleichen Eindruck wie 1946 in Magdeburg, als ich den Besuch bei Muttis Jugendfreundin machte: eilige Menschen mit hochgezogenen Schultern, die stur geradeaus blicken und es vermeiden, jemandem ins Gesicht zu sehen. Tante Molly und Onkel Bernhard konnten mir auch nicht raten; eine schwierige Situation, ich werde abwarten, vielleicht findet sich eine Lösung.

25. September, ich bin heute spät aufgestanden, hatte Zeit bis Mittag, um ein Uhr musste ich los, wenn ich pünktlich zur Verabredung um zwei Uhr bei der DEFA sein wollte. Ich habe gemütlich meinen Morgenkaffee getrunken und in die Zeitung geblickt. Da klingelte es an meiner Wohnungstür. Ein

Mann von der Post brachte mir den weißen Telefonapparat, den ich beantragt hatte; es war seit langem mein großer Wunsch, ein weißes Telefon zu besitzen.

Nun mache ich mich gleich ausgehfertig und bin gespannt, was mich bei der DEFA erwartet, ob der Drehbuchvertrag schon auf dem Tisch liegt und bereit ist für meine Unterschrift. Ich glaube, es geht aufwärts, ich habe es geschafft!

Bitte, liebe Flora-Freundin, wünsche mir Glück und halte die Daumen, dass es klappt. ...

Epilog

3. März 1954:
Dieser 25. September 1952, der so hoffnungsvoll begann, endete für mich in einer kalten Gefängniszelle in Berlin-Karlshorst, dem Berliner Kreml.

Es war ein schöner Tag, als ich gutgelaunt von meiner Wohnung zur U-Bahn gelaufen bin, um zur Besprechung zur DEFA zu fahren, wie ich es mit meinen letzten Tagebucheintragungen schilderte.

Männer des russischen Geheimdienstes fingen mich am Bahnhof Friedrichstraße in Ost-Berlin ab, boten mir ihr Auto an mit der Begründung, mich zur Besprechung zu bringen. Sie wussten also Bescheid und ich hegte keinen Verdacht.

Die Jägerstraße, in der sich die Verwaltung der DEFA befand, war nicht weit entfernt, deshalb wunderte ich mich, als das Auto sofort ein rasantes Tempo vorlegte.

Es brauchte etwa zwanzig Minuten bis es vor einem großen, eisernen Tor anhielt, das sofort von zwei russischen Soldaten geöffnet wurde. Es war nicht das Gelände der DEFA, vor mir lag ein dreistöckiges Gebäude mit Holzblenden vor den Fenstern – ein Gefängnis.

In Minuten änderte sich mein Leben. Ich war in den Händen des MGB, des sowjetischen Geheimdienstes, das wurde mir schlagartig klar. Ich hörte auf, ein Mensch zu sein, war nur noch eine Gefangene eines unheimlichen, politischen Apparates.

Wie nun mein Leben weiterging, berichte ich in meinem Buch ‚Im Frauen-GULag am Eismeer', das 2005 im Herbig-Verlag, München, erschien. Darin schildere ich mein Dasein als politischer Häftling in Workuta, über dem nördlichsten Breitengrad, und meine Zeit im Frauen-Arbeitslager voller Entbehrungen, Demütigungen und schwerster Arbeit, verurteilt von einem sowjetischen Militärtribunal in Ost-Berlin zu 15 Jahren Zwangsarbeit wegen angeblicher Spionage.

Durch eine Amnestie kehrte ich 1954 nach Berlin zurück.

* * *

Anmerkung

Meiner Großmutter Clara und meiner Mutter Dora gilt mein besonderer Dank, da es ohne ihre umfangreichen Aufzeichnungen nicht zu diesem Buch gekommen wäre.

Meinen Brüdern bin ich dankbar für ihre Mithilfe bei der Beschaffung von Briefen, Dokumenten und Fotos.

Herzlichen Dank auch meiner lieben Freundin Sabine Brandt, die als Lektorin zum Gedeihen des Manuskriptes beigetragen hat.

Teil 3 ‚Ich bin Ulla' ist von der Berliner ajour-Film- und Fernsehproduktion GmbH, Klaus D. Schmutzer, in den vergangenen zwei Jahren als Dokumentation in einer Länge von 90 Minuten verfilmt worden und wurde zur BERLINALE 2007 eingereicht. Regie hatte Juliane Geick, die Kamera führte Eberhard Geick. Wir sind während dieser Zeit gute Freunde geworden, ich schätze beide sehr. Juliane ist der einzige Mensch, der meine Tagebuchaufzeichnungen ab 1943 lesen durfte; sie hat daraus den Film entwickelt. Die Filmaufnahmen führten mich und das Team in meine alte Heimat, das heute polnische Schlesien, wo ich noch einmal mein Elternhaus betreten durfte. Ich reiste mehrmals nach Berlin, meinem damaligen Wohnsitz, und noch einmal nach Russland, nach Brest-Litowsk, wo ich 1953 im NKWD-Gefängnis eingesperrt war. Der Film bekam den Titel „Ursula R. – Ein Frauenschicksal im Kalten Krieg" und wird in absehbarer Zeit in den Fernsehprogrammen laufen.

Als ich nach den Filmaufnahmen daran ging, meine Tagebuchaufzeichnungen denen meiner Großmutter und Mutter hinzuzufügen, ist es mir anfangs schwer gefallen, meine Vergangenheit offen zu legen. Aber dann sagte ich mir: ‚entweder alles, oder nichts', und so ist ein ehrlicher Bericht entstanden. Der Film gibt einen tiefen Einblick in mein Leben und das tut auch mein Buch.

***

Anhang

Hanna und Dora im Sonntagskleid (1905)

Familienspaziergang

Horst, Ulla (1933)

Jochen, Ulla, Horst: Weihnachtsabend (1929)

Dora am Barren (1931)

Drei Grazien (1930)

Turnriege (1928)
Cläuschen, Lotte, Dora, Inge, Lore, Herta

Clara, Dora, Ulla, Haus in Schlesien (1930)

„Große" Wäsche auf der Bleiche (1935)

Ulla und Dora (1940)

Ulla, Rollschuhbahn Breslau (1940)

Dora mit ihren Kindern (1937)

Urlaub des Arbeitsdienstlers: Jochen und Vater (1938)

Jochens erster Urlaub (1939)

Jochen in der Kombüse (1940)

Geschwister (1940)

Jochen auf Urlaub (1943)

Familienfoto

Die Eulenbahn

Bübele (Juni 1942)

Sassnitz, am Strand (1943)

Eine Schlittenfahrt (1943)

Ingos dritter Geburtstag

Mit Bübele (Weihnachten 1944)

Bernd

Sein Sohn Ingo

Dimiter

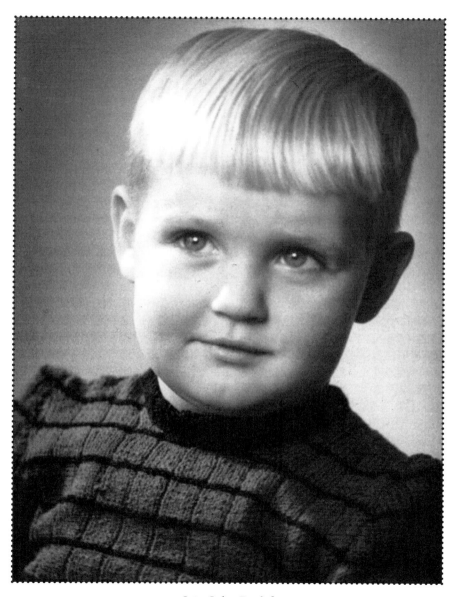

Sein Sohn Detlef

Jochen, Ulla, Horst (1943)